国家出版基金资助项目

中国刑事法制建设丛书·刑事诉讼系列　总主编　陈国庆　孙茂利

职务犯罪案件证明规范及实例指导

主　编　李富成　郭　冰
副主编　杜　宇　张佐良

（政法机关内部发行）

中国人民公安大学出版社
·北　京·

图书在版编目（CIP）数据

职务犯罪案件证明规范及实例指导／李富成，郭冰主编．—北京：中国人民公安大学出版社，2012.4

（中国刑事法制建设丛书/陈国庆，孙茂利主编．刑事诉讼系列）

国家出版基金资助项目

ISBN 978－7－5653－0812－3

Ⅰ.①职… Ⅱ.①李… ②郭… Ⅲ.①职务犯罪－证据－研究－中国 Ⅳ.①D924.304

中国版本图书馆 CIP 数据核字（2012）第 059887 号

中国刑事法制建设丛书·刑事诉讼系列 总主编 陈国庆 孙茂利

职务犯罪案件证明规范及实例指导

主 编 李富成 郭 冰

副主编 杜 宇 张佐良

出版发行：中国人民公安大学出版社

地　　址：北京市西城区木樨地南里

邮政编码：100038

印　　刷：北京兴华昌盛印刷有限公司

版　　次：2012 年 4 月第 1 版

印　　次：2012 年 4 月第 1 次

印　　张：22.5

开　　本：787 毫米×1092 毫米 1/16

字　　数：440 千字

书　　号：ISBN 978－7－5653－0812－3

定　　价：51.00 元 **（政法机关内部发行）**

网　　址：www. cppsup. com. cn　　www. porclub. com. cn

电子邮箱：zbs@ cppsup. com　　zbs@ cppsu. edu. cn

营销中心电话：010－83903254

读者服务部电话（门市）：010－83903257

警官读者俱乐部电话（网购、邮购）：010－83903253

公安业务分社电话：010－83905641

本书咨询电话：（010）63485228 63453145

中国刑事法制建设丛书·刑事诉讼系列

编　委　会

前　言

刑事诉讼法律制度的健全和完善是建设法治国家的重要保障。跨入新世纪以来，随着我国经济社会发展和人权保障观念的日益深入人心，对刑事诉讼理论与实践运行问题的研究日益呈现繁荣的景象。许多研究者本着对刑事法制建设的高度社会责任感，投身于刑事诉讼理论与实务的研究，为刑事诉讼立法的完善提供了理论支持，也为司法工作者严格、准确执行法律提供了理论指引，使公正程序为实体正义的实现提供保障。

受国家出版基金资助，中国人民公安大学出版社启动了《中国刑事法制建设丛书》出版项目，将“刑事诉讼系列”作为丛书的重要组成部分。为了给广大从事刑事诉讼法学研究的专家学者提供一个高层次的交流平台，也使广大读者系统和全面地获取刑事诉讼理论和实践研究的成果，本丛书力求兼顾以下几方面特点：

第一，本丛书入选书目的内容全面覆盖从立案、侦查、提起公诉到审判和执行的各个诉讼阶段中的重要诉讼法律制度。本丛书对理论研究和司法实践中的热点问题予以充分关注，尤其是对管辖、证据、司法鉴定、强制措施适用、刑事被害人权利保障、刑事和解等方面的难点问题进行研究，力求从多角度提供更具可操作性的制度选择方案。在信息化时代，刑事诉讼法律制度必须对科学技术迅猛发展背景下的电子证据的收集、保全、证据规则、DNA生物证据的运用等前沿问题作出回应，本丛书也吸纳了一批介绍国外先进经验，探讨新时期程序法运行中的新问题的具有开创性的作品。

第二，本丛书的出发点是在现行的刑事诉讼法律制度基础上，深入探寻刑事诉讼的基本原理、基本规律和价值取向，以期对刑事诉讼立法的完善起到参考作用，帮助广大司法工作者正确理解法律精神，在办案过程中准确解释法律。为此，本丛书选择了一批对我国现行的刑事诉讼法律及司法解释的制定背景、具体内容进行详细解读，进而研究实践操作中存在的问题并提出解决方案的著作。希望这些研究成果能直接服务于刑事诉讼立法和司法工作，尤其是对公检法机关的司法工作人员规范执法、提高办案质量发挥指导作用。

第三，本丛书由最高人民法院、最高人民检察院、公安部等机关长期从事业务指导工作的专家担任总主编，选择了具有前瞻性、独创性、实用性和建设性的刑事诉讼领域的优秀研究成果收入本丛书。

希望在国家出版基金资助下，《中国刑事法制建设丛书》为我国的刑事法治建设发挥积极的推动作用。

由于时间仓促，疏漏之处在所难免，欢迎广大读者批评指正。

中国刑事法制建设丛书·刑事诉讼系列编委会

2011年2月

目　　录

序　　言 …………………………………………………… (1)

总　　论

第一章　刑事案件证明规范的相关问题 ………………… (5)
一、证明原则 ………………………………………… (5)
二、证明方法 ………………………………………… (8)
三、证明对象 ………………………………………… (24)
四、证明责任 ………………………………………… (31)
五、证明标准 ………………………………………… (35)
六、证明中常见的问题 ……………………………… (41)
七、产生问题的原因 ………………………………… (55)
八、破解问题的对策 ………………………………… (61)

分　　论

第二章　贪污贿赂案件 ………………………………… (67)
一、贪 污 案 ………………………………………… (67)
二、挪用公款案 ……………………………………… (75)
三、受 贿 案 ………………………………………… (82)
四、单位受贿案 ……………………………………… (89)
五、利用影响力受贿案 ……………………………… (95)

六、行 贿 案 …………………………………………………………… (101)
七、对单位行贿案 ……………………………………………………… (107)
八、介绍贿赂案 ………………………………………………………… (112)
九、单位行贿案 ………………………………………………………… (116)
十、巨额财产来源不明案 ……………………………………………… (122)
十一、隐瞒境外存款案 ………………………………………………… (126)
十二、私分国有资产案 ………………………………………………… (131)
十三、私分罚没财物案 ………………………………………………… (136)
第三章 渎职案件 ……………………………………………………… (141)
一、滥用职权案 ………………………………………………………… (141)
二、玩忽职守案 ………………………………………………………… (147)
三、故意泄露国家秘密案 ……………………………………………… (153)
四、过失泄露国家秘密案 ……………………………………………… (158)
五、徇私枉法案 ………………………………………………………… (162)
六、民事、行政枉法裁判案 …………………………………………… (169)
七、执行判决、裁定失职案 …………………………………………… (175)
八、执行判决、裁定滥用职权案 ……………………………………… (180)
九、枉法仲裁案 ………………………………………………………… (186)
十、私放在押人员案 …………………………………………………… (190)
十一、失职致使在押人员脱逃案 ……………………………………… (195)
十二、徇私舞弊减刑、假释、暂予监外执行案 ……………………… (199)
十三、徇私舞弊不移交刑事案件案 …………………………………… (205)
十四、滥用管理公司、证券职权案 …………………………………… (210)
十五、徇私舞弊不征、少征税款案 …………………………………… (215)
十六、徇私舞弊发售发票、抵扣税款、出口退税案 ………………… (220)
十七、违法提供出口退税凭证案 ……………………………………… (225)
十八、国家机关工作人员签订、履行合同失职被骗案 ……………… (229)
十九、违法发放林木采伐许可证案 …………………………………… (233)
二十、环境监管失职案 ………………………………………………… (237)

二十一、食品监管渎职案 …………………………………………………… (242)
二十二、传染病防治失职案 ………………………………………………… (247)
二十三、非法批准征用、占用土地案 …………………………………… (252)
二十四、非法低价出让国有土地使用权案 ……………………………… (257)
二十五、放纵走私案 ………………………………………………………… (262)
二十六、商检徇私舞弊案 …………………………………………………… (267)
二十七、商检失职案 ………………………………………………………… (273)
二十八、动植物检疫徇私舞弊案 ………………………………………… (277)
二十九、动植物检疫失职案 ……………………………………………… (282)
三十、放纵制售伪劣商品犯罪行为案 ………………………………… (288)
三十一、办理偷越国（边）境人员出入境证件案 …………………… (293)
三十二、放行偷越国（边）境人员案 ………………………………… (299)
三十三、不解救被拐卖、绑架妇女、儿童案 ………………………… (305)
三十四、阻碍解救被拐卖、绑架妇女、儿童案 ……………………… (310)
三十五、帮助犯罪分子逃避处罚案 …………………………………… (314)
三十六、招收公务员、学生徇私舞弊案 ……………………………… (320)
三十七、失职造成珍贵文物损毁、流失案 …………………………… (325)
第四章　国家机关工作人员利用职权实施的侵犯公民人身权利案件 ………………………………………………… (331)
一、刑讯逼供案；暴力取证案 …………………………………………… (331)
二、虐待被监管人案 ……………………………………………………… (338)
三、报复陷害案 …………………………………………………………… (344)
后　　记 …………………………………………………………………… (349)

序 言

证据是刑事诉讼的核心。当前，刑事诉讼过程中存在的主要问题是取证不规范、证明不规范。其直接后果是极易放纵犯罪或制造冤假错案，这必然会削弱司法机关的公信力，影响民众对司法的信心，侵蚀民众对公平正义的信仰，从而导致民众维权手段非正规化，影响社会的长治久安。

2012年3月，第十一届全国人民代表大会第五次会议通过了《关于修改〈中华人民共和国刑事诉讼法〉的决定》。修改后的《刑事诉讼法》对刑事诉讼中的证据标准、取证程序、证明规范等内容作了进一步细化规定，对司法机关的取证工作提出了更具体、更严格的要求。为推进执法规范化建设，保证办案质量，提高广大司法机关办案人员正确运用证据证明犯罪的能力，我们组织一批既熟悉刑事法律理论，又具有司法实践经验的专家、学者编写了《职务犯罪案件证明规范及实例指导》一书，目的是通过理论指导、实例临摹，使司法机关办案人员掌握司法实践中较难把握的刑事案件的证明对象、证明方法、证明标准、证明目的，使其只要按照书中规定的步骤、环节，就能很好地完成取证、证明的任务。

本书分为总论与分论两部分，总论主要论述证明标准、证明原则、证明方法、证明对象、举证责任，力求用简洁的文字、短小的篇幅，向司法从业人员介绍有关证明的基本原理，目的是使司法从业人员能“知其所以然”。在总论中重点向司法从业人员介绍推定的证明方法，目的是减少司法从业人员对口供的依赖，提升文明办案的程度。分论以执法规范化、信息化为视角，按照证明标准、举证责任、对犯罪主体的证明、对犯罪主客观方面的证明、对有关量刑情节的证明、补强证明，将其有序地排列，并辅以实例的证明指导，力争使司法从业人员在执法办案过程中能够“按图索骥”、“对号入座”。

本书的创新点主要表现在以下方面：

一是以规范化、信息化为视角，将基层司法机关最新的实战成果转化为诉讼制度认可的证据种类、证明方法，从而实现司法机关打击犯罪、保障人权的目的。

二是在个罪证明中，基于主客观方面的不可分，将犯罪主客观方面合并在一起证明，避免证明中不必要的重复，减少证明上的混乱，从而有利于办案人员参考证明。

三是对每一类犯罪证明之后，再辅以实例的证明指导，为办案人员证明犯罪提供临摹参考，目的是使办案人员对证明不仅具有理性的认识，更能从感性上加以把握。

四是在个罪证明中，不仅指明证明方法、证据种类，而且指明每一类证据的证明对象、证明作用，使办案人员从被动模拟向主动应用转变，切实提升办案人员的证明能力。

五是在个罪证明中，针对犯罪嫌疑人可能提出的翻供理由，提出应对之策，不让有罪之人逃脱应有的惩罚。

六是根据《刑事诉讼法》最新修改的内容，增加了辨认笔录等新的证据类型，对电子数据的收集、保存、运用作出了具体规定。在证明过程中，注重对非法证据的排除，提倡警察出庭作证，维护犯罪嫌疑人、被告人的合法权利。

总　　论

第一章　刑事案件证明规范的相关问题

运用证据认定案件事实是刑事诉讼活动的重要基础和基本内容。2012 年新修改的《刑事诉讼法》在证据制度方面，重点完善了非法证据排除制度，强化了证人出庭和保护制度。其目的是使办案部门取证更加规范化、程序化。证据制度是刑事诉讼的基本制度，侦查人员所收集的犯罪证据是检察机关控诉犯罪的重要依据，对于保证案件质量，正确定罪量刑意义重大。因此，取证规范化、程序化就显得尤为重要。笔者根据修改后《刑事诉讼法》的立法精神和有关规定，结合基层调研成果，对办理刑事案件过程中涉及证据的相关问题作一阐述。

一、证明原则

刑事诉讼的主要任务是打击犯罪、保障人权。无论是打击犯罪，还是保障人权，都离不开证据、离不开证明。从近年发现的冤假错案来看，大多与侦查机关的证明失误有关，而侦查机关的证明失误，在其后的公诉、审判程序中很难被发现，很难被纠正。为了降低证明中的失误，减少冤假错案的发生，公安、司法机关在刑事证明中必须坚持科学的证明原则。

证明原则，是指公安、司法机关在证明活动中必须遵守的规则与恪守的理念，这些规则与理念是在长期的证明实践中形成的，是法律文化的传承，是诉讼智慧的产物。坚持这些规则与理念，不仅有助于打击犯罪，而且有助于减少冤假错案的发生。一般来说，在刑事证明中应当坚持以下证明原则：

（一）无罪推定原则

无罪推定原则在刑事证明中处于核心地位，是刑事证明必须坚持的重要原则。无罪推定原则不仅规定了控方的举证责任，而且规定控方的证明必须达到排除合理怀疑的程度，否则，推定被告人无罪。我国香港地区检控和司法机关从证据运用层面理解无罪推定原则："1. 证明被告人有罪的责任由控诉人一人承担，在某些特定情况下法律规定某些特定行为可由一定事实推定有罪，并赋予被告人申辩无罪的义务。2. 被告人无证明自己有罪的义务，不得被迫自证其罪，他有权沉默和拒绝陈述。3. 对被告人有罪的根据有合理怀疑时，应作有利于被告人的解释。4. 对被告人重罪轻罪搞不清楚，即判轻罪；对有罪无罪搞不清楚，即判无罪。5. 控诉人提不出被告人有罪的证据时，被告人则有权得到释放。”① 英国学者大卫·沃克认为无罪推定原则有以下含义：“如果不能提出证据，则释放被告人；由起诉方承担证明责任，他必须反驳无罪推定，以确凿充足的证据证明被告人犯有被指控的罪行。被告人没有责任解释其行为，也没有责任为自己作无罪辩解，但是，如果他以不在犯罪现场、当时神志不清或者自卫等为由进行辩护，则被告人必须提出证据来支持他的申辩。在某些情况下，法律规定某些特定行为可因一定事实（如占有毒品）推定为犯罪行为，并且被告人承担无罪申辩的义务。”② 在法国刑事诉讼中，根据无罪推定原则的要求，由犯罪嫌疑人享受推定利益，并因此决定了在刑事诉讼中的犯罪嫌疑人、被告人不负举证责任：“这一（无罪）推定应当使受其利益的人免负举证责任。它所产生的结果首先是，犯罪嫌疑人或者受到追诉的人无需举证证明其无罪；举证证明其有罪的责任落在提出追诉的一方当事人。”③

无罪推定原则在刑事诉讼中处于核心地位，现代刑事诉讼中所有制度设置都是由此展开的。无罪推定原则的内涵具有弹性，对无罪推定原则的理解不能局限于某一点或某一个层面，但保障人权，特别是保障犯罪嫌疑人、被告人的人权是无罪推定原则的首要目标。保障人权的途径是通过证据的具体运用实现的。无罪推定原则通过假定被告人无罪为控方指证犯罪设置一道法律上的“门槛”，控方要否定无罪推定原则，必须提出证据反驳法律对被告人的无罪假定。控方证明被告人有罪的标准必须达到排除合理怀疑的程度。排除合理怀疑，是指排除对被告人无罪的怀疑，控方的证明只有达到排除被告人不存在任何无罪的可能性时，才能推翻法律对被告人的无罪假定。

在判决之前假定犯罪嫌疑人、被告人无罪，并不是说犯罪嫌疑人、被告人都不是真正的罪犯。相反，从司法实践来看，刑事诉讼中绝大多数被追诉的犯罪嫌疑人、被告人最终被司法机关判处有罪。无罪推定主要是从诉讼程序上假定犯罪嫌疑人、被告人无罪，通过这种方式来强化控方的举证责任。无罪推定并不是终局意义上的无罪，只是在法庭最终裁判之前假定犯罪嫌疑人、被告人无罪。无罪推定是临时性的假定，控方可以用确实充分的证据将其推翻。

---

① 李泽沛主编：《香港法律大全》，法律出版社 1992 年版，第 777 页。

② David. M. Walker 著，李双元译：《The Oxford Companion To Law》，法律出版社 2002 年版，第 895 页。

③ 卡斯东·斯特法尼、乔治·勒瓦索、贝尔纳·布洛克著，罗结珍译：《法国刑事诉讼法精义》，中国政法大学出版社 1999 年版，第 34 页。

（二）客观性原则

客观性是证据的首要属性，一个证据能否在证明中发挥作用取决于它的客观性。一般来说，一个证据的客观性越强，它的证明力就越强。证据的客观性是指："一是所有刑事证据都是伴随着案件发生而出现的事物、痕迹或反映现象。证据事实是客观存在的，不以犯罪分子的主观意志为转移。二是任何刑事证据都是不以侦查、检察和审判人员的主观意志为转移的客观事实。办案人员绝不能用主观臆断来代替这些证据，更不允许办案人员任意更改或替换收集到的证据材料。"①

在证明中，坚持证明的客观性原则，必须做到以下方面：一是所有用于证明案件事实的证据必须是查证属实的、客观的，而不是伪造的。只有证据是客观的、真实的，才具有证明力。二是证明标准必须达到客观真实。在我国刑事诉讼法学界有关证明标准的争议主要有客观真实，法律真实，以客观真实为主、法律真实为辅。其实，客观真实与法律真实并不矛盾，客观真实是法律规定的客观真实，法律真实如果离开了客观性，也失去其自身的价值。三是证明方法的客观性。按照我国刑事诉讼法的规定，证据总体上可分为物证与人证。证明方法的客观性是指无论是以人证的方法还是以物证的方法来证明案件事实，证明方法必须具有外显性，使证明内容能够为他人所感知，证据载体能够为对方所质询。

（三）合法性原则

合法性是证据三大属性之一。在证明中坚持合法原则，包含以下含义：一是证据必须符合法定的形式。不符合法定形式的证据，不能作为证据使用。目前，一些地方使用测谎证据，由于其不符合法定形式，所以不具有证据资格，不能作为刑事证据使用。二是取证主体必须符合法律规定。在司法实践中经常发生的一名侦查人员讯问犯罪嫌疑人，或者委托保安取证，都是不符合法律规定的。三是法定主体必须在法定的时间、地点使用法定的方法收集证据。如果不在法定的时间、地点或者使用逾越法律允许的方法取证，所获得的证据不具有证据资格，不得作为证据使用。四是不得刑讯逼供。刑讯逼供不仅容易造成冤假错案，而且容易引发群体性事件，降低司法机关执法的公信力。

从功利的角度看，刑讯逼供确实侦破了大批案件，具有一定的实用价值。但是，刑讯逼供有悖司法文明，容易造成冤假错案。因为，任何一个侦查人员都不能保证他所打的人全部是坏人，在办案中没有任何理由将一个好人打成坏人，将一个无辜的人打成有罪的人。可以说，冤假错案与刑讯逼供有千丝万缕的联系，

① 崔敏著：《求真集——我的治学之路》，中国人民公安大学出版社 2006 年版，第 160 页。

在近期发现的赵作海案件中，由于侦查人员违法取证，尽管收集的证据从表面上看可以认定被告人有罪，实际上却是一起冤假错案。

（四）程序正义原则

我国传统上“重实体，轻程序”。在司法实践中，违反程序的现象时有发生，主要表现为：不在法定的时间、地点讯问犯罪嫌疑人，不履行告知权，非法限制犯罪嫌疑人会见律师的权利，取证主体不合法，见证人不符合法律的要求，法律文书的制作不符合规范性要求，没有遵守回避的规定，证人不出庭作证等。

违反程序正义原则取得的证据并非不真实，而是民主法制社会为了维护更大的社会利益，对其不予认定。在证明过程中，公安、司法机关遵守程序正义原则，能够提升执法的公信力与证据的证明力。按照程序正义原则收集证据不仅使证据具有形式上的合法性，而且能够保证对方当事人的权利，减少对方当事人的合理怀疑。

程序正义原则要求司法人员在证明中做到以下几点：一是切实保证当事人的知情权。对凡是不涉及国家秘密的内容，都应当向当事人及其代理人公开，除非涉及技术侦察手段，对有关诉讼文书，当事人及其律师有权全部复印。二是保证犯罪嫌疑人、被告人会见律师的权利。在侦查阶段，犯罪嫌疑人的人身自由受到限制，加之法律知识的欠缺，使其无法维护自身的权利，律师介入诉讼能够有效地保障当事人的合法权利，同时能够尽早发现、制止违法讯问。三是在法定时间、地点讯问犯罪嫌疑人。在司法实践中，侵犯犯罪嫌疑人权利的现象主要发生在非法定的讯问场所。在法定讯问场所，由于讯问要履行一定的程序，有视频监控，很少发生侵犯犯罪嫌疑人权利的现象。四是对证人不得使用强制性措施，对证人的询问必须在证人方便的时间、地点进行。

证明原则是公安、司法机关在刑事证明中必须坚持的规则与恪守的理念，它对整个刑事证明活动具有重要的指导作用。坚持以上的证明原则不仅能够提高公安、司法机关的证明能力，而且能够提高公安、司法机关的办案质量，从而实现刑事诉讼法赋予公安、司法机关打击犯罪与保障人权的双重任务。

二、证明方法

相对于刑事诉讼程序而言，犯罪发生在过去。公安、司法机关参与刑事诉讼的目的就是通过证明活动来还原案件事实，并准确地适用法律。证明因此离不开一定的方法。就目前而言，对刑事案件事实的证明主要有证据证明、推定、司法认知等方法。

（一）证据证明

在古代社会，认定案件事实的方法主要是借助神灵的启示。随着生产力的发展，人类取证能力不断提高，加之，神灵启示对案件事实认定的不确定性，以及世俗统治者不满于司法权被僧侣阶层控制，对案件事实的认定方法逐步由借助神灵启示演变为依靠证据证明。依靠证据认定案件事实，大约可分为三个阶段：一是对案件事实的认定以人证为主，人证包括犯罪嫌疑人的口供、证人证言及被害人陈述。在司法证明的较长时间内，只要取得犯罪嫌疑人口供，就可以直接认定案件事实。口供在古代刑事案件证明中具有超强的证明力，被称为“证据之王”。二是随着生产力的发展以及证明过程日趋文明化、民主化、科学化，对案件事实的认定方法逐步由人证为主转化为物证为主，物证在刑事案件证明中处于优先的地位。三是随着司法机关信息化建设的发展，未来对案件事实认定的方法逐步由物证为主转化为信息为主，信息证据在刑事案件证明中的作用将会越来越大。①

对案件事实的认定以证据证明为主，不仅可以避免司法人员主观上的随意性，而且能够为对方审查、反驳提供具体的目标。在双方争辩的基础上，有助于法庭进一步判明案件事实。

证据证明是指对案件事实的认定必须有证据，没有证据不能认定案件事实。认定案件事实的证据既有单一的证据，也包括证据组合。认定整个案件事实或主要案件事实的证据必须达到一定的量，单一的证据不能认定整个案件事实或主要案件事实，只能认定案件某一方面的次要事实。

认定案件事实的证据必须具有客观性，虚假的、想象的证据不能作为认定案件事实的根据。证据的客观性具有以下含义：一是证据是客观存在的，它以形态或痕迹或动作或言辞或信息的形式存在，它能够为外界所感知到，它是独立于办案人员的主观意志而存在的。二是从成因上看，它是伴随犯罪行为产生而产生的，司法人员只能收集证据，而不能制造或生产证据。证据在司法人员收集、提取它之前，已经客观存在。三是证据的客观性与哲学意义上的纯客观是有区别的。一般来说，物证具有纯客观性，但人证是主体对外界的感知，是主客观的统一。

用来证明案件事实的证据应当具有合法性。证据的合法性包含以下含义：一是证明案件事实的证据必须符合法定的形式。不符合法定形式的证据，不得用来证明案件事实。测谎证据尽管在民事诉讼中使用，但不得在刑事诉讼中使用，因为它不符合法定的证据形式。二是证据的来源具有合法性。证据是客观存在的，但它必须通过侦查人员的主动提取、收集，才能进入到诉讼程序之中，发挥证明

① 信息的外延非常宽泛，包括航空信息、人口信息、电子信息、旅馆信息、银行信息等内容。随着司法机关信息化建设的发展，信息在证明中的作用越来越重要。比如，根据犯罪嫌疑人无正常生意，却经常前往毒品重灾区的航空信息，可以推定他意图贩毒；根据犯罪嫌疑人手机在犯罪现场上空出现的电子信息，可以证明犯罪嫌疑人到过犯罪现场等。

作用。侦查人员提取、收集证据的手段、方式必须具有合法性，以非法手段获得的证据，不得用来证明案件事实，特别是以刑讯逼供方式获得的言辞证据不得用来证明案件事实。三是取证的主体具有合法性。不具有取证主体资格的人不得收集证据，即便收集的证据是客观、真实的，也不得作为证据使用。

用来证明案件事实的证据应当具有关联性，证据的关联性是指证据与案件事实具有的直接或间接的联系。证据在案件事实与犯罪嫌疑人之间能够起到联系作用，它能够证明犯罪事实是否犯罪嫌疑人所为，犯罪嫌疑人如何实施犯罪，造成何种结果。如果证据能够对以上事实起到证明作用，证据即具有关联性。一般说来，直接证据的关联性大于间接证据的关联性，直接证据可以直接证明案件事实，间接证据必须与其他证据组合起来才能证明案件事实。不过，组合后的间接证据关联性一般大于直接证据的关联性，因为直接证据主要是言辞证据。言辞证据最大的特点是它的虚假不实成分较多，而且言辞证据具有反复性，所以必须加强对言辞证据的审查，排除其中的虚假成分。原始证据的关联性大于传来证据的关联性，原始证据可直接认定案件事实，传来证据必须经过审查才能作为认定案件事实的证据。证据的关联性越强，证明力就越强。

证据证明主要包括以下方法：

1. 讯问犯罪嫌疑人

（1）依法讯问。口供是法定证据之一。由于口供不具有稳定性，一些地方的司法机关提倡“零口供”。“零口供”的提法不仅于法无据，而且不利于打击犯罪。在刑事证明中，对口供不是要不要的问题，而是如何正确获取的问题。口供的主要功能是证明犯罪嫌疑人主观方面，以及共同犯罪中的内部分工。获取口供的方法是讯问犯罪嫌疑人，讯问犯罪嫌疑人不仅需要技巧，更需要依法进行。按照我国《刑事诉讼法》的规定，对犯罪嫌疑人的讯问必须遵守以下要求：①讯问犯罪嫌疑人必须由两名以上侦查人员进行，不具有侦查主体资格的人不得参与讯问。②连续讯问犯罪嫌疑人不得超过 12 小时。两次讯问之间，必须安排犯罪嫌疑人合理的休息时间，原则上不得少于 2 小时。③讯问必须在法定场所进行，严禁在法定场所之外讯问犯罪嫌疑人。④讯问方法要合法、文明，严禁刑讯逼供、引供、诱供。⑤对犯罪嫌疑人供述的内容要客观地记载，不得随意地删减。在讯问中，不仅要记录犯罪嫌疑人的有罪供述，而且要记载犯罪嫌疑人的无罪辩解。⑥在讯问中不得向犯罪嫌疑人透露案件事实、不得指名问供。⑦讯问笔录须让犯罪嫌疑人签字确认。对犯罪嫌疑人的签名，侦查人员要仔细审查，防止犯罪嫌疑人虚假签名。⑧讯问笔录必须当场制作，不得事后制作讯问笔录，参与讯问的人员都应当在讯问笔录上签字。

（2）讲究讯问策略。讯问是对抗性很强的活动，基于逃避打击的心理，犯罪嫌疑人通常都不会主动交代犯罪事实，只有讲究讯问策略，才能获得有价值的证据。一般来说，在讯问犯罪嫌疑人时，要注重以下方面的策略：

①亲情感化。讯问犯罪嫌疑人的技巧性很高，但技巧性不等于诱供、骗供，诱供、骗供虽然能够获得口供，但事后犯罪嫌疑人容易翻供。要通过亲情教育、法律教育，促使犯罪嫌疑人认罪服法，从心理上感化或击溃犯罪嫌疑人。例如，某市公安局抓获一名持枪抢劫犯罪嫌疑人，起初犯罪嫌疑人态度强硬，拒不交代。讯问人员得知其非常挂念在老家的儿子后，专程到犯罪嫌疑人老家看望，并帮助他儿子解决上学困难。犯罪嫌疑人最终被感化，交代了该起案件。

②注重印证。2012 年新修改的我国《刑事诉讼法》第 53 条第 1 款规定："对一切案件的判处都要重证据，重调查研究，不轻信口供。只有被告人供述，没有其他证据的，不能认定被告人有罪和处以刑罚；没有被告人供述，证据确实、充分的，可以认定被告人有罪和处以刑罚。"无论是"从供到证"的侦查模式，还是"从证到供"的侦查模式，都必须注重对口供的印证。注重对口供的印证包含以下内容：一是口供与其他证据印证。口供如果得到本案其他证据的印证，则证明力大；如果与其他证据存在矛盾，二者必有一假，则证明力小。二是口供与犯罪现场印证。任何犯罪离不开特定时空的犯罪现场。口供是否真实，可以从犯罪现场中得到印证。如果犯罪嫌疑人交代的内容与现场勘验的情况相吻合，特别是与现场的一些细节特征相吻合，则口供具有较强的证明力；否则，证明力弱。三是前后口供之间印证。如果犯罪嫌疑人前后供述比较稳定，没有翻供，其真实性就比较大。如果犯罪嫌疑人供述前后矛盾，就必须排除其中的矛盾。四是"在共同犯罪中，数个犯罪嫌疑人、被告人的口供均指向同一内容的，犯罪嫌疑人、被告人的数量越多，该口供的证明力越大；一致的内容越详细，该口供的证明力越大"。[①]

（3）紧扣犯罪过程。刑事诉讼是由不同的诉讼阶段构成的，不同的诉讼阶段具有相对独立性。诉讼阶段的相对独立性，造成处于后一个诉讼阶段的工作人员不能完全了解前一个诉讼阶段工作人员的工作内容、工作方式、工作特点。在刑事诉讼中，侦查部门与公诉部门经常对一些法律问题、事实问题产生争议，原因是他们处于不同的诉讼阶段，相互缺少了解。为了减少不同诉讼阶段工作人员对法律问题、事实问题的争议，侦查机关的讯问要围绕犯罪过程进行，以便让没有参加讯问的人员对犯罪过程有一个清晰的了解。在讯问犯罪嫌疑人时，要做到全案脉络清楚，重点突出，围绕发案的时间、地点、人员、行为过程、结果以及原因、目的、动机等进行。讯问笔录不仅要反映犯罪嫌疑人的作案过程，而且要突出现场勘查、调查的情况。须知，制作讯问笔录是为后阶段的诉讼程序服务的，

---

① 何家弘主编：《证据的审查认定规则示例与释义》，人民法院出版社 2009 年版，第 125 页。

侦查人员必须有诉讼意识，讯问笔录要反映犯罪嫌疑人的心理变化，反映犯罪嫌疑人从预备犯罪到实施犯罪以及犯罪后是否逃逸、对赃物如何处理、有无投案自首或检举他人等情节的整个犯罪过程，让公诉、审判人员通过讯问笔录能够对犯罪过程有清晰的印象。

（4）避免矛盾。侦查部门办案的一个重要特点是“大兵团”作战，特别是在团伙犯罪中更是如此。由于参与人员众多，在讯问时往往缺少必要的配合。表现在讯问笔录上为一个侦查人员同时参加对两名以上犯罪嫌疑人的讯问，不同讯问笔录之间存在矛盾。为了减少讯问笔录中人为造成的矛盾，不同侦查人员参加讯问的，要注意讯问内容的前后衔接。讯问团伙犯罪中的嫌疑人，侦查人员事先应该互相沟通、制定好讯问策略，避免矛盾。多名侦查人员对同一名犯罪嫌疑人多次讯问的，要做好交接工作。

（5）防止犯罪嫌疑人翻供。口供证明力的大小取决于其是否稳定。一般来说，在整个诉讼过程中一直稳定的口供，具有较强的证明力。当然，也有例外情况。为了防止犯罪嫌疑人翻供，侦查人员在讯问中要注意以下几个方面：

①注重细节。口供的最大特点在于它的易变性。一般来说，案件在审查起诉、审判阶段，犯罪嫌疑人经常翻供，犯罪嫌疑人翻供的主要理由是受到刑讯逼供。从司法实践看，由于侦查人员在讯问时没有注重对案件细节特征的讯问，犯罪嫌疑人翻供的成功率还比较高。所以，侦查人员讯问时，要针对不同犯罪的特点，注重对案件细节特征的讯问，注重对一些只有参与犯罪的人才知道的内容的讯问，堵死犯罪嫌疑人、被告人翻供的退路。例如，在入室盗窃案件中，注重对室内陈设的讯问；在强奸案件中，注重对当事人身体特征的讯问。如果不是案件当事人，犯罪嫌疑人是不可能掌握案件的细节特征的。所以，注重对案件细节特征的讯问，可以有效地防止犯罪嫌疑人翻供。某地曾发生过这样一起案件：快餐店老板收到朋友装在信封中的13000元钱，外出时将钱放在抽屉中。一名员工趁老板出门时将其偷走。在侦查阶段，犯罪嫌疑人承认偷了13000元钱，在审查起诉阶段，犯罪嫌疑人翻供了。但在讯问阶段，侦查人员掌握了一个细节：老板问那名员工有没有偷一万多元钱，那名员工随口说没有偷13000元钱。侦查人员认为，如果钱不是犯罪嫌疑人偷的，他就不可能知道信封中装有13000元钱。由于侦查人员在讯问细节上卡死了被告人翻供的可能性，检察机关同意了公安机关的起诉意见。

②提倡侦查人员出庭作证。侦查人员出庭作证不仅有利于打击犯罪，反驳被告人无理的辩解，而且经常出庭作证能够培养侦查人员的证据意识、程序意识、法治意识。侦查人员刚开始出庭作证，可能会不适应，甚至觉得难受，但经过一段时间的磨合，特别是看到自己出庭作证，成功地指证了犯罪，就会有成就感，就会慢慢地适应出庭作证，甚至喜欢出庭作证。某市中级人民法院曾经审理了一

起刑事案件，被告人当庭翻供，翻供的理由是在公安机关受到刑讯逼供，被侦查人员打了。法院通知侦查人员出庭作证，在侦查人员出庭作证后，被告人又说不是侦查人员打他的，法官当庭拒绝被告人的无理翻供。

③录音录像。录音录像既是证据，又是固定其他证据的一种方法。录音录像的证明力很强，能为没有参加讯问的检察人员、审判人员提供一个真实的讯问情境，便于检察、审判人员对侦查人员讯问的合法性、真实性作出判断。录音录像有利于遏制不文明讯问行为，促进文明执法，更是制止犯罪嫌疑人无理翻供的重要手段。在讯问重要的犯罪嫌疑人时，有条件的地方要录音、录像，录音、录像应该完整、连贯、清晰，不得剪辑，更不得将犯罪嫌疑人“打服”后，再录音、录像。

2. 询问证人

在刑事证明中，证人相对中立，证人证言具有较强的证明力。基于我国历史上“亲亲相隐”的文化传统，加之我国证人保护制度的缺失，在司法实践中，证人普遍不愿意出庭作证。证人不愿出庭作证的现实，反过来又造成一些侦查人员不重视对证人证言的收集，从而影响对犯罪的打击。在询问证人时，要注意以下几个方面：

（1）在案件刚发生时，证人基于对犯罪愤恨的自然情感，往往愿意作证。随着时间的推移，受外界因素的影响，证人往往不愿作证。所以，在案件发生后，侦查人员应当在第一时间收集证人证言。在伤害等类型的案件中，由于犯罪嫌疑人、被害人之间存在利益冲突，双方往往各执一词，在没有收集到证人证言时，侦查机关很难认定案件事实。所以，对伤害等类型的案件取证时，侦查人员应当重视在第一时间内收集证人证言，证人证言是印证当事人陈述真伪的重要证据。

（2）证人必须具有作证能力，了解案情，愿意真诚地作证，提供的证言才有证明价值。在询问证人前，侦查人员要重点了解证人感知事物的能力，感知条件，证人的身份、职业、诚信情况，是否受到外界干扰，以便对证人证言的真实性进行审查。对证人证言审查的内容包括以下几个方面：

①审查证人与犯罪嫌疑人、被害人是否熟悉，有无个人恩怨，是否受到外界干扰。一般来说，证人与案件当事人互不相识，在第一时间作出的证言比较可信；

②审查证人证言的内容是否符合情理与逻辑，是否前后矛盾。在一般情况下，如果证人证言符合人情事理，符合逻辑法则，陈述的内容前后一致，可信度就较大，反之，则可信度较差；

③审查证人感知案情的主客观条件，生理因素，个人品质。一般来说，证人身体健康，无生理疾病，品德高尚，其陈述的可信度大；

④证人感知案情的周围环境，在当时条件下，证人能否看到、听到、闻到某

事、某物、某味，以审查证人证言是否真实；

⑤证人是自己看到的，还是听别人说的，是否将自己了解的内容告知其他人，通过审查证据来源，以确认证人证言是否可信，有无夸大的成分；

⑥证人是否从犯罪嫌疑人处得到好处，证人与犯罪嫌疑人的关系，以确认证人证言是否可信。

（3）让证人自然地陈述所见，侦查人员要尽量避免对证人的不当暗示。“心理学家以实证研究表明，若在指证前先警告证人，犯罪嫌疑人可能不在待指证的行列中，证人错误指证的比例为33%，若未事先作如是警告，证人指证错误的比例即高达78%。”[①] 从现已发现的冤假错案看，证人指证错误是造成冤假错案的重要原因。[②] 所以，对品德高尚的证人所作的证言同样要进行审查。

（4）在刑事证明中，存在一些关键证人，关键证人的证言是否稳定直接影响刑事诉讼的进程。为了避免关键证人的证言发生变化，影响对案件的证明，询问关键证人时应该录音、录像。

（5）就同一案件事实的不同证言，可以参照下列原则比较其证明力的大小：

①证人就同一事实先后作出的不同证言，顺序在先且及时作出的证言，一般具有较强的证明力；

②出庭作证的证人证言的证明力一般大于未出庭作证的证人证言的证明力；

③证人提供有利于其亲属或者其他密切关系的当事人的证言，其证明力一般小于其他证人证言的证明力；

④内容稳定、前后一致的证人证言的证明力，一般大于内容不稳定、前后矛盾的证人证言的证明力；

⑤“生理和心理状态正常、认知能力强、情绪稳定的证人所提供的证言，一般比生理上、精神上有缺陷的证人所提供的证言的证明力更强。”[③]

（6）询问证人不得使用强制措施，应尽量在证人方便的时间、地点进行询问，严禁“刑讯逼证”。

3. 询问被害人

被害人是案件当事人，在大多数案件中，被害人与犯罪嫌疑人有过接触，被害人陈述对指证犯罪有重大作用。

---

① 王兆鹏著：《美国刑事诉讼法》，北京大学出版社2005年版，第430页。

② “美国联邦最高法院在判决中指出，误判的因素极繁，但证人指证错误为最主要原因；若细分误判的原因，证人指证错误的单项因素，较其他误判的总和还多。以具体数字为证明，1932年曾有一项调查显示，65件无辜者被误判有罪的案件中，有29件归因于证人的指证错误；1988年的调查显示，无罪误判为有罪的案件中，52%归因于证人的指证错误。”参见王兆鹏著：《美国刑事诉讼法》，北京大学出版社2005年版，第427页。

③ 何家弘主编：《证据的审查认定规则示例与释义》，人民法院出版社2009年版，第145页。

（1）询问被害人时，应重点询问以下内容：

①犯罪嫌疑人的体貌特征、衣着、口音、身高、年龄；

②犯罪嫌疑人的人数，使用的工具，犯罪方法，劫走财物的特征、价值，人身受伤害的程度；

③遇害的时间、地点、周围环境，有无其他目击证人。

（2）一般说来，如果被害人陈述符合以下条件，其证明力不强：

①被害人的陈述空泛，缺少具体内容，仅是对一些平时与自己关系不好的人怀疑、猜测；

②被害人的陈述与一般规律、社会常识不吻合；

③被害人的陈述前后矛盾，无法查证；

④被害人的陈述与现场勘验、鉴定意见存在矛盾。

（3）在刑事证明中，被害人出于各种各样的动机，也会作出虚假的陈述，所以，应当加强对被害人陈述的审查。

①被害人是在什么时间、什么情况下检举犯罪的，报案后是否申请撤销案件，申请撤销案件的理由是否正当，以确认被害人的陈述是否真实；

②被害人的陈述是否合乎情理，或者过于合乎情理，从情理上审查被害人陈述的真伪，防止被害人报假案；

③被害人与犯罪嫌疑人是否熟识，有无个人恩怨。一般而言，如果被害人与犯罪嫌疑人互不相识，其陈述比较可信，但在侵财案件中，要注意审查被害人是否夸大财产的损失；

④被害人的生理条件、感知能力、品德情况，以确认被害人有无能力提供准确的证据及其陈述是否可信。

4. 现场勘验、检查

现场勘验、检查的主要任务是查明和记录现场情况，寻找目击证人，提取和固定证据。现场勘验由侦查人员、技术人员负责。进行现场勘验时，应当邀请与案件无关的人在场见证。在犯罪现场收集的物证、扣押的书证、提取的其他证据，勘验笔录中均应记载，不得遗漏。现场勘验是侦破刑事案件的重要环节，必须高度重视，认真做好以下工作：

（1）保护现场。

①侦查人员在接到报案后，应尽快到达现场，划定警戒线与现场保护范围，立即收集容易灭失的证据，救助受伤人员；

②侦查人员要详细询问当事人及辅警，查明他们到过现场哪些地方，碰过现场哪些物品，拿走现场哪些物品，现场的物品有无增减，以及现场的原始状态；

③对现场中容易灭失的痕迹、物证要采取保护措施及时固定证据，防止证据灭失；

④寻找现场目击证人，尽可能地让证人现场作证，根据证人证言迅速展开侦缉工作，抓捕犯罪嫌疑人。

（2）勘验、检查现场的要求。

①勘验、检查应当迅速、及时、客观、全面，勘验、检查使用的方法符合法律规定与技术规范的要求；

②勘验、检查现场应当由两名以上侦查人员进行，并邀请与案件无关的见证人在场见证，以提高现场勘验、检查的证明力；

③提取物证与保存物证的人员要有明确的分工，不能互相替代，防止证据遗失；

④拍摄现场方位照片、细目照片必须准确，重要物证、痕迹应有细目照片；

⑤制作的现场图应有比例、方位、文字的说明，重要物证、重要痕迹、尸体要标明在现场图的相应位置上；

⑥勘验、检查重大案件现场应当录音、录像，要注意录制证据提取前现场的原始状态，展现提取证据的完整过程；

⑦勘验、检查中提取的所有物证、书证、痕迹应在笔录中载明，笔录中要注明录音、录像制作人、照片制作人、现场图绘制人；

⑧勘验、检查中的文字部分与录音录像部分、绘图部分应当互相印证，勘验、检查笔录记载的内容与所提取的物证应当吻合；

⑨对容易腐烂的物品或容易被外界环境污染的物品，要采取冷藏、冷冻等方法，防止物品被污染。提取现场物品时，要注明提取的数量，并及时固定、封存，防止当事人辩解侦查机关替换了现场提取的物品；

⑩邀请适格的见证人见证现场勘验、检查提取的物品，不能以办案单位的人员代替见证人见证现场勘验、检查。

（3）对勘验、检查笔录真实性的审查。如果勘验、检查笔录具有以下现象，则其证明力受到影响：

①勘验、检查笔录的内容不完整；

②勘验、检查笔录上有增添、涂改的痕迹；

③勘验、检查笔录与其他已经查证的证据存在矛盾。

5. 扣押、提取书证、物证

扣押、提取书证、物证，应尽量扣押、提取原始书证、物证。扣押、提取清单上应注明扣押、提取物品的名称、数量、种类，清单上要有扣押人、提取人、被扣押人、被提取人、见证人的签名。

（1）依法扣押。

①执行扣押的主体必须是两名以上侦查人员，持有相关的法律文书，文书必须符合法定的形式，不得持空白法律文书扣押，在扣押前应当向物品持有人出示

法律文书，并让其签字；

②扣押物品时，应当邀请见证人在场，与案件无关的物品不得扣押，对于不便扣押的物品，要录像、拍照固定或封存保管；

③制作扣押清单，清单上必须记载全部的扣押物品，注明扣押物品的名称、数量，扣押清单上必须有扣押人、被扣押人或其亲属、见证人的签名；

④调取书证、视听资料应当是原件，调取原件确有困难或因保密需要不能调取原件的，可以调取副本或复制件，声音资料应附有简要的文字说明；

⑤对于扣押的物品、文件应当有专人保管，使用要履行法定程序，物品、文件进出保管室要履行登记制度。

对于拒不配合的单位或个人可以强制扣押或提取，并可以按照法律的相关规定对相关单位及其责任人进行处罚。

（2）加强对物证的固定、保全。物证是通过其外部特征、物质属性和存在状况来证明案件真实情况的，保持物证的原始性与完整性有助于提高物证的证明力。在实践中，如果提取物证的方法不科学、不规范或者保管物证的方法不标准，往往会降低物证的证明力。所以，必须健全规范物证的提取、保全、使用制度。

（3）提供原物复制品、照片、录像的，应当附有制作过程的文字说明、原物存放于何处的说明，并由制作人、见证人、物品持有人签名确认。原物和复制品、照片、录像等证据存在矛盾时，在通常情况下，前者的证明力大于后者。

（4）原始书证比复制件、节录本、传真件具有更强的证明力。书证的复制件、节录本、传真件只有经过与原件核对无误或者经过鉴定为真实时，才具有与原始书证同样的证明力。

（5）当不同书证发生冲突时，一般情况下，原始书证的证明力大于复制书证，公文书证的证明力大于非公文书证，历史书证的证明力大于现代书证。

（6）实践中经常存在的问题。

①扣押时没有当场开具清单，扣押清单上没有见证人签名，没有犯罪嫌疑人或其亲属签名，导致犯罪嫌疑人否认被扣押的物品、书证与其有关，将无法证明被扣押物品的所有人；

②被扣押人拒不签名的情况没有在扣押笔录上说明，也没有邀请见证人证明，导致扣押物品的来源不清，无法起到证明作用；

③对拒不配合的单位或个人，侦查机关不敢依法强制扣押、调取，更不敢对当事人依法制裁。

6. 鉴定

鉴定意见一度被称为科学证据，在侦查破案中具有重要作用，但由于管理体制上的问题，鉴定意见的证明力经常受到质疑。为了使鉴定意见发挥应有的作用，在鉴定时应遵守以下规范：

（1）对犯罪嫌疑人有无行为能力，是否精神病人的鉴定，应在第一时间进行，避免二次鉴定，减少因多次鉴定而造成不必要的争议。

（2）鉴定人员应具有鉴定资格，鉴定人员不少于二人，鉴定人对鉴定过程中所使用的科技手段与所依据的科学原理要有必要的说明，鉴定意见上要有鉴定人签名与鉴定单位盖章。

（3）委托书应记载如下内容：委托人、受委托人、委托鉴定物品的种类与数量、委托鉴定的目的。

（4）鉴定人对委托鉴定的物品要认真保管，不得遗失或损坏。鉴定人应当客观、公正地鉴定，恪守职业规范，不得与当事人有不正当的接触。

（5）对鉴定意见的审查。在一般情况下，鉴定意见具有较强的证明力。如果检材受到污染或者鉴定人受到他人的贿买或威胁，都会影响鉴定意见的准确性。所以，必须加强对鉴定意见的审查。

①鉴定机构是否具备法定的资质，鉴定人员是否具有执业资格，鉴定人数是否符合法律规定，委托鉴定的事项是否符合鉴定机构的执业范围；

②检材的提取是否符合技术规范，检材的保管环境是否达到规定的标准，检材保管、流转的环节是否规范；

③鉴定机构的实验室是否实行质量控制，是否可能存在导致样品污染的因素，试剂是否有效，仪器设备是否灵敏，操作是否符合程序规范。

7. 调取视听资料

视听资料，是指利用现代音像技术，依照法定程序生成、存储、传递或保全的与案件有关的声音和图像，这些声音和图像对案件事实可以起到证明作用。

视听资料具有直观、形象的特点，能为他人提供一个形象的感知情境。经过审查属实的视听资料，具有较强的证明力。但视听资料又易于伪造，必须加强对视听资料的审查。

（1）在刑事诉讼中，凡是以刑讯逼供、威胁、引诱、欺骗的方式获得的视听资料，且该取证方式可能影响证据内容的真实性的，该视听资料不具有证明力。

（2）除因客观原因，提供原始视听资料确有困难的，应当提供原始视听资料，否则复制、拷贝的视听资料不具有证明力。

（3）提供原始视听资料的，应当注明制作人或收集人姓名，制作或收集的方式、使用的仪器，制作的时间、地点、过程、见证人等内容。提供复制件的，应当注明其来源和复制经过及不能提供原始视听资料的原因。

（4）提供声音资料的，应当提供简要的文字说明。提供外语视听资料的，应当附有由具备翻译资质机构提供的中文译本，由翻译人员签名并注明相应的职称，并由所在单位签章。

（5）视听资料应当完整，对于声音模糊、图像不清、中间空白的原因要作出说明，以便审查其是否真实。

（6）视听资料证明力大小取决于以下因素：

①制作视听资料的设备与软件。高质量的设备与软件有助于提高视听资料的证明力；

②制作、储存或传递视听资料的方法是否科学、规范，有无影响信息失真的不当情形；

③视听资料的内容是否前后矛盾，与其他证据有无矛盾。缺少其他证据印证，并存有疑义的视听资料，不得单独作为定案的根据；

④在多份视听资料中，经过公证的视听资料的证明力最强，经鉴定的视听资料证明力次之，普通视听资料证明力较差，存疑视听资料证明力最差；

⑤在多份视听资料中，国家机关依据职权制作的视听资料的证明力大于普通人制作的视听资料，在正常业务中制作的视听资料的证明力大于无意中制作的视听资料。

8. 收集电子证据

“电子证据是指借助现代信息技术或电子设备而形成的一切证据，或者以电子形式表现出来的能够证明案件事实的一切证据。”① 随着网络犯罪的增多，电子证据将被广泛地采用。与传统证据相比，电子证据具有以下特点：一是极易受到改变或破坏，而且能够不留痕迹；二是在技术上具有复杂性；三是储存量极大，与大量的无关信息掺杂在一起。

电子证据证明力的大小主要取决于以下因素：

（1）电子证据是否完整，是否被破坏，是否原始，制作、储存的环境是否受到外界攻击。

（2）收集电子证据的主体是否合格，收集证据的程序是否遵守技术规定。

（3）计算机等系统的软硬件是否可靠，该系统有无防止出错的监控手段，系统运行是否正常。

在刑事证明中，收集、使用电子证据时，必须遵守以下规范：

（1）收集电子证据应由技术人员承担，技术人员应注明收集电子证据的方法，对电子证据的收集过程要录像、拍照固定或邀请见证人见证。

（2）如果电子数据储存在电脑或其他电子设备中，可以从该电脑或电子设备中直接打印或输出，打印、输出的过程应当录像、拍照固定或邀请见证人见证并签字。

---

① 何家弘主编：《证据的审查认定规则示例与释义》，人民法院出版社 2009 年版，第 310 页。

(3) 提取、复制电子数据应有文字说明，主要包括以下内容：案由，证明对象，提取、复制的时间、地点，电子数据的大小、内容、类别、格式，提取人、复制人、持有人、见证人签名。

(4) 提取电子证据时，可以扣押储存电子证据的电脑主机、硬盘，作为证据使用的存储媒介、电子设备和电子数据应当在现场固定或封存，并邀请见证人见证整个过程。

①采用的封存方法应当保证在不解除封存状态的情况下，无法使用被封存的存储媒介和启动被封存电子设备；

②封存前后应当拍摄被封存电子设备和存储媒介的照片，并制作《封存电子证据清单》，照片应当从各个角度反映设备封存前后的状况，清晰反映封口或张贴封条处的状况；

③封存或固定存储媒介时，应当邀请见证人、物品所有人在场，并让其签字。

(5) 不得将生成、提取的数据存储在原始存储媒介中，不得在目标系统中安装新的应用程序。如果因为特殊原因，需要在目标系统中安装新的应用程序的，应当在现场勘验、检查笔录中记录所安装的程序及其目的。

(二) 推　　定

侦查人员在办案中经常会遇到一些有证据能够证明犯罪嫌疑人有罪，但犯罪嫌疑人就是不承认其犯罪事实的案件。由于我国刑法对绝大多数的犯罪要求控方必须证明犯罪嫌疑人主观上具有明知、故意，才能认定犯罪嫌疑人构成犯罪。一旦遇到此类案件，侦查人员往往感到棘手。此时，侦查人员必须掌握推定的知识，巧妙地组合证据，根据法律规定或经验法则，合理地推定犯罪嫌疑人有罪，并将推定过程、推定所依据的背景资料固定在讯问笔录中，让检察官、法官通过讯问笔录能够认可推定的过程，从而实现打击犯罪的目的。

那么，何谓推定？推定是在基础事实得到证实的前提下，根据法律规定或经验法则，在没有反证的前提下，得出推定事实的一种认定案件事实的方法。推定是证据证明之外另一种认定案件事实的方法。推定是由三部分组成的：基础事实、推定根据、推定事实。

1. 基础事实

基础事实在推定中处于重要地位，基础事实不仅是推定的前提，而且基础事实的准确性直接影响推定事实的可靠性，基础事实是整个推定活动的起点。

(1) 基础事实的种类。在刑事诉讼领域中，推定的基础事实可分为事件与行为两大类。事件、行为以及事件与行为的组合都可以作为推定的基础事实。

①事件在推定中的特点。事件是已发生的、静止的、固定化的状态，以其作为推定的基础事实，得出推定事实的准确性较高。只要事件查证属实，推定过程

符合逻辑、经验法则或法律规定，通常都能得出正确的推定事实。比如，张三乘坐的飞机失事，乘客全部遇难，尸体全部烧毁。张三是否乘坐这架飞机是事件，它发生在过去。如果通过机场监控资料证明张三曾经乘坐那架出事的飞机，尽管无法辨认张三的尸体，但可以推定张三的尸体就在其中。

②行为在推定中的特点。行为通常是指正在发生的行动或持续的状态。行为如果已经结束，就可归之为事件。推定基础事实的行为与事件相比，动态性是其最主要的特性。行为的动态性决定了以其作为推定基础事实的稳定性较差，由其得出推定事实的准确性就会受到影响。

按照不同的标准，行为可以分为不同的类型。以行为持续时间的长短，可分为持续性行为和瞬间性行为；以行为是否符合法律规定，可以分为合法行为与违法行为；以行为是否属于常态，可分为常态行为和特殊行为。一般来说，持续性行为、合法行为、常态行为，在查证属实之后，可以作为推定的基础事实使用。

（2）基础事实的特点。推定的基础事实有何特点，国内学者对此研究不多。裴苍龄教授认为："构成推定的基础事实是一项证据，而且，它不是一项任意性的证据，而是一项具有盖然性的证据。"① 笔者不同意这种观点，作为推定的基础事实只能具有肯定性、唯一性和可证明性，不能具有盖然性。

首先，基础事实具有肯定性、唯一性。基础事实要么是真，要么是伪，不能处于真伪不明状态，不能具有盖然性。至于对基础事实的证明能否达到肯定、唯一的程度，那是证明的问题，而不是基础事实所应有的特点。基础事实与推定事实之间具有盖然性，但作为推定的基础事实必须是肯定的、唯一的。如果基础事实处于真伪不明的灰色地带，是不能据此推定的。例如，一封从邮局以正常方式发出的信，收信人在一定时间内会收到此信。只要基础事实"一封从邮局以正常方式发出的信"是属实的，就可以推定收信人在合理的时间内收到这封信。对于基础事实：一封从邮局按正常方式寄出的信是不能存在盖然性的。一封信要么是寄出，要么是没有寄出，不可能处于寄出与没有寄出之间。作为推定的基础事实必须是查证属实的事实，至少法庭认为是查证属实的事实，否则，不能进行推定。

其次，基础事实具有可证明性。基础事实真实可靠是推定的前提，推定不能建立在盖然性的基础事实之上。基础事实是否真实可靠，不能仅凭当事人的一面之词，必须借助证据证明，由此决定了基础事实具有可证明性。诉讼是当事人向法庭证明案件真实的过程，以便法庭在查明案件真实的基础上作出有利于己的裁判。如果一个事实无法证明，法庭将无法判断其真伪，也就无法依其作出准确的推定。因而，无法证明的事实不得作为推定的基础事实。一般来说，凡是以神灵的旨意等子虚乌有的东西进行推定的，都不属于证据法上的推定。因为，这些子

① 裴苍龄：《论推定》，载《政法论坛》1998 年第 4 期。

虚乌有的东西不具有可证明性。我国汉代有“腹诽”之罪，酷吏张汤根据大司农颜异“唇微动”这一事实，推定颜异对皇帝心怀不满，对其处以重刑，而“唇微动”属于稍纵即逝的事实，无法向外界证明。

2. 推定根据

推定的主要根据有法律规定、经验法则、人情事理。除了法律规定属于强制性的推定根据，其他根据都属于司法人员自由裁量的范畴。按照推定所依据的根据不同，推定可分为法律推定与事实推定等类型。

（1）法律规定。法律推定的首要条件是有法律规定，法律规定来源于立法者的抉择。立法者基于事物之间的规律性联系及刑事政策的需要，人为地在基础事实和推定事实之间建立起关联性。只要出现法律规定的基础事实，司法人员必须作出与法律规定相符的推定事实，推定事实不允许司法人员审查，否则，就是有法不依。法律推定对于普通人来说具有明确的预见性，对于司法人员来说具有强制的约束力。

（2）经验法则。经验法则反映了事物间的常态联系。人们基于对日常生活的观察、总结，发现甲事物出现时，乙事物通常也会出现，人们就会认为甲、乙两事物具有常态联系，经验法则最大限度地揭示了事物间的常态联系。在日常生活中，如果不同事物间的关联性很强，达到高度盖然性程度，就可以说不同事物间具有常态联系，符合经验法则，当一事物出现时就可以推定另一事物应当出现。经验法则通常能反映出事物间的内在规律，根据经验法则得出的推定事实通常是正确的。但是，根据经验法则得出的事实不总是正确的，所以推定事实可充分反驳。

《折狱龟鉴》中记载的一则“孙亮破矢”案例，充分说明经验法则在推定中的重要性：“吴废帝孙亮，暑月游西苑，食生梅，使黄门以银碗并盖，就中藏吏取蜜。黄门素怨藏吏，乃以鼠矢投蜜中，启言藏吏不谨。亮即呼吏持蜜瓶入，问曰：‘既盖覆之，无缘有此，黄门不有求于尔乎？’吏叩头曰：‘彼尝从臣贷宫席，不与。’亮曰：‘必为此也，亦易知耳。’乃令破鼠矢，内燥。亮笑曰：‘若先在蜜中，当内外俱湿，今内燥者，乃枉之耳。’于是黄门服罪。”①

蜜中“鼠矢”是黄门放的，还是藏吏放的，双方各执一词，在证据上是“一对一”，谁都无法提供证据证明“鼠矢”不是自己放的。但孙亮根据经验法则，推定“鼠矢”是黄门放的。他的理由是：如果“鼠矢”先在蜜中，“鼠矢”被蜜汁长期浸泡，必定内外俱湿。现在“鼠矢”外湿内燥，说明“鼠矢”放在蜜中时间不长，由此推定“鼠矢”是黄门放的。

经验法则是正确性很强的推定根据，它是人类智慧的产物，人类借助经验法则极大地弥补了证据证明的不足。

---

①（宋）郑克著：《折狱龟鉴》。

(3) 人情事理。人性的最大特点之一就是爱自己，一般情况下是为自己考虑多，为他人考虑少。“人的本性是极力保存自己，爱护自己，渴望幸福生活并且满怀热情地去采取实现这种目的的手段。”①

《增智囊补》中记载的如下案例，说明了司法人员如果人情练达、事理洞明，就可以充分利用现有的证据资源，借助推定的力量，准确、及时地裁判案件：“李亨为鄞令。民有业圃者，茄初开园时，邻人窃而鬻于市。民追夺之，两诉于县。亨命倾其茄于庭，笑谓邻人曰：‘汝真盗矣’。果为汝茄，肯于方长时并摘其小者耶？遂伏罪。”② 本案中，茄属谁家？双方各执一词，缺少第三者证言，当时的科技水平无法对茄子鉴定。即使可以作鉴定，其费用也一定不菲。从证据的角度看，即便在今天，此案也属疑难案件。但审理此案的县令独辟蹊径，从人情事理来推定茄子的所有人，维护了社会正义。

3. 推定事实

推定事实，是指在基础事实得到证明后，根据法律规定或经验法则而得出的事实。推定事实是否正确取决于推定的基础事实是否被证实，基础事实与推定事实有无法律上的根据，是否符合经验法则，推定过程是否符合逻辑和人类的思维理性。推定事实不可能达到百分之百的准确，在这一点上，它与证据证明不同。从理论上讲，在主客观条件具备时，依靠证据证明可以完全还原案件本来面貌，而推定对案件事实的认定只能达到最大的盖然性，推定事实存在可反驳的空间。

推定事实最主要的特点在于它的可推翻性，无论是法律推定还是事实推定，其推定事实都是可以推翻的。推定事实可推翻性的原因主要有：基础事实不准确；推定所依据的法律已经失效；基础事实与推定事实之间不具有常态联系；基础事实与推定事实之间的关联性太弱。

（三）司法认知

司法认知是指基于诉讼效率的考虑，司法人员可以根据法律规定、经验法则以及自身所掌握的知识，对案件有关的事实直接认定，无需当事人举证。

司法认知的对象具有以下特点：(1) 客观性，即司法认知的事项是一种客观存在的事实；(2) 公认性，即司法认知的事项为大众所知晓并得到普遍认同；(3) 绝对性，即司法认知的事实控辩双方无提出反证的可能性。③ 由于司法认知的对象具有客观性与绝对性，在一般情况下，民众不会对司法认知提出质疑，平常也不会关注它。只有涉及对案件事实的认定时，才需要司法人员在诉讼程序中加以释明。

---

① [法] 霍尔巴特著，陈太先、眭茂译：《自然政治论》，商务印书馆1999年版，第4页。

② 陈重业主编：《折狱龟鉴补·译注》，北京大学出版社2006年版，第527页。

③ 卞建林主编：《刑事证明理论》，中国人民公安大学出版社2004年版，第146页。

司法认知涉及以下内容：一是司法认知的主体。在刑事诉讼中，谁有权进行司法认知？由于司法认知涉及免除当事人的举证责任，基于诉讼公平的考虑，负有举证责任的人，不宜作为司法认知的主体。在刑事证明中，侦查人员、检察人员负有举证责任，犯罪嫌疑人、被告人在一定范围也承担举证义务，所以，他们不宜作为司法认知的主体。按照国际惯例，司法认知的主体是审判人员。二是司法认知的根据。司法认知必须有一定的根据：首先是法律规定。如果法律对某一事实已经规定，审判人员可以免除一方当事人的举证责任，直接进行司法认知。其次是生效判决确认的事实。由于法庭裁决具有终结性，如果生效判决对某一事实已经判定，法官可直接进行司法认知。再次是社会公理、常识肯定的事实。对社会公理、常识肯定的事实，司法人员可直接进行司法认知，无需当事人举证。例如，日出东方、日落西方属于公知的事实，无需当事人举证。最后是法官所掌握的事实。法官在法庭上承担裁判的职能，如果他已经掌握了某一事实，可直接进行司法认知，无需当事人举证。当然，法官依据自己掌握的事实进行司法认知时，应当进行释明，以便其他人员查证或者作为提起上诉的理由。

三、证明对象

刑事诉讼中的证明应当围绕刑法规定的犯罪构成进行，主要包括犯罪主体、犯罪主观方面、犯罪客观方面、犯罪客体、被侵犯的对象、影响量刑的事实、程序性事实、有关犯罪嫌疑人无罪的事实等方面。

（一）对犯罪主体的证明

任何犯罪都是由特定主体实施的。对犯罪主体的证明主要是涉及对犯罪嫌疑人的刑事责任年龄与刑事责任能力的证明。

我国法律规定，不满 14 周岁的人犯罪，不负刑事责任；已满 14 周岁不满 16 周岁的人，只对特定犯罪承担刑事责任；已满 16 周岁的人，对所有犯罪承担刑事责任。按照我国《刑法修正案（八）》的规定，审判时候已满 75 周岁的人，不适用死刑。对刑事责任年龄的证明，不仅涉及定罪，而且涉及量刑，必须达到唯一、排他的程度。如果对犯罪嫌疑人的年龄存在疑问时，应当作出有利于犯罪嫌疑人的解释。

1. 对刑事责任年龄的证明

（1）扩大审查范围。对拟判死刑、无期徒刑的案件，被告人的年龄不能有任何疑点。审查年龄的范围应包含被告人父母的年龄、兄弟姐妹的年龄、被告人父母做绝育手术的时间。侦查机关在调查未成年人的年龄时，应该尽量多调取一些相关信息，以便证明被告人年龄的证据能够形成完整的证据链。

（2）推定真实年龄。对被告人拟判缓刑、拘役以下刑罚的案件，可以按照被告人户口簿上的年龄认定，如果被告人自认达到追究刑事责任年龄的，也可以按其自认的年龄处理。理由是户籍证明属于公文书证，在没有反证的情况下，公文书证应该推定为真实。推定户籍证明上的年龄为真实，有利于提高诉讼效率。另外，被告人变更年龄大多是为了获取其他利益，变更户籍证明是破坏国家行政管理活动的违法行为，被告人应对自己的违法行为承担相应的责任。

（3）着力收集证明力较强的公文书证。证明刑事责任年龄的证据有户籍证明、身份证、医院出生证明、护照等。以上证据均属公文书证，公文书证被推定为真实。从法理上看，只要收集到以上证据中的一份证据，即可证明当事人的年龄。但在司法实践中，犯罪嫌疑人往往伪造、虚报年龄，不同公文书证记载的年龄并不吻合。侦查机关应着力收集证明力较强的公文书证，从目前情况看，户籍证明、医院出生证明的证明力较强。

（4）收集补强证据。在一些死刑案件中，公安机关提供的户籍资料证明犯罪嫌疑人达到刑事责任年龄，犯罪嫌疑人亲属或律师又会找到其他证据来证明犯罪嫌疑人未达到刑事责任年龄。基于办理死刑案件的审慎性，对拟判死刑犯罪嫌疑人的年龄证明必须达到唯一、排他的程度。侦查人员在收集证据时，不仅要收集户籍证明、身份证、医院出生证明等关键证据，还要收集证明犯罪嫌疑人兄弟姐妹年龄、父母的结婚年龄、犯罪嫌疑人父母做绝育手术时间等补强证据；对于高龄者，应当收集其子女的年龄等补强证据。通过补强证据，印证户籍资料的真实性。对拟判处死刑的被告人，如果可能是未成年人、超过 75 周岁的人的，不能仅依据一份证据认定其真实年龄。

（5）收集证人证言。在证明犯罪嫌疑人年龄的证据中，以书证优先，但也不能忽视证人证言的证明力。特别是当不同书证之间相互矛盾时，证人证言对确认犯罪嫌疑人的真实年龄就尤其重要。证人证言包括犯罪嫌疑人父母、老师、同学等人的证言。在收集证言时，一定要迅速、及时，防止证人受到不当因素的干扰。

2. 对刑事责任能力的证明

达到刑事责任年龄的人通常具有刑事责任能力，但二者并不完全一致。根据我国《刑法》第 18 条的规定，精神病人在不能辨认或者不能控制自己行为的时候造成危害结果，经法定程序鉴定证明的，不负刑事责任。因此，对于达到刑事责任年龄的人，有时还须对其依法做精神病鉴定，以确定其有无刑事责任能力。如果侦查人员感到犯罪嫌疑人作案手法怪异且犯罪嫌疑人家属、周围居民和社区其他居民、网民反映犯罪嫌疑人有精神病的，侦查机关应在第一时间给其做精神病鉴定。对刑事责任能力认定的依据主要是鉴定意见，但鉴定在司法实践中也存在不少问题，主要是不同的鉴定机构对同一对象的鉴定意见往往不同，由此导致对犯罪嫌疑人有无刑事责任能力难以认定。在作鉴定时，侦查机关应尽量从程序上保证鉴定意见的客观性与公正性：一是尽量选择权威的、级别高的、中立的鉴定机构；二是尽量采用抽签式的方法确定鉴定人员、鉴定机构；三是注重第一次鉴定的质量，尽量避免多次重复鉴定；四是对鉴定人员实行品德评估机制。鉴定人员品德评估一旦存在瑕疵，侦查机关不得委托其鉴定；五是赋予当事人申请鉴定机构回避的权利。当事人一旦放弃申请，对鉴定机构作出的鉴定意见，如果没有特别理由，不得提出异议。

3. 对特殊身份的证明

（1）在一些职务犯罪中，不仅要证明犯罪嫌疑人达到刑事责任年龄、具有刑事责任能力，还要证明犯罪嫌疑人具有特定的身份。证明犯罪嫌疑人特定身份的证据主要是公文书证，如委任书、工作证、聘书等，以及证人证言。

（2）我国刑法承认单位犯罪，证明单位犯罪主体的证据主要有企业法人营业执照、法人工商注册登记、法人设立证明、国有公司性质证明及非法人单位的身份证明、法人税务登记证明和单位代码等。

（二）对被害人情况的证明

按照我国刑法的规定，在一些特定犯罪中被害人年龄、行为能力的不同，不仅影响犯罪嫌疑人是否构成犯罪，构成何种犯罪，而且影响对其量刑。所以，在一些特殊案件中，被害人的情况也应当是证明对象，被害人的情况主要包括年龄和行为能力。

1. 对被害人年龄的证明

证明被害人年龄的证据有户籍证明、身份证、护照等，只要以上有一证据查证属实，即可认定被害人的年龄。如果侦查机关有证据证明被害人年龄，但被害人或其亲属提出相反证据的，侦查机关应当补强证明，证据包括：

（1）证人证言，包括被害人父母、周围居民、老师、同学的证言。

（2）书证，包括被害人父母做计划生育手术的证明，被害人兄弟姐妹的户籍证明、身份证、护照等。

根据以上证据，综合认定被害人的真实年龄。当无法准确认定被害人年龄时，应当作出有利于犯罪嫌疑人的推定。

2. 对被害人行为能力的证明

被害人年满14周岁，就认为其具有行为能力。如果侦查机关有证据证明被害人具有行为能力，但被害人或其亲属提出证据，主张被害人不具有行为能力的，侦查机关应当补强证明，证据包括：

（1）精神病鉴定。

（2）证人证言，包括被害人父母、周围居民、老师、同学、同事的证言。

根据以上证据，综合认定被害人的行为能力。

（三）对犯罪主观方面的证明①

按照我国刑法的规定，大多数犯罪需要证明犯罪嫌疑人主观上具有明知、故意或特定的目的。证明犯罪嫌疑人主观上是否具有明知、故意或者特定目的，主要是通过犯罪嫌疑人的口供来认定，但口供不具有稳定性，犯罪嫌疑人经常会翻供，所以证明犯罪嫌疑人主观上是否明知、故意或者具有特定目的，不仅要收集口供，而且要收集补强证据。为了防止犯罪嫌疑人翻供，在讯问时应尽可能地录音、录像，侦查人员要注重对案件细节的讯问，封堵犯罪嫌疑人翻供的退路。尤其重要的是，审查人员应当掌握推定规则，根据已经查证属实的基础事实，推定犯罪嫌疑人主观上是否明知、故意或者具有特定目的。

在一些侵财案件中，侦查人员很难证明犯罪嫌疑人主观上是否明知、故意，是否具有非法占有的目的。犯罪嫌疑人被采取强制措施后，通常会翻供。翻供理由有二：一是赃物是他买来的。由于办案人员取证不全面，没有询问证人、被害人，很难证明赃物不是犯罪嫌疑人买来的。二是赃物是他碰巧捡到的。赃物究竟是犯罪嫌疑人偷的还是捡的，很难证明。

如何证明犯罪嫌疑人主观上的明知、故意，是司法实践中亟待破解的一个难题。在目前情况下，证明犯罪嫌疑人主观上明知、故意的方法主要是讯问犯罪嫌疑人、推定等，测谎还不是认定犯罪嫌疑人主观上明知、故意的合法方法。

1. 讯问犯罪嫌疑人

在讯问犯罪嫌疑人时，要围绕犯罪嫌疑人对危害行为与危害结果是否明知，是否知道其行为可能导致危害结果的发生，要问清犯罪嫌疑人实施犯罪的目的、动机。同时，要收集能够印证犯罪嫌疑人明知、故意的细节证据。

2. 推定

推定是根据一定的基础事实，推定另一未知事实，它是与证据证明平行的另一种认定案件事实的方法。在认定犯罪嫌疑人主观上是否明知、故意时，可以根据犯罪嫌疑人的行为推定。我国已经加入并签署的联合国《反腐败公约》、《打击跨国有组织犯罪公约》中明确规定：对犯罪嫌疑人主观上的明知、故意，可以根据客观情况推定。

由于犯罪嫌疑人主观上是否明知、故意属于心理内容，对其判断只能取决于司法人员个人的知识、阅历、社会经验，只要司法人员从内心真诚地相信犯罪嫌疑人主观上具有明知、故意，即达到了证明标准。当然，法官“真诚地相信”

---

① 基于主客观方面的不可分，本书将犯罪主客观方面合并在一起证明，以避免证明中不必要的重复，加之，对犯罪主观方面的证明方法与对犯罪客观方面的证明方法基本上是相同的，为了减少证明方法上的混乱，更为了便于司法工作人员参考、临摹，本书在个罪证明中将主客观方面合并证明。

不能背离公众认知的一般标准，而且要说明“真诚相信”的理由。

（四）对犯罪客观方面的证明

对犯罪客观方面的证明集中在犯罪行为与犯罪结果以及犯罪行为与犯罪结果有无因果关系上。

（1）证明危害行为与危害结果的方法主要是扣押书证、物证，勘验、检查，鉴定，调取视听资料，收集证人证言、被害人陈述。

（2）对犯罪工具的证明可以通过犯罪嫌疑人供述和犯罪嫌疑人、被害人、证人的辨认进行，还可以通过扣押的方法证明。

（3）对犯罪方法、犯罪手段的证明可以通过犯罪嫌疑人供述、证人证言、被害人陈述、勘验与鉴定的方法以及扣押物证来证明。

（4）对犯罪行为与犯罪结果有无因果关系的证明可以通过鉴定以及经验法则判断。

对犯罪行为与犯罪结果的证明必须达到客观真实的程度，证明犯罪行为与犯罪结果具有因果关系的证据必须能够形成完整的证据链，证明过程必须符合逻辑或经验法则，并能够得出唯一的、排他的结论。

（五）对犯罪客体的证明①

任何犯罪都侵犯特定客体，不侵犯特定客体的行为不构成犯罪，侦查人员必须对犯罪客体进行证明。例如，杀人罪必须证明犯罪嫌疑人侵害他人的生命权，盗窃罪必须证明犯罪嫌疑人侵害他人的财产权。对犯罪客体的证明主要是为了区分此罪与彼罪以及影响量刑的因素。证明客体的方法主要有讯问犯罪嫌疑人，勘验、检查，鉴定，扣押书证、物证，询问被害人、证人等。对犯罪客体的证明必须达到排除合理怀疑的程度，证明犯罪客体的证据能够形成完整的证据链，相互间的矛盾得到合理排除。

（六）对犯罪对象的证明

在以往的证明中，常常忽略对犯罪对象的证明，而犯罪对象的具体情况不同，不仅影响对犯罪嫌疑人量刑，而且影响对其定罪。对犯罪对象证明的内容主要包括：被害人的年龄、责任能力、主观上是否愿意、犯罪对象的性质、属性。例如，被侵害财产是国有财产，还是私人财物。证明犯罪对象的证据主要是书证、鉴定意见、犯罪嫌疑人供述与辩解、被害人陈述、证人证言。证明犯罪对象

---

① 由于犯罪客体隐藏于犯罪主观方面、犯罪客观方面之中，对犯罪主观方面、犯罪客观方面的证明，就达到对犯罪客体的证明。另外，从其他已经出版的有关证明规范类书籍看，在个罪证明中都没有对犯罪客体进行证明。所以，本书在个罪证明中，没有对犯罪客体进行单独证明。

的证据必须查证属实，对犯罪对象的证明必须达到客观真实的程度。

（七）对犯罪嫌疑人无罪的证明

受无罪推定原则保护，犯罪嫌疑人在审判前被假定为无罪，侦查机关的主要任务是收集其有罪的证据，推翻对其无罪假定。在西方国家，由于诉讼中控辩双方的力量基本平衡，律师取证权利得到充分的保障，对犯罪嫌疑人权利的维护主要是通过律师实现的。由于我国仍然采取超职权主义的侦查模式，犯罪嫌疑人及其代理人的取证能力薄弱，犯罪嫌疑人一旦被纳入刑事追诉程序，他很难提供自己无罪的证据。在近期发现的佘祥林冤案、赵作海冤案中，尽管他们是无辜的人，都无法自证清白。由于刑事案件的起因非常复杂，被纳入追诉程序中的犯罪嫌疑人身上通常有诸多疑点，如具有杀人动机、在犯罪现场出现等，又不能作出合理的解释。在审讯的巨大压力下，一个无辜的人也会自认有罪。如果侦查机关不注重收集犯罪嫌疑人无罪的证据，忽略对其无罪方面的证明，不注意核查犯罪嫌疑人的合理辩解，就会错上加错，酿成冤假错案。所以，控方不仅要收集证明犯罪嫌疑人有罪的证据，而且要收集证明犯罪嫌疑人无罪的证据，才能实现刑事诉讼法规定的打击犯罪，保障人权的任务。在某种程度上，收集证明犯罪嫌疑人无罪的证据比收集证明其有罪的证据更有价值。因为，收集不到有罪证据，至多放纵犯罪嫌疑人，而不注重收集无罪证据，不仅放纵犯罪嫌疑人，而且冤枉好人。在侦查阶段，公安、检察机关应当注重收集证明犯罪嫌疑人无罪的证据：

（1）证明犯罪嫌疑人没有作案时间，证据主要有证人证言、犯罪嫌疑人辩解、书证等。

（2）证明犯罪嫌疑人不在作案地点，证据主要有证人证言、犯罪嫌疑人辩解、痕迹证据、监控资料、书证等。

（3）证明犯罪嫌疑人不具有犯罪动机，证据主要有证人证言、犯罪嫌疑人辩解等。

（4）证明犯罪行为不是犯罪嫌疑人实施，证据主要有口供、书证、物证、证人证言、被害人陈述等。

（5）证明罪犯另有其人，证据主要有证人证言、书证、鉴定意见、被害人陈述、其他犯罪嫌疑人的供述等。

（6）证明犯罪嫌疑人是在意志不自由情况下实施犯罪，证据主要有精神病鉴定、证人证言、被害人陈述、口供、书证等。

（7）证明没有违背被害人的意志，证据主要有证人证言、被害人陈述、监控资料、手机短信、犯罪嫌疑人辩解等。

（8）证明犯罪嫌疑人没有达到刑事责任年龄、不具有刑事责任能力，证据主要有公文书证、证人证言、鉴定意见等。

（9）证明犯罪超过追诉时效，证据主要有报案记录、抓捕记录、证人证言、犯罪嫌疑人供述与辩解等。

(10) 证明犯罪嫌疑人交代与现场勘验存在矛盾，这些矛盾无法作出合理的解释或排除，证据主要有犯罪嫌疑人供述、被害人陈述、证人证言、现场勘验笔录、鉴定意见。

(11) 既有证明犯罪嫌疑人有罪的证据，又有证明犯罪嫌疑人无罪的证据，案件事实处于真伪不明之中。如果侦查机关无法进一步补充证据，应当按照有利犯罪嫌疑人原则，认定其无罪。

只要以上证明中有一条得到证实，即可得出犯罪嫌疑人无罪的结论，对犯罪嫌疑人无罪的证明无需形成证据锁链。

(八) 对影响量刑因素的证明

刑罚包括定罪与量刑两个方面。在法庭审判中，法官不仅要考虑定罪的证据，而且要考虑量刑的因素，所以，侦查机关不仅需要对定罪部分进行证明，而且需要对量刑部分进行证明。一些侦查人员在证明中，往往注重对定罪证据的收集，忽略对量刑证据的收集，等案件到了起诉、审判阶段往往会被退回补充侦查，影响诉讼的顺利进行。

1. 对法定量刑情节的证明

(1) 对法定从重情节的证明。

①犯罪嫌疑人是否累犯、教唆犯、主犯。证明以上事项的证据有法院判决、监管机关的释放证明、同案犯的举发、口供、证人证言等；

②犯罪嫌疑人是否使用特定的犯罪方法或者具有特定的身份，是否侵犯了特定的保护对象，是否在特定时期犯罪，是否造成加重的危害结果。证明以上事实的证据主要有物证、被害人陈述、书证、鉴定意见、犯罪嫌疑人供述与辩解等。

(2) 对法定从轻情节的证明。

犯罪嫌疑人有无自首，是否从犯，是否立功，是否未满18周岁，是否防卫过当或紧急避险，犯罪过程是否完成，是否主动中止犯罪或有效地防止犯罪结果的发生。证明以上事实的证据主要有犯罪嫌疑人归案情况、户籍证明、鉴定意见、犯罪嫌疑人供述、证人证言等。

2. 对酌定量刑情节的证明

(1) 对犯罪手段的证明，证据主要有口供、证人证言、被害人陈述、物证。

(2) 对犯罪对象的证明，证据主要有被害人陈述、口供、证人证言、物证、书证。

(3) 对危害后果的证明，证据主要有鉴定意见、勘验笔录、购物发票等。

(4) 对犯罪动机的证明，证据主要有口供、被害人陈述、证人证言、推定。

(5) 对平时表现的证明，证据主要有社区、学校、单位同事的证言。

(6) 对认罪态度的证明，证据主要有公安机关的记录、证人证言。

（7）对被害人有无过错的证明，证据主要有证人证言、口供、被害人陈述等。

（8）对犯罪嫌疑人有无主动退赔的证明，证据主要有证人证言、物证、书证等。

对量刑方面的证明必须达到客观真实的程度，每一个量刑情节必须有证据证明，证明量刑情节的证据必须查证属实。

（九）对程序性行为的证明

为了证明侦查机关侦查行为的合法性，所取得的证据具有证据资格，能够作为证据使用，当事人的诉讼权利得到保证，侦查机关应当提供以下公文书证：

（1）破案过程说明书。

（2）立案决定书。

（3）对诉讼代理人、辩护人的告知书、鉴定意见的通知书等。

（4）管辖决定书。

（5）回避决定书。

（6）传唤通知书。

（7）拘留证、对被拘留人家属通知书。

（8）逮捕证、对被逮捕人家属通知书。

（9）拘留人大代表的报告及该代表所属同级人大主席团或常委会同意的许可证明。

（10）搜查证。

（11）监视居住决定书、取保候审决定书、保证书、保证金收据。

（12）扣押、冻结决定书、发还物品决定书。

（13）起诉意见书。

（14）其他程序性证据。

对程序性行为的证明达到形式真实即可，只要侦查机关能够提供符合法律规定的公文书证，即可认定侦查机关侦查行为是合法的。对方当事人可以提出证据，反驳公文书证的真实性或存在程序瑕疵。

四、证明责任

（一）举证责任的概述

举证责任主要涉及两个方面：一是在刑事诉讼过程中由谁最先提出证据启动诉讼程序，并在诉讼中不断提出证据，推动诉讼活动进入下一个阶段，通俗说法就是“谁主张、谁举证”；二是当诉讼程序结束时，如果案件事实仍处于真伪不明状态，法院不能拒绝裁判，也不能任意裁判，应根据事先确定的证据规则迅速裁定由哪一方当事人承担不利的诉讼结果。

举证责任始终与诉讼风险联系在一起，诉讼风险的分担又是以举证责任的分配为前提。诉讼双方承担举证责任的义务来源于法律规定或法官裁量，有义务提出证据的一方，在其不能履行义务时，应承担诉讼程序上的不利后果。控方不仅要承担提出证据推动诉讼活动进行的义务，而且要承担提出足够的证据说服法官或陪审团的义务。被告人仅在例外的情况下，承担提出证据的责任。法院的主要任务是根据双方当事人提供的证据，按照一定证据规则审理案件，并依法作出判决，其中，“审”是前提，“判”是结果。对案件事实，无论法庭审得是否清楚、理得是否明白，法庭都必须作出适当形式的裁判：不予受理、驳回起诉、补充侦查或者判定一方胜诉、败诉，实现判决“定分止争”的功能。

（二）诉讼风险的承担

将举证责任与诉讼风险联系在一起，其目的有三：一是强调控方的举证责任。控方不能仅提出诉讼主张，而不积极举证。二是提醒控方要谨慎地提起诉讼活动。在诉讼中，即使控方积极举证，如其不能说服法官或陪审团，也要承担败诉的风险。三是控方起诉的目的是要否定法律对被告人无罪的假定，如果控方证明不了被告人有罪，则应承担错告的风险，错告的风险通常表现为国家赔偿。

诉讼风险主要表现在两方面：一是程序上的风险；二是实体上的风险。程序上的风险是指在诉讼中主张利益者，必须提出证据支持自己的诉讼主张，否则，程序就会因缺少动力而不能启动，法官将直接驳回原告的诉讼请求；或者在诉讼活动进行中，主张诉讼利益者，如果不能提供证据推进诉讼，诉讼程序将因缺少动力而中止。刑事诉讼活动主要包括侦查、起诉、审判三个阶段，每一个阶段对案件事实的证明都有不同的标准，如果负有举证义务一方的证明达不到法律规定的标准，诉讼程序就会及时终止。及时终止诉讼程序的目的是保障犯罪嫌疑人、被告人的权利，使其摆脱“诉累”，同时，还可节省诉讼资源，避免诉讼因缺少证据而处于“纠缠”状态。实体上的风险表现为当案件事实处于真伪不明时，法庭不能拒绝裁判，也不能任意裁判，必须根据证明规则对案件事实作出有利于或不利于一方的裁判。诉讼是一种公开的对抗，西方国家称之为“竞技”，“竞技”不仅要遵守一定的规则，而且要有确定的结果。不管“竞技者”的表现如何，裁判者总得对双方的“竞技表现”作出评判。理想的“竞技”状态是一方提供证明达到了排除合理怀疑的程度，法庭据此裁判。就司法实践而言，经常出现的情况是一方提供的证明并没有达到排除合理怀疑的程度，另一方提供的证明也没有达到法律规定的要求。当案件事实处于真伪不明的状态时，法庭必须根据事先确定的证明规则对案件事实作出裁判。根据有利于被告人的原则，法庭应作出有利于被告人的裁判。

以美国辛普森案件为例，公诉方的证据存在以下疑点：现场滴落血迹，经过鉴定是辛普森的血迹，但仅是单一的间接证据，不能肯定辛普森就是杀人凶手，最多能证明辛普森到过犯罪现场。辩护律师对滴落血迹的保管方法提出质疑：现场勘验的警察没有按规定对提取的血迹包装，血液可能受到污染，对此，警方予以承认。根据法庭科学家对死者袜子的检查，发现袜子两边都有血迹。在袜子上还发现一种化学物质，此种物质在人身上是不存在的，只有在实验室中才会存在。律师认为警方从辛普森身上提取的血迹按照第一次做实验时最大量计算，实验室中还应该有大量的剩余鲜血，但警方的实验室中已经没有剩余鲜血。袜子两边都有血迹，说明血不是从被害人腿上流到袜子上，而是有人把血倒在袜子上的，警方对律师的质疑无法作出合理解释，法庭据此判决辛普森无罪。①

在辛普森案件中，美国普通民众包括审理此案的法官都相信辛普森就是杀人凶手，由于辛普森的律师制造了案件疑点，控方对案件疑点无法作出合理的解释，法庭只能判处辛普森无罪。

（三）一般情况下控方举证

举证责任的分配规则可追诉到古罗马时期的“谁主张、谁举证”。人类社会早期的《汉穆拉比法典》第3条规定：“自由民在诉讼案件中提供罪证，而所述无从证实，倘案关生命问题，则应处死。”② 按照《汉穆拉比法典》的规定，自由民在诉讼中应当提供证据，并且要证实；如果有关生命的诉讼没有证据证实，自由民应被处死。《汉穆拉比法典》如此规定，其目的可能是防止自由民滥用“诉权”。

当今两大法系都主张控方承担举证责任，犯罪嫌疑人、被告人在刑事诉讼中既不承担证明自己有罪的责任，又不承担证明自己无罪的义务。只是在特殊情况下，犯罪嫌疑人、被告人对自己积极主张的事实或者否定的事实承担相应的说明义务。在举证责任的分配上：英美法系国家的检察官不仅负有提出证据的责任，并负说服责任。控方提出证据的责任也叫“通过法官的义务”，控方提出的证据必须达到表面充分的程度，否则，控方的起诉不会为法庭接受，案件将直接被法官驳回，案件进入不了诉讼程序。说服责任是指控方举证的结果如未使法官形成内心确信，以证明没有达到排除合理怀疑的程度（beyond a reasonable doubt），控方应承担败诉的风险。美国《联邦证据规则》第301.15条规定：“控方不仅承担提出证据的责任，而且提出的证据必须达到使一个理性的陪审团能够排除合理怀疑的程度，如果控方提出的证据达不到排除合理怀疑的程度，陪审团直接裁定被告人无罪。”③ 排除合理怀疑是指排除对被告人无罪的怀疑，这是因为在刑事诉讼中被告人是被假定为无罪的，控方要证明被告人有罪必须否定法律对他无

---

① 何家弘：《刑事证据改革的前沿问题》。

② 世界著名法典汉译丛书编委会：《汉穆拉比法典》，法律出版社2000年版，第11页。

③ Michael H. Gracham：《Federal Rule of Evidence in a Nutshell》，法律出版社1999年版，第65页。

罪的假定。控方在否定对被告人无罪的假定后，就可以从反面证明被告人有罪。在大陆法系国家，证明被告人有罪的责任由检察机关承担，被告人不负证明自己有罪的责任，在特定情况下，法官有查明案件事实的责任。当然，也有人主张由法院承担证明责任："在采职权主义立法例，认法院之审理义务较当事人之立证责任为重，不特不重视立证负担，亦不认当事人有形式的举证责任。"①

在刑事诉讼中，犯罪嫌疑人、被告人受无罪推定原则保护，在没有经过合格的法庭依法审判前，被假定为无罪，但法律对他的无罪假定，又是可以推翻的。

（四）例外情况下被告人举证

被告人仅在例外的情况下，承担有限的举证责任。一般来说，被告人仅就防御事项负有举证责任，但既不负形式的举证责任，亦不对自己的有罪负举证责任。英美法系为公益上的必要性或就特殊事实，如积极抗辩、受胁迫之行为、酗酒、免责条款、对方挑拨之事项，认为被告人应负举证责任。在英国刑事诉讼中，由被告人承担提供证据的责任，主要包括以下 10 种情况：①受胁迫；②必要性；③正当防卫；④受挑衅；⑤合法使用武力；⑥自动症；⑦非自愿事件；⑧认识错误；⑨同性之间性行为的"合意"和合法性；⑩不在犯罪现场。② 根据美国《模范刑法典》和《联邦证据规则》的规定，被告人对 11 种"积极辩护行为"承担举证责任。③ 在大陆法系，被告人对违法阻却事由、不在犯罪现场、法律规定的不利推定等情况承担举证责任。法国法院的判例支持被告人对其提出"具有证明效力"的事实，即可以减轻或免除其责任的事实，负举证责任："法院判例尽管主张检察院应当举证证明具备'法有规定'的犯罪构成要件并且证明诉讼未因完成时效或大赦而消失，但是，判例似乎也主张应当由受到追诉的人就其提出的'具有证明效力'的事实负举证责任。"④

在刑事诉讼中被告人不证明自己有罪是绝对的，但在特定情况下，被告人要承担证明自己无罪的责任。特定情况主要是指被告人的行为已经构成表面违法状态，控方已经掌握被告人违法的基本证据。例如，警方已经证明被告人持有枪支，被告人必须对其持有枪支合法性提出证据，否则，推定他非法持有枪支。尽

---

① 陈朴生著：《刑事证据法》，台湾三民书局 1970 年版，第 310 页。

② 参见孙长永著：《探索正当程序——比较刑事诉讼法专论》，中国法制出版社 2005 年版，第 197 ~ 199 页。

③ 这 11 种情况是：自动症、无知或认识错误、醉酒、受胁迫、执行军事命令、被害人同意、警察圈套、正当行为、精神失常、受强迫、不在犯罪现场。参见孙长永著：《探索正当程序——比较刑事诉讼法专论》，中国法制出版社 2005 年版，第 200 ~ 202 页。

④ 卡斯东·斯特法尼、乔治·勒瓦索、贝尔纳·布洛克著，罗结珍译：《法国刑事诉讼法精义》，中国政法大学出版社 1999 年版，第 37 ~ 38 页。

管被告人在特定情况下承担一定的证明责任，但与控方承担的证明责任相比，无论是在提出证据责任上，还是在说服责任上都有重大的区别。这表现为：被告人原则上不负证明责任，只是在例外情况下，才负有限的证明责任；被告人承担的证明责任不必达到排除合理怀疑的程度；被告人不承担证明责任也不一定给他带来不利的诉讼后果。因为，控方证明被告人有罪必须达到排除合理怀疑的证明标准，这个证明标准不是控方能够轻易达到的。

（五）自诉案件中当事人举证

以公权力是否介入诉讼活动为标准，刑事案件分为自诉案件与公诉案件。由于自诉案件的社会危害性相对较小，因果关系明确，当事人间大多具有邻里关系、亲友关系，国家机关过度介入反而会影响社会和谐。鉴于诉讼资源紧张，也为尊重当事人的意志，在自诉案件中，国家将是否诉讼的权利交给被害人行使，由其决定是否追诉加害人的刑事责任。在自诉案件中，原告人一方试图改变现有的法律状态，通过法律程序追究被告人的刑事责任，原告人是诉讼中的攻击者，因此，他负有举证义务。在自诉案件中，原告人的举证责任包括提出证据责任与说服责任。

在自诉案件中，原告人首先应当提出证据，以证明有犯罪事实存在。如果原告人不能提出证据，诉讼程序就不会启动。原告人提供的证据必须能够证明有犯罪事实发生，犯罪事实由犯罪嫌疑人实施，犯罪的社会危害性已经达到相当严重的程度，根据法律规定需要追究犯罪嫌疑人的刑事责任。在诉讼程序启动后，原告人还应承担说服责任，原告人必须继续举证说服法官，让法官相信被告人有罪。如果原告人提供的证据不能说服法官，将承担败诉的风险。

五、证明标准

从理论上看，刑事案件的证明标准主要有：客观真实、法律真实、排除合理怀疑、自由心证、内心确信等。①

---

① 需要说明的是，以上几种证明标准是相互独立的，不存在地位高下的关系，在司法实践中各有其适用对象，都有其自身价值。司法人员应当根据案件的不同类型、不同的证明对象、案件所处的不同诉讼阶段，采取不同的证明标准。一般来说，客观真实的证明标准要高于法律真实的证明标准，后一个诉讼阶段的证明标准应当高于前一个诉讼阶段的证明标准。对犯罪嫌疑人主观方面的证明可以采取内心确信的标准，对犯罪客观方面的证明可采取客观真实、法律真实、递进性的证明标准，但又不是绝对的。证明标准实质上是审判人员根据案件的具体情况、控方的取证能力、证据形成条件等因素，对控方提供的证据是否达到裁判要求的一种内在的综合判断。

（一）客观真实

客观真实是一种比较高的证明标准。客观真实证明标准的主要内容是："在诉讼证明中，作为一项原则性要求，司法人员在认定被告人有罪时，对犯罪事实的证明达到与客观存在的社会经验事实相一致的程度；对犯罪事实的证明达到客观真实的程度是司法人员认定被告人有罪的唯一标准。"[①] 由于客观真实的证明标准对证明的要求比较高，在刑事证明中也容易引起他人的误解，认为客观真实的证明标准就是证明必须达到完全的客观真实，加之，受持法律真实观点者的批评，坚持客观真实证明标准的学者对自己观点进行了修正，主要有：一是放弃对所有刑事案件都坚持客观真实的标准，对作出有罪供述的简易案件和自诉案件，可以适当地放宽证明标准；二是在某些案件中，可以实行法律真实；三是在证明标准中，坚持客观真实为主，法律真实为辅。

客观真实的证明标准是我国传统的证明标准，在目前的司法实践中一直被坚持，并得到大多数司法人员认同。但客观真实不等于百分之百的真实，不等于对案件所有事实的证明必须达到客观真实的程度，更不是指对案件所有细节的证明必须达到客观真实的程度，而是指对影响定罪量刑事实的证明必须达到客观真实的程度。因此，对客观真实的证明标准要科学地理解，否则会影响其正确适用。

（二）法律真实

近年来，一些学者对客观真实的证明标准提出批评，认为案件发生在过去，对案件事实的证明不可能达到百分之百的真实，只要达到法律规定的证明标准即可，此所谓法律真实的证明标准。另外，这些学者还认为客观真实的证明标准过于抽象，难以把握。针对客观真实证明标准的缺陷，他们提出了法律真实的证明标准。

法律真实证明标准的主要内容有：在法律视野中，作为裁判依据的事实不是社会经验层面的客观事实，而是经过法律程序重塑的事实；该事实因符合法定的标准而作为定罪科刑的依据。所谓法律真实，是指在发现和认定案件事实过程中，必须尊重体现一定价值的刑事程序要求，在对案件事实的认识达到法律要求的标准时，即可定罪量刑，否则，应当宣布被追诉人无罪。所谓法律要求的标准，是指法律认为对事实的认识达到据此可以对被告人定罪的标准，这种标准可表述为排除合理怀疑的标准，但不要求是绝对的客观上的真实。

法律真实的证明标准的优点在于它操作性强，有具体的法律规范可参照。但是，刑事案件千差万别，法律不可能对每一案件的证明标准作出规定。在法律真实中，法官仍然有很大的自由裁量空间。

---

① 卞建林主编：《刑事证明理论》，中国人民公安大学出版社2004年版，第245页。

（三）排除合理怀疑

英美法系国家采用的证明标准主要是排除合理怀疑，就控方而言，对案件事实的证明必须达到没有疑点的程度。西方国家普遍主张对被告人有罪判决的排除合理怀疑程度应当达到90%以上。

那么，排除合理怀疑是排除对被告人有罪的怀疑，还是排除对被告人无罪的怀疑？笔者认为，排除合理怀疑是指排除对被告人无罪的怀疑。因为，受无罪推定原则保护，犯罪嫌疑人、被告人首先被假定为无罪，控方要证明其有罪，必须推翻法律对他们的无罪假定，所以，排除合理怀疑应当是排除对犯罪嫌疑人、被告人无罪的怀疑。从证明的方法看，排除合理怀疑是通过否定犯罪嫌疑人、被告人无罪的方式，来证明其有罪。只要能够排除对犯罪嫌疑人、被告人的无罪假定，即可实现证明其有罪的目的。

（四）内心确信

大陆法系国家坚持内心确信的证明标准，控方对案件事实的证明是否达到证明标准，不是取决于控方提供证据的多少，而是取决于控方提供的证据是否形成法官的内心确信。按照内心确信的证明标准，哪怕控方仅提供两个证据，只要形成法官的内心确信（因为孤证不能定案），就达到了证明标准。反之，即便控方提供再多的证据，如果没有形成法官的内心确信，仍然没有达到证明标准。内心确信的经典表述是《法国刑事诉讼法典》第353条的规定：法律并不考虑法官通过何种途径达成内心确信；法律并不要求他们必须追求充分和足够的证据；法律只要求他们心平气和、精神集中，凭自己的诚实和良心，依靠自己的智慧，根据有罪证据和辩护理由，形成印象，作出判断。法律只向他们提出一个问题：你是否已形成内心确信？这是他们全部职责所在。

由于内心确信将认定是否达到证明标准的权利完全赋予法官，为防止法官滥用权利，法律要求法官公开心证的过程，判决书要说明理由。当事人如果认为法官心证的理由不充分，可以通过上诉渠道来获得救济。

（五）确实、充分

2012年新修改的《刑事诉讼法》第53条规定："对一切案件的判处都要重证据，重调查研究，不轻信口供。只有被告人供述，没有其他证据的，不能认定被告人有罪和处以刑罚；没有被告人供述，证据确实、充分的，可以认定被告人有罪和处以刑罚。证据确实、充分，应当符合以下条件：（一）定罪量刑的事实都有证据证明；（二）据以定案的证据均经法定程序查证属实；（三）综合全案证据，对所认定事实已排除合理怀疑。"

我国法律规定"确实、充分"的证明标准是比较科学的，"确实、充分"的证明标准既包括对证据量的要求：证明案件的整个证据必须达到一定的数量，孤证不能定案；又包括对证据质的要求：单个证据必须确实。“确实、充分”证明标准的缺点是它过于简单，缺少细化的标准，难以把握。在司法实践中，经常发生对同一案件，侦查部门认为达到确实、充分的证明标准，公诉部门认为没有达到确实、充分的证明标准，但法院在审理中又认为达到确实、充分的证明标准。造成以上问题的原因在于司法人员对确实、充分缺少正确的理解。

对确实、充分证明标准的理解，必须从证据量与质的两个方面进行：一是就证据整体而言，证明犯罪嫌疑人、被告人有罪的证据必须达到一定的数量，孤证不能定案，不能以单一的言词证据或单一的物证认定案件事实。二是多少数量的证据才算达到证据充分，法律没有明确规定，由法官根据案件情况自由裁量。三是单一的证据必须经过审核属实后，才能作为定案的根据。四是证明有罪的证据能够互相印证，相互间没有矛盾。五是证明有罪的证据能够形成闭合的锁链，能够得出唯一的、排他的结论，就达到确实、充分的程度。

（六）分层证明

证明标准应当根据案件的类型、案件所处诉讼的阶段有所区别。我国台湾学者按照刑事诉讼的不同阶段，将证明标准分为三种类型：一是发动侦查之嫌疑门槛——有犯罪嫌疑；二是提起公诉之嫌疑门槛——有足够之犯罪嫌疑；三是有罪判决之嫌疑门槛——毫无合理怀疑之有罪确信。①

在我国司法实践中，不仅死刑案件与普通案件、自诉案件与公诉案件的证明标准没有区别，而且不同诉讼阶段案件的证明标准都是相同的，证明标准没有体现层次性。由于每种犯罪的社会危害性各不相同，加之，诉讼有不同阶段，对不同类型以及处于不同诉讼阶段的案件，在证明上应当有所区别，应当实行分层证明标准。

分层证明标准，是指对刑事案件的证明应当考虑案件的类型、案件所处的诉讼阶段、当事人的举证能力，在证明标准上有所区别。总体而言，证明标准应当随着诉讼阶段的推进不断提高，最终达到确实、充分的程度。针对不同的案件类型与不同的诉讼阶段，分层证明标准包含以下内容：唯一性证明标准、排他性证明标准、递进性证明标准。

1. 唯一性证明标准

对死刑案件、判处无期徒刑案件的证明应当达到唯一证明标准。唯一的证明标准是指根据现有的证据，只能得出一种结论的证明标准，它应当是比排除合理怀疑更高的一种证明标准。由于死刑的无可挽回性、无期徒刑的终身性，对其证明必须达到唯一的证明标准。

---

① 林钰雄著：《严格证明与刑事责任》，法律出版社2008年版，第160~162页。

2. 排他性证明标准

刑事诉讼要兼顾公正与效率，刑事案件的办理都有诉讼期间的限制，任何一个案件不可能无限制地、不计成本地进行证明。特别是在现阶段社会矛盾突显、刑事案件高发、对敌斗争形势复杂的时期，不应当要求对普通刑事案件的证明与对死刑案件的证明达到同样的标准，对普通刑事案件的证明只要达到排他性证明标准即可。

3. 递进性证明标准

刑事案件从侦查到起诉、审判的证明标准要逐步提高。在立案阶段，对案件的证明只要达到有犯罪事实发生，需要追究刑事责任即可。在审查起诉阶段，对案件的证明应当达到事实清楚，排除其他可能性的标准。在审判阶段，对案件的证明应当达到确实、充分的标准。实行分层证明标准，不仅可以减轻侦查机关不必要的负担，有效地打击犯罪，而且可以适当降低诉讼门槛，维护被害人的权利。

（七）构建合理的证明体系

1. 统一证明标准

法律必须统一、明确，才有助于树立自身的权威。证明标准必须统一、明确，才有利于对案件的统一适用。

由于我国没有统一的证据法典，尽管《刑事诉讼法》规定了证明标准：案件事实清楚，证据确实、充分，但太过原则，可操作性不强。在司法实践中，公、检、法机关纷纷出台自己的证据规则或指导性意见。由此，造成不同部门、不同地区的证明标准不统一，甚至同一单位的不同部门对同一案件是否达到证明标准也有不同的看法。例如，公安机关移送起诉的案件，检察机关批捕部门认为案件“事实不清，证据不足”，不予批捕，但公安机关直接将案件移送起诉，检察机关提起公诉后，案件也被法院顺利地审判了。

为了统一法律适用，更为了树立法制权威，应当尽可能地出台证据法典，证据法典应当详细地规定每一类犯罪的证明标准。如果做不到这一点，应当由最高人民法院统一出台有关证明标准的司法解释，公安、检察机关将各自对证明标准的解释统一到法院出台的证明标准上，不得自行制定有关证明标准的规定，各级地方公、检、法机关不得再制定有关证明标准的内部规定或指导意见。地方司法机关可以对下级司法机关遇到个案证明上的问题进行指导，但不宜制定关于证明标准的执法细则，否则，无异于以执法细则代替立法规定、司法解释，影响法律的统一适用。

2. 合理地分配举证责任

确定举证责任分配的根据主要有三个原则：一是无罪推定原则；二是利益衡

量原则；三是证明便利原则。[①] 在确立举证责任的三个原则中，无罪推定原则是根本性原则，利益衡量原则、证明便利原则是补充性原则。按照无罪推定原则的要求，被告人在刑事诉讼中首先被假定为无罪，控方可以提供证据来推翻对被告人无罪的假定，所以，无罪推定原则要求在一般情况下，控方应当承担举证责任，证明要达到排除合理怀疑的程度。但“有一般，就会有例外”，利益衡量原则与证明便利原则是确立举证责任例外的补充性原则。

在刑事证明中，为了兼顾举证公平及诉讼效率，被告人也应当承担有限的举证责任。我国一些学者主张，被告人应当对以下五个方面的事实承担举证责任：一是制定法明确规定应当由被告人承担的证明责任的情形或者其他可反驳的法律上推定；二是阻却违法性及有责性事由；三是被告方的某些积极抗辩主张；四是被告人主张的程序性事实；五是被告方独知的事实。[②]

按照无罪推定原则的要求，在一般情况下，控方应当承担举证责任，证明要达到排除合理怀疑的程度。在例外的情况下，被告人应当承担相应的举证责任：一是法律明确规定，按照我国法律规定，被告人对财产来源是否正当，应当承担举证责任；二是对持有型犯罪，应当承担举证责任，例如，被告人持有国家秘密文件，应当承担其持有国家秘密文件合法性的证明；三是被告人主张自己行为属于正当防卫、紧急避险，不应承担刑事责任或减轻刑事责任时，应当承担举证责任；四是被告人或其亲属主张被告人无故意、无过失、精神不正常、无刑事责任能力时，应当承担举证责任；五是对独知的事实，且又能够减轻其责任的，被告人应当承担举证责任；六是对一些从情理或社会经验上看很难发生，但又不能排除其可能性，且有利于被告人的事实，被告人应当承担举证责任。

3. 确立有限的推定规则

推定是在基础事实得到证实的前提下，根据法律规定或经验法则，在没有反证的前提下，得出推定事实的一种认定案件事实的方法。[③] 推定属于证据证明之外另一种认定案件事实的方法，由于我国在法律传统上属于大陆法系，在证明中很少承认推定规则。但推定在认定犯罪嫌疑人主观上是否明知、故意，以及在特定的犯罪中，有其独特的证明作用。所以，在我国的证明体系中，不是要排斥推定规则，而是要合理地界定推定规则的适用范围。

综合我国法律规定以及我国签署的国际条约，借鉴国外的立法经验，对以下

① 参见卞建林主编：《刑事证明理论》，中国人民公安大学出版社 2004 年版，第 186 ~ 193 页。

② 参见卞建林主编：《刑事证明理论》，中国人民公安大学出版社 2004 年版，第 212 ~ 222 页。

③ 李富成著：《刑事推定研究》，中国人民公安大学出版社 2008 年版，第 9 页。

方面案件事实可以推定：一是对犯罪嫌疑人主观方面是否明知、故意，可以根据客观情况推定；二是如果在犯罪嫌疑人身边或住处发现最近失窃的物品，推定是其盗窃所得，犯罪嫌疑人可以提出证据，以证明其来源的合法性；三是对毒品犯罪、刑讯逼供犯罪、走私犯罪、黑社会犯罪、恐怖犯罪、贪污贿赂犯罪、持有型犯罪，可以根据现有的证据对犯罪构成的某一方面推定。受不利推定的一方，可以提出证据反驳推定的事实。

4. 构建科学的证明体系

从我国的证明体系看，还存在以下问题：一是缺少统一的证据法典。在司法实践中不仅有国家层面的证明标准，如《刑事诉讼法》规定的证明标准，还有地方性的证明标准，如地方司法机关对证明标准如何适用所做的规定。二是举证责任分配不合理。从我国的司法实践看，举证责任全部由控方承担，被告人不承担任何举证责任。三是证明案件事实的方法单一。不少司法人员不知道推定或者不敢使用推定来认定案件事实。四是缺少具体性的、分层次的证明标准。在我国的司法实践中，不管案件性质如何，不管案件处于诉讼的哪一个环节，证明标准都是“案件事实清楚，证据充分确实”，对不同案件的证明标准没有区别。例如，死刑案件与普通案件证明标准是一样的，无形中增加了控方的举证难度。

构建科学的证明体系，必须做好以下几方面工作：一是制定统一的证据法典，禁止不同部门、地方各自出台证明标准，造成法律适用的不统一。二是合理地分配举证责任。在刑事诉讼中，控方应当承担举证责任，但在例外的情况下，被告人应当承担举证责任。例外情况应当由法律明确列举，避免法官随意分配举证责任。三是允许在符合条件时，使用推定的方法认定案件事实，立法对推定的条件可以作出具体规定。四是确立分层次的证明标准，普通刑事案件的证明标准与重大刑事案件的证明标准应当有所区别。

六、证明中常见的问题

合法有效的证据是打击犯罪的利器，但一些侦查人员取证能力不强，缺少诉讼意识，导致利器不利，主要表现在以下几个方面：

（一）取证能力不足

证据是客观存在的，如果不具备一定的取证能力，不一定能发现客观存在的证据；即便发现了证据，也不一定能收集到证据；收集到证据，也不一定能正确使用证据。刑事案件证明中存在的诸多问题，大都与侦查人员取证能力不足有关。

1. 不知道如何收集证据

2012 年新修改的我国《刑事诉讼法》第 48 条第 1 款规定：“可以用于证明

案件事实的材料，都是证据。”一些侦查人员虽然知道证据的定义，但遇到具体案件时，就会犯难：不知道哪些事实可以作为证据，不知道如何收集、固定证据。在收集证据时，少数侦查人员要么不分轻重，眉毛胡子一把抓，把握不住取证重点；要么把案件线索作为定案证据，把不是证据的东西作为证据来收集，收集的证据不具有证据资格，起不到证明作用。少数侦查人员在收集证据时，缺少一个指向中心，不知道围绕犯罪构成去收集证据；或者收集了证据，却不知如何组合、运用证据，证据始终处于静止状态，无法形成完整的证据链，难以发挥有效的证明作用。

2. 收集证据缺少主动性

证据是客观存在的，但客观存在的证据不会自动地进入诉讼程序。在取证中，侦查人员只有发挥主观能动性，才能充分、客观地收集证据，使其进入诉讼环节，证据才能起到证明作用。

在毒品犯罪中，犯罪嫌疑人手机中往往存在大量能够证明毒品买卖的信息。手机中的信息属于直接证据，只要查证属实，就可以直接认定犯罪事实。一些侦查人员在取证中缺少积极主动精神，对手机中的信息视而不见。某市中级人民法院一位法官反映：2005 年 6 月，在审查公安机关移送被告人薛某贩毒一案的证据时，他随手打开薛某的手机，发现手机中记载大量薛某买卖毒品的信息。正是手机中的信息，使法官内心确信薛某贩卖毒品的事实，而侦查人员对储存犯罪信息的手机竟然没有打开查看，更不用说提取固定。

收集证据缺少主动性表现为一些侦查人员在审查案件时就事办事，不愿意主动调查、核实证据，更不愿深挖犯罪。某市发生过这样的案件：2007 年 9 月 25 日，张某、王某在盗窃某商场时被当场抓获。张某交代本案还有第三名犯罪嫌疑人吕某，并告知办案人员吕某在某工厂上班，但办案人员没有立即去核实，更没有对其采取强制措施。案件移送到刑侦大队后，当刑侦队员赶到吕某上班的工厂时，发现吕某在三天前逃往外地。由于最初办案人员缺少主动调查取证精神，客观上放纵了犯罪。

相反，在有些案件中，侦查人员发挥主观能动性，积极主动地收集证据，提取到一些极难发现的证据，最终将犯罪嫌疑人绳之以法。例如，2004 年 3 月 5 日，某公安分局接到报警：任某被杀死在家中，嫌凶是郑某。郑某在接受调查时，神情自若，没有破绽。参加盘问的刘某对郑某右眼角与鼻梁间一粒针尖大小的“黑痣”细细打量，用手一擦，“黑痣”安然无恙，再用湿棉球轻轻擦拭，“黑痣”居然慢慢消退，棉球上却留下红红的血迹。经 DNA 鉴定，棉球上的血迹与死者的血液同一。在铁证面前，郑某终于承认因琐事杀人。为消灭罪证，郑某还到浴室洗了澡，没想到眉间的一点“黑痣”没有洗去。在本案中，眉间的“黑痣”的证明力极强，可以认定郑某就是凶手。

刘某之所以能够发现犯罪嫌疑人眉间的一点“黑痣”，在于他具有积极主动的取证精神。普通侦查人员遇到这种情况，很难发现犯罪嫌疑人眉间的“黑痣”；即便发现了“黑痣”，也不一定去擦拭；在第一次擦拭没有获得预期结果时，更不会用酒精棉球继续擦拭。刘某与普通侦查员的主要区别在于有无取证的主动性、积极性，有无敏锐的观察力。

3. 获取的口供质量不高

口供是法定的证据，有其独特的证明作用，特别是在证明犯罪嫌疑人主观上是否明知、故意，以及共同犯罪内部的一些事实时，口供的作用是其他证据无法替代的。任何试图取消口供或降低口供的证明作用的做法都是不对的，但少数侦查人员在讯问犯罪嫌疑人时，存在诸多的不足，直接影响到口供的质量：一是不能结合犯罪现场审查犯罪嫌疑人口供的真伪，不注意讯问犯罪嫌疑人的作案细节。二是不注意收集被害人的陈述来印证犯罪嫌疑人的口供是否真实。在一些拐卖、强奸案件中，侦查人员仅重视获取犯罪嫌疑人的口供，而不重视收集被害人的陈述，一旦被害人回到偏远的家乡，就很难再取得被害人陈述，很难用被害人陈述印证犯罪嫌疑人口供的真伪。三是不注意讯问犯罪嫌疑人主观方面的内容。在讯问初始阶段，犯罪嫌疑人最容易讲真话，但少数侦查人员忽略对犯罪嫌疑人主观方面的讯问，一旦犯罪嫌疑人回到看守所受到其他犯人的教唆，很少承认自己是故意犯罪。四是少数侦查人员不知道围绕犯罪构成讯问。

4. 收集证据有遗漏

少数侦查人员对个罪的犯罪构成不清楚，不知道按照犯罪构成收集证据。在收集证据时存在偏差，通常重有罪证据收集、轻无罪证据收集；重定罪证据收集、轻量刑证据收集；重客观证据收集、轻主观证据收集；重讯问犯罪嫌疑人、轻询问证人，导致无法核实犯罪嫌疑人供述的真伪。收集证据有遗漏，影响刑事诉讼的顺利推进。

（二）诉讼意识不强

一些侦查人员在办案中缺少诉讼意识，没有意识到收集证据是为了在其后的诉讼中使用的，对收集的证据不注意保管、固定，造成证据污染或遗失，收集的证据无法在法庭上使用。证据保存应坚持一案一档原则，禁止将不同案件的证据混杂在一起。

（三）笔录问题不少

1. 字迹潦草，难以辨认

笔录是《刑事诉讼法》规定的法定证据，包括勘验笔录、搜查笔录、检查笔录、讯问笔录等。笔录是认定犯罪事实的重要证据，也是检察机关起诉与法院裁判的重要依据。但有些侦查人员制作的笔录字迹潦草，难以辨认，花费了检察官、法官较多的时间。

2. 笔录制作不规范

(1) 签名不规范。只有法定人员才能在笔录上签名，否则，制作的笔录不具有法律效力。在制作笔录时，个别侦查人员图方便，不找当事人签名，让他人或自己冒充当事人签名。

(2) 签字不严谨。例如，侦查人员给犯罪嫌疑人做笔录，正好墨水用完了，侦查人员就用铅笔签名。辩护人据此推断讯问笔录有假，尽管法庭没有采信律师的推断，但是如果侦查人员工作严谨，律师就没有发难的机会了。

(3) 多份笔录惊人相似。个别侦查人员对同一被告人所做的多份笔录惊人相似，甚至连错别字都一样。

3. 记载不全面

勘验笔录是固定现场证据的重要方法，应该全面、细致、突出重点。提取物品，应该记明在什么地方、什么时间提取的，但不少笔录记载不全面，重点不突出，没有说明现场的原始状态，没有说明发现、提取物品的过程。某地曾发生这样的案例：勘验人员在现场提取了一枚指纹，但勘验笔录没有记载。被告人在法庭上不认可技术人员提取的指纹，理由是勘验笔录没有记载提取到的指纹。

4. 重复讯问、累人累己

一些侦查人员在讯问上存在误区，认为讯问的次数越多，就越能固定犯罪嫌疑人口供，笔录就越有分量。一些侦查人员不厌其烦，反复讯问犯罪嫌疑人，而没有花时间去寻找能够支持口供的其他证据。用一名法官的话说：这样的讯问笔录形同“鸡肋”，不看可惜，看了无味。其实，笔录的分量重不重，不是看讯问次数多少，而是看笔录与其他证据能否相互印证，犯罪嫌疑人有无交代案件的细节。在正常情况下，对犯罪嫌疑人做三次笔录就足够了，没有必要反复讯问。第一次讯问笔录重在面广，把该问的内容全部问到，第二次讯问笔录要围绕第一次讯问笔录进行，重在核实第一次讯问笔录中的矛盾，第三次讯问笔录重在查漏补缺，核实案件的细节。

5. 更改随意

笔录制作具有严肃性，一经法定人员签字，特别是犯罪嫌疑人签字后，不得更改。如果事后发现笔录的内容与实际有出入，只能附页说明。

6. 制作马虎

(1) 张冠李戴。某侦查人员制作的一份呈请传唤报告书上，传唤对象是李某，却错写成冯某，这样的笔录根本起不到证明作用，律师只要提出：连犯罪嫌疑人的姓名都搞错，何况其他内容？

(2) 词不达意。某侦查人员制作的一份讯问笔录中，有这样一句话：我们指使犯罪嫌疑人去指认现场。正是这句话成为被告人在法庭上翻供的理由，讯问笔录证实了侦查机关曾对犯罪嫌疑人指供、诱供。

（3）缺少审查。有些犯罪嫌疑人非常狡猾，故意虚假签名或胡乱签名，为将来翻供做准备。如果侦查人员在犯罪嫌疑人签字后不认真审查，就会被犯罪嫌疑人蒙混过关。例如，有的犯罪嫌疑人在签字时写道“以上内容我看过，不算”，或故意签一个与自己姓名相近的名字。

7. 缺少综合

部分侦查人员制作笔录处于被动状态，犯罪嫌疑人怎么说，他就怎么记，不注意审查犯罪嫌疑人供述之间的矛盾。特别是在团伙犯罪中，往往是多人多次讯问，不同侦查人员在讯问前缺少交流与配合，整个笔录内容缺少逻辑性与连贯性，不同笔录间互相矛盾。在多次讯问结束后，缺少一份围绕犯罪构成的综合笔录。

8. 人为制造“吻合”

在一些案件中，犯罪嫌疑人对自己做过多少次案记不清楚，涉案财物的数额与实际的数额也会存在差异，这本来属于正常现象。但一些侦查人员为了使犯罪嫌疑人交代的案件事实与其他证据相吻合，人为地修改犯罪嫌疑人的供述。人为地“吻合”笔录，破坏了证据的客观性，很容易遭到律师的质疑。

（四）违法取证时发

1. 超过法定讯问时间

我国《刑事诉讼法》规定，对犯罪嫌疑人连续讯问不得超过 12 小时，不得以连续传唤、拘传的形式变相拘禁犯罪嫌疑人。由于法律对两次讯问的时间间隔没有明确规定，导致在司法实践中以连续传唤、拘传的形式变相拘禁犯罪嫌疑人的现象时有发生。某市人民检察院曾将一名犯罪嫌疑人作无罪处理，检察机关认为犯罪嫌疑人每次有罪供述都是在连续审讯 70 多个小时后作出的，证人证言亦互相矛盾，因此，犯罪嫌疑人有罪供述的可信度不高。

2. 存在刑讯逼供现象

侦查机关办案在整体上是文明的，但也存在个别刑讯逼供的现象。从司法实践看，逼供方式主要有两种：一是体罚，如上手铐，车轮战；二是提示性讯问。提示性讯问不仅成为律师指责侦查人员诱供的根据，而且极易造成冤假错案。值得警惕的是，个别侦查人员为了达到入人于罪的目的，完成破案任务，竟然不顾客观真实，随意嫁接讯问笔录。由于刑事案件的复杂性，犯罪嫌疑人身上会存在一些无法说清楚的疑点，所以，侦查人员在刑讯逼供时，都深信自己打的就是坏人而没有道德上的内疚感。从司法实践看，依靠刑讯逼供侦破的案件绝大部分是正确的，但任何一个人都无法保证所有“打出来的案件”都是正确的，我们没有任何理由将“好人打成坏人”，所以，必须严禁刑讯逼供。

3. 取证程序不规范

《刑事诉讼法》修改已有十多年，但一些侦查人员重实体、轻程序的观念没有大的改变，不按程序取证的现象并不少见，主要表现在以下几个方面：首先，一人取证现象比较普遍。我国《刑事诉讼法》规定必须二人取证，一人取证不具有合法性。鉴于警力不足的客观原因，公安机关有时无法满足两人同时取证的法定要求，一人取证成为律师在法庭上攻击的重点目标。其次，取证主体不合法。由于警力不足，一些单位用联防队员代替侦查人员取证。最后，搜查时没有邀请见证人见证，填写失窃清单与实际情况不符。

4. 缺少回避意识

确立回避制度的目的是确保司法公正，减少当事人对侦查行为的不当怀疑，提升执法的公信力。部分侦查人员在回避方面存在以下问题：

（1）侦查人员没有回避。一些侦查人员在取证时，不遵守回避制度，存在取证瑕疵，影响司法公正。

（2）鉴定人员没有回避。侦查人员在执行公务中受到伤害，鉴定人通常是受伤侦查人员的同事。一旦律师提出鉴定人回避问题，鉴定意见的效力将受到质疑。不过，对回避要有正确的理解，并不是只要涉及回避，整个侦查机关的侦查人员都得回避。

（五）鉴定问题突出

1. 仅鉴定部分物品

在毒品犯罪中，毒品往往是小包装，公安机关仅将部分小包装毒品送去鉴定，其他部分不作鉴定。没有鉴定的物品，被告人拒不承认是毒品。鉴定留有死角，致使法官难以准确地对被告人定罪量刑。由于鉴定存在问题，被告人大多被降格处理，甚至没有被处理。

2. 鉴定中疑点难以排除

在伤情鉴定中，对被害人的伤情鉴定须经过一段时间的观察，才能得出鉴定意见。如果鉴定意见为轻伤以上，要印证伤势与行为的因果关系就比较困难：侦查人员必须排除在鉴定等待时间内，没有其他原因造成被害人的二次伤害，这对侦查人员来说是非常困难的。

3. 鉴定费用过高

对假烟鉴定存在一定的困难，目前的鉴定方法是将每一包香烟都打开鉴定。当事人既不愿意开包鉴定，也不愿意负担鉴定费用。盗版光盘鉴定的成本太高，如果犯罪嫌疑人贩卖6万张盗版光盘，以每张光盘0.5元计算，光鉴定费就得有三四万元。鉴定费用过高，没有人愿意承担鉴定费用，致使犯罪嫌疑人虽然被抓获，但证据认定不了。

4. 鉴定人员工作不认真

鉴定意见被称为科学证据，对鉴定人员的基本要求是严谨、负责、科学，但个别鉴定人员工作马虎粗心，致使鉴定意见不被法庭采信。在一起强奸案件的鉴定中，某市一名法医将被害人的性别写错。尽管后来改正了，但被告人抓住鉴定意见上的瑕疵，到处上访。

5. 没有履行告知程序

按照有关规定，鉴定意见应告知犯罪嫌疑人、被害人。有的公安机关没有将鉴定意见告知当事人，而被告人在庭审中提出抗辩：公安机关没有告知鉴定意见，法庭不应该采信鉴定意见。尽管法庭不一定采信被告人的抗辩，但长此以往必将在法官心中形成公安机关不重视程序的印象。

6. 缺少对被害人精神病鉴定的规定

2012 年新修改的我国《刑事诉讼法》第 147 条规定：对犯罪嫌疑人作精神病鉴定的期间不计入办案期限。但对被害人作精神病鉴定是否不计入办案期限，法律没有规定。在强奸案件中，如果被害人是精神病人，就必须作精神病鉴定，但精神病鉴定的周期较长，不可能在 12 小时内得出结论。在正常情况下，公安机关对犯罪嫌疑人传唤不能超过 12 小时。如果没有新证据，只能将犯罪嫌疑人释放，犯罪嫌疑人被释放后，大多会潜逃。等到鉴定意见认定被害人为精神病人时，再想将犯罪嫌疑人缉拿归案就非常困难。

7. 重复鉴定

由于我国鉴定体制、鉴定管理和鉴定机构处于不规范状态，基于利益驱动，一些鉴定人员和鉴定机构为迎合当事人而反复鉴定。当事人拿着有利于己的鉴定意见，据鉴力争，让司法机关不好处理。在司法实践中，犯罪嫌疑人或被害人往往要求地方鉴定机构鉴定，如果鉴定意见于己不利，就以鉴定意见受到对方当事人干涉为借口，要求重新鉴定。

8. 伤害程度鉴定难

伤害程度的鉴定主要存在三方面问题：第一，鉴定意见滞后于公安机关的办案时限。如果犯罪嫌疑人不具备取保候审或监视居住的条件，公安机关只能释放犯罪嫌疑人。在人口大流动的今天，将重要的犯罪嫌疑人释放，无异于放虎归山。第二，被害人不配合。在伤害案件中，如果犯罪嫌疑人与被害人达成某种协议，被害人就不愿意配合公安机关作鉴定。第三，被害人的伤情变化影响鉴定。例如，犯罪嫌疑人伤害他人，造成他人耳膜穿孔，法医一开始鉴定是轻伤，公安机关按轻伤对犯罪嫌疑人采取强制措施。三个月后法医再次鉴定是轻微伤，犯罪嫌疑人就会要求公安机关赔偿。在此类案件中，无论是法医还是办案人员都是在依法办案，但依法办案给自己办出了麻烦，这说明现行的鉴定制度存在问题。

9. 财物估价难

在侵财案件中，经常涉及赃物估价问题，但在司法实践中赃物的价值并不容易评估，表现在以下几个方面：一是赃物灭失后，价值难以确认。特别是在盗窃电缆线的案件中，由于犯罪嫌疑人是多次盗窃，抓获的仅是其中一次，其他都是靠犯罪嫌疑人交代。在赃物无法追回、被害人无法找到的情况下，对犯罪嫌疑人交代赃物的价值能否认定？二是财物的价值是由物价局估价，而物价局的估价时间经常滞后于公安机关的办案期间。鉴定不及时，影响公安机关对案件的定性。三是一些新型案件无法估价。例如，犯罪嫌疑人偷挖一车土，而物价局不估价，理由是土地不是商品。又如，在虾塘中偷放黑鱼，吃掉他人虾塘中的虾，如何估价虾的价格？这些都是亟待解决的问题。

（六）现场勘验马虎

现场勘验对侦破案件的重要性，无论怎样强调都不为过，刑侦专家武和平曾说："破案是五分现场、三分追捕、一分思考、一分运气。"如果现场勘验马虎，将直接影响现场勘验的质量，从而影响对案件的证明力。从司法实践看，基层侦查机关在现场勘验中通常存在以下问题：

1. 缺少客观性

现场勘验往往需要多次进行，技术人员应该分别制作每次的现场勘验笔录。在司法实践中，有的技术人员只用一次勘验笔录代替多次勘验笔录；有些勘验笔录对现场提取的物品没有说明，物品间相互关系难以查清。

2. 缺少全面性

现场勘验一定要全面、及时、细致，否则就会"捡了芝麻，丢了西瓜"。在某县发生的一起交通肇事案件中，技术人员提取了车轮上的血迹，但没有对血迹作鉴定，也没有测量肇事车辆的车距。技术人员只是听证人说被害人可能是被车轧的，就不再提取其他证据。虽然提取了血迹，但不能证明就是被害人的血迹，更不能证明血迹是肇事车辆造成的，由于现场勘验不全面，该证据最终没有被法庭采信。

某市曾发生一起放火案件，技术人员认为是放火。但他只勘验部分放火现场，对于放火能否危害公共安全，放火点与周围建筑物的关系没有勘验。由于勘验不全面，因而对犯罪嫌疑人是否构成放火罪起不到证明作用。

3. 不遵守法定规定

技术人员勘验现场时，按法律规定应逐件登记提取的物品，邀请见证人到场见证勘验过程，提取的物品让犯罪嫌疑人辨认，但部分技术人员对法律规定视而不见，致使提取的重要物证无法使用。某县发生一起杀人案件，技术人员在现场提取了一把木柄的刀，但没有让犯罪嫌疑人辨认，也没有邀请见证人见证提取的过程。在法庭上，被告人供认他使用的是一把橡胶柄的刀，而不是木柄的刀，因而技术人员提取的重要物证失去了证明作用。

某市曾发生一起杀人案件，犯罪嫌疑人丁某为了不留痕迹，戴上手套将老婆掐死，杀人后，丁某将手套藏在别人不易发现的地方。侦查人员在犯罪嫌疑人的指引下提取了手套，但没有邀请见证人在场，也没有现场录像或拍照。后来，丁某翻供，尽管民警从内心上确信丁某就是杀人凶手，但由于证据不足，丁某被无罪释放。

4. 缺少规范性

技术人员在勘验现场时，不按规定程序提取证据，致使所提取的证据无法使用。某区发生一起强奸案件，技术人员在现场提取了三根毛发，经鉴定这三根毛发不是被害人的，也不是犯罪嫌疑人的，而是技术人员的。原因是天气酷热，技术人员没有遵守操作规范，把自己的头发掉到中心现场。

5. 侦查人员不出现场

一些侦查人员不出现场，技术人员也不向侦查人员通报现场勘验的情况。即使到了犯罪现场，一些侦查人员只是被动地等待技术人员的勘验结果。侦查人员不主动走访周围群众，不向他们了解案发信息。在有些案件中，被害人不知道的情况，周围群众可能知道。如果侦查人员不及时走访、了解周围群众，事后需要这些证据时，大多难以收集。同时，影响对犯罪嫌疑人围追堵截等紧急措施的使用。

6. 发破案报告不规范

发破案报告是公安机关掌握犯罪线索，抓获犯罪嫌疑人，以及犯罪嫌疑人有无自首、立功等内容的书面说明。尽管发破案报告不是法定证据，但它有利于法官、检察官了解犯罪过程，印证其他证据，特别是有助于法官、检察官认定被告人是否自首、立功的重要依据。在司法实践中，发破案报告存在以下问题：

（1）以侦查人员个人名义出具发破案报告，仅有侦查人员自己的签名，没有侦破单位的公章，没有侦查人员的身份证明。从证据理论上看，以侦查人员个人名义出具的发破案报告属于证人证言，既然是证人证言，就应当查明证人的身份，或者由办案人员找他做笔录，或者由其提供身份证或工作证，复印后装订到卷宗里。

（2）发破案报告的表述过于笼统。例如，“侦查人员根据线索在某地点抓获犯罪嫌疑人”。“根据线索”是根据什么线索？线索是怎么来的？是线人举报，是群众举报，是通过技术侦察手段获悉的，还是同案犯供述出来的？这些只有写材料的人才看得懂。

（3）一些发破案报告对自首、立功等内容缺少记载。在犯罪嫌疑人没作供述时，一些侦查人员煞费苦心地鼓励其交代。在犯罪嫌疑人交代后，对于其坦白、立功等内容又不记录。对于普通案件，检举揭发情节没有查清，法庭可以先行裁判；对于死刑案件，必须查清被告人有无自首、立功情节，否则法庭难以裁判。例如，2006 年 5 月份，某市禁毒支队破获一起毒品犯罪案件，查获贩毒团伙贩卖的 40 公斤海洛因。在庭审时，一名被告人提出他有检举揭发的行为，在侦查阶段曾向公安机关举报他人犯罪。由于发破案报告对这一重大情况没有记载，致使法院难以裁判。

（七）满足于“人赃俱获”

一些侦查人员在办理侵财案件的过程中，一旦抓获了犯罪嫌疑人、扣押了赃物，就认为已经达到证明标准，不再收集其他证据来完善证明体系。对案件满足于感性的证明标准，而不是法律上的证明标准。部分侦查人员不知道“人赃俱获”不等于证据确实充分，不等于证据能够形成完整的证据链，更不等于能够得出排他的、唯一的结论。

（1）“人赃俱获”不等于证据确实充分。在盗窃案件中，如果能够将犯罪嫌疑人人赃俱获，通常能顺利地将犯罪嫌疑人移送起诉、审判，在人赃俱获后，犯罪嫌疑人一般也会承认有罪。所以，一些侦查人员在侦破盗窃案件中，一旦抓获了犯罪嫌疑人，查获了赃物，就认为达到了证明标准。但“人赃俱获”与“案件事实清楚，证据确实充分”还有一段距离。因为，尽管获得赃物，并不能完全证明赃物就是犯罪嫌疑人犯罪所得。犯罪嫌疑人可以提出多种理由来割断“人”与“赃”的关联性，如辩称赃物是捡来的或向别人买的。所以，“人赃俱获”不等于证据确实充分，更不等于案件能顺利地被批捕、起诉、审判。

2006 年 3 月 15 日，在某闹市区，犯罪嫌疑人潘某尾随杨女士，乘隙偷取了杨女士的钱包。正当潘某暗自窃喜时，被反扒民警当场抓获。在民警调查取证时，杨女士向民警反映她的钱包中有 3000 元钱，潘某予以承认，钱包由杨女士当场取回。潘某被带回派出所继续审查，但他第二天就翻供了：钱包里只有 300 元钱。由于民警没有当场清点被害人的钱包，没有邀请见证人见证搜查行为，现有的证据不足以否定潘某供述的虚伪性。涉案赃款究竟是 300 元钱还是 3000 元钱处于存疑状态。按照有利于被告人的原则，检察机关认为此案事实不清，证据不足，不予批捕。

造成此案不能顺利批捕的原因在于民警满足于“人赃俱获”的证明标准，当犯罪嫌疑人翻供时，虽然人赃俱获，但案件事实并不清楚：钱包中的钱究竟是 300 元还是 3000 元没有证据证明。另外，钱包中的钱究竟是人民币还是外币，也没有查清。就本案而言，还应当收集以下证据，才达到案件事实清楚，证据确实充分的证明标准：

①反扒民警应当场清点杨女士钱包中现金的数额，由双方当事人签字证明，记下被害人的联系方式；

②在现场检查钱包、清点现金数额时，应拍照固定检查的过程；

③邀请见证人见证清点现金的过程，并由见证人签字证明，记录见证人的联系方式；

④被害人杨女士签名证明领取赃物的数量并注明币种。

（2）“人赃俱获”不等于形成证据锁链。案件事实清楚，证据确实充分，是指用于证明犯罪的证据已查证属实，证据之间能够形成完整的证据链，证据间的疑点得到合理排除，根据现有的证据，得出的结论是排他的、唯一的。从证据上看“人赃俱获”仅仅是获得了“人”与“赃”。“人”与“赃”可以形成证据锁链的前提是犯罪嫌疑人认罪服法。如果犯罪嫌疑人翻供，“人”与“赃”的链条则会断裂。所以，“人赃俱获”不等于能够形成证据锁链，不等于能够得出唯一的、排他的结论。从司法实践看，犯罪嫌疑人经常翻供。为了保证“人赃俱获”条件下能够形成证据锁链，侦查机关必须收集补强证据。

2006 年 7 月 5 日，某派出所的侦查人员接到线人举报，近期辖区内将有大宗毒品交易。2006 年 9 月 25 日，侦查人员再次接到线人举报，犯罪嫌疑人朱某乘坐 Z66 次火车于当日抵达 X 站，随身携带大量毒品。朱某刚出 X 站，即被守候的民警一举擒获并扣押其随身携带的箱子。但侦查人员没有现场开箱检查就将朱某与箱子分车押运到派出所。经技术人员检查，朱某携带的箱子中藏有高纯度海洛因 350 克，但朱某拒不承认箱子中藏有毒品，反说毒品是侦查人员栽赃的。在审查批捕时，检察机关以事实不清，证据不足为由，不予批捕。

从本案看，侦查人员满足于人赃俱获，当现场查获犯罪嫌疑人朱某与其携带的毒品时，就认为认定犯罪事实是铁板钉钉的事，不会有任何问题。当朱某翻供或“合理”辩解时，尽管侦查人员查获了毒品，却不能认定就是朱某所有。尽管侦查人员内心确信箱子中的毒品是朱某所有，实际上毒品也是朱某所有，但检察人员、审判人员并未参与抓捕活动，他们对毒品来源并不清楚，不具备侦查人员形成内心确信的证据条件。当朱某“合理”辩解时，检察人员、审判人员只能按“疑罪从无”进行处理。

就本案而言，侦查人员还应当收集以下证据，才能够形成证据锁链，得出排他的、唯一的结论：

①在控制犯罪嫌疑人后，民警应当立即开箱检查，并拍照或录像固定；

②本案是在公共场所抓捕的，有目击证人，民警应邀请与案件无关的人见证搜查过程并留下其联系方式；

③如果现场条件不允许开箱检查，至少应在箱子上贴上封条并让朱某签字证明，尽量将箱子与朱某放在同一辆车押运，封堵朱某翻供的退路；

④提取毒品外包装上指纹等证据，以证明毒品与朱某的关联性。

（八）忽略对主观方面的证明

证明必须围绕犯罪构成进行，犯罪构成既包括主观方面，又包括客观方面。犯罪主观方面主要指明知、故意、目的等内容。从司法实践看，一些侦查人员往往忽略对犯罪嫌疑人主观上是否明知、故意的证明。侦查人员忽略对主观方面证明的原因：一是主观方面隐藏在犯罪嫌疑人内心，证明难度大。二是不知道使用推定的方法来认定犯罪嫌疑人主观方面。三是侦查人员证明犯罪嫌疑人主观方面的方法单一，主要是讯问犯罪嫌疑人。只要获得犯罪嫌疑人口供，一些侦查人员就认为万事大吉，很少考虑犯罪嫌疑人将来可能会翻供。如果侦查机关在发案初期没有全面地收集证据，一旦犯罪嫌疑人翻供，证明犯罪嫌疑人主观方面的证据就存在缺失，会影响其后的诉讼。

2006年7月22日，犯罪嫌疑人王某在网吧上网时，发现邻座上网的黄某长得很漂亮，便心生邪念，试图奸淫黄某。在被害人拒绝与他搭讪后，王某强行将黄某拉到网吧外面，遭到被害人强烈反抗，并咬了王某一口，同时高声呼救。王某被群众当场抓获，扭送派出所。在派出所，王某承认意图强奸被害人。公安机关收集的证据有：犯罪嫌疑人的口供，被害人陈述、法医鉴定等证据。公安机关认为王某涉嫌强奸犯罪的证据确实充分，向检察机关提请逮捕。检察院审查批捕期间，王某推翻在公安机关所做的供词，声称只是想摸一下被害人，检察机关以涉嫌猥亵妇女罪对王某提起公诉。

在本案中，由于王某改变供述，公安机关与检察机关对案件的定性产生分歧，公安机关认为王某涉嫌强奸，检察机关认为王某涉嫌猥亵妇女。现有证据足以认定王某行为的暴力性、违背妇女的意志性，加之，被害人抵抗的证据十分明显。仅因为犯罪嫌疑人翻供，检察机关就改变公安机关报捕的罪名，说明检察机关在办案中过分看重犯罪嫌疑人的口供。

但从证据收集看，公安机关收集的证据还不足以充分证明犯罪嫌疑人主观方面是否意图奸淫，公安机关应当进一步收集以下证据，才能准确区分犯罪嫌疑人主观上的意图：

①收集证人证言，了解被害人是主动到网吧外面，还是被犯罪嫌疑人拉到网吧外面的；被害人是否呼喊，犯罪嫌疑人对被害人有何举动；

②询问被害人，了解之前与犯罪嫌疑人是否相识，犯罪嫌疑人如何对自己使用暴力、威胁行为的，为何要咬犯罪嫌疑人；

③对被害人进行人身检查，查明被害人衣服是否破损，纽扣、皮带是否脱落，身体有无受伤及受伤的部位，从而证明犯罪嫌疑人行为的暴力性、意图奸淫的目的；

④讯问犯罪嫌疑人，要重点围绕“拉”的行为讯问，以证明犯罪行为是违背被害人意志的，在讯问犯罪嫌疑人时要录音、录像；

⑤在网吧内、在“拉”的过程中都可以“摸”被害人，为何还要将被害人拉到网吧外面去“摸”，以证明犯罪嫌疑人翻供的虚伪性；

⑥调取网吧的监控资料、上网登记资料，以证明犯罪行为。

（九）过分看重口供的证明力

尽管我国刑事政策规定：“重证据、重调查研究，不轻信口供。”但在司法实践中，口供被赋予过高的证明力，无论是公安机关，还是检察机关，都非常看重犯罪嫌疑人口供的作用。在有些案件中，检察机关、审判机关甚至比公安机关更加重视犯罪嫌疑人口供。如果犯罪嫌疑人在检察阶段翻供，检察机关往往不敢批捕、起诉。在死刑案件中，如果没有获得犯罪嫌疑人口供，法院通常不会判处被告人死刑，哪怕是证据确实充分。由于法官、检察官重视口供，反过来又强化了办案民警的口供情结。

2007 年 6 月 8 日，王某花 3000 元买了一辆电动车，为防止电动车被盗，王某在电动车的隐蔽处作了三个“五角星”的记号。后王某的电动车被盗。为了抓获小偷，王某找遍市区的大街小巷。两个小时后，王某发现一名长发青年正骑着自己的电动车迎面而来。在路人的协助下，王某将犯罪嫌疑人刘某扭送到派出所。经过网上信息比对，民警发现刘某有盗窃前科。针对民警的讯问：为何会骑被害人的电动车？刘某辩解：电动车是向一个老乡买的，只知道老乡的外号叫“二嘎子”，其他一无所知。由于刘某不承认电动车是盗窃所得，办案民警又无法收集其他的证据，公安机关只得将刘某释放，被害人王某对公安机关放人的做法十分不满。

从取证角度看，民警的取证行为并无不妥。在本案中，无论是办案民警还是被害人都相信刘某就是小偷，但他一句子虚乌有的辩解，就让其逃脱法律的制裁。此案不能顺利批捕，一是犯罪嫌疑人太狡猾，二是说明检察机关过分看重犯罪嫌疑人口供的证明力，三是说明现行法律制度的设置有问题。

此类案件常见多发，许多犯罪嫌疑人是被害人扭送到公安机关的，但由于犯罪嫌疑人“合理”辩解以及现行法律制度的不足，虽然“人赃俱获”，也难以证明被扭送人就是真正的罪犯，难以证明犯罪嫌疑人主观上是否明知、故意，导致民众对基层公安机关的工作不满意。作为公安机关应当进一步收集以下证据，补强赃物的证明力：

①讲究讯问策略，尽量拿下犯罪嫌疑人口供；

②收集证人证言，在本案中，应尽量收集收赃人的证言，收赃人的证言可以抵消犯罪嫌疑人的无理辩解；

③注重证据积累，将犯罪嫌疑人多次购买“不认识人的车辆”或“捡到”车辆的事实记载下来，将这些辅助性证据提供给检察官、法官，当这些辅助证据积累到一定程度时，有助于法官、检察官形成内心确信。

破解此类犯罪证明上的困难，还须从立法上寻找出路。我国香港地区的《盗窃条例》第 34 条规定：占有最近被盗窃之物者，应推定为盗窃犯。[①] 如果国家层面的立法条件还不成熟，可由省级公安机关牵头，联合省人民检察院、省高级人民法院共同探讨盗窃犯罪的认定方法。对此类犯罪事实的认定实行推定规

① 李泽沛主编：《香港法律大全》，法律出版社 1992 年版，第 831 页。

则：在犯罪嫌疑人身边或住处发现最近失窃的物品，犯罪嫌疑人不能作出合理的解释的，推定是其盗窃所得。确定盗窃罪的推定规则，不仅有利于打击犯罪，主动回应民众的新期待，而且有利于减少侦查人员对口供的依赖，从根本上遏制刑讯逼供。

（十）侦查机关承担无限证明责任

在公诉案件中，控方举证是一项基本原则，但控方举证不等于控方承担无限举证责任，不等于控方对任何案件事实都承担举证责任。由于我国法律没有规定控方举证的界限，在司法实践中，侦查机关常常承担无限举证责任，而有些案件事实侦查机关是无法证明的。

例如，2008 年 8 月 25 日，天下大雨，犯罪嫌疑人徐某到邻村被害人王某家中，盗取了三枚戒指，顺手拿了一包香烟，其雨衣遗忘在被害人家中。经徐某女儿辨认，雨衣是她家的，被害人干妈恰好看到徐某进入被害人家中。根据徐某的供述，民警在他家中的天花板上提取到被害人失窃的戒指。在公安机关多次讯问中，徐某曾有一次承认盗窃，其余都是无罪辩解：“在被害人家中，一个不认识的人正从被害人家中的楼梯下来，此人害怕他报案，给了他三枚金戒指。他仅是临时保管金戒指，正准备将金戒指还给被害人。”失窃后，被害人曾经见过徐某，但徐某并没有提起金戒指的事。另外，本案有两个细节存在矛盾：一是徐某交代拿取被害人家中的香烟名称与被害人陈述的不一致；二是徐某交代的撬门的工具与现场遗留的工具痕迹不符。公安机关认为徐某涉嫌盗窃的证据确实充分，提请检察机关批捕。检察机关认为徐某一直翻供，不予批捕。

本案中，公安机关收集的证据已经达到确实充分的程度，能够形成完整的证据链，足以认定犯罪嫌疑人涉嫌盗窃。仅因犯罪嫌疑人交代的个别细节与案件事实不吻合，检察机关就不批捕，客观上放纵了犯罪。检察机关不批捕的根本原因在于没有厘清公安机关应当承担举证责任的范围，认为公安机关应当承担无限的举证责任。

我国刑事政策是“重证据、重调查研究，不轻信口供”，但部分侦查人员过于看重口供的分量，对证明标准的理解过于机械。就本案而言，犯罪嫌疑人供述与案件事实在个别细节上不吻合，属于正常现象。不同证据之间太过吻合，反而不合情理，不一定真实。从现已发现的冤假错案看，证据都是互相吻合、符合情理的。所以，犯罪嫌疑人陈述符合情理也不一定就是真实的；违背情理的陈述，不一定就是虚假的。在刑事案件中，愈是符合情理的陈述，愈要谨慎判断。①

① “必不能断之狱，不必在情理之外也；愈在情理之中，乃愈不能明。”参见陈重业主编：《折狱龟鉴补·译注》，北京大学出版社 2006 年版，第 89 页。

七、产生问题的原因

（一）认识上的原因

有许多争议并不是证据本身存在问题，而是由于公、检、法三机关的人员在诉讼中担任不同角色产生。

1. 对证据理解存在差异

（1）对赌博犯罪证据理解存在差异。虽然犯罪嫌疑人开设赌场的时间较长，但一次现场查获的赌资往往达不到检察机关的批捕标准。绝大多数从事游戏机赌博的人，都没有账单。在游戏机赌博案件中，缺少账单能否认定犯罪嫌疑人有罪，公安机关与检察机关存在争议。公安机关认为应将犯罪嫌疑人以往的赌资全部计算在内，不能仅计算一次查获的赌资，检察机关认为赌资的数额只能以现场查获的为准。

（2）对书证要求过高。在打击制造假证犯罪中，检察机关要求公安机关提供犯罪嫌疑人出卖三套假证书的证据。但在司法实践中，公安机关往往难以收集到犯罪嫌疑人出卖三套假证书的证据。犯罪嫌疑人可以供认做假证卖了多少钱，但卖给谁，他也说不清。有的购假者把证书寄到国外，这些寄到国外的证据是无法收集的。

（3）对证明标准的理解存在差异。在处理收赃犯罪中，如果没有抓住销赃者，有的检察机关可以认定，有的检察机关不予认定。在毒品案件中也有类似情况，检察机关要求公安机关查获毒品案件犯罪嫌疑人的上线与下线，如果上线、下线没有查清，即使在犯罪嫌疑人贩卖毒品时将其抓获，也只能以持有毒品罪处理。

（4）第一次传唤所做的笔录能否作为证据。一些侦查人员反映，第一次传唤犯罪嫌疑人所做的笔录，检察机关不予认定，理由是第一次传唤不是强制措施，对犯罪嫌疑人采取强制措施后所做的笔录才是证据。这涉及对笔录的理解问题。其实，笔录仅是固定犯罪嫌疑人口供的载体，只要它记载的内容是真实的，是由法定人员依法作出的，就可以作为证据使用。强制措施不是判断笔录能否成为证据的标准。

2. 对法律与刑事政策理解存在差异

（1）对宽严相济刑事政策理解有差异。在对宽严相济刑事政策理解方面，公安机关与检察机关、法院存在差异，特别是对“犯罪情节轻微，不需要判处刑事处罚”的理解，公安机关与检察机关存在重大差异。由于该条规定弹性太大，办案人员难以把握。比如，一般性的聚众斗殴，根据“宽严相济”的刑事政策，公安机关认为不构成犯罪，不报捕，检察机关要立案监督；公安机关报捕后，检察机关又以“犯罪情节轻微，不需要处罚”为由不批捕，办案人员感到只能被动办案，无法对检察机关进行有效的制约。

（2）对既遂的理解有差异。关于盗窃罪的既遂问题，某市公、检、法三机关联合出台规定：犯罪嫌疑人打开车锁，推动车子就是既遂。但犯罪嫌疑人推动车子多远才算既遂，不同机关有不同的理解。

在扒窃案件中，犯罪嫌疑人得手后，反扒人员跟着他走多远将其抓获才算既遂？有的检察官认为财物离开事主控制就是既遂，但事主控制的范围有多大，不同检察官有不同的看法。对盗窃犯罪既遂与未遂标准的把握方面，检察机关与公安机关存在较大差异。

（3）是否构成共同犯罪有争议。某地公安机关曾破获一起网上卖淫案件，捣毁犯罪嫌疑人组织的一个卖淫团伙。卖淫团伙的老板招募两名男大学生到网吧化装成女大学生与他人聊天，发现有人上钩时，再由老板的情人与有嫖娼意图者进行联系，两名大学生定期领取工资。在起诉阶段，检察机关认为这两名大学生不构成犯罪，没有对其提起公诉，公安机关认为两名大学生构成共同犯罪，聊天记录清楚地记载两名大学生的犯罪行为。

（二）侦查人员自身原因

1. 缺少责任心

个别侦查人员缺少诉讼意识，在提取、固定、保全证据以及勘验现场时没有尽心尽责。这里以两起杀人案件为例。第一起案件的经过是：第一被告砍了被害人一刀，第二被告也砍了被害人一刀，第一被告、第二被告都承认砍了被害人一刀，两把刀是同一品牌型号，究竟哪一刀是致命一刀？法庭无法查清。审理此案的法官认为，办案人员对伤口勘验时如果做到认真、仔细，在讯问时注重细节的查证，就可以避免此类问题。第二起案件是提请最高人民法院拟判死刑的杀人案件。犯罪嫌疑人作案后将刀扔进河里，公安笔录上记载打捞时间是某年的1月29日，但让犯罪嫌疑人辨认的时间却是某年的1月19日。打捞时间与辨认时间自相矛盾，导致最高人民法院打电话向某市中级人民法院查问原因。这两个案例说明个别侦查人员还缺少诉讼意识，工作上马虎粗心，不负责任。

2. 主观上不重视

对一些伤害案件，少数侦查人员认为是小案件，主观上不重视，错过最佳取证时间。警力不足是伤害案件不受重视的另一个原因，在有限的警力下，办案部门只能将警力集中在大案、要案和突发事件上。此外，在伤害案件中，被害人往往是先看病，后报警。被害人住院期间，办案人员往往怠于取证，致使一些重要证据流失。如果当事人没有就赔偿问题达成协议，被害人再要求公安机关依法处理时，公安机关往往难以提取有效的证据。

3. 证明对象不清楚

在证明中，一些侦查人员不清楚证明对象，不知道围绕犯罪构成进行证明。

首先，侦查人员常常忽视对犯罪嫌疑人主观方面的证明，忽视对嫌疑人犯罪后表现的证明。我国《刑法》规定的犯罪大多以故意、明知为条件，由于一些侦查人员忽略对犯罪嫌疑人主观上明知、故意的证明，导致他们在收集证据时，不重视对能够证明犯罪嫌疑人主观方面的证据收集。当犯罪嫌疑人否认主观上明知、故意时，不知道收集其他间接证据来推定犯罪嫌疑人主观上明知、故意。其次，忽略对影响量刑事实的证明。刑法是由犯罪与刑罚两方面构成的，法庭在审判时，不仅要看定罪的证据，还要看量刑的证据。侦查人员在收集证据时，通常重视对构成犯罪方面事实的证明，忽略对影响量刑方面事实的证明，从而导致法庭认为案件事实不清，证据不足，退回补充侦查。最后，一些侦查人员收集的证据不具有关联性。由于不清楚证明对象，部分侦查人员在收集证据中存在“眉毛胡子一把抓”的现象，虽然收集了一大堆证据，但对案件事实起不到证明作用，或很少起到证明作用。

（三）法律上的原因

1. 法律空白

在《刑事诉讼法》修改后，犯罪出现了一些新情况，对这些新情况如何处理，法律没有作出具体规定。例如，对精神病鉴定需要较长时间，但侦查机关必须在较短时间内作出是否放人的决定。对被害人作精神病鉴定以及对艾滋病病人作鉴定的时间，是否在办案时间内扣除，法律没有明确的规定。

2. 有关规定不符合实际

对一些简单的治安案件，有关规定要求侦查人员至少讯问犯罪嫌疑人两次。对犯罪嫌疑人做多少次讯问，应该由讯问人员根据案情决定，上级部门不宜作强制性的规定。

3. 缺少强有力的取证手段

在受理案件后，公安机关不能马上作出立案决定，必须收集一些证据，才能对案件作出“有无犯罪事实，是否需要追究刑事责任”的判断。在立案前，公安机关不能采取侦查手段收集证据，只能对犯罪嫌疑人进行简单的询问，立案前的调查取证缺少强制力，一些重要证据难以及时收集，影响公安机关对案件的准确判断。检察机关在办理自侦案件中，有初查程序，可以采取相应的强制措施。公安机关在侦查中缺少必要的初查程序，法律规定的不足，影响公安机关对犯罪的打击。

4. 检举揭发缺少规范

由于《刑事诉讼法》对检举揭发的时间、次数、内容缺少规定，犯罪嫌疑人恶意检举揭发、虚假检举揭发的现象时有发生。从时间上看，无论是在侦查阶段，还是在起诉阶段、审判阶段，甚至是法庭判决生效后，犯罪嫌疑人都可以检举揭发。从次数上看，犯罪嫌疑人可以检举一次，也可以检举多次。从内容上看，犯罪嫌疑人可以检举一起犯罪，也可以检举多起犯罪。犯罪嫌疑人甚至编造一些事实，让侦查机关去调查。目前，检举揭发主要存在以下问题：

（1）检举揭发异化为死刑犯的救命稻草。按照我国法律的规定，有重大立功表现的可以从轻或减轻处罚。不少死刑犯恶意滥用检举揭发制度：被告人在一审中被判处死缓或无期徒刑，往往不检举揭发；在一审中被判处死刑，就会检举揭发。检举揭发的信息要么是自己掌握的，要么是向其他犯人购买的，要么是胡编乱造的，法律规定的检举揭发制度，异化为死刑犯的救命稻草。

在某市公安机关办理的宋某系列“敲头”案中，宋某杀死 8 人，伤 33 人，身负多起大案。其自知难免一死，谁给他好吃好喝，他就卖给谁立功信息。通过向宋某买信息的方式，与他同一监室的囚犯先后有 7 人立功。其中，重刑犯任某因多次检举立功，被从轻判处 5 年有期徒刑。在本案中，检举揭发成为一些重刑犯的免死金牌。

（2）恶意检举揭发影响诉讼效率。公正与效率是诉讼永恒的主题。影响死刑案件核准效率的一个重要原因是一审死刑判决后，死刑犯通过不断提供检举揭发的线索来影响死刑程序的推进。例如，某市公安局办理的周某、胡某抢劫案，市中级人民法院于 2006 年 5 月 18 日判处周某、胡某死刑。在二审期间，二人不断检举其同乡抢劫杀人的线索，经公安机关多方查证，不能证实检举揭发为真。周某、胡某二人不断检举揭发，致使二审不能正常进行。

5. 证明标准不统一

由于我国没有制定统一的证据法典，《刑事诉讼法》规定的证明标准又非常原则：案件事实清楚，证据充分确实。但何谓案件事实清楚，证据充分确实，不同的人有不同的理解，由此造成公、检、法三机关在证明标准问题上各行其是。

为了指导各自部门的法律适用，上级公、检、法机关各自出台或联合出台证明标准或指导意见。从司法实践看，我国至少存在以下诸种证明标准：一是《刑事诉讼法》规定的证明标准：案件事实清楚，证据充分确实；二是最高公安、司法机关各自出台的指导本部门的证明标准；三是最高公安、司法机关联合出台的证明标准；四是省、市一级公安、司法机关出台有关证明标准的规定。由于以上诸种证明标准在司法实践中并存，导致在司法实践中公安机关有公安机关的证明标准，检察机关有检察机关的证明标准，法院有法院的证明标准。以有关逮捕的证明标准为例，既有国家层面的证明标准，又有省级层面的证明标准，还有市县级层面的证明标准。

由于我国司法实践中存在多种证明标准，司法人员在适用证明标准时，有一个选择的过程。一般来说，他们会选择本部门、本单位制定的证明标准。因为，本部门、本单位制定的证明标准直接对他们的工作考核产生影响，对他们的职务升迁及奖金发生作用。尽管本部门、本单位制定的证明标准是参照有关的法律法规制定的，但是，它滥用了法律解释权，无形中扩大或缩小法律、法规的适用范围，不可避免地影响法律的统一适用。

6. 举证责任不合理

在刑事诉讼中，控方举证是一条基本原则，但有原则就应有例外，控方并不是在任何情况下都承担举证责任。由于刑事案件发生的情况千差万别，证据生存的条件各不相同。如果一律由控方举证，在一些特殊案件中，控方将无法证明，势必会放纵犯罪。

2008 年 10 月 17 日下午，陈某与马某在某市某镇某村相遇，陈某持械殴打马某，致其轻微伤。陈某殴打马某的理由是：两个月前的一天，马某曾在某歌厅冲撞过自己。对陈某的口供，侦查人员无法查证，而马某否认与陈某有过冲突。公安机关以涉嫌寻衅滋事罪提请检察机关批捕，检察机关以事实不清，证据不足为由，不予批捕。

寻衅滋事罪与故意伤害罪定罪的标准不同，二者不仅在主观上有区别，而且对伤害后果有不同的要求。故意伤害以达到轻伤以上的后果才构成犯罪，而伤害后果不是寻衅滋事犯罪构成的必要条件。在本案中，检察机关以事实不清，证据不足为由，不予批捕，从表面看并无不妥，但从深层次看，涉及检察机关如何科学、合理、公正地分配举证责任。从证明理论看，当公安机关举证达到排除合理怀疑的程度，举证责任就发生转移。对一些只有犯罪嫌疑人独知的事实，犯罪嫌疑人应当举证。在本案中，陈某主张的事实只有他自己知道，属于内部证明对象，他有义务举证。从举证公平角度看，对一些犯罪嫌疑人独知的事实，公安机关有证据证明犯罪嫌疑人掌握了关键证据，但他又不愿意提供或配合公安机关提取，或者犯罪嫌疑人编造一些荒唐的理由，但又不能排除荒唐理由发生的可能性的，应当由犯罪嫌疑人承担举证责任。由于缺少相应的法律规定，在司法实践中，这些实际上是由公安机关承担举证责任，而公安机关对此类特殊案件是无法举证的，结果只能是放纵犯罪。

（四）案件自身原因

1. 伤害案件取证难

一是鉴定意见有时在几个月后才能得出。如果犯罪嫌疑人不符合取保候审条件，检察机关又不批捕，公安机关只能放人。公安机关放人后，有关犯罪嫌疑人方面的证据就很难取得。二是被害人不配合。在伤害案件中，被害人初次鉴定是轻伤的案件，如果被害人与犯罪嫌疑人达成调解，公安机关再通知被害人做二次鉴定时，被害人往往不配合。

2. “两抢”案件取证难

飞车抢夺的犯罪嫌疑人往往是多次作案，抢了多少次有时他自己也记不清楚。犯罪嫌疑人交代的问题，在时间上可能超过一点，在抢夺地点上可能偏离一点，就会与检察机关核实的内容不一致。另外，抢劫案件中的被害人很少报案，加上被抢时心理紧张，对具体案情也说不清楚。由于“两抢”案件中证据较少，主要是依靠犯罪嫌疑人口供定案，认定犯罪嫌疑人有罪的证据明显不足。

3. 网络犯罪取证难

有些网络犯罪中被害人面广量大，如果把每一个被害人陈述都收集到位，巨大的工作量是侦查人员难以承受的。某地发生过一起盗窃 QQ 币案件，犯罪嫌疑人将一个特制的仪器挂在电话用户外接口上，偷盗电话用户资金为 QQ 币充值，盗取每户人家的电话费都在 50 元钱左右，被害人大约有 400 多户，涉案金额 2 万多元。如果把每一户被害人的陈述都收集到，工作量太大。对这类案件中被害人陈述收集到什么程度，公安机关与检察机关有不同的看法。

4. 贪污贿赂案件取证难

在贪污贿赂犯罪中，双方都在谋求不正当利益，没有被害人，缺少证人证言，证据先天不足。除非当事人之间存在矛盾，一般不会相互举报，局外人也很难知悉犯罪的内幕。如果犯罪嫌疑人能够咬紧钢牙，案件往往很难侦破。

5. 刑讯逼供案件取证难

由于侦查阶段的封闭性，在刑讯逼供犯罪中，缺少证人证言，加之被害人身体的自动康复性，如果犯罪没有造成被害人重伤或死亡的后果，案件往往很难侦破。即便是犯罪造成被害人重伤或死亡，涉案单位也会提出各种理由，证明被害人属于自然死亡。

（五）犯罪嫌疑人的原因

1. 犯罪嫌疑人毁灭证据

犯罪嫌疑人在作案后，出于逃避惩罚、保护自己的目的，通常会破坏案发现场，毁灭证据。如果侦查机关没有收集到其他证据，整个案件就呈现无证据的特点。

2008 年 5 月 6 日凌晨，某县级市海边的一个虾塘旁发生一起杀人案，经侦查，公安机关锁定犯罪嫌疑人陈某。在公安机关的多次讯问中，陈某作过两次有罪供述，随之就翻供。由于发案地点、时间的特殊性，公安机关没有发现目击证人，作为杀人工具的木棍又被犯罪嫌疑人做饭烧掉。加之，虾塘旁长满青草，脚印难以提取。犯罪嫌疑人作案时穿的血衣、鞋子、帽子，被其扔到一个垃圾场。尽管公安机关根据其供述，提取到这包血衣、鞋帽，但由于受到污染，无法对残留的血迹做 DNA 鉴定。犯罪嫌疑人又编造了“自己仅是发现一个不认识的人将血衣、鞋帽扔到垃圾场”的理由，原本很有证明力的血衣、鞋帽就暂时丧失了证明力。

2. 犯罪嫌疑人翻供

犯罪嫌疑人翻供的原因非常复杂，首先，在案件初期，犯罪嫌疑人心理压力特别大，容易交代。在移送审查起诉或审判阶段，犯罪嫌疑人所受的心理压力减小，出于自保或诿过的动机，时常翻供。其次，初期审讯缺少计划。在多个侦查人员参与审讯时，相互间缺少协调，不注意前后衔接，没有从细节上卡死犯罪嫌疑人翻供之路。次之，对犯罪嫌疑人没有做好教育工作。审讯不仅要促使犯罪嫌疑人交代问题，还要对他进行认罪服法教育。再次，个别侦查人员没有把握好政策与法律的界限，为获得犯罪嫌疑人的口供，随意许愿。当侦查人员的许诺无法兑现时，犯罪嫌疑人就会翻供。最后，犯罪嫌疑人进了看守所后，受其他罪犯的教唆，多数会翻供。

（六）证人不愿作证

大多数案件中都有证人证言，证人证言比较客观。只要查证属实，可以直接认定案件事实。但在社会转型期，公民道德义务感下降，证人普遍不愿作证。

1. 证人不作证

目前，证人出庭作证的不到案件总数的5%。证人不作证的原因非常复杂，有历史、现实、文化上的原因，更有法律上的不足。不少人抱着多一事不如少一事的心理，不愿提供证言。群众路线曾经是侦查机关克敌制胜的法宝，但就目前社会现状而言，群众是看的多，协助取证的少。

例如，2007年4月8日，某市发生一起伤害案件，起因是邻里纠纷。犯罪嫌疑人持木棍击打被害人头部，围观群众有20多人，派出所民警及时收集了证人证言。案件移送审查起诉后，不仅犯罪嫌疑人翻供，证人也改变证言。后来了解到，犯罪嫌疑人家属对证人谩骂、纠缠，致使证人改变证言。

2. 自身存在污点

在一些涉黑犯罪中，双方都是黑社会性质组织的成员，即使在斗殴中受伤，受伤的一方也不愿意向公安机关提供证据。在犯罪嫌疑人利用色情敲诈的案件中，被害人怕隐私曝光，往往不配合作证。

八、破解问题的对策

（一）规范取证程序

规范化建设的核心目的是提高侦查机关的执法公信力，减少外界对侦查机关办案过程的怀疑。规范取证程序不仅能避免证据收集上的遗漏，而且能保证所收集的证据合法、有效，提升证据的证明能力，使证据真正成为打击犯罪的利器。

1. 规范讯问笔录

（1）从时间上规范。犯罪嫌疑人被采取强制措施后，应在法定时间内讯问。讯问结束时，由其确认讯问内容及讯问终止时间并签字，不得以任何借口或方法延长或变相延长讯问时间，两次讯问的时间间隔不得少于2小时。从时间上规范讯问，可以减少侦查人员对口供的依赖，增强提取其他证据的能力，在更大程度上保障人权。

（2）从人员上规范。讯问犯罪嫌疑人不得少于两名侦查人员，在笔录上签字的人员必须是实际参加讯问的人员。杜绝虚假签字和自审自记的现象，牢固确立证据合法性的理念。

（3）从责任上规范。笔录内容要由审讯人员互相审核，以减少笔录错误、遗漏、矛盾之处，审讯人员应当共同承担笔录错误的责任。

（4）从用语上规范。讯问笔录用语要规范、严谨，尽量用实词，少用或不用虚词，在关键用语上要避免产生两可的解释。比如，证人、犯罪嫌疑人说到"好像看到"，"可能听到"，侦查人员就要追问一下，让证人或犯罪嫌疑人讲清楚，他究竟有没有看到或听到，还是真的不能肯定。

（5）从内容上规范。讯问内容要全面，关系到犯罪嫌疑人定罪量刑的内容一定要问到位。比如，犯罪嫌疑人年龄问题，前科问题，自首、立功问题，明知、故意问题，使用何种犯罪工具，何人动手伤人，伤人的部位等内容，在审讯时不得遗漏。

（6）从技术上规范。科技手段不仅是打击犯罪的重要手段，也是保障人权的重要措施。有条件的地方要重视录音录像系统的建设，讯问重要的犯罪嫌疑人应该全程录音录像。从实际情况看，绝大部分侦查机关已经配置了录音录像设备。录音录像不仅能够防止犯罪嫌疑人无理翻供，而且能够规范侦查人员的讯问行为，对侦查人员合法讯问也起到保护与证明作用。

2. 规范现场勘验

绝大部分犯罪都有现场，现场在侦破案件中起重大作用，证据遗漏、证据污染、证据灭失，基本上都与现场勘验不及时、不全面、不认真、不合法有关。

（1）从技术上规范。相关职能部门都制定了勘验现场的技术规范，技术人员应严格按照规范要求勘验现场。在勘验现场时，技术人员要有分工、有配合。现场物证的提取由技术比较好、经验比较丰富的勘验人员负责，年轻的、经验差的技术人员负责现场登记物证与保管物证。现场提取物证时，切忌多人提取、事后登记的做法，杜绝物证遗失现象的发生。

（2）从人员上规范。勘验现场时，技术人员与侦查人员必须同时到位，按照分工履行各自的职责。侦查人员不到犯罪现场，不仅容易遗漏重要的证人，而且讯问犯罪嫌疑人时没有重点，难以切中要害。

（3）从程序上规范。勘验现场一定要邀请见证人到场，勘验结束时，要让见证人在勘验笔录上签字。现场提取的证据，勘验笔录都要有记载，二者要一一对应。见证人到场的目的是让他见证侦查机关勘验的过程，让他证明侦查机关现场勘验的客观、全面、合法，从而提升勘验笔录的证明力。

3. 规范证据收集、保管制度

办案单位要有独立的证据保管室，保管室的温度、湿度要达到规定的标准。证据要来之有据，取之有据，去之有据。提取证据要有笔录，保管证据要有登记，使用证据要经批准、登记，违规使用证据要有制裁，丢失、遗漏证据要有处罚。物证进出物证室要有登记，坚持一案一档，分类保管的原则。

（二）提高取证能力

1. 增强程序意识

随着依法治国观念深入人心，侦查人员办案水平与办案质量也在不断提高。律师很难在实体上找到毛病，他们往往从取证程序上找瑕疵。为了提高侦查人员的取证能力，某市中级人民法院刑事审判一庭的庭长提出："重取证过程的完整性，不求结果的预期性。"取证完整性体现在以下方面：一是时间上的完整。取证的起止时间应记载清楚，特别是讯问犯罪嫌疑人的起止时间一定要记载清楚；二是手续上的完备。调查取证要有法定手续，遵守签名制度；三是内容上的全面。不管是关键证据，还是次要证据，一定要全面收集；四是程序上的规范。提取、固定、保全证据要遵守法定程序；五是取证过程的连续性。侦查人员应当将如何发现证据、如何提取证据、如何保全证据，以一个连续的、动态的过程呈现给检察人员、法官，而不是孤零零地将一个证据提供给检察人员、法官，对证据的发现、提取、固定过程缺少必要的说明。

2. 掌握推定有罪方法

推定是与证据证明平行的另一种认定案件事实的方法，即在基础事实得到证实的前提下，根据法律规定或经验法则，推断案件事实的有或无。推定由三个部分组成：基础事实、推定根据、推定事实。其中，基础事实是前提，推定根据是关键。推定能够弥补证据证明的不足，其主要功能是解决对被告人主观上是否明知、故意的认定。联合国《反腐败公约》和《打击跨国有组织犯罪公约》中明确规定对被告人主观上的明知、故意，可以使用推定的方法来认定。

在刑事诉讼中，不仅要坚持无罪推定原则，还要掌握推定有罪方法。推定对侦查人员而言是一种比较陌生的认定案件事实的方法，推定对犯罪嫌疑人主观方面的认定以及对"一对一"事实的认定，有其独特功能。

3. 加强专案研究

对一些涉及民生、证据又不易取得的案件，要加强专案研究，总结出类罪的办案指南。就目前而言，民众对贪污贿赂案件、渎职案件特别关注，侦查机关应当加强对此类案件如何证明的研究，力争此类案件能够顺利地移送审查起诉、审判。

（三）建立科学考评体系

严管队伍离不开考评制度，考评的意义在于奖勤罚懒，提高侦查人员的办案水平与办案质量。基层侦查人员反映目前考评体系总体上是合理的，也存在需要改进的地方。公、检、法三机关都有各自的考核体系，特别是检察机关的考核体系将直接影响对职务犯罪的打击、处理。在构建考核体系时，要以人民群众是否满意作为考核的出发点，考核工作要紧紧围绕人民群众最期盼、最迫切、最急需解决的民生问题进行。就检察机关而言，必须以科学发展观和构建和谐社会为指导，制定切实可行、反映基层检察实践真实情况的考评体系。

（四）加强队伍专业化建设

1. 培养一批办案专家

省级公安机关、检察机关要有计划地为每个县级单位培训一批办理大案、要案的专家，每年定期组织他们学习，学习时间不少于一个月。培训要突出实战性，教学形式可以灵活多样，与专家学者交流，旁听案件的审判。办案专家必须有资格认证制度，至少具备两方面素质：侦破案件的能力与法律知识的修养。

2. 建立定期旁听法庭审判制度

旁听法庭审判有利于提高侦查人员的证据意识，特别是看到律师如何挑剔自己取证的不足，能给侦查人员留下深刻的印象。旁听法庭审判作为“大教育”、“大培训”的一部分，应该形成制度，侦查人员每年旁听法庭审判应不少于3次。

（五）加强证人保护

证人不作证的一个重要原因是害怕打击报复，加强对证人的保护是证人作证的最基本条件。必须建立保护证人的专门组织，对证人申请保护的条件、保护措施作出明确规定，对没有尽到保护义务的组织或人员要规定相应的惩戒措施。积极探索证人作证的其他方式，健全证人作证补偿制度。规范证人免证条件，不具备免证条件的证人，要强制其作证。对拒不配合侦查机关作证的，要有制裁措施。

（六）确立检举揭发规则

对检举揭发必须设立一定的规则，既要保护犯罪嫌疑人的合法权利，又要防止其恶意检举揭发，影响诉讼的推进。

一是履行告知程序。在侦查、起诉、审判中，司法人员要履行告知制度。二是在时间上限制。从侦查至二审庭审终结，犯罪嫌疑人都可以检举揭发。在二审庭审终结前，经法官向被告人提示后，被告人没有检举揭发的，不得再要求检举揭发。三是在次数上限制。在侦查、起诉、审判的每一个环节，犯罪嫌疑人至多有两次检举揭发的机会。四是如果检举揭发有两次被证明是虚假的，在其后的所有诉讼程序被告人不再享有检举揭发的权利。

分　　论

第二章　贪污贿赂案件

一、贪污案

根据我国《刑法》第382条的规定，贪污罪，是指国家工作人员利用职务上的便利，侵吞、窃取、骗取或者以其他手段非法占有公共财物的行为。

（一）证明标准

案件事实清楚，证据确实充分。对犯罪嫌疑人的身份、职务，所利用的职务便利，涉案公共财产的性质，侵吞、窃取、骗取或者其他方法非法占有公共财物的具体手段、数额等证明，达到确实充分的程度，对犯罪嫌疑人的主观故意、非法占有目的的证明，达到内心确信的程度，证明有罪的证据能够形成完整的证据链。

（二）举证责任

在一般情况下，控方承担举证责任。犯罪嫌疑人提出自己并非从事公务的人员，控方应当承担查证的责任；犯罪嫌疑人提出并非想将公共财产占为己有，只是临时挪用等主张的，应当承担举证责任。对犯罪嫌疑人主观上非法占有的目的、故意，控方可以根据客观情况推定。

（三）对犯罪主体的证明

1. 对刑事责任年龄的证明

证明刑事责任年龄的证据主要有户籍证明、身份证、出生证明、工作证、专业或技术等级证、护照等，只要以上有一项证据查证属实，即可证明犯罪嫌疑人的刑事责任年龄。如果犯罪嫌疑人提出证据，主张没有达到刑事责任年龄，侦查机关应当补强证明。证据主要包括：

（1）犯罪嫌疑人父母、周围居民、老师、同学的证言；

（2）犯罪嫌疑人父母做绝育手术的证明、犯罪嫌疑人兄弟姐妹的户籍、身份证、护照等。

根据以上证据，综合认定犯罪嫌疑人是否达到刑事责任年龄。

2. 对刑事责任能力的证明

只要犯罪嫌疑人达到刑事责任年龄，就认为其具有刑事责任能力。如果犯罪嫌疑人一方提出证据，主张其不具有刑事责任能力，侦查机关应当补强证明，证据主要包括：

（1）精神病鉴定；

（2）证人证言，包括周围居民、老师、同学、同事对犯罪嫌疑人行为能力的评价；

（3）知情者证明犯罪嫌疑人一方提供的鉴定意见是伪造的或者鉴定人无鉴定资格或者鉴定人被收买，以证明犯罪嫌疑人提供的证据不可信。

根据以上证据，综合评价犯罪嫌疑人的刑事责任能力。

3. 对特殊主体身份的证明

（1）对所在单位或委派、委托单位性质的证明，包括查询机关、人民团体的法人组织机构代码，国有资产登记表，通过工商行政部门核实企业的性质，查询公司的营业执照、公司章程、注册登记等；

（2）对身份职务的证明：

①证明身份的书证，包括人事部门、组织部门或主管部门出具的人事档案、表格、任职证明、职责范围有关文件规定、交派任务的上级有关文件，履历表、国家公务员登记表、职工登记表，聘书、任命书，委派手续、合同、委托证书，批示、批复、会议文件、记录、通知，技术等级证明，代表证、委员证，委托单位出具的犯罪嫌疑人接受委托的证明等；

②犯罪嫌疑人依据伪造的国家机关公文、证件担任了国家工作人员的公文、证件；

③证人证言，包括主管部门、领导人员、同事的证言，交派人证言，犯罪嫌疑人受委托从事某项工作的委托方证言等；

④犯罪嫌疑人关于自己职务、身份的供述。

根据以上证据，综合认定犯罪嫌疑人的国家工作人员主体身份。

（四）对犯罪主客观方面的证明

证明犯罪主客观方面的方法主要是勘验、检查，搜查，调取、扣押物证、书证，查询、冻结，鉴定，询问证人，讯问犯罪嫌疑人，推定等。

1. 勘验、检查

（1）对犯罪嫌疑人办公场所勘验、检查，扣押犯罪嫌疑人伪造的国家机关公文、证件等，以证明特殊主体身份；

（2）对犯罪嫌疑人管理的财物进行盘点查货，查清库存，找出亏空数字，制作经费收支账和实物入库、出库清单，对照清查，以证明经费账和实物账不相符的情况；

（3）对犯罪嫌疑人住所、办公室或其他赃款、赃物藏匿现场勘验、检查，扣押犯罪嫌疑人贪污的公共财物，制作起赃笔录、收缴笔录，以证明非法占有公共财物；

（4）对犯罪嫌疑人办公场所勘验、检查，扣押犯罪嫌疑人伪造、涂改的单据、发票、账簿等，以证明犯罪手段。

2. 搜查

查获犯罪嫌疑人转移、隐藏的赃款、赃物，以证明非法占有公共财物。

3. 调取、扣押物证、书证

（1）调取、扣押有关犯罪嫌疑人身份、职务的书证，包括人事部门、组织部门或主管部门出具的人事档案、表格，国家公务员登记表、职工登记表，任职证明、职责范围有关文件规定、交派任务的上级有关文件，聘书、任命书、委派手续、委托证书，批示、批复、会议文件、通知，技术等级证明，代表证、委员证，委托单位出具的犯罪嫌疑人接受委托的证明等，以证明犯罪嫌疑人主体身份与职务；

（2）调取本单位财务制度、金融管理制度，行使职务应有的程序性规定、制度等，以证明犯罪嫌疑人是否利用职务上的便利；

（3）扣押赃款、赃物，以证明非法占有公共财物；

（4）扣押其他相关物证，如公共财物保管者监守自盗后伪装成盗窃现场所用的工具等，以证明犯罪的具体手段；

（5）调取证明公款、公物属单位所有的书证，如国有企业或国有控股的证明，付款方的支出凭证、银行票据、双方合同书等，以证明犯罪嫌疑人据为己有的财物的性质；

（6）调取、扣押银行票据、记账凭证、笔记本、存单、存折等，以证明公款使用去向；

（7）调取、扣押本单位关于相应公款支出的财务单据等。通过制作买卖往来或者收入支出往来明细对账清单，分别去有经济往来的单位对账，以查证有无利用收入不记账或者少记账等虚假列支手段进行贪污的行为，以证明犯罪方法；

（8）扣押犯罪嫌疑人为贪污公款而伪造、涂改、漏记、挖补、毁损的单据、发票、账簿、字据、传票、收支证明等书证，以证明犯罪手段、方法、非法占有的数额；

（9）调取证明公款、公物属救灾、防汛、优抚、扶贫、移民、救济款物、罚没款物、暂扣款物的书证，以证明贪污特殊物资、特殊款物的事实。

4. 查询、冻结

（1）查询犯罪嫌疑人的经济状况，以证明犯罪动机；

（2）同单位开户银行对账查询，以证明有无利用账户在转账过程中，数字上账、钱不见面等手段进行贪污的行为；

（3）查询犯罪嫌疑人银行存款往来明细、对账清单，以查证赃款去向；

（4）查封、冻结犯罪嫌疑人的涉案财产、存款，以证明涉案款项。

5. 鉴定

（1）对涉案财会账目、票据、凭证进行司法会计鉴定，查明犯罪嫌疑人是否违反财务制度、金融管理制度，伪造、涂改、漏记、挖补账册、票据、凭证，以证明犯罪手段；

（2）对账目、票据、凭证上的笔迹、印章、印文、文书的制作及工具、文书形成时间等进行文检鉴定，以证明是否为犯罪嫌疑人经手办理；

（3）对账目、票据、凭证上的指纹进行痕迹鉴定，以证明是否为犯罪嫌疑人经手办理；

（4）对犯罪嫌疑人占有的公共财产进行价值评估，以证明犯罪数额；

（5）对录音、录像资料中的声纹进行鉴定，以证明与涉嫌人员的声音是否同一。

6. 询问证人

证人证言主要包括：发现人证言、单位领导证言、主管负责人证言、财会人员证言、财物管理人员证言、同谋人证言、犯罪嫌疑人亲友证言以及其他知情人证言等。

（1）犯罪嫌疑人在单位的身份、职务，以证明犯罪嫌疑人是否从事公务活动，是否具有特殊主体身份；

（2）犯罪嫌疑人在犯罪过程中履行职务和利用职务便利的情况，如签订合同、经手款物、签字报销、经办账目等情况，以证明犯罪嫌疑人实施占有公共财产行为时，能否利用职务之便；

（3）本单位的财务制度、金融管理制度，行使职权的程序性规定、制度等，以证明犯罪嫌疑人是否违规操作；

（4）公款、公物的所有权，以证明犯罪嫌疑人非法占有财物的性质；

（5）发现犯罪嫌疑人实施贪污的经过，公款、公物支出的手段、名义，公款被贪污的时间、地点、数量、方式等，以证明犯罪手段、方式；

（6）犯罪嫌疑人对贪污行为的隐瞒、欺骗情况，以证明犯罪故意；

（7）犯罪嫌疑人转移赃款、赃物的情况，以证明犯罪行为；

（8）本单位对被贪污公款的财务记账、平账情况，以证明犯罪行为。

7. 讯问犯罪嫌疑人

（1）所在单位、担任的职务、任职的起始时间、主管的范围，以证明能否利用职务之便；

（2）本单位的财务制度、金融管理制度，行使职权应有的程序性规定、制度等，以证明犯罪嫌疑人是否违规操作；

（3）贪污公款的来源，是本单位账内公款还是小金库公款。如果是截留单位应收款，应问清是何种应收款，是否为救灾、防汛、优抚、扶贫、移民、救济款物、赃款赃物、罚没款物、暂扣款物等，以证明非法占有款物的性质；

（4）犯罪心理产生、变化的过程、作案意图，以证明犯罪动机及非法占有的目的，判明主观恶性；

（5）贪污的时间、地点、次数、参与人、经手人，以证明犯罪的具体手段：

（6）扣押、冻结赃款的数量是贪污的全部赃款还是部分赃款，多次贪污的，要讯问每次贪污的数额，以证明非法占有的数额；

（7）贪污公款的去向、用途，是用于贴补家用、日常购物消费、赠与、合法经营，还是用于玩乐挥霍或赌博、嫖娼等非法活动，以证明其主观恶性；

（8）是否转移赃款、赃物，转移到了哪里，以查获赃款、赃物；

（9）贪污公款的归还情况，是主动归还是被迫追缴，是全部归还还是部分归还，是归还的原物还是折抵的人民币，以证明其主观恶性；

（10）共同犯罪嫌疑人的基本情况、事前通谋内容、犯罪分工、地位、作用以及赃款、赃物如何分配，以证明是否共同犯罪，区分主犯、从犯。

8. 推定

（1）犯罪嫌疑人采取伪造、涂改、漏记、挖补、毁损相关的单据、发票、账簿、字据、传票或其他凭证、收支证明的犯罪手段，占有公共财物；

（2）犯罪嫌疑人将公共财物据为己有，拒不返还。

如果以上事实查证属实，推定犯罪嫌疑人意图非法占有。

9. 视听资料

对犯罪嫌疑人的讯问进行同步录音录像，以证明侦查活动的合法性和供述的自愿性。

（五）对有关量刑情节的证明

1. 对犯罪嫌疑人是否累犯、有无前科的证明，证据主要是法院的判决书、公安网上的资料、证人证言等。

2. 对犯罪嫌疑人有无投案自首的证明，证据主要有证人证言、侦查机关的记录等。

3. 对犯罪嫌疑人有无检举立功的证明，证据主要有物证、书证、证人证言、侦查机关的记录等。

4. 对犯罪嫌疑人贪污数额的证明，证据主要有物证、书证、证人证言、鉴定意见等。

5. 对犯罪嫌疑人有无悔罪表现、积极退赃的证明，证据主要有物证、书证、证人证言、侦查机关的记录等。

6. 对犯罪嫌疑人在共同犯罪中所起的作用、地位的证明，如重大贪污犯罪集团的首要分子、贪污犯罪给国家和人民利益造成特别重大的损失、后果特别严重等，证据主要有同案犯的证言，占有赃款、赃物的数额、份额以及所起作用的物证、书证、鉴定意见等。

7. 对订立攻守同盟、毁灭罪证、打击报复证人、拒不退赃等特别恶劣情节的证明，证据主要有犯罪嫌疑人供述与辩解、证人证言、物证、书证、鉴定意见等。

（六）补强证明

1. 证人改变证言的，侦查机关应当补强证明，证据主要包括：

（1）知情者证言，证明证人受到犯罪嫌疑人或其亲属的威胁、收买；

（2）录音录像，证明证人当初的陈述具有客观性、合法性。

2. 犯罪嫌疑人推翻原先的供述，理由是受到刑讯逼供的，侦查机关应当补强证明，证据主要包括：

（1）录音录像、讯问笔录，证明侦查机关讯问的合法性、客观性；

（2）证人证言，包括看守所民警的证言、犯罪嫌疑人同监室囚犯的证言，证明犯罪嫌疑人没有受到刑讯逼供；

（3）看守所的体检证明，证明犯罪嫌疑人身上伤痕是原有的。

3. 犯罪嫌疑人辩称自己是国有公司的临时工，非国家工作人员的，侦查机关应当补强证明，证据主要包括：

（1）书证、证人证言等，证明犯罪嫌疑人所在单位或者委派、委托的单位的性质；

（2）书证、证人证言等，证明犯罪嫌疑人的具体职责以及从事公务的行为性质。

4. 犯罪嫌疑人提出自己没有非法占有的主观故意，只是因账目管理混乱，未能及时结算等辩解理由的，侦查机关应当补强证明，证据主要包括：

（1）书证、证人证言等，证明犯罪嫌疑人所在单位的财务制度、金融管理制度，行使职权应有的程序性规定、制度明确、清晰；

（2）书证、物证、鉴定意见等，证明犯罪嫌疑人采取伪造、涂改、漏记、挖补、毁损相关的单据、发票、账簿、字据、传票或其他凭证、收支证明的犯罪手段，主观上存在故意心态；

（3）物证、书证、证人证言等，证明犯罪嫌疑人已将非法占有的公款用于日常消费、玩乐挥霍或赌博、嫖娼。

（七）案　　例

2007 年 3 月和 2008 年 1 月，某村村委会支部书记余某某在任职期间，利用职务之便，协助镇政府收缴计划生育社会扶养费时，收取本村村民严某某上交的社会扶养费6000元和村民代某某上交的社会扶养费1万元不入账，占为己有。2007年余某某虚报、冒领本村14户五保户补助款16800元，将其占为己有。

【证明参考】

1. 对犯罪主体的证明

（参见贪污案）

2. 对犯罪主客观方面的证明

（1）勘验、检查

对犯罪嫌疑人余某某的住所及办公场所进行勘验、检查，扣押相关的赃款及其他物证、书证。

（2）搜查

查获犯罪嫌疑人转移、隐藏的赃款，以证明犯罪嫌疑人非法占有公共财物。

（3）调取、扣押物证、书证

①调取犯罪嫌疑人有关身份、职务的书证，证明余某某负有协助镇政府收缴计划生育社会扶养费及优抚管理工作的职责；

②调取、扣押五保户经费落实情况和收缴计划生育社会扶养费的相关政策、规章、制度等，以证明犯罪嫌疑人是否违规行使职权；

③调取、扣押收取社会扶养费的收据、五保户补助款存折、五保户补助款领取签字单等，以证明非法占有；

④扣押村委会的账目收入及支出情况的书证，查明是否存在只显示支出账，不显示收入账的不入账款项，以证明犯罪行为。

（4）查询、冻结

查询犯罪嫌疑人余某某的银行存款，冻结涉案款项，以证明违法所得。

（5）鉴定

对相关账目进行司法会计鉴定和文书检验等，以证明犯罪行为。

（6）询问证人

①犯罪嫌疑人担任的职务、职责，起始时间、主管的范围，以证明能否利用职务之便；

②犯罪嫌疑人何时何地向其收取社会扶养费，是否开具收据，具体金额等，以证明犯罪行为；

③犯罪嫌疑人经办的领取补助款的五保户人员是否符合享受五保户待遇的条件，以证明是否虚报五保户信息；

④犯罪嫌疑人经办的领取补助款的五保户人员是否领取到五保户补助款，以证明犯罪嫌疑人是否冒领五保户补助款并非法占为己有；

⑤何时发现犯罪嫌疑人经手的款项只有支出账，没有收入账，以证明犯罪

行为。

（7）讯问犯罪嫌疑人

①担任的职务、职责，起始时间、主管的范围，以证明能否利用职务之便；

②收缴计划生育社会扶养费及优抚管理工作的职责内容，本单位的财务制度、金融管理制度，行使职务的程序性规定、制度等，以证明犯罪嫌疑人是否违规操作；

③收取社会扶养费、冒领五保户补助款的时间、方式、金额，以证明犯罪手段；

④收取社会扶养费、冒领五保户补助款为何不入账，以证明犯罪目的；

⑤收缴的社会扶养费、冒领五保户补助款何时何地用于何用途，以证明非法占有款项的去向。

（8）视听资料

对犯罪嫌疑人进行讯问时同步录音录像，以证明侦查机关不存在刑讯逼供、诱供的现象。

3. 对有关量刑情节的证明

（1）对犯罪嫌疑人有无投案自首的证明，证据主要有证人证言、侦查机关的记录；

（2）对犯罪嫌疑人有无检举立功的证明，证据主要有书证、证人证言、侦查机关的记录；

（3）对犯罪嫌疑人贪污数额的证明，证据主要有物证、书证、证人证言、鉴定意见；

（4）对犯罪嫌疑人有无悔罪表现、积极退赃的证明，证据主要有物证、书证、证人证言、侦查机关的记录；

（5）对犯罪嫌疑人有无订立攻守同盟、毁灭罪证、打击报复证人、拒不退赃等特别恶劣情节的证明，证据主要有犯罪嫌疑人的供述与辩解、证人证言、物证、书证。

4. 补强证明

（1）犯罪嫌疑人推翻原先的供述，理由是受到刑讯逼供的，侦查机关应当补强证明，证据主要包括：

①录音录像、讯问笔录，证明侦查机关讯问的合法性、客观性；

②看守所民警的证言、犯罪嫌疑人同监室囚犯的证言，证明犯罪嫌疑人没有受到刑讯逼供；

③看守所的体检证明，证明犯罪嫌疑人身上伤痕是原有的。

（2）犯罪嫌疑人辩称没有非法占有的主观故意，只是因账目管理混乱，未能及时结算，且县纪委在调查账目时已把钱退出的，侦查机关应当补强证明，证据主要包括：

①书证、证人证言等，证明村委会相关账目中无该项应收款项；

②书证等，表明该款项的相关票据已在账务作了支出，以证实犯罪嫌疑人具有贪污公款的主观故意。

二、挪用公款案

根据我国《刑法》第384条的规定，挪用公款罪，是指国家工作人员利用职务上的便利，挪用公款归个人使用，进行非法活动的，或者挪用公款数额较大、进行营利活动的，或者挪用公款数额较大、超过3个月未还的行为。

（一）证明标准

案件事实清楚，证据确实充分。对犯罪嫌疑人的身份、职务，所利用的职务便利，被挪用款项的性质、数额，挪用的时间、方式、用途等证明，达到确实充分的程度，对犯罪嫌疑人非法取得公款使用权的目的和明知是公款而故意挪作他用的证明，达到内心确信的程度，证明有罪的证据能够形成完整的证据链。

（二）举证责任

在一般情况下，控方承担举证责任。犯罪嫌疑人提出有利于已的主张的，应当承担举证责任。对犯罪嫌疑人主观上的目的、故意，控方可以根据客观情况推定。

（三）对犯罪主体的证明

（参见贪污案）

（四）对犯罪主客观方面的证明

证明犯罪主客观方面的方法主要有勘验、检查，调取、扣押物证、书证，查询、冻结，鉴定，询问证人，讯问犯罪嫌疑人，推定等。

1. 勘验、检查

（1）对犯罪嫌疑人办公场所勘验、检查，扣押犯罪嫌疑人伪造的国家机关公文、证件等，以证明特殊主体身份；

（2）对犯罪嫌疑人管理的财物进行盘点查货，查清库存，找出亏空数字，制作经费收支账和实物入库、出库清单，对照清查，以证明经费账和实物账不相符的情况；

（3）对犯罪嫌疑人住所、办公场所等赃款、赃物藏匿场所勘验、检查，扣押犯罪嫌疑人挪用的公款，以证明非法取得公款使用权；

（4）对犯罪嫌疑人住所、办公场所勘验、检查，扣押存折、银行对账单、对方收据等书证，以证明犯罪手段、违法所得；

（5）对贩毒、诈骗、赌博、嫖娼等违法、犯罪现场勘验、检查，查获公款的使用人，扣押相关的物证、书证、视频资料，以证明公款被挪用进行非法活动。

2. 调取、扣押物证、书证

（1）调取、扣押有关犯罪嫌疑人身份、职务的书证，以证明犯罪嫌疑人身份；

（2）调取本单位财务制度、金融管理制度，行使职权的程序性规定、制度等，以证明犯罪嫌疑人是否存在职务上的便利，且非法利用；

（3）扣押犯罪嫌疑人行使职权的批示、签字，转款操作的文字凭证，权力范围内的印鉴使用等书证，以证明犯罪嫌疑人是否利用职务便利；

（4）扣押被挪用公款的实物、相片，挪用公款购买的物品等物证，以证明犯罪嫌疑人非法取得公款使用权；

（5）调取公款资金来源证据、资金记账性质证据、资金管理方式证据、资金用途证据等书证，如银行凭证、单位会计资料等，以证明被犯罪嫌疑人挪用的财物的性质；

（6）调取、扣押现金支票、转账支票、银行汇票、委托付款、对方收据等公款转出的原始凭证、付款凭证、转账凭证、现金日记账等记账凭证，活期存款提现的存款记录、支款凭证、银行对账单等相关银行凭证等，以证明直接挪用的手段；

（7）调取、扣押单位银行贷款、单位应收货款、单位筹集资金等单位应收公款被截留挪用的书证，如转入方的转账凭证、行为人出具的收据、本单位的会计资料等，以证明截留挪用的手段；

（8）扣押以借贷形式或名义，将公款非法转归个人使用的书证，如使用人个人借款协议、借据、批条、借贷合同、书信、转款的原始凭证，以证明借贷挪用的手段；

（9）调取、扣押银行票据、记账凭证、笔记本、存单、存折等，以证明公款使用去向；

（10）调取被司法机关、行政执法机关追究认定为违法、犯罪的法律文书、处理决定、情况说明等相关法律文件，以证明公款被挪用进行非法活动；

（11）扣押犯罪嫌疑人购买的股票、国债、银行存款等书证，以证明挪用公款进行营利活动；

（12）扣押公款所有单位记载的归还证据，如归还款项的记账凭证、原始凭证等，使用人的还款凭证等，以证明犯罪嫌疑人挪用公款三个月未归还；

（13）调取、扣押犯罪嫌疑人的通话清单、短信、空中信息、QQ 聊天记录，以证明与使用人的联系及犯罪手段。

3. 查询、冻结

（1）调查犯罪嫌疑人、使用人的经济状况，以证明犯罪动机；

（2）查询银行存款往来明细、对账清单，以证明挪用公款的方式；

（3）查询资金入账后的账面走向、银行存款走向、库存现金走向等，以查证挪用公款的用途；

（4）查封、冻结犯罪嫌疑人的涉案财产、存款，以证明涉案款项。

4. 鉴定

（1）对涉案的财会账目、票据、凭证进行司法会计鉴定，以查证犯罪嫌疑人挪用公款的手段和数额；

（2）对账目、票据、凭证上的签字、印章、印文等进行文检鉴定，以证明犯罪嫌疑人的犯罪行为；

（3）对账目、票据、凭证上的指纹进行痕迹鉴定，以证明是否为犯罪嫌疑人经手办理；

（4）对犯罪嫌疑人挪用的款物进行价值评估，以证明犯罪数额。

5. 询问证人

证人包括案件的控告人、检举人，犯罪嫌疑人所在单位的主管人、同事、同犯罪嫌疑人有过业务往来的人，犯罪嫌疑人的家属和亲友，被挪用公款的使用人及使用人的家属、亲友和其他知情人，从而证实行为人挪用、使用公款的事实。

（1）犯罪嫌疑人在单位的职务、职责、职务任免起止时间，以及犯罪嫌疑人犯罪过程中履行职务和利用职务便利的情况，以证明犯罪嫌疑人是否具有主管、管理、经手公款的职务便利；

（2）本单位的财务制度、公款管理的规章制度，行使职权的程序性规定、制度等，以证明犯罪嫌疑人是否违规操作；

（3）公款、公物的所有权，以证明挪用公款的性质；

（4）与指控犯罪相关的经济往来的具体情况，公款被挪用、划出的手段、名义和具体名目，以证明犯罪的手段；

（5）发现犯罪嫌疑人挪用公款的经过，行为人如何进行隐瞒、欺骗和辩解，以证明犯罪手段、方式；

（6）挪用公款的时间、来源、金额和具体用途。犯罪嫌疑人案发前是否知道公款挪用于营利或非法活动，挪用公款后获得的私利情况，以证明犯罪行为；

（7）犯罪嫌疑人是否及时归还挪用的公款，归还的时间，归还的数额，以证明犯罪的主观恶性。

6. 讯问犯罪嫌疑人

（1）所在单位、担任的职务、任职的起止时间、主管的范围，以证明能否利用职务便利；

（2）本单位的财务制度、金融管理制度，行使职权的程序性规定、制度，以及是否故意违反有关公款管理的规章制度，是否未经合法批准、许可，以证明犯罪嫌疑人是否违规操作；

（3）犯罪心理的产生、变化过程，是因为家庭困难，为了营利，为了赞助他人，还是为了从事违法犯罪活动，以证明挪用公款的动机、目的，判明犯罪嫌疑人的主观恶性；

（4）被挪用的公款的来源是本单位账内公款还是小金库公款，是否是救灾、防汛、优抚、扶贫、移民、救济款物、赃款赃物、罚没款物、暂扣款物等，以证明挪用公款的性质；

（5）实施挪用行为的方法、手段，特别是利用职务便利的具体过程，以证明挪用行为是否利用了国家工作人员的职务便利；

（6）每次实施挪用公款行为的起止时间、地点、挪用的数额、方式、经手人等，以证明犯罪手段；

（7）共同犯罪的起意、策划、分工、实施等情况，查清每一个行为人在共同犯罪中的地位和作用，以证明是否共同犯罪，区分主犯、从犯；

（8）挪用公款的去向、用途，是用于非法活动、营利活动，还是个人一般使用，以证明犯罪情节；

（9）挪用行为是否被发现，何时何地被发现，行为人如何消除单位领导、同事的怀疑，以证明犯罪手段、方法；

（10）挪用公款的归还情况，是主动归还还是被迫追缴，是全部归还还是部分归还，是主观上不想归还，还是客观上不能归还，以证明犯罪主观方面；

（11）是否存在携带挪用公款潜逃、挪用公款后用虚假发票平账或销毁有关账目、有能力退还而不退还的情形，以证明是否存在转化为贪污的情形。

7. 视听资料

对犯罪嫌疑人的讯问进行同步录音录像，以证明侦查活动的合法性和供述的自愿性。

（五）对有关量刑情节的证明

1. 对犯罪嫌疑人是否教唆犯、累犯，有无前科的证明，证据主要是法院的判决书、公安网上的资料、证人证言。

2. 对犯罪嫌疑人有无投案自首的证明，证据主要有证人证言、侦查机关的记录。

3. 对犯罪嫌疑人有无检举立功的证明，证据主要有书证、证人证言、侦查机关的记录等。

4. 对犯罪嫌疑人挪用公款数额的证明，证据主要有物证、书证、证人证言、鉴定意见等。

5. 对犯罪嫌疑人在共同犯罪中的作用、地位的证明，证据主要有同案犯的证言，使用赃款、赃物的份额以及所起的作用。

6. 对因挪用公款而影响本单位生产、经营，造成严重损失等情形的证明，证据主要有物证、书证、鉴定意见、证人证言等。

7. 对案发前是否已部分或者全部归还被挪用公款本息的证明，证据主要有书证、证人证言等。

8. 对是否挪用用于救灾、抢险、防汛、优抚、扶贫、移民、救济款物等特殊款物的证明，证据主要有物证、书证、证人证言等。

（六）补强证明

1. 犯罪嫌疑人提出证据，主张自己非国家工作人员的，侦查机关应当补强证明，证据主要包括：

（1）书证、证人证言等，证明单位的性质；

（2）书证、证人证言等，证明犯罪嫌疑人的职责及从事公务的行为性质。

2. 犯罪嫌疑人辩称不知使用人利用公款进行非法活动的，侦查机关应当补强证明，证据主要包括书证、物证、证人证言等，证明犯罪嫌疑人知道使用人利用其挪用的公款进行非法活动。

3. 犯罪嫌疑人辩称有“借款协议”，不是挪用公款的，侦查机关应当补强证明，证据主要包括证人证言、鉴定意见，证明犯罪嫌疑人所谓借款协议是伪造的。

4. 犯罪嫌疑人辩称挪用公款并非“归个人使用”，而是单位使用的，侦查机关应当补强证明，证据主要包括证人证言、扣押的赃款、赃物、公文书证等，证明犯罪嫌疑人将公款挪作私用。

（七）案　例

1998年4月，符某某被某自治州中医院聘用为干部。2000年4月，符某某调入州中医院二门诊住院部任收款员，负责收费和结算工作。在此期间，符某某发现州中医院会计并没有按照收款收据来核查门诊住院部收款情况，认为有机可乘，便利用职务之便，采取隐瞒病人预交款收款收据和收费收据的手段，少存病人的预交款和出院补交款，将此款挪用于个人开办影碟店、上网、长话聊天及结婚、旅游等个人开支。自2000年11月至2003年10月，符某某挪用童某某、唐某某等352位病人的住院预交款和出院补交款共计人民币571230.71元。2004年4月28日，符某某在其母陪同下到某自治州检察机关投案。案发后，符某某退回赃款人民币11.4万元，尚有赃款457230.71元没有退回，已被其挥霍一空。

【证明参考】

1. 对犯罪主体的证明

(参见贪污案)

2. 对犯罪主客观方面的证明

(1) 勘验、检查

①对犯罪嫌疑人管理的财物进行盘点查验，以证明经费账和实物账是否相符；

②对犯罪嫌疑人住所、办公场所等赃款、赃物藏匿场所勘验、检查，扣押犯罪嫌疑人挪用的公款及购买的物品，以证明犯罪嫌疑人非法取得公款使用权，用于个人消费；

③对犯罪嫌疑人住所、办公场所勘验、检查，扣押存折、银行对账单、对方收据等书证，以证明犯罪手段；

④对犯罪嫌疑人开办的影碟店勘验、检查，扣押相关的物证、书证、视频资料，以证明犯罪嫌疑人挪用的公款进行个人经营活动。

(2) 扣押物证、书证

①扣押中医院出具的聘用干部审批表、工作移交表等书证，以证明犯罪主体身份与职务便利；

②扣押会计凭证、收费收据存根、收款收据存根、补交款凭证、银行存款账目、银行对账单等书证，以证明犯罪行为；

③扣押犯罪嫌疑人开办影碟店的相关物证、书证，证明挪用公款的用途；

④现金解款单、扣押清单及结算收据，证实退赃情况。

(3) 查询、冻结

①查询犯罪嫌疑人的经济状况，以证明犯罪动机；

②查询银行存款日记账、银行对账单，以证明挪用公款的方式；

③查询入账后的账面走向、银行存款走向、库存现金走向，以查证挪用公款用于个人经营和消费；

④查封、冻结犯罪嫌疑人的涉案财产、存款，以证明涉案款项。

(4) 鉴定

①对收款收据上的收款签名进行笔迹鉴定，以证明为犯罪嫌疑人书写；

②对收款收据上私章印章进行鉴定，以证明与符某某真实印章系同一印章；

③对财会账目、收款收据等进行司法会计鉴定，以证明挪用款项及金额。

(5) 询问证人

①犯罪嫌疑人的职务、身份，任职起止时间、主管的范围，以证明犯罪嫌疑人是否具有职务便利；

②本单位收费和结算工作的程序性规定、制度，以证明犯罪嫌疑人是否违规

操作；

③病人的住院预交款和出院补交款的所有权，以证明挪用公款的性质；

④本单位收费和结算工作是否存在漏洞，病人的住院预交款和出院补交款被挪用、划出的手段和具体名目，以证明犯罪的手段；

⑤发现犯罪嫌疑人挪用公款的经过，行为人如何进行隐瞒、欺骗和辩解，以证明犯罪手段、方式；

⑥犯罪嫌疑人使用公款的时间、来源、金额和具体用途，以证明挪用公款的用途；

⑦犯罪嫌疑人是否及时归还挪用的公款，归还的时间，归还的数额，以证明犯罪的主观恶性。

（6）讯问犯罪嫌疑人

①具体职务，任职起止时间、主管的范围，以证明能否利用职务便利；

②本单位行使职权的程序性规定、制度，以及是否故意违反有关公款管理的规章制度，是否未经合法批准、许可，以证明犯罪嫌疑人是否违规操作；

③犯罪心理的产生、变化过程，以判明嫌疑人的主观恶性，证明挪用公款的动机、目的；

④病人的住院预交款和出院补交款的所有权，以证明挪用公款的性质；

⑤挪用病人的住院预交款和出院补交款的方法、手段，以证明挪用行为是否利用了职务便利；

⑥挪用病人的住院预交款和出院补交款的起止时间、地点、挪用的数额、方式、次数等，以证明犯罪行为；

⑦挪用公款的去向、用途，以确定犯罪嫌疑人挪用公款的类型；

⑧挪用行为是否被发现，何时何地被发现，犯罪嫌疑人如何排除单位领导、同事的怀疑，以证明犯罪行为与犯罪故意；

⑨挪用公款的归还情况，以证明犯罪的主观恶性。

（7）视听资料

对犯罪嫌疑人的讯问进行同步录音录像，以证明侦查活动的合法性和讯问的自愿性。

3. 对有关量刑情节的证明

（1）对犯罪嫌疑人有无投案自首的证明，证据主要有证人证言、侦查机关的记录；

（2）对犯罪嫌疑人挪用公款数额的证明，证据主要有物证、书证、证人证言、鉴定意见等；

（3）对因挪用公款而影响本单位经营，造成严重损失等情形的证明，证据主要有物证、书证、鉴定意见、证人证言等；

(4) 对案发前是否已部分或者全部归还被挪用公款本息的证明，证据主要有书证、证人证言等；

(5) 对本单位是否存在财务制度不健全，给犯罪嫌疑人犯罪提供了方便的证明，证据主要有书证、证人证言等。

三、受贿案

根据我国《刑法》第385条的规定，受贿罪，是指国家工作人员利用职务上的便利，索取他人财物，或者非法收受他人财物，为他人谋取利益的行为，也包括国家工作人员在经济往来中，违反国家规定，收受各种名义的回扣、手续费，归个人所有的行为，和国家工作人员利用本人职权或者地位形成的便利条件，通过其他国家工作人员职务上的行为，为请托人谋取不正当利益，索取请托人财物或者收受请托人财物的行为。

（一）证明标准

案件事实清楚，证据确实充分。对犯罪嫌疑人的身份、职务，所利用的职务便利，索取他人财物或非法收受他人财物的时间、地点、方式、数额，为他人谋取利益等内容的证明，达到确实充分的程度，对犯罪嫌疑人受贿意图的目的、主观故意的证明，达到内心确信的程度，证明有罪的证据能够形成完整的证据链。

（二）举证责任

在一般情况下，控方承担举证责任。犯罪嫌疑人提出取得财物是合理报酬、借贷的财物或者接受的是正当馈赠等有利于己的主张的，应当承担举证责任。对犯罪嫌疑人主观上的目的、故意，控方可以根据客观情况推定。

（三）对犯罪主体的证明

（参见贪污案）

（四）对犯罪主客观方面的证明

证明犯罪主客观方面的方法主要有勘验、检查，搜查，调取、扣押物证、书证，查询、冻结，鉴定，询问证人，讯问犯罪嫌疑人，辨认等。

1. 勘验、检查

(1) 对犯罪嫌疑人办公场所勘验、检查，扣押犯罪嫌疑人伪造的国家机关公文、证件等，以证明犯罪嫌疑人的特殊主体身份；

(2) 对犯罪嫌疑人住所、办公场所等赃款、赃物藏匿场所勘验、检查，扣押犯罪嫌疑人受贿的款物，以证明犯罪嫌疑人非法收受贿赂款物；

(3) 对犯罪嫌疑人住所、办公场所勘验、检查，扣押能反映犯罪嫌疑人收受和使用贿赂款物的书证，如收据、银行存单、存折、发票、记录本、笔记、日记等，以证明犯罪手段。

2. 搜查

查获犯罪嫌疑人转移、隐藏的赃款、赃物，以证明犯罪嫌疑人非法收受贿赂款物。

3. 调取、扣押物证、书证

（1）调取、扣押有关犯罪嫌疑人身份、职务的书证，以证明犯罪嫌疑人身份；

（2）扣押收受的“财物”的原物，包括现金和物品，以证明犯罪嫌疑人非法收受贿赂款物；

（3）扣押利用贿赂款购买的物品，以证明犯罪嫌疑人非法收受贿赂款物；

（4）扣押记录犯罪内容的电脑，以证明犯罪手段；

（5）扣押手机等通信工具，查询犯罪嫌疑人与行贿人的通话记录、短信等，以证明犯罪行为；

（6）扣押接受请托的相关书证，如信件、请托函、电话记录、便条等，以证明接受行贿人请托；

（7）调取、扣押反映贿赂款物来源情况的书证，如行贿人单位账簿、个人账簿，银行存折、支取账单，支票存根，现金账及笔记本等，以证明犯罪行为；

（8）扣押能反映犯罪嫌疑人收受和使用贿赂款物的书证，如收据、银行存单、存折、发票、记录本、笔记、日记等，以证明犯罪行为；

（9）调取、扣押有关利用职务行为的文件、记录、批示等，以证明利用职务便利；

（10）扣押有关经济活动、金融活动的合同、协议、资金往来票据、财务记账、回扣、手续费等票据，以证明犯罪行为；

（11）扣押为他人谋利等相关事项的书证，以证明犯罪行为；

（12）调取、扣押电子邮件、QQ 聊天记录等电子证据，以证明犯罪嫌疑人与受贿人之间、犯罪嫌疑人与其他国家工作人员之间的关系、行受贿犯罪行为等。

4. 查询、冻结

（1）调查犯罪嫌疑人的经济状况，以证明与其收入是否相吻合；

（2）查询犯罪嫌疑人银行存款往来明细、对账清单，以查证赃款流动情况；

（3）查封、冻结犯罪嫌疑人的涉案财产、存款，以证明涉案款项。

5. 鉴定

（1）对涉案账目进行司法会计鉴定，以证明贿赂款的来源或为请托人谋取利益的行为；

（2）对受贿物品进行价值鉴定，以证明受贿的数额；

（3）对与受贿有关的劣质建筑工程进行技术鉴定，以证明犯罪嫌疑人为请托人谋取不正当利益；

（4）对相关书证上的笔迹、指纹进行文书鉴定、痕迹鉴定，以证明行贿人、受贿人及行受贿行为；

（5）对录音、录像资料中的声纹进行鉴定，以证明与涉嫌人员的声音是否同一。

6. 询问证人

证人主要有控告人、检举人，犯罪嫌疑人所在单位的主管人、同事、同犯罪嫌疑人有过业务往来的人，犯罪嫌疑人的家属和亲友，行贿人及家属、亲友和其他知情人。

（1）犯罪嫌疑人的主体身份，以及犯罪所涉及的履行职责和利用职务便利的情况，如签订合同、签字批准、经办钱款、决定人事安排等，以证明犯罪主体的身份和可利用的职务便利；

（2）行贿人与犯罪嫌疑人的个人关系，贿赂过程中的工作关系、业务关系等，以证明行贿的原因、目的；

（3）行受贿的商谈经过，包括具体的时间、地点、参与人员、请托事项、给予财物的方式等，特别是查清是行贿人主动行贿还是受贿人索贿；

（4）贿赂款物的来源及运筹情况，以证明为犯罪创造条件；

（5）行贿的次数、时间、地点、数额、在场人、接受财物的是受贿人还是其亲属或其指定的人，行贿是金钱还是物品，包装、存放情况，物品的名称、品牌、价值等，以证明犯罪行为；

（6）犯罪嫌疑人利用职权为请托人谋取利益的情况，行贿人是否谋取了利益，是正当利益还是不正当利益，以证明犯罪后果；

（7）贿赂款项的藏匿地点、方式及使用情况，起获贿赂款物的地点及见证情况，以证明犯罪行为、犯罪后果；

（8）犯罪行为是否造成国家、集体和人民利益遭受重大损失或造成恶劣影响，以证明犯罪后果。

7. 讯问犯罪嫌疑人

（1）是否具有国家工作人员身份，包括工作单位的性质、部门、职务、职权、级别，获得上述职务、职权的时间，履行其职权应有的程序，以证明主体身份以及可供利用的职务便利；

（2）受贿的动机、目的，犯罪心理的产生、变化过程，是否明知行贿人意图通过他谋取利益，是否有索贿、收受财物并占为己有的故意，是否有利用职务上的便利为他人谋取利益的故意，以证明犯罪的主观故意；

（3）请托事项产生的经过，与请托人的关系，向请托人的承诺，实施请托事项的背景，与请托事件有关的人和事，以证明请托内容；

（4）家属收受财物的，其家属是何时何地告诉犯罪嫌疑人的，告知细节经过如何，告诉收财物时有何请托事项，以证明犯罪行为；

（5）正当履行职务收受财物者，是否明知所收财物与事前所谋取利益的关系，以证明主观明知；

（6）索取请托人财物的表示，是明示还是暗示，时间、地点、索要的经过、索要财物的数额、数量，以及在场人的有关活动、言语等情况，以证明索贿的行为；

（7）每次受贿行为的具体时间、地点、金额、数量、共同参与人以及具体受贿方式，以证明受贿的方式；

（8）在经济往来中违反国家规定收受各种名义的回扣、手续费，归个人所有的情况，如商谈回扣、手续费的比例，暗中给付的方式，具体兑现回扣、手续费的时间、地点和经过，以证明受贿的方式；

（9）利用职务上的便利条件为行贿人谋利的具体情况：是直接利用自己主管、负责或者承办某项公共事务的职权为他人谋利，还是利用自己的职权所形成的便利条件，利用自己职权所形成的影响力，通过其他国家工作人员的职权，而为他人谋取非法利益，为他人谋取利益的时间、经过及结果，以证明为他人谋取利益的行为；

（10）索贿、受贿款物的去向、用途等情况，以证明犯罪后果；

（11）起获的赃款、赃物是否是索取或收受的财物全部，以证明犯罪的数额；

（12）共同犯罪的起意、策划、分工、实施、分赃等情况，查清每一个犯罪嫌疑人在共同犯罪中的地位和作用，以证明是否共同犯罪，区分主犯、从犯；

（13）犯罪行为是否被发现，何时何地被发现，如何排除单位领导、同事的怀疑，以证明犯罪手段、方式。

8. 辨认

对行贿人给受贿人所送的赃物进行辨认，以证明犯罪行为。

9. 视听资料

（1）扣押记录有犯罪行为内容的录音录像资料，以证明犯罪行为；

（2）对犯罪嫌疑人的讯问进行同步录音录像，以证明侦查活动的合法性和供述的自愿性。

（五）对有关量刑情节的证明

1. 对犯罪嫌疑人是否累犯，有无前科的证明，证据主要是法院的判决书、公安网上的资料、证人证言。

2. 对犯罪嫌疑人有无投案自首的证明，证据主要有证人证言、侦查机关的记录。

3. 对犯罪嫌疑人有无检举立功的证明，证据主要有物证、书证、证人证言等。

4. 对犯罪嫌疑人在共同犯罪中的作用、地位的证明，证据主要有同案犯的证言，占有赃款、赃物的份额以及所起的作用。

5. 对犯罪嫌疑人利用职务上的便利，向他人索取财物事实的证明，证据主要有行贿人证言、书证、视听资料等。

6. 对犯罪嫌疑人具有要挟、刁难迫使他人给予财物情节的证明，证据主要有行贿人证言、书证、视听资料等。

7. 对因受贿行为使国家、集体和人民利益遭受重大损失及造成恶劣影响情节的证明，证据主要有造成企业亏损、破产及造成信誉危机、单位瘫痪的证人证言、书证、物证、鉴定意见等。

8. 对犯罪嫌疑人主动坦白、积极退赃、确有悔改表现等情节的证明，证据主要有物证、书证、证人证言、侦查机关记录等。

9. 对犯罪嫌疑人干扰证人作证，毁灭、伪造证据或者串供等妨碍侦查情节的证明，证据主要有物证、书证、证人证言、侦查机关记录等。

10. 对犯罪嫌疑人受贿数额的证明，证据主要有物证、书证、证人证言、鉴定意见等。

（六）补强证明

1. 犯罪嫌疑人辩称收受的财物是“亲友间礼尚往来，不是受贿”的，侦查机关应当补强证明，证据主要包括证人证言、书证等，证明犯罪嫌疑人收受的礼物超出正常朋友交往的数额、犯罪嫌疑人与行贿人之间不具有亲友关系。

2. 犯罪嫌疑人辩称是“借款”而非受贿的，侦查机关应当补强证明，证据包括证人证言、鉴定意见等，证明借条是犯罪嫌疑人与行贿人为应付反贪部门调查而特意准备的。

（七）案　　例

李某于2005年4月任某市食品药品监督管理局局长、党组书记。2006年12月，李某利用其担任市药监局局长、党组书记的职务便利，在该单位综合楼建设招标过程中，收受第三建筑公司项目部经理翟某某现金5万元，为其提供帮助。在翟某某承揽药监局综合楼建设工程后，2007年6月至2009年5月，李某按照与翟某某事先约定的按照工程款的3%，多次收受翟某某现金33.96万元（工程款1132万元），为翟在工程建设中提供帮助。李某先后收取的贿赂现金38.96万元，均用于家庭购房、装修、购买家具家电及其他个人消费支出。在市纪律检查委员会调查原文化局局长高某某受贿一案时，向李某了解情况，李某到专案组后就如实交代了自己的违法违纪事实，并主动退出违法所得。

【证明参考】

1. 对犯罪主体的证明

（参见贪污案）

2. 对犯罪主客观方面的证明

（1）勘验、检查

①对犯罪嫌疑人住所、办公场所等赃款、赃物藏匿场所勘验、检查，扣押犯罪嫌疑人受贿的款物，以证明犯罪嫌疑人非法收受贿赂款物；

②对犯罪嫌疑人住所、办公场所勘验、检查，扣押能反映犯罪嫌疑人收受和使用贿赂款物的书证，以证明犯罪手段。

（2）搜查

查获犯罪嫌疑人转移、隐藏的赃款、赃物，以证明犯罪嫌疑人非法收受贿赂款物。

（3）调取、扣押物证、书证

①调取、扣押有关犯罪嫌疑人身份、职务的书证，以证明犯罪嫌疑人身份；

②扣押赃款、赃物，以证明犯罪嫌疑人非法收受贿赂款物；

③扣押公司营业执照、资质证书、中标内容及条件、建设工程施工合同及协议、收款条等书证，以证明为他人谋取利益；

④扣押售房合同、装修合同、购买家具的收据、购买电器的收据等书证，证明贿赂款项的使用情况。

（4）查询、冻结

①调查犯罪嫌疑人的经济状况，以证明犯罪动机；

②查询犯罪嫌疑人银行存款往来明细、对账清单，以查证赃款流动情况；

③冻结犯罪嫌疑人的存款，以证明涉案款项。

（5）鉴定

①对涉案账目进行司法会计鉴定，以证明贿赂款的来源或为请托人谋取利益的行为；

②对建设工程施工合同及协议、收款条上的笔迹、指纹进行文书鉴定、痕迹鉴定，以证明犯罪行为。

（6）询问证人

①犯罪嫌疑人的主体身份、职务，以证明犯罪主体身份和可利用的职务便利条件；

②行贿的动机，何时何地以何种方式向犯罪嫌疑人请托，请托的事由，以证明行贿行为；

③贿赂款物的来源及运筹情况，以证明为犯罪制造条件；

④受贿行为的具体时间、地点、金额、数量，在经济往来中违反国家规定收受各种名义的回扣、手续费，归个人所有的情况，以证明受贿方式；

⑤犯罪嫌疑人利用职权为请托人谋取利益的情况，以证明犯罪行为；

⑥犯罪嫌疑人收受的贿赂款是否用于支付购房款、装修以及购买家具、家电及日常消费，以证明非法占有；

⑦收受的财物是否归还以及归还的时间、数量，以证明犯罪主观恶性；

⑧国家、集体和人民利益是否遭受重大损失或造成恶劣影响，以证明犯罪的危害。

（7）讯问犯罪嫌疑人

①是否具有国家工作人员身份，履行其职权应有的程序，以证明主体身份以及可供利用的职务便利；

②受贿的动机、目的，犯罪心理的产生、变化过程，以证明犯罪的主观故意；

③请托事项产生的经过，与请托人的关系，向请托人的承诺，实施请托事项的背景，与请托事件有关的人和事，以证明请托内容；

④受贿行为的具体时间、地点、金额、数量，在经济往来中违反国家规定收受各种名义的回扣、手续费，归个人所有的情况，以证明受贿方式；

⑤利用职权或职务上的便利条件为行贿人谋利的具体情况，以证明为他人谋取利益的行为；

⑥受贿款物的去向、用途等情况，以证明犯罪主观恶性；

⑦起获的赃款、赃物是否是收受财物的全部，以证明犯罪的数额；

⑧犯罪行为是否被发现，何时何地被发现，如何排除单位领导、同事的怀疑，以证明犯罪手段、方式。

3. 对有关量刑情节的证明

（1）对犯罪嫌疑人有无投案自首、检举立功、积极退赃的证明，证据主要有证人证言、侦查机关的记录；

（2）对行为人是否利用职务上的便利，向他人索取财物，要挟、刁难迫使他人给予财物的证明，证据主要有行贿人证言、书证、视听资料等；

（3）对受贿行为是否使国家、集体和人民利益遭受重大损失及造成恶劣影响的证据，证据主要有证人证言、书证、物证、鉴定意见等；

（4）对犯罪嫌疑人受贿数额的证明，证据主要有物证、书证、证人证言、鉴定意见等。

4. 补强证明

犯罪嫌疑人辩称收取的是辛苦费没有利用职务便利的，侦查机关应补强证明，证据包括证人证言、书证等，证明犯罪嫌疑人没有从事实际的劳务活动。

四、单位受贿案

根据我国《刑法》第 387 条的规定，单位受贿罪，是指国家机关、国有公司、企业、事业单位、人民团体，索取、非法收受他人财物，为他人谋取利益，情节严重，或者在经济往来中，在账外暗中收受各种名义的回扣、手续费的行为。

（一）证明标准

案件事实清楚，证据确实充分。对国家机关、国有公司、企业、事业单位、人民团体等单位的性质、经单位决策机构授权或同意、由其直接负责的主管人员和其他直接责任人员收受或索取贿赂的具体行为，受贿的数额，情节达到严重程度的证明，达到确实充分的程度，对犯罪嫌疑人的受贿意图、主观故意的证明，达到内心确信的程度，证明有罪的证据能够形成完整的证据链。

（二）举证责任

在一般情况下，控方承担举证责任。犯罪嫌疑人提出有利于己的主张的，应当承担举证责任。对犯罪嫌疑人主观上是否明知、故意，控方可以根据客观情况推定。

（三）对犯罪主体的证明

1. 对单位犯罪主体的证明

证明单位犯罪主体身份的证据主要有证人证言、涉案单位的法人登记证或执照。主要从公司登记管理部门、社会组织管理机构或涉案单位的上级主管部门调取相关证据。

2. 对直接负责的主管人员和其他直接责任人员的主体证明

（1）对刑事责任年龄的证明

证明刑事责任年龄的证据主要有户籍证明、身份证、出生证明、工作证、专业或技术等级证、护照等，只要以上有一项证据查证属实，即可证明犯罪嫌疑人的刑事责任年龄。如果犯罪嫌疑人提出证据，主张没有达到刑事责任年龄，侦查机关应当补强证明，证据主要包括：

①犯罪嫌疑人父母、周围居民、老师、同学的证言；

②犯罪嫌疑人父母做绝育手术的证明、犯罪嫌疑人兄弟姐妹的户籍、身份证、护照等。

根据以上证据，综合认定犯罪嫌疑人是否达到刑事责任年龄。

（2）对刑事责任能力的证明

只要犯罪嫌疑人达到刑事责任年龄，就认为其具有刑事责任能力。如果犯罪嫌疑人一方提出证据，主张不具有刑事责任能力，侦查机关应当补强证明，证据主要包括：

①精神病鉴定；

②证人证言，包括周围居民、老师、同学、同事对犯罪嫌疑人行为能力的评价；

③知情者证明犯罪嫌疑人一方提供的鉴定意见是伪造的或者鉴定人无鉴定资格或者鉴定人被收买，以证明犯罪嫌疑人提供的证据不可信。

根据以上证据，综合评价犯罪嫌疑人的刑事责任能力。

（四）对犯罪主客观方面的证明

证明犯罪主客观方面的方法主要有勘验、检查，调取、扣押物证、书证，查询、冻结，鉴定，询问证人，讯问犯罪嫌疑人等。

1. 勘验、检查

（1）对涉案单位收受、索取财物的存放地点及其他有关场所勘验、检查，对有关涉案物品进行观察与测量，清点涉案物品的数量与价值总量，记录涉案物品的品名与特征，以证明单位非法收受财物；

（2）对涉案单位勘验、检查，扣押能反映涉案单位收受和使用贿赂款物的书证，如收据、银行存单、存折、发票、记录本、日记等，以证明犯罪手段。

2. 调取、扣押物证、书证

（1）调取、扣押有关涉案单位性质，直接负责人员或其他责任人员职务、身份的书证，以证明主体身份；

（2）扣押单位收受、索取的赃款、赃物，以证明非法收受贿赂款物；

（3）扣押涉案单位涉及商议、决策非法收受、索取他人财物的相关会议纪要、文件，以证明体现为单位整体意志的犯罪主观故意；

（4）扣押涉案单位就收受或索取他人财物制定的内部规章制度，以证明该单位的犯罪主观故意；

（5）扣押接受请托的相关书证，如信件、请托函、电话记录、便条等，以证明接受行贿人请托；

（6）扣押记录犯罪内容的电脑，以证明犯罪手段、非法所得；

（7）扣押被非法收受、索取了财物，或提供了非法回扣、手续费的当事人保留的相关凭证与证据，以证明受贿行为；

（8）扣押涉案单位收受和使用贿赂款物的书证，如收据、银行存单、存折、发票、记录本、日记等，以证明犯罪行为；

（9）扣押有关经济活动、金融活动的合同、协议、资金往来票据、财务记账、回扣、手续费的票据，以证明犯罪行为；

（10）扣押为他人谋利等相关事项的书证，如建筑工程承包合同、贸易合同及相关凭证、会议记录、便条等。

3. 查询、冻结

（1）查询涉案单位及责任人员银行存款往来明细、对账清单，以查证赃款流动情况；

（2）查封、冻结涉案单位的涉案财产与存款，以证明涉案款项。

4. 鉴定

（1）对涉案单位的非法所得进行司法会计鉴定，以证明非法所得的数额；

（2）如果涉案单位受贿案件中涉及文物或其他需要通过专门技术来确定物品价值的，办案人员可以根据办案需要委托或聘请专门机构或具有专门知识的人员对涉案物品的价值进行鉴定，以证明犯罪行为。

5. 询问证人

（1）对涉案单位的人事部门、上级主管部门负责人进行调查询问，确定涉案单位的性质、该涉案单位的经费来源，以证明犯罪主体；

（2）对涉案单位的人事部门负责人进行询问，以确定涉案人员是否属于“直接主管人员及其他责任人员”，以证明单位犯罪责任人员的主体身份；

（3）行贿人与涉案单位或主要责任人员的私人关系、工作关系、业务关系等，以证明行贿的原因、目的等；

（4）行、受贿的时间、地点、参与人员、请托事项、给予财物的方式等，行贿人主动行贿还是受贿人索贿，是否故意刁难、要挟有关单位、个人或强行索取财物的，以证明犯罪情节是否严重；

（5）贿赂款物的来源及运筹情况，以证明为犯罪制造条件；

（6）商议、决策非法收受、索取他人财物的过程，包括具体的时间、地点、参加人员、各自的表态、最终决议等内容，以证明案件性质及直接责任人员；

（7）行贿的次数、时间、地点、数额、在场人，行贿是金钱还是物品，包装、存放情况，物品的名称、品牌、价值等，以证明犯罪行为；

（8）犯罪嫌疑人利用职权为请托人谋取利益的具体情况，以证明犯罪行为；

（9）是否使国家、集体和人民利益遭受重大损失及造成恶劣影响，以证明犯罪的定罪情节。

6. 讯问犯罪嫌疑人

（1）涉案单位的性质，本人在单位的职务、身份，以证明单位及责任人员的主体身份；

（2）受贿的动机、目的，是否明知行贿人意图通过他谋取利益，是否有索贿、收受财物并占为己有的故意，以证明犯罪的主观故意；

（3）请托事项产生的经过，商量请托事项的背景，与请托事件有关的人和事，以证明请托内容；

(4) 商议、决策非法收受、索取他人财物的过程，包括具体的时间、地点、参加人员、各自的表态、最终决议等内容，以区别个人意志还是单位意志，证明体现为法人整体意志的犯罪主观故意，确定直接责任人员和其他责任人员；

(5) 单位是否有收受或索取他人财物相关的内部规章制度，以证明该单位的犯罪主观故意；

(6) 索取请托人财物的表示，是明示还是暗示，时间、地点、索要的经过、索要财物的数额、数量，以及在场人员的有关活动、言语等情况，以证明索贿的行为；

(7) 每次受贿行为的具体时间、地点、金额、数量、共同参与人以及具体受贿方式，以证明受贿的方式；

(8) 在经济往来中违反国家规定收受各种名义的回扣、手续费，归个人所有的情况，以证明受贿的方式；

(9) 涉案的主管人员、责任人员的涉案具体情况，以证明单位犯罪的责任人员；

(10) 所收受、索取财物的分配与处置情况，以证明索贿、受贿款物的去向、用途；

(11) 起获的赃款、赃物是否是索取或收受的财物全部，以证明犯罪的数额；

(12) 调取、扣押电子邮件、QQ 聊天记录等电子证据，以证明犯罪嫌疑人与受贿人之间的关系、行受贿的内容等。

(五) 对有关量刑情节的证明

1. 对犯罪嫌疑人是否累犯，有无前科的证明，证据主要是法院的判决书、公安网上的资料、证人证言。

2. 对犯罪嫌疑人有无投案自首的证明，证据主要有证人证言、侦查机关的记录。

3. 对犯罪嫌疑人有无检举立功的证明，证据主要有物证、书证、证人证言等。

4. 对犯罪嫌疑人在共同犯罪中的作用、地位的证明，证据主要有同案犯的证言，占有赃款、赃物的份额以及所起的作用。

5. 对犯罪嫌疑人是否主动坦白、确有悔改表现等情节的证明，证据主要有物证、书证、证人证言、侦查机关记录等。

6. 对犯罪嫌疑人是否干扰证人作证，毁灭、伪造证据或者串供等妨碍侦查等情节的证明，证据主要有物证、书证、证人证言、侦查机关记录等。

7. 对受贿数额的证明，证据主要有物证、书证、证人证言、鉴定意见等。

（六）补强证明

1. 犯罪嫌疑人辩解其单位不属于国家机关、国有公司、企业、事业单位、人民团体的，侦查机关应当补强证明，证据包括公文书证、证人证言等，证明涉案单位的身份性质。

2. 犯罪嫌疑人辩解其没有为对方谋取不正当利益的，侦查机关应当补强证明，证据包括证人证言、司法会计鉴定等，证明行贿方已经因为其单位受贿行为而获得了本来不应当获得的利益。

3. 嫌疑单位辩解其单位并没有获得行贿人财物、受贿行为系个人行为的，侦查机关应当补强证明，证据包括该单位的会计凭证与司法会计鉴定资料、勘验、检查笔录、证人证言等，证明该单位收受了行贿人提供的财物。

（七）案　　例

1994 至 1995 年初，某房地产开发经营公司利用把本单位综合楼土建、水电安装工程发包给某建筑有限公司承建之便，由某房地产开发经营公司法定代表人兼总经理王某某同意，以单位名义收受对方联系人张某某所送贿赂款共计人民币 23 万元，并由王某某决定，将其中 13 万元作为奖金发放给公司职工，另外的 10 万元用于公司其他有关费用开支。

【证明参考】

1. 对犯罪主体的证明

（参见单位受贿案）

2. 对犯罪主客观方面的证明

（1）勘验、检查

①对涉案单位收受、索取财物的存放地点及其他有关场所勘验、检查，以证明单位非法收受财物；

②对涉案单位勘验、检查，扣押收据、银行存单、存折、发票、记录本等，以证明犯罪手段。

（2）调取、扣押物证、书证

①调取、扣押有关涉案单位性质，直接负责人员或其他负责人员职务、身份的书证，以证明单位主体身份及责任人员；

②扣押涉案单位收受的赃款、赃物，以证明非法收受贿赂款物；

③扣押涉案单位商议、决策非法收受、索取他人财物的相关会议纪要、文件，以证明体现为单位整体意志的犯罪主观故意；

④扣押接受请托的相关书证，如信件、电话记录、便条等，以证明接受行贿人请托；

⑤扣押涉案单位的有关账册、司法审计报告、工程承包合同，以证明涉案单

位非法收受他人财物的犯罪事实。

（3）查询、冻结

查询涉案单位及责任人员银行存款往来明细、对账清单，以查证赃款流动情况。

（4）鉴定

①对涉案单位的账册进行司法会计鉴定，以证明非法所得的数额与支出情况；

②对涉案物品的价值进行鉴定，以证明犯罪数额。

（5）询问证人

①涉案单位的性质、该涉案单位的经费来源，直接主管人员及其他责任人员的身份，以证明单位性质及具体责任人员；

②行贿人与涉案单位或主要责任人员的私人关系、工作关系、业务关系等，以证明行贿的原因、目的等；

③行受贿的商谈经过，以证明犯罪的定罪情节并确定单位犯罪的"直接主管人员及其他责任人员"；

④行贿的次数、时间、地点、数额、在场人，以证明犯罪行为；

⑤涉案单位为请托人谋取利益的情况，以证明为他人谋取利益；

⑥收受财物的用途，在公司内部私分及冲转公司成本的具体情况，以证明受贿款物的去向、用途。

（6）讯问犯罪嫌疑人

①涉案单位的性质，本人在单位的职务、身份，以证明单位及责任人员的主体身份；

②受贿的动机、目的，是否明知行贿人意图通过涉案单位谋取利益，是否有索贿、收受财物并占为己有的故意，以证明犯罪的主观故意；

③请托事项产生的经过，商量请托事项的背景，与请托事件有关的人和事，以证明请托内容；

④商议、决策非法收受、索取他人财物的过程，以证明体现为单位意志的犯罪故意；

⑤受贿行为的具体时间、地点、金额、数量、共同参与人以及具体受贿方式，以证明受贿的方式；

⑥涉案的主管人员、责任人员的涉案具体情况，以证明具体责任人员；

⑦所收受、索取财物的分配与处置情况，以证明索贿、受贿款物的去向、用途。

3. 对有关量刑情节的证明

（1）对犯罪嫌疑人是否累犯，有无前科的证明，证据主要是法院的判决书、公安网上的资料、证人证言；

（2）对犯罪嫌疑人有无投案自首的证明，证据主要有证人证言、侦查机关的记录；

（3）对犯罪嫌疑人有无悔改情节的证明，证据主要有讯问笔录与录像，以及办案人员关于犯罪嫌疑人在办案过程中表现情况的证言等；

（4）对受贿数额的证明，证据主要有物证、书证、证人证言、鉴定意见等。

4. 补强证明

犯罪嫌疑人对其公司的性质是否属国有公司、企业提出质疑的，侦查机关应当补强证明，证据主要是营业执照、证人证言，证明犯罪嫌疑人的公司属于国有公司。

五、利用影响力受贿案

根据我国《刑法》第388条之一的规定，利用影响力受贿罪，是指国家工作人员的近亲属或者其他与该国家工作人员关系密切的人，通过该国家工作人员职务上的行为，或者利用该国家工作人员职权或者地位形成的便利条件，通过其他国家工作人员职务上的行为，为请托人谋取不正当利益，索取请托人财物或者收受请托人财物，数额较大或者有其他较重情节的行为。离职的国家工作人员或者其近亲属以及其他与其关系密切的人，利用该离职的国家工作人员原职权或者地位形成的便利条件实施前述行为的，也属于利用影响力受贿的行为。

（一）证明标准

案件事实清楚，证据确实充分。对犯罪嫌疑人与国家工作人员的密切关系或离职犯罪嫌疑人的身份、离职前的职务，利用国家工作人员或者自己对其他国家工作人员的影响，进而又利用其他国家工作人员的职权或职务上的便利，索取他人财物或者非法收受他人财物，为他人谋取利益等内容的证明，达到确实充分的程度，对犯罪受贿意图、主观故意的证明，达到内心确信的程度，证明有罪的证据能够形成完整的证据链。

（二）举证责任

在一般情况下，控方承担举证责任。犯罪嫌疑人提出取得财物是借贷的财物或者接受的是正当馈赠等有利于己的主张的，应当承担举证责任。对犯罪嫌疑人主观上的目的、故意，控方可以根据客观情况推定。

（三）对犯罪主体的证明

（参见贪污案）

（四）对犯罪主客观方面的证明

证明犯罪主客观方面的方法主要是勘验、检查，搜查，扣押物证、书证，查询、冻结，询问证人，讯问犯罪嫌疑人，鉴定，辨认等。

1. 勘验、检查

（1）对犯罪嫌疑人住所、办公场所等赃款、赃物藏匿场所勘验、检查，扣押犯罪嫌疑人受贿的款物，以证明非法收受贿赂款物；

（2）对犯罪嫌疑人住所、办公场所等勘验、检查，扣押能反映犯罪嫌疑人收受和使用贿赂款物的书证，如收据、银行存单、存折、发票、记录本等，以证明犯罪手段。

2. 搜查

查获犯罪嫌疑人转移、隐藏的赃款、赃物，以证明犯罪嫌疑人非法收受贿赂款物。

3. 调取、扣押物证、书证

（1）调取、扣押有关犯罪嫌疑人离职前身份、职务的书证，以证明犯罪嫌疑人身份；

（2）调取、扣押证明与国家工作人员（包括离职国家工作人员）具有近亲属等密切关系的物证、书证，以证明犯罪嫌疑人的主体身份；

（3）扣押收受贿赂的赃款、赃物，以证明犯罪行为；

（4）扣押记录犯罪内容的电脑，以证明犯罪手段、次数、数额；

（5）扣押手机等通信工具，查询犯罪嫌疑人与国家工作人员（包括离职国家工作人员）、其他国家工作人员、行贿人的通话记录、短信等，以证明犯罪嫌疑人主体身份或犯罪行为；

（6）扣押接受请托的相关书证，如信件、请托函、电话记录、便条等，以证明接受行贿人请托；

（7）调取、扣押反映贿赂款物来源情况的书证，如行贿人单位账簿、会议记录，支票存根，现金账及笔记本等；

（8）扣押能反映犯罪嫌疑人收受和使用贿赂款物的书证，如收据、银行存单、存折、发票、记录本等，以证明犯罪行为；

（9）调取、扣押国家工作人员或其他国家工作人员职权相关书证，以证明利用关系密切的国家工作人员的职权或者地位形成的便利条件；

（10）扣押为他人谋利等相关事项的书证，如建筑工程承包合同、贸易合同及相关凭证、会议记录、释放证明书、录取通知书、入伍通知书、安排工作介绍信、便条等，以证明为他人谋利；

（11）调取、扣押电子邮件、QQ 聊天记录等电子证据，以证明犯罪嫌疑人与受贿人之间、犯罪嫌疑人与其他国家工作人员之间的关系、行受贿的内容等。

4. 查询、冻结

（1）调查犯罪嫌疑人的经济状况，以证明与其收入是否相符；

（2）查询犯罪嫌疑人银行存款往来明细、对账清单，以查证赃款流动情况；

（3）冻结犯罪嫌疑人的存款，以证明涉案款项。

5. 询问证人

（1）犯罪嫌疑人离职前是否具有国家工作人员身份，或者与国家工作人员具有近亲属等密切关系，以证明主体身份以及可供利用的与国家工作人员在血缘、情感、地缘、事务关系上形成的影响力；

（2）行受贿的商谈经过，包括具体的时间、地点、参与人员、请托事项、给予财物的方式等，查清是行贿人主动行贿还是受贿人索贿；

（3）贿赂款物的来源及运筹情况，以证明为犯罪制造条件；

（4）行贿的次数、时间、地点、数额、在场人等，以证明犯罪行为；

（5）犯罪嫌疑人利用影响力为请托人谋取利益的情况，以证明犯罪行为；

（6）收受的财物是否归还以及归还的时间、数量，以证明案件性质；

（7）贿赂款项的藏匿地点、方式及使用情况，起获贿赂款物的地点及见证情况，以证明犯罪行为、犯罪结果；

（8）犯罪嫌疑人不构成行贿的理由与辩解有哪些，以证明有无犯罪行为；

（9）犯罪行为是否导致国家、集体和人民利益遭受重大损失，以证明犯罪后果。

6. 讯问犯罪嫌疑人

（1）离职前是否具有国家工作人员身份，或者与国家工作人员（包括离职国家工作人员）具有近亲属等密切关系，以证明主体身份以及可供利用的与国家工作人员在血缘、情感、地缘、事务关系上形成的影响力；

（2）受贿的动机、目的，是否明知行贿人意图通过他谋取利益，是否有索贿、收受财物并占为己有的故意，是否有利用影响力为他人谋取利益的故意，以证明犯罪的主观故意；

（3）请托事项产生的经过，与请托人的关系，向请托人的承诺，实施请托事项的背景，与请托事件有关的人和事，以证明请托内容；

（4）索取请托人财物的表示，是明示还是暗示，时间、地点、索要的经过、索要财物的数额、数量，以及在场人的有关活动、言语等情况，以证明索贿的行为；

（5）每次受贿行为的具体时间、地点、金额、数量、共同参与人，以证明受贿的方式；

（6）利用影响力的具体方式，是利用自己离职前职权所形成的影响力，还是关系密切的国家工作人员，或通过其他国家工作人员的职权，而为他人谋取非法利益，以证明犯罪手段、方式；

（7）是否为他人谋取到请托利益，是正当利益还是非正当利益，以证明案件性质；

（8）索贿、受贿款物的去向、用途等情况，是否消费使用，若尚未消费使用，款物现在何处，以证明犯罪行为、犯罪结果；

（9）起获的赃款、赃物是否是索取或收受的财物全部，以证明犯罪的数额；

（10）共同犯罪的起意、策划、分工、实施、分赃等情况，查清每一个犯罪嫌疑人在共同犯罪中的地位和作用，以证明是否共同犯罪，区分主犯、从犯；

（11）与之有密切关系的国家工作人员是否对请托事项知情，对此事的态度如何，以证明犯罪行为。

7. 鉴定

（1）对涉案的账目进行司法会计鉴定，以证明贿赂款的来源或为请托人谋取利益的行为；

（2）对受贿物品进行价值鉴定，以证明受贿的数额；

（3）对与受贿有关的劣质建筑工程进行技术鉴定，以证明犯罪嫌疑人为请托人谋取不正当利益；

（4）对相关书证上的笔迹、指纹进行文书鉴定、痕迹鉴定，以证明行贿人、受贿人及行受贿行为；

（5）对录音、录像资料中的声纹进行鉴定，以证明与涉嫌人员的声音是否同一。

8. 辨认

对行贿人给受贿人所送的赃物进行辨认，以证明犯罪行为。

9. 视听资料

（1）扣押记录有犯罪行为内容的录音录像资料，以证明犯罪行为；

（2）对犯罪嫌疑人的讯问进行同步录音录像，以证明侦查活动的合法性和供述的自愿性。

（五）对有关量刑情节的证明

1. 对犯罪嫌疑人是否累犯，有无前科的证明，证据主要是法院的判决书、公安网上的资料、证人证言。

2. 对犯罪嫌疑人有无投案自首、主动坦白、积极退赃、检举立功的证明，证据主要有证人证言、侦查机关的记录。

3. 对犯罪嫌疑人在共同犯罪中的作用、地位的证明，证据主要有同案犯的证言，占有赃款、赃物的份额以及所起的作用。

4. 对因受贿行为使国家、集体和人民利益遭受重大损失及造成恶劣影响情节的证明，证据主要有证人证言、书证、物证、鉴定意见等。

5. 对犯罪嫌疑人妨碍侦查，干扰证人作证情节的证明，证据主要有物证、书证、证人证言、侦查机关记录等。

（六）案　　例

2007年10月，刘某某任某市国土资源局党组副书记、局长。李某一直任刘某某的司机。2008年9月27日，市某酒店有限公司因违法用地被市国土资源局行政处罚罚款1177060元。该酒店副总经理邓某为减少罚款找到市国土局法规科科长石某某帮忙。石某某认为李某是刘某某局长带过来的人，可在该事中帮忙，便于2009年2月的一天，在该市公园路的某咖啡厅介绍某酒店上属母公司的副总经理李某、某酒店副总经理邓某与李某认识，并请李某帮忙处理某酒店土地违法罚款的事。在多次见面后，李某表示会尽力帮忙。同年3月的一天晚上，石某某邀请李某到某咖啡厅与邓某、李某见面商量某酒店土地违法罚款的事，邓某等人提出拿10万元人民币给李某，让其帮忙处理某酒店土地违法罚款的事，李某默认。

2009年4月23日下午，邓某打电话给李某，说10万元钱已准备好，李某让其朋友姚某某代其收取邓某所送的人民币10万元。随后，李某从姚某某手中拿到这10万元用于房屋装修等个人支出。后李某称某酒店找了自己及省纪委其叔叔的战友，要市国土资源局刘某某局长对某酒店少罚点款。2009年6月26日，市国土局以某酒店违法用地行政处罚罚款390797元。

2010年1月12日，李某到市检察院投案，并如实供述。同年2月2日，李某将人民币10万元退回给邓某。

【证明参考】

1. 对犯罪主体的证明

（参见贪污案）

2. 对犯罪主客观方面的证明

（1）勘验、检查

①对犯罪嫌疑人住所、办公场所等赃款、赃物藏匿场所勘验、检查，扣押犯罪嫌疑人受贿的款物，以证明犯罪嫌疑人非法收受贿赂款物；

②对犯罪嫌疑人住所、办公场所勘验、检查，扣押能反映犯罪嫌疑人收受和使用贿赂款物的书证，以证明犯罪手段。

（2）搜查

查获犯罪嫌疑人转移、隐藏的赃款、赃物，以证明犯罪嫌疑人非法收受贿赂款物。

（3）调取、扣押物证、书证

①调取、扣押证明国家工作人员刘某某职务、身份的书证，扣押犯罪嫌疑人

与刘某某具有密切关系的物证、书证，以证明犯罪嫌疑人的主体身份，利用关系密切的国家工作人员的职权；

②扣押收受贿赂的赃款、赃物，以证明犯罪嫌疑人非法收受贿赂款物；

③扣押手机等通信工具，查询犯罪嫌疑人与国家工作人员刘某某的通话记录、短信等，以证明犯罪嫌疑人主体身份或犯罪行为；

④扣押能反映犯罪嫌疑人收受和使用贿赂款物的书证，以证明犯罪行为；

⑤扣押为他人谋利等相关事项的书证，行政机关最初处罚决定书、最终处罚决定书等，以证明犯罪行为。

（4）查询、冻结

①调查犯罪嫌疑人的经济状况，以证明与其收入是否相吻合；

②查询犯罪嫌疑人银行存款往来明细、对账清单，以查证赃款流动情况；

③冻结犯罪嫌疑人的存款，以证明涉案款项。

（5）鉴定

对相关书证上的笔迹、指纹进行鉴定，以证明行贿人、受贿人及行受贿行为。

（6）询问证人

①犯罪嫌疑人与国家工作人员刘某某的关系，以证明主体身份以及可供利用的与国家工作人员在情感、事务关系上形成的影响力；

②行受贿的商谈经过，包括具体的时间、地点、参与人员、请托事项、给予财物的方式等；

③贿赂款物的来源及运筹情况，以证明为犯罪制造条件；

④行贿的时间、地点、数额、在场人等，以证明犯罪行为；

⑤犯罪嫌疑人利用影响力为请托人谋取利益的情况，以证明犯罪行为；

⑥收受的财物是否归还以及归还的时间、数量，以证明犯罪情节。

（7）讯问犯罪嫌疑人

①与国家工作人员刘某某的关系，以证明主体身份以及可供利用的与国家工作人员在情感、事务关系上形成的影响力；

②受贿的动机、目的，是否明知行贿人意图通过他谋取利益，是否有收受财物并占为已有的故意，是否有利用影响力为他人谋取利益的故意，以证明犯罪的主观故意；

③请托事项产生的经过，与请托人的关系，向请托人的承诺，实施请托事项的背景，与请托事件有关的人和事，以证明请托内容；

④利用影响力的具体方式，如何请关系密切的国家工作人员刘某某帮忙，通过工作职权为他人谋取非法利益；

⑤是否为他人谋取到请托利益，是正当利益还是非正当利益，以证明案件

性质；

⑥索贿、受贿款物的去向、用途等情况，以证明犯罪后果；

⑦起获的赃款、赃物是否是索取或收受的财物全部，以证明犯罪的数额；

⑧与之有密切关系的国家工作人员是否对请托事项知情，对此事态度如何，以证明犯罪行为。

3. 对有关量刑情节的证明

（1）对犯罪嫌疑人是否累犯，有无前科的证明，证据主要是法院的判决书、公安网上的资料、证人证言；

（2）对犯罪嫌疑人有无投案自首的证明，证据主要有证人证言、侦查机关的记录；

（3）对犯罪嫌疑人有无检举立功的证明，证据主要有物证、书证、证人证言等；

（4）对犯罪嫌疑人是否主动坦白、积极退赃、确有悔改表现等情节的证明，证据主要有物证、书证、证人证言、侦查机关记录等；

（5）对犯罪嫌疑人受贿数额的证明，证据主要有物证、书证、证人证言、鉴定意见等。

六、行贿案

根据我国《刑法》第389条的规定，行贿罪，是指自然人为谋取不正当利益，或者在经济往来中，违反国家规定，给予国家工作人员以财物，数额较大，或者违反国家规定，给予国家工作人员以各种名义的回扣、手续费的行为。

（一）证明标准

案件事实清楚，证据确实充分。对国家工作人员的身份，犯罪嫌疑人给予国家工作人员财物的时间、地点、方式、数额，谋取的不正当利益的证明，达到确实充分的程度，对犯罪嫌疑人谋取不正当利益意图及故意的证明，达到内心确信的程度，证明有罪的证据能够形成完整的证据链。

（二）举证责任

在一般情况下，控方承担举证责任。犯罪嫌疑人提出被勒索给予国家工作人员以财物，没有获得不正当利益等有利于己的主张的，应当承担举证责任。对犯罪嫌疑人主观上的目的、故意，控方可以根据客观情况推定。

（三）对犯罪主体的证明

1. 对刑事责任年龄的证明

（参见贪污案）

2. 对刑事责任能力的证明

（参见贪污案）

（四）对犯罪主客观方面的证明

证明犯罪主客观方面的方法主要有勘验、检查，扣押物证、书证，查询、冻结，鉴定，询问证人，讯问犯罪嫌疑人，辨认等。

1. 勘验、检查

对犯罪嫌疑人住所、办公场所等勘验、检查，扣押能反映犯罪嫌疑人行贿的书证，如收据、银行存单、存折、购物发票、记录本、笔记、日记等，以证明犯罪手段。

2. 扣押物证、书证

（1）扣押犯罪嫌疑人用于记录行贿前后相关行为和事项的日记、笔记、日历、台历以及电脑等，以证明犯罪行为；

（2）扣押犯罪嫌疑人的手机等通信工具，调取通话记录、短信等内容，证明犯罪嫌疑人与受贿人的联系，核实犯罪具体的时间、地点等；

（3）扣押犯罪嫌疑人与受贿人双方经济关系的书证，如购销、承包、协作、借款、承揽、运输、保管等经济关系中的合同、协议、约定履行活动或订立活动等文本、账目往来、文电等，以证明为谋取不正当利益；

（4）扣押犯罪嫌疑人行贿前支取钱款的银行存折、支取凭单，购买贿赂物品的发票、收据等，以证明行贿款物；

（5）扣押受贿人具有国家工作人员职务、职权的书证，以证明犯罪对象；

（6）扣押受贿人收取贿赂的笔记、银行存款的存折等书证，以证明受贿行为；

（7）扣押利用职务便利为行贿人谋取不正当利益的批示、文件，以证明犯罪行为、犯罪主观方面；

（8）调取相关法律、法规、国务院各部门规章的规定，以证明犯罪嫌疑人获取的是不正当利益；

（9）扣押支出回扣、手续费的经济往来的合同书，履行合同的有关书面材料，以证明行贿金额；

（10）调取电子邮件、QQ聊天记录等电子证据，证明犯罪嫌疑人与受贿人之间的关系、行贿的内容等。

3. 查询、冻结

查询行贿人、受贿人在银行的存、取款情况，以证明赃款流向。

4. 鉴定

（1）对涉案账目进行司法会计鉴定，以证明涉案款项；

（2）对行贿物品进行价值鉴定，以证明行贿金额；

（3）对与行贿有关的劣质建筑工程进行技术鉴定，以证明不正当利益；

（4）对行贿物品进行指纹、笔迹、文书等技术鉴定，以证明行贿人、受贿人与案件的关系；

（5）对涉案账目进行技术鉴定，以证明是否伪造、篡改。

5. 询问证人

（1）与行贿人、受贿人的关系，行贿人、受贿人的基本情况，以证明犯罪主体；

（2）行贿、受贿的时间、地点、人物、经过、金钱数额、财物的数量，以证明犯罪行为；

（3）行贿人行贿的原因，即谋取不正当利益或给予回扣、手续费的经济往来的情况，以证明犯罪目的、动机；

（4）受贿人为行贿人谋取不正当利益的事实，或收受回扣、手续费的经济往来的情况，以证明谋取不正当利益。

6. 讯问受贿犯罪嫌疑人

（1）国家工作人员的身份、职务情况，以证明可供利用的职务便利；

（2）与行贿人的关系，行贿人何时、何地、通过何人向其请托，请托事项的内容是什么，是否给予承诺，以证明犯罪行为；

（3）收受财物或回扣、手续费的时间、地点、名义、知情人、经过、结果等，以证明受贿行为；

（4）受贿的次数，金钱数额、物品名称、特征、价值及存放、使用、消费，对受贿金钱或物品的处理情况，以证明犯罪金额；

（5）为行贿人谋取不正当利益的经过或收受回扣、手续费的经济往来的事实经过，包括合同的签订、合同内容、合同履行等，以证明谋取不正当利益。

7. 讯问行贿犯罪嫌疑人

（1）受贿人的自然情况及国家工作人员身份、职务，行贿人与受贿人的关系，是否向党政领导、司法工作人员、行政执法人员行贿，以证明犯罪对象；

（2）居间介绍人的情况，居间介绍、联系、撮合的时间、地点、知情人等，以证明犯罪行为；

（3）谋取不正当利益或给予回扣、手续费的动机、目的，犯意产生的原因、过程，是否希望以牺牲较小的利益为代价而谋取较大的利益，以证明犯罪嫌疑人的直接故意；

（4）贿赂款的来源及筹集的情况，以证明行贿款项；

（5）国家工作人员何时、何地、以何方式向其明示或暗示勒索、要挟给予财物，是否获得不正当利益，以证明是否存在犯罪行为；

（6）何时、何地、通过何人、向何人请托，请托事项的内容是什么，对方是否给予承诺，以证明犯罪行为；

（7）行贿的次数、金额、物品的名称、特征、价值等，以证明犯罪数额；

（8）行贿的方式，是直接给予受贿人、通过居间人转交，还是通过转账，行贿的名义是否给予回扣、手续费、劳务费、活动费、促销费、咨询费等，给予财物或返还回扣、手续费的时间、地点、人物、经过、结果，以证明犯罪行为；

（9）谋取不正当利益的经过或经济往来的经过，违反法律、法规、国家政策和国务院各部门规章规定所获取的帮助或者方便条件等利益，以证明获得的是不正当利益。

8. 辨认

行贿人、受贿人对行受贿赃物进行辨认，以证明行贿财物。

9. 视听资料

（1）扣押当事人在行贿过程中秘密录制的音像资料，以证明犯罪行为；

（2）对犯罪嫌疑人的讯问进行同步录音录像，以证明侦查活动的合法性和供述的自愿性。

（五）对有关量刑情节的证明

1. 对犯罪嫌疑人是否累犯，有无前科的证明，证据主要是法院的判决书、公安网上的资料、证人证言。

2. 对行贿人在被追诉前是否主动交代行贿行为的证明，证据主要有书证，侦查机关、纪检机关的证明等。

3. 对行贿行为是否属于“情节严重”、“使国家利益遭受重大损失”、“情节特别严重”的证明，证据主要有物证、书证、证人证言、视听资料等。

4. 对行贿数额巨大、多次或向多人行贿的证明，证据主要有物证、书证、证人证言、视听资料等。

5. 对犯罪嫌疑人悔罪表现的证明，证据主要有物证、书证、证人证言、视听资料等。

6. 对犯罪嫌疑人有无投案自首、检举立功的证明，证据主要有证人证言、侦查机关的记录。

（六）补强证明

犯罪嫌疑人辩称通过行贿行为所获取的利益并非不正当利益的，侦查机关应当补强证明，证据包括物证、书证、证人证言等，证明犯罪嫌疑人获得的利益本身虽并非不正当，但利益属于国家工作人员违反法律、法规、规章规定，通过违法程序而谋取的利益，属于不正当利益。

（七）案　例

1996 年，某能源工程有限公司副总经理叶某某承包了该公司的成套设备部。

当获悉A市创办某电厂的消息后，叶某某主动认识了A市工业经济委员会副主任、A市人民政府三电办公室主任、A市电力开发有限公司总经理、A市某发电有限公司董事长兼总经理张某某。为了得到某发电有限公司购买电力设备合同，叶某某于1996年12月份送给张某某1万美元；1997年3月，送给张某某20万元人民币；1997年5月，送给张某某10万元人民币；1998年10月，以张某某出国为由送上2000美元。从1997年1月至1998年7月，叶某某代表某能源工程有限公司和A市电力开发有限公司违反电力工程有关招投标规定，签订了总额计2100余万元的电力设备合同。

【证明参考】

1. 对犯罪主体的证明

（参见行贿案）

2. 对犯罪主客观方面的证明

（1）勘验、检查

对犯罪嫌疑人住所、办公场所等勘验、检查，扣押能反映犯罪嫌疑人行贿的书证，如收据、银行存单、存折、购物发票、记录本、笔记、日记等，以证明犯罪手段。

（2）调取、扣押物证、书证

①扣押犯罪嫌疑人用于记录行贿前后相关行为和事项的日记、笔记、日历、台历以及电脑等，以证明犯罪行为；

②扣押犯罪嫌疑人的手机等通信工具，调取通话记录、短信等内容，证明犯罪嫌疑人与受贿人的联系，核实犯罪具体的时间、地点等；

③扣押犯罪嫌疑人与受贿人双方经济关系的书证，如电力设备合同等，以证明获取的不正当利益；

④扣押犯罪嫌疑人行贿前支取钱款的银行存折、支取凭单，购买贿赂物品的发票、收据等，以证明行贿款物；

⑤扣押受贿人具有国家工作人员身份、职务的书证，以证明犯罪对象；

⑥扣押受贿人收取贿赂的笔记、日记记录、银行存款的存折等书证，以证明行贿行为；

⑦调取相关法律、法规、国家政策和国务院各部门规章规定的内容，如招投标规定等，以证明犯罪嫌疑人获取的是不正当利益。

（3）查询、冻结

查询行贿人、受贿人在银行的存、取款情况，以证明赃款流向。

（4）鉴定

①对涉案账目进行司法会计鉴定，以证明涉案款项；

②对涉案账目进行技术鉴定，以证明是否伪造、篡改。

(5) 询问证人

①行贿人、受贿人的基本情况，以证明犯罪主体；

②行贿、受贿的时间、地点、人物、经过、金钱数额、财物的数量，以证明犯罪行为；

③行贿人行贿的原因，即谋取不正当利益的情况，以证明犯罪目的、动机；

④受贿人签订电力设备合同的经过，是否违反法律、法规、国家政策和国务院各部门规章规定，以证明谋取的是不正当利益；

⑤犯罪嫌疑人是否伪造账册等有关书证，以证明犯罪的主观恶性。

(6) 讯问受贿犯罪嫌疑人

①国家工作人员的身份、职务情况、工资收入、家庭收入情况，以证明犯罪动机及利用的职务便利；

②与行贿人的关系，行贿人何时、何地、通过何人向其请托，请托事项的内容是什么，是否给予承诺，以证明犯罪行为；

③收受财物的时间、地点、名义、人物、经过、结果等，以证明行贿行为；

④受贿的次数，金钱数额、物品名称、特征、价值及存放、使用、消费情况，对受贿金钱或物品的处理情况，以证明犯罪金额与犯罪行为；

⑤与行贿人签订电力设备合同的经过，是否违反法律、法规、国家政策和国务院各部门规章规定，以证明谋取的是不正当利益。

(7) 讯问行贿犯罪嫌疑人

①受贿人的自然情况及国家工作人员身份、职务情况，行贿人与受贿人的关系，以证明犯罪对象；

②谋取不正当利益的动机、目的，犯意产生的原因、过程，以证明犯罪嫌疑人的直接故意；

③贿赂款的来源及筹集的情况，以证明为犯罪做准备；

④何时、何地、通过何人、向何人请托，请托事项的内容是什么，对方是否给予承诺，以证明犯罪行为；

⑤行贿的次数，金钱数额，物品的名称、特征、价值等，以证明犯罪数额；

⑥行贿的方式、时间、地点、环境、人物、经过、结果，以证明犯罪行为；

⑦与受贿人签订电力设备合同的经过，是否违反法律、法规、国家政策和国务院各部门规章规定，以证明谋取的是不正当利益。

(8) 视听资料

对犯罪嫌疑人的讯问进行同步录音录像，以证明侦查活动的合法性和供述的自愿性。

3. 对有关量刑情节的证明

(1) 对犯罪嫌疑人是否累犯，有无前科的证明，证据主要是法院的判决书、公安网上的资料、证人证言；

（2）对犯罪嫌疑人在被追诉前是否主动交代行贿行为的证明，证据主要有书证、侦查机关、纪检机关的证明等；

（3）对行贿行为是否属于“情节严重”、“使国家利益遭受重大损失”、“情节特别严重”的证明，证据主要有物证、书证、证人证言、视听资料等；

（4）对行贿数额巨大、多次或向多人行贿的证明，证据主要有物证、书证、证人证言、视听资料等；

（5）对犯罪嫌疑人有无投案自首、是否主动悔罪、检举立功的证明，证据主要有证人证言、侦查机关的记录。

4. 补强证明

犯罪嫌疑人辩称签署的电力设备合同未违反招投标的规定，不属于不正当利益的，侦查机关应当补强证明，证据包括书证、证人证言、赃款、赃物等，证明犯罪嫌疑人签订的合同违反了相关规定，意图谋取不正当利益。

七、对单位行贿案

根据我国《刑法》第 391 条的规定，对单位行贿罪，是指为谋取不正当利益，给予国家机关、国有公司、企业、事业单位、人民团体以财物的，或者在经济往来中，违反国家规定，给予各种名义的回扣、手续费的行为。

（一）证明标准

案件事实清楚，证据确实充分。对收受贿赂单位的性质、行贿次数与手段、行贿数额、犯罪嫌疑人所获得不正当利益情况的证明，达到确实充分的程度，对犯罪嫌疑人明知、故意的证明，达到内心确信的程度，证明有罪的证据能够形成完整的证据链。

（二）举证责任

在一般情况下，控方承担举证责任。犯罪嫌疑人提出无罪或罪轻的主张，如遭遇强行索贿等有利于己的主张的，应当承担举证责任。对犯罪嫌疑人主观上的目的、故意，控方可以根据客观情况推定。

（三）对犯罪主体的证明

（参见行贿案）

（四）对犯罪主客观方面的证明

证明犯罪主客观方面的方法主要是勘验、检查，调取、扣押物证、书证，鉴定，询问证人，讯问犯罪嫌疑人，辨认等。

1. 勘验、检查

（1）对受贿单位勘验、检查，扣押行贿的赃款赃物，以证明犯罪行为；

（2）对受贿单位勘验、检查，扣押行贿相关的物证、书证，以证明犯罪行为；

（3）对行贿人住所、办公场所或行贿单位勘验、检查，扣押行贿相关的书证，以证明犯罪行为。

2. 扣押物证、书证

（1）扣押犯罪嫌疑人用于记录行贿前后相关行为和事项的日记、笔记、日历、台历以及电脑等，以证明犯罪行为；

（2）扣押犯罪嫌疑人的手机等通信工具，调取通话记录、短信，查明犯罪嫌疑人与受贿单位工作人员的联系，核实犯罪具体的时间、地点等，以证明犯罪行为；

（3）扣押犯罪嫌疑人行贿前支取钱款的银行存折、支取凭单，购买贿赂物品的发票、收据等，以证明行贿款物；

（4）扣押受贿单位是国家机关、国有公司、企业、事业单位、人民团体性质的书证，以证明犯罪对象；

（5）扣押收取贿赂的会议记录、领导决议、会计账簿、会计凭证等，以证明行贿行为；

（6）扣押犯罪嫌疑人与受贿单位双方经济关系的书证、受贿单位为行贿人谋取不正当利益的批示、文件，以证明谋取不正当利益的事实；

（7）扣押支出回扣、手续费的经济往来的合同书，履行合同的有关书面材料，以证明行贿金额；

（8）调取电子邮件、QQ 聊天记录等电子证据，证明犯罪嫌疑人与受贿单位之间的关系、行贿的内容等。

3. 鉴定

（1）对涉案账目进行司法会计鉴定，以证明涉案款项；

（2）对行贿物品进行价值鉴定，以证明行贿金额；

（3）对与行贿有关的劣质建筑工程进行技术鉴定，以证明不正当利益；

（4）对行贿物品进行指纹、笔迹、文书等技术鉴定，以证明行贿人、受贿单位与案件的关系；

（5）对涉案账目进行技术鉴定，以证明是否伪造、篡改。

4. 询问证人

（1）与行贿人、受贿单位的关系，行贿人、受贿单位的基本情况，以证明犯罪主体；

（2）行贿、受贿的时间、地点、人物、经过、金钱数额、财物的数量，以证明犯罪行为；

（3）行贿人行贿的原因，即谋取不正当利益或给予回扣、手续费的经济往来的情况，以证明犯罪目的、动机；

（4）受贿单位为行贿人谋取不正当利益的事实，或收受回扣、手续费的经济往来的情况，以证明谋取不正当利益。

5. 讯问受贿单位

讯问受贿单位直接负责的主管人员和其他责任人员。

（1）受贿单位的性质，主管的业务范围，以证明犯罪对象；

（2）与行贿人的关系，行贿人何时、何地、通过何人向其请托，请托事项的内容是什么，是否给予承诺，以证明犯罪行为；

（3）单位就收受贿赂问题召开的会议、表决、领导决定情况，以证明受贿意图；

（4）收受财物或回扣、手续费的时间、地点、名义、人物、经过、结果等，以证明行贿行为；

（5）受贿的次数，金钱数额、物品名称、特征、价值，以证明犯罪金额；

（6）为行贿人谋取不正当利益的事实经过或收受回扣、手续费的经济往来情况，包括合同的签订、合同内容、合同履行等，以证明谋取的是不正当利益。

6. 讯问犯罪嫌疑人

（1）受贿单位的性质、业务范围等，以证明犯罪对象；

（2）居间介绍人的情况，居间介绍、联系、撮合的时间、地点、知情人等，以证明犯罪行为；

（3）谋取不正当利益或给予回扣、手续费的动机、目的，以证明犯罪故意；

（4）贿赂款的来源及筹集的情况，以证明为犯罪做准备；

（5）受贿单位是否向其索贿，以证明是否存在犯罪行为；

（6）何时、何地、通过何人、向受贿单位的哪位工作人员请托，请托事项的内容是什么，对方是否给予承诺，以证明犯罪行为；

（7）行贿的方式、名义、次数、时间、地点，以证明犯罪行为；

（8）行贿的金钱数额，物品名称、特征、价值等，以证明犯罪数额；

（9）谋取不正当利益的经过或经济往来的经过，是否获得不正当利益，以证明获得的是不正当利益。

7. 辨认

（1）行贿人、受贿人之间进行辨认，以证明犯罪主体；

（2）行贿人、受贿人对行受贿赃物进行辨认，以证明行贿财物。

8. 视听资料

（1）调取记录行受贿过程的录音录像资料，以证明犯罪行为；

(2) 对犯罪嫌疑人的讯问进行同步录音录像，以证明侦查活动的合法性和供述的自愿性。

(五) 对有关量刑情节的证明

1. 对犯罪嫌疑人有无前科，是否累犯的证明，证据主要有法院的判决书、公安网上的资料、证人证言。

2. 对行贿人在被追诉前是否主动交代行贿行为的证明，证据主要有书证、侦查机关的证明等。

3. 对行贿行为是否致使国家或者社会利益遭受重大损失的证明，证据主要有物证、书证、证人证言、鉴定意见等。

4. 对行贿数额、行贿单位的数量的证明，证据主要有物证、书证、证人证言、鉴定意见等。

5. 对犯罪嫌疑人有无投案自首、检举立功的证明，证据主要有证人证言、侦查机关的记录。

(六) 补强证明

犯罪嫌疑人辩称通过行贿行为所获取的利益并非不正当利益的，侦查机关应当补强证明，证据包括物证、书证、证人证言等，证明获得的利益本身虽并非不正当，但利益属于国家机关、国有公司、企业、事业单位、人民团体违反法律、法规、规章规定，通过违法程序而谋取的利益，属于不正当利益。

(七) 案 例

2000 年 5 月，某实业有限公司的杨某请托 A 省国土资源厅工作人员张某某为本公司找一块已造好的耕地，用于抵顶该公司的建设用地。事后，张某某利用其职务上的便利，找到 B 县规划土地管理局局长胡某某和时任该局地籍科科长的孙某某，许诺事成后给付该局人民币 100 万元。胡某某及孙某某为使本单位获得利益，同意将 B 县一块国家尚未纳入地籍管理的耕地（共 1600 余亩）作为某实业有限公司“新开发的耕地”。事后，为感谢张某某及 B 县规划土地管理局提供的帮助，经杨某决定，某实业有限公司于 2000 年 12 月给予张某某人民币 25 万元，并根据事先的承诺，于 2001 年 4 月、9 月分两次给予 B 县规划土地管理局共人民币 98 万元。

【证明参考】

1. 对犯罪主体的证明

（参见行贿案）

2. 对犯罪主客观方面的证明

(1) 勘验、检查

①对张某某的住所勘验、检查，扣押受贿的赃款赃物，以证明犯罪行为；

②对县规划土地管理局勘验、检查，扣押受贿相关的物证、书证，以证明犯罪行为；

③对杨某用来骗取建设用地指标的“新开发的耕地”进行勘验、检查，以证明所获得的不正当利益。

（2）扣押物证、书证

①扣押犯罪嫌疑人用于记录行贿前后相关行为和事项的日记、电脑等，以证明犯罪行为；

②扣押犯罪嫌疑人的手机等通信工具，调取通话记录、短信等内容，查明犯罪嫌疑人与受贿单位工作人员的联系，核实犯罪具体的时间、地点等，以证明犯罪行为；

③扣押县规划土地管理局性质的相关书证，以证明犯罪对象；

④扣押收取贿赂的会议记录、领导决议、会计账簿、会计凭证等，以证明行贿行为；

⑤扣押犯罪嫌疑人行贿中运用资金在流转过程中形成的会计凭证与会计账簿记录，以证明行贿金额；

⑥扣押批复、呈报表、协议、验收单等书证，以证明犯罪行为及谋取不正当利益的事实。

（3）鉴定

①对新开发耕地的虚假证明文件进行文书检验，以证明是虚假证明；

②对新开发耕地的虚假证明文件进行指纹、笔迹鉴定，以证明是张某某伪造的。

（4）询问证人

①县规划土地管理局的性质，以证明犯罪对象；

②犯罪嫌疑人是否请其帮忙、承诺的好处，以证明请托事项；

③如何通过职务便利，联系县规划土地管理局负责人，商谈的内容，承诺的好处等，以证明请托事项；

④“新开发的耕地”办理、审批、收购的过程，是否存在虚假证明，是否违规操作，以证明获得的是不正当利益；

⑤实际收取好处费的时间、地点、经过、次数，以证明行贿行为。

（5）讯问犯罪嫌疑人

①县规划土地管理局的性质，以证明犯罪对象；

②张某某的职务、身份，请其帮忙的意图，给予承诺的好处等，以证明犯罪故意、请托事项；

③“新开发的耕地”办埋、审批、收购的过程，是否存在虚假证明，是否违规操作，以证明获得不正当利益；

④贿赂款的来源及筹集的情况，以证明行贿款项；

⑤给予张某某好处费的时间、地点、经过，以证明行贿行为；

⑥给予县规划土地管理局好处费的时间、地点、经过、次数，以证明行贿行为。

（6）辨认

①行贿人、受贿人之间进行辨认，以证明犯罪主体；

②行贿人、受贿人对行受贿赃物进行辨认，以证明行贿财物。

（7）视听资料

对犯罪嫌疑人的讯问进行同步录音录像，以证明侦查活动的合法性和供述的自愿性。

3. 对有关量刑情节的证明

（1）对犯罪嫌疑人有无前科，是否累犯的证明，证据主要有法院的判决书、公安网上的资料、证人证言；

（2）对犯罪嫌疑人有无投案自首、检举立功的证明，证据主要有证人证言、侦查机关的记录等；

（3）对犯罪嫌疑人的认罪态度、平时表现的证明，证据主要有书证、证人证言、侦查机关的记录、视听资料等。

4. 补强证明

（1）犯罪嫌疑人辩称通过行贿行为所获取的利益本身并非不正当利益的，侦查机关应当补强证明，证据包括物证、书证、证人证言等，证明“新开发的耕地”并不存在，相关的证明材料均系伪造；

（2）犯罪嫌疑人辩称其行为不是行贿而是正当礼节与人情往来的，侦查机关应当补强证明，证据包括物证、书证、证人证言、鉴定意见等，证明犯罪嫌疑人具有行贿动机，受贿方具有受贿动机、犯罪嫌疑人实际获得了不正当利益。

八、介绍贿赂案

根据我国《刑法》第392条的规定，介绍贿赂罪，是指向国家工作人员介绍贿赂，为行贿人和行贿对象之间进行引见、沟通和撮合，促使行贿与受贿得以实现，情节严重的行为。

（一）证明标准

案件事实清楚，证据确实充分。对行贿对象的身份，介绍贿赂的方法、手段的证明，达到确实充分的程度，对犯罪嫌疑人主观故意状态的证明，达到内心确信的程度，证明有罪的证据能够形成完整的证据链。

（二）举证责任

在一般情况下，控方承担举证责任。犯罪嫌疑人提出有利于己的主张的，应当承担举证责任。对犯罪嫌疑人主观上的故意，控方可以根据客观情况推定。

（三）对犯罪主体的证明

（参见行贿案）

（四）对犯罪主客观方面的证明

证明犯罪主客观方面的方法主要是扣押物证、书证，鉴定，询问证人，讯问犯罪嫌疑人，辨认等。

1. 扣押物证、书证

（1）扣押证明受贿国家工作人员身份、职务的书证，以证明行贿对象的身份；

（2）扣押涉案手机，调取犯罪嫌疑人的通话清单、短信、QQ 聊天记录，以证明如何从中撮合、牵线搭桥；

（3）扣押行贿人用以行贿的款物，包括汇款记录、现金、物品等，以证明是否存在贿赂行为；

（4）调取电子邮件、QQ 聊天记录等电子证据，证明犯罪嫌疑人与行贿人、受贿人之间的关系、介绍贿赂的内容等。

2. 鉴定

对介绍贿赂时所写的书信、字条等进行笔迹、指纹鉴定，以证明是犯罪嫌疑人所为。

3. 询问证人

（1）行贿人与介绍贿赂人的关系，介绍贿赂人就请托事项进行的牵线、撮合情况，以及交付贿赂的方法、时间、地点、数额等，以证明介绍贿赂的行为；

（2）受贿人与介绍贿赂人的关系，介绍贿赂人帮助行贿人交付贿赂财物的情况，以证明是否存在介绍贿赂的行为。

4. 讯问犯罪嫌疑人

（1）受贿人的身份、职务，与受贿人、行贿人的关系，以证明犯罪嫌疑人能否利用这种关系介绍贿赂；

（2）行贿人通过犯罪嫌疑人与受贿人联系的情况，或者受贿人主动提供信息，通过犯罪嫌疑人的介绍，同行贿人联系的情况，以证明是否存在介绍贿赂的情况；

（3）受贿人利用职权为行贿人谋利的情况，所获利益是正当利益还是不正当利益，以证明在行贿人被索贿时犯罪嫌疑人是否构成本罪；

（4）犯罪嫌疑人自己谋取利益的情况、所获赃物的处分、介绍贿赂的数额、次数，以证明行为是否情节严重；

（5）有无同案犯、相互关系，赃款、赃物如何分配，以证明是否共同犯罪，区分主犯、从犯。

5. 辨认

（1）行贿人、受贿人对介绍贿赂人辨认，以证明犯罪主体；

（2）介绍贿赂人对行受贿赃物进行辨认，以证明行贿财物。

6. 视听资料

（1）记录介绍贿赂过程的录音录像资料，以证明犯罪行为；

（2）对犯罪嫌疑人的讯问进行同步录音录像，以证明侦查活动的合法性和供述的自愿性。

（五）对有关量刑情节的证明

1. 对犯罪嫌疑人有无前科，是否累犯的证明，证据主要有法院的判决书、公安网上的资料、证人证言。

2. 对犯罪嫌疑人悔罪表现的证明，证据主要有物证、书证、证人证言、视听资料等。

3. 对犯罪嫌疑人被追诉前主动交代介绍贿赂行为的证明，证据主要有证人证言、侦查机关的记录。

4. 对犯罪嫌疑人检举立功的证明，证据主要有物证、书证、证人证言、侦查机关的记录。

5. 对犯罪嫌疑人介绍贿赂具体数额的证明，证据主要是扣押的涉案款物、证人证言、鉴定意见等。

6. 对犯罪嫌疑人介绍贿赂次数的证明，证据主要有证人证言、视听资料、书证等。

（六）案　　例

2005年初，张某某在得知A公司与B公司（国有企业）存在土地转让补偿款纠纷后，向A公司总经理李某某表示，其可以出面从中斡旋，但要给B公司总经理王某某好处费。李某某表示，A公司不能直接给王某某好处费，但事成之后可以按B公司增加的土地补偿款的一定比例以奖励费的名义给张某某，至于张某某如何给王某某，A公司不管。张某某表示，其会把所有的奖励费全部给王某某。随后，张某某即与王某某沟通，向王某某许诺纠纷解决后，A公司会给王某某好处费。王某某于2005年3月3日批准B公司在原先拟支付给A公司367万余元的基础上，追加100万元，最终以467万余元的土地补偿款与A公司签订协议书。2005年4月28日，A公司收到B公司支付的467万余元的土地补偿款。2005年5月11日，A公司以奖励费的名义交给张某某28.4万余元。张某某于

2005 年 5 月中下旬将此款分 3 次全部转交给王某某。张某某因涉嫌行贿被检察机关调查后，主动交代了其介绍贿赂的行为。

【证明参考】

1. 对犯罪主体的证明

（参见行贿案）

2. 对犯罪主客观方面的证明

（1）扣押物证、书证

①扣押涉案的贿赂款 28.4 万元，以证明贿赂款项；

②扣押犯罪嫌疑人的手机、电脑，调取通话清单、短信、空中信息、QQ 聊天记录，以证明如何从中撮合、牵线搭桥；

③扣押协议书等书证，以证明获取了不正当利益；

④扣押 A 公司的账册，以证明哪些支出属于正常的奖励行为，哪些支出属于行贿行为。

（2）鉴定

①对 A 公司账册进行司法会计鉴定，以证明哪些支出属于正常的奖励行为，哪些支出属于行贿行为；

②对 A 公司的经济往来情况进行审计，以证明公司资金的流向、用途。

（3）询问证人

①犯罪嫌疑人在得知 A 公司与 B 公司存在土地转让补偿款纠纷后，主动向其表示可以出面从中斡旋的具体内容，以证明介绍贿赂人明知、故意；

②犯罪嫌疑人找其说明 A 公司请托事项的具体内容，以证明犯罪行为；

③受贿人王某某决定在原先拟支付给 A 公司 367 万余元的基础上追加 100 万元土地补偿款的事实，以证明谋取非法利益的行为；

④犯罪嫌疑人将 A 公司以奖励费名义交付的 28.4 万余元分 3 次全部转交给受贿人的事实，以证明犯罪行为。

（4）讯问犯罪嫌疑人

①在得知 A 公司与 B 公司存在土地转让补偿款纠纷后，主动向李某某表示可以出面从中斡旋的原因、具体经过，以证明介绍贿赂的故意；

②与 A 公司、B 公司的关系，熟识程度，以证明具有介绍贿赂的便利；

③如何在 A 公司与 B 公司之间牵线搭桥，以证明犯罪行为；

④将 A 公司以奖励费名义交付的 28.4 万余元分 3 次全部转交给受贿人的经过，以证明犯罪行为；

⑤A 公司与 B 公司是否因其牵线搭桥而达成一致，A 公司是否谋取到不正当的利益，以证明受贿与行贿行为。

3. 对有关量刑情节的证明

（1）对犯罪嫌疑人有无前科，是否累犯的证明，证据主要有法院的判决书、公安网上的资料、证人证言；

（2）对犯罪嫌疑人被追诉前主动交代介绍贿赂行为的证明，证据主要有证人证言、侦查机关的记录；

（3）对犯罪嫌疑人悔罪表现的证明，证据主要有物证、书证、证人证言、视听资料等；

（4）对犯罪嫌疑人有无检举、立功的证明，证据主要有证人证言、检察机关的记录；

（5）对犯罪嫌疑人在介绍贿赂过程中是否获得利益的证明，证据主要有证人证言、物证、书证等。

九、单位行贿案

根据我国《刑法》第393条的规定，单位行贿罪，是指单位为谋取不正当利益而行贿，或者违反国家规定，给予国家工作人员以回扣、手续费，情节严重的行为。

（一）证明标准

案件事实清楚，证据确实充分。对单位的性质、所有制形式，直接负责的主管人员和其他直接责任人员的身份，行贿手段、数额、谋取不正当利益的证明，达到确实充分的程度，对犯罪嫌疑人明知、直接故意心态的证明，达到内心确信的程度，证明有罪的证据能够形成完整的证据链。

（二）举证责任

在一般情况下，控方承担举证责任。犯罪嫌疑人提出被勒索而给予国家工作人员财物，没有获得不正当利益等有利于己的主张的，应当承担举证责任。对犯罪嫌疑人主观上的明知、故意，控方可以根据客观情况推定。

（三）对犯罪主体的证明

（参见单位受贿案）

（四）对犯罪主客观方面的证明

证明犯罪主客观方面的方法主要有勘验、检查，搜查，扣押物证、书证，查询、冻结，鉴定，询问证人，讯问犯罪嫌疑人，辨认等。

1. 勘验、检查

（1）对行贿单位勘验、检查，扣押会计账簿、会计凭证，行贿相关的其他物证、书证，以证明行贿行为；

（2）对受贿人的住所和办公场所勘验、检查，扣押受贿相关的物证、书证，以证明行贿行为；

（3）对赃款赃物的藏匿地点勘验、检查，扣押赃款赃物，以证明非法收受的财物。

2. 搜查

查获受贿人转移、隐藏的赃款、赃物，以证明犯罪嫌疑人行贿的款物。

3. 扣押物证、书证

（1）扣押行贿单位的会计账簿与会计凭证，查明给予国家工作人员财物的金额、数量，或给予回扣、手续费的数额、名目等，以证明犯罪行为；

（2）扣押行贿单位关于提供回扣、手续费的相关会议决定、财务账目、领导批示等书证，以证明犯罪行为、案件性质；

（3）扣押行受贿的赃款赃物，以证明犯罪行为；

（4）调取电子邮件、QQ 聊天记录等电子证据，证明犯罪嫌疑人与受贿人之间的关系、行贿的内容等。

4. 查询、冻结

查询行贿单位银行账户的资金流向，以证明赃款流向。

5. 鉴定

（1）对涉案单位的账目进行司法会计鉴定，以证明行贿款项；

（2）对行贿物品进行价值鉴定，以证明行贿金额；

（3）对与行贿有关的劣质建筑工程进行技术鉴定，以证明谋取的不正当利益；

（4）对行贿物品进行指纹、笔迹、文书等技术鉴定，以证明行贿人、受贿人与案件的关系；

（5）对涉案账目进行技术鉴定，以证明是否伪造、篡改。

6. 询问证人

（1）与行贿单位、受贿人的关系，行贿单位、受贿人的基本情况，以证明犯罪主体；

（2）行贿单位行贿的原因，谋取何种不正当利益，是否经过集体研究决定，以证明犯罪目的、动机；

（3）行贿单位的负责人、行贿活动的具体操作人等，以证明主管人员或直接责任人员；

（4）行贿、受贿的时间、地点、人物、经过、金钱数额、财物的数量，以证明犯罪行为；

（5）受贿人为行贿单位谋取不正当利益的事实，或收受回扣、手续费的情况，以证明谋取不正当利益。

7. 讯问受贿人

（1）国家工作人员身份、职务情况，以证明利用职务便利；

（2）与行贿单位的关系，行贿单位通过哪些工作人员，在何时、何地向其请托，请托事项的内容是什么，是否给予承诺，以证明犯罪行为；

（3）收受财物或回扣、手续费的时间、地点、名义、经过等，以证明行贿行为；

（4）受贿的次数，金钱数额、物品名称、特征、价值及存放、使用情况，对受贿金钱或物品的处理情况，以证明犯罪数额；

（5）为行贿人谋取不正当利益的经过或收受回扣、手续费的经济活动情况，包括合同的签订、合同内容、合同履行等，以证明谋取不正当利益。

8. 讯问犯罪嫌疑人

（1）受贿人的自然情况及国家工作人员身份、职务情况，与受贿人的关系，是否向党政领导、司法工作人员、行政执法人员行贿，以证明犯罪对象；

（2）居间介绍人的情况，居间介绍、联系、撮合的时间、地点、知情人等，以证明犯罪行为；

（3）谋取不正当利益或给予回扣、手续费的动机、目的，犯意产生的原因、过程，是否经过会议讨论、集体决议，以证明犯罪故意；

（4）国家工作人员何时、何地、以何方式向其明示或暗示勒索、要挟给予财物，是否获得不正当利益，以证明是否存在犯罪行为；

（5）何时、何地、通过何人、向何人请托，请托事项的内容是什么，对方是否给予承诺，以证明犯罪行为；

（6）行贿的次数，金钱数额，物品的名称、特征、价值等，以证明犯罪数额；

（7）行贿的方式、名义、时间、地点、环境、人物、经过、结果，以证明犯罪行为；

（8）谋取不正当利益的经过或经济往来的经过，以证明获得的是否是不正当利益。

9. 辨认

（1）行贿人、受贿人之间进行辨认，以证明犯罪主体；

（2）行贿人、受贿人对行受贿赃物进行辨认，以证明行贿财物。

10. 视听资料

（1）扣押记录行受贿过程的录音、录像资料，以证明犯罪行为；

（2）对犯罪嫌疑人的讯问进行同步录音录像，以证明侦查活动的合法性和供述的自愿性。

（五）对有关量刑情节的证明

1. 对犯罪嫌疑人是否累犯，有无前科的证明，证据主要是法院的判决书、公安网上的资料、证人证言。

2. 对行贿人是否在被追诉前主动交代行贿行为的证明，证据主要有书证、侦查机关的证明等。

3. 对犯罪嫌疑人有无检举、立功的证明，证据主要有书证、证人证言等。

4. 对行贿数额、行贿次数、人数的证明，证据主要有物证、书证、证人证言、视听资料等。

5. 对犯罪嫌疑人是否有悔罪表现的证明，证据主要有物证、书证、证人证言、视听资料等。

6. 对犯罪嫌疑人有无投案自首的证明，证据主要有证人证言、侦查机关的记录。

（六）补强证明

1. 涉案单位辩称行贿活动是单位员工的个人行为，而非单位行为的，侦查机关应当补强证明，证据主要有：

（1）书证、证人证言等，证明行贿行为是经单位集体研究决定后，由有关人员实施的；

（2）书证、证人证言、鉴定意见等，证明行贿行为的违法所得归单位所有；

（3）物证、书证、证人证言、鉴定意见等，证明涉案单位因行贿行为获得了不正当利益。

2. 犯罪嫌疑人辩称其行为是礼尚往来中的赠送礼品行为的，侦查机关应当补强证明，证据主要有：

（1）证人证言、赃款、赃物，证明行贿的数额远远高于当地正常的“礼尚往来”的数额；

（2）证人证言、书证，证明受贿人收受财物前后，为行贿单位谋取不正当利益。

（七）案　　例

2006 年 4 月，某市工商局接到群众举报，反映该市第五人民医院破坏公平竞争的市场秩序，在“120”工作人员运送患者时给付好处费。随后，某市工商局经济检查分局正式立案调查，并发现：

2005 年 2 月至 2006 年 3 月的 13 个月时间里，市第五人民医院为了增加患源、牟取利益，在急救中心工作人员送病人时，采取给付服务费的方式，每运送一次住院病人，给付医生、护士、司机各 100 元，以争取更多的为患者诊治机会。急救中心给五院运送病人 5362 人次，这家医院采取上述方式向“120”工作人员行贿 41 万多元，诊治住院患者 1334 次，共获利 189.3 万元。

在工商部门对市第五人民医院查处后，市人民检察院于 2006 年年底对市第五人民医院、市第五人民医院原院长陈某、原门诊部主任南某均以涉嫌单位行贿罪，提起公诉。

【证明参考】

1. 对犯罪主体的证明

（参见单位受贿案）

2. 对犯罪主客观方面的证明

（1）勘验、检查

对市第五人民医院进行勘验、检查，扣押会计账簿、会计凭证，给予“120”工作人员服务费的收据等书证，以证明行贿行为。

（2）扣押物证、书证

①扣押市第五人民医院的会计账簿与会计凭证，查明给予“120”工作人员服务费的时间、人数、金额，以证明犯罪行为；

②扣押关于给予“120”工作人员服务费的决策文件、会议纪要等，以证明单位犯罪故意；

③扣押给予“120”工作人员服务费的收据，以证明犯罪行为；

④扣押犯罪嫌疑人的手机，调取其通话清单、短信，以证明如何预谋犯罪、组织犯罪。

（3）鉴定

①对涉案账目进行司法会计鉴定，以证明涉案款项；

②对服务费收据的公章进行鉴定，以证明与涉案单位的关系；

③对涉案账目进行技术鉴定，以证明是否伪造、篡改。

（4）询问证人

①与市第五人民医院的业务关系，以证明行贿的动机；

②“120”工作人员运送患者的规章、制度、原则、程序等，以证明行贿获取的非法利益；

③运送患者到市第五人民医院的原因，该院支付的服务费标准、运送患者的次数、人数等，以证明犯罪行为及谋取的不正当利益；

④因市第五人民医院不正当竞争行为，是否影响本院的正常收入，是否影响对患者的有效救治，以证明犯罪后果。

（5）讯问犯罪嫌疑人

①与急救中心工作人员的业务关系，以证明行贿的动机；

②急救中心工作人员的身份、服务范围、服务对象，以证明犯罪对象；

③“120”工作人员运送患者的规章、制度、原则、程序等，以证明行贿获

取的非法利益；

④决定给予“120”工作人员运送患者服务费决策制定的时间、地点、决策人员、经过等，以证明单位犯罪故意；

⑤给予“120”工作人员运送患者服务费的标准，实际支付的人数、次数，以证明犯罪行为；

⑥行贿后诊治住院患者的人次，获利金额，以证明获取的不正当利益。

（6）视听资料

对犯罪嫌疑人的讯问进行同步录音、录像，以证明侦查活动的合法性和供述的自愿性。

3. 对有关量刑情节的证明

（1）对犯罪嫌疑人是否累犯，有无前科的证明，证据主要是法院的判决书、公安网上的资料、证人证言；

（2）对犯罪嫌疑人有无投案自首、检举立功的证明，证据主要有证人证言、侦查机关的记录等；

（3）对犯罪嫌疑人认罪态度的证明，证据主要有证人证言、侦查机关的记录；

（4）对犯罪嫌疑人在被追诉前主动交代行贿行为的证明，证据主要有书证、侦查机关的证明等；

（5）对行贿数额、行贿次数、人数的证明，证据主要有物证、书证、证人证言、视听资料等。

4. 补强证明

（1）涉案单位辩称是医院工作人员的个人行为，而非医院的单位行为的，侦查机关应当补强证明，证据主要有：

①书证、证人证言等，证明给予服务费的行为是经单位集体研究决定后，由有关人员实施的；

②书证、证人证言、鉴定意见等，证明行贿行为的违法所得归单位所有；

③物证、书证、证人证言、鉴定意见等，证明医院因行贿行为获得了不正当利益。

（2）犯罪嫌疑人辩称其行为是业务往来中正常行为的，侦查机关应当补强证明，证据主要有：

①书证、证人证言等，证明当地医院与“120”工作人员业务往来中没有给“120”工作人员服务费的惯例；

②书证、证人证言等，证明“120”工作人员收取服务费的做法违反了“120”运送患者的规章、制度、程序；

③书证、证人证言、鉴定意见等，证明市第五人民医院争取到了更多的为患

者诊治机会，谋取了不正当利益；

④书证、证人证言等，证明其他医院因市第五人民医院的不正当竞争行为而遭受了经济损失。

十、巨额财产来源不明案

根据我国《刑法》第395条第1款的规定，巨额财产来源不明罪，是指国家工作人员的财产、支出明显超过合法收入，差额巨大，本人不能说明其来源的行为。

（一）证明标准

案件事实清楚，证据确实充分。对犯罪嫌疑人的职务、身份、财产拥有量及明显超出合法收入的数额，犯罪嫌疑人不能说出来源的证明，达到确实充分的程度，对犯罪嫌疑人主观上明知、故意的证明，达到内心确信的程度，证明有罪的证据能够形成完整的证据链。

（二）举证责任

本罪实行举证责任倒置，控方可以责令该国家工作人员说明巨大差额财产的来源，不能说明来源或说明来源无证据支持的，以“非法所得”论。控方所承担的举证责任在于证明犯罪嫌疑人的财产或支出明显超过合法收入，数额巨大，查证犯罪嫌疑人举证是否真实。此外，控方还应主动收集各种能够排除犯罪嫌疑人差额巨大财产或支出有合法来源的一切证据。对犯罪嫌疑人主观上的目的、故意，控方可以根据客观情况推定。

（三）对犯罪主体的证明

（参见贪污案）

（四）对犯罪主客观方面的证明

证明犯罪主客观方面的方法主要有勘验、检查，搜查，查询、冻结，扣押物证、书证，鉴定，询问证人，讯问犯罪嫌疑人等。

1. 勘验、检查

对犯罪嫌疑人住所、办公场所进行勘验、检查，扣押犯罪嫌疑人来源不明的款物，大额支出消费凭证等书证，以证明犯罪嫌疑人拥有“巨额财产”。

2. 搜查

查获犯罪嫌疑人转移、隐藏的财物，以证明犯罪嫌疑人拥有“巨额财产”。

3. 查询、冻结

（1）调查犯罪嫌疑人及其亲属的经济状况，以证明合法收入情况；

（2）查询犯罪嫌疑人银行存款，往来明细、信用卡支出情况、对账清单，以证明犯罪嫌疑人拥有“巨额财产”情况；

（3）查询犯罪嫌疑人在金融机构的投资和消费支出，如购买保险、购买股票等，以查证“巨额财产”情况；

（4）查封、冻结犯罪嫌疑人涉案的财产、存款，以证明涉案款项。

4. 调取、扣押物证、书证

（1）扣押犯罪嫌疑人的干部履历表、人事部门出具的书证，以证明犯罪主体身份；

（2）扣押犯罪嫌疑人及其共同生活的家庭成员所共同拥有的财物，以证明涉案财物；

（3）扣押存款凭证、房地产等不动产价值凭证、大额消费支出金额证明、赠与支出金额证明等书证，以证明犯罪嫌疑人及共同生活的家庭成员所共同拥有的实际总收入情况；

（4）扣押犯罪嫌疑人及家属收入申报登记、工资、奖金等发放证明、写作、讲课等劳务所得支付证明、遗产继承证明、亲友馈赠证明、捐赠证明、彩票中奖、股票获利等书证，以证明犯罪嫌疑人及共同生活的家庭成员合法取得的收入；

（5）扣押反映犯罪嫌疑人消费、支出、赠与财物的笔记、日记，以证明财物收支情况；

（6）调取统计局出具的当地人均消费水平计算标准，以证明犯罪嫌疑人的合法收入。

5. 鉴定

（1）对犯罪嫌疑人拥有的总收入、合法收入进行司法会计鉴定，以证明巨大差额；

（2）对犯罪嫌疑人所拥有的物品进行价格评估，以证明财产数额；

（3）对消费发票、支出凭证等进行文书检验，以证明是否是伪造的证据。

6. 询问证人

（1）犯罪嫌疑人的身份、职务，以证明犯罪主体身份；

（2）犯罪嫌疑人及其家庭财产的总收入，以证明涉案财产；

（3）犯罪嫌疑人及其家庭财产的合法取得来源，以证明合法收入；

（4）犯罪嫌疑人大额支出的具体内容及去向，如购买奢侈品、投资经商、购买房产、购买轿车、赠与他人、婚礼丧葬礼金支出等，以证明存在“巨额财产”；

（5）扣押、冻结款物数量是否是犯罪嫌疑人所有财产，是否还有其他财产和大额支出，以证明“巨额财产”的数额；

（6）犯罪嫌疑人巨大差额财产的来源，以证明犯罪行为；

(7) 巨额财产的藏匿地点、方式及使用情况，以证明存在“巨额财产”。

7. 讯问犯罪嫌疑人

(1) 所在单位、担任的职务，以证明犯罪主体身份；

(2) 个人及其家庭财产的总收入，以证明涉案财产；

(3) 个人及其家庭财产的合法取得来源，以证明合法收入；

(4) 大额支出的具体内容及去向，以证明存在“巨额财产”；

(5) 扣押、冻结款物数量是否是其所有财产，是否还有其他财产和大额支出，以证明“巨额财产”的数额；

(6) 巨大差额财产的来源，具体物品的价值，以证明涉案财产的价值；

(7) 巨额财产的藏匿地点、方式及使用情况，以证明存在“巨额财产”。

8. 视听资料

对犯罪嫌疑人的讯问进行同步录音录像，以证明侦查活动的合法性和供述的自愿性。

(五) 对有关量刑情节的证明

1. 对犯罪嫌疑人有无检举立功的证明，证据主要有物证、书证、侦查机关的记录等。

2. 对犯罪嫌疑人干扰证人作证，毁灭、伪造证据等情节的证明，证据主要有物证、书证、证人证言、侦查机关的记录等。

(六) 案　　例

2002 年 6 月，某市人民检察院反贪污贿赂局对王某涉嫌贪污罪进行侦查时，王某主动交出部分储蓄存单，侦查机关依法扣押了王某及家庭存款共计 430.23532 万元；另查明其价值 33.66168 万元的房产一处，以及分别借给他人的 20.3 万元和 1.7 万元的债权凭证和冻结在案的 25 万元存款；扣押现金 2046.6 元。其财产的总额为 511.10166 万元，扣除已认定其贪污犯罪的金额 107.74803 万元和 1997 年 10 月至 2002 年 5 月王某家庭合法收入 29.5 万元，其余 373.8536 万元，不能说明合法来源。

【证明参考】

1. 对犯罪主体的证明

(参见贪污案)

2. 对犯罪主客观方面的证明

(1) 勘验、检查

①对犯罪嫌疑人住所、办公场所勘验、检查，查询其家庭总收入，扣押犯罪嫌疑人来源不明的款物，以及反映犯罪嫌疑人财产状况的物品、书证，以证明其拥有“巨额财产”；

②对犯罪嫌疑人藏匿款物地点进行勘验、检查，搜查相关财物，以证明其拥有“巨额财产”。

（2）搜查

查获犯罪嫌疑人转移、隐藏的财物，以证明犯罪嫌疑人拥有“巨额财产”。

（3）查询、冻结

①调查犯罪嫌疑人及其亲属的经济状况，以证明合法收入情况；

②查询犯罪嫌疑人银行存款，信用卡支出情况、对账清单，以查证“巨额财产”情况；

③查询金融机构进行的投资和消费支出，如购买保险、购买股票等，以查证巨额财产情况。

（4）扣押物证、书证

①扣押犯罪嫌疑人的干部履历表、人事部门出具的书证，以证明犯罪主体身份；

②扣押犯罪嫌疑人及其共同生活的家庭成员所共同拥有的财物，以证明涉案财物；

③扣押犯罪嫌疑人的存款凭证、房地产等不动产价值凭证、大额消费支出金额证明、赠与支出金额证明等，以证明犯罪嫌疑人及共同生活的家庭成员所共同拥有的实际总收入情况；

④扣押犯罪嫌疑人及家属收入申报登记、工资、奖金等发放证明等书证，以证明犯罪嫌疑人及共同生活的家庭成员合法取得的收入；

⑤扣押犯罪嫌疑人消费、支出、赠与财物的有关笔记、日记，以证明财物收支情况；

⑥调取统计局出具的当地人均消费水平计算标准，以证明犯罪嫌疑人的合法收入。

（5）鉴定

①对犯罪嫌疑人拥有的总收入、合法收入进行司法会计鉴定，以证明巨大差额；

②对犯罪嫌疑人所拥有的物品进行价格评估，以证明财产数额；

③对消费发票、支出凭证等进行文书检验，以证明是否是伪造的证据。

（6）询问证人

①犯罪嫌疑人的身份、职务，以证明犯罪主体身份；

②犯罪嫌疑人及其家庭财产的总收入，以证明涉案财产；

③犯罪嫌疑人及其家庭财产的合法取得来源，以证明合法收入；

④犯罪嫌疑人大额支出的具体内容及去向，如 20.3 万元何时借款给何人，以证明存在巨额财产；

⑤扣押、冻结款物数量是否是犯罪嫌疑人所有财产，是否还有其他财产和大额支出，以证明“巨额财产”的数额；

⑥犯罪嫌疑人巨大差额财产的来源，以证明犯罪行为；

⑦发现犯罪嫌疑人拥有巨额财产的经过，以证明犯罪行为。

（7）讯问犯罪嫌疑人

①国家工作人员的身份、职务，以证明犯罪主体身份；

②个人及其家庭财产的总收入，以证明涉案财产；

③个人及其家庭财产的合法取得来源，以证明合法收入；

④20.3万元何时、何故借款给何人，以证明存在“巨额财产”；

⑤扣押、冻结款物数量是否是其所有财产，是否还有其他财产和大额支出，以证明“巨额财产”的数额；

⑥巨大差额财产的来源，以证明其他犯罪行为及犯罪数额；

⑦具体物品的价值，以证明涉案财产价值。

（8）视听资料

对犯罪嫌疑人的讯问进行同步录音录像，以证明侦查活动的合法性和供述的自愿性。

3. 对有关量刑情节的证明

（1）对犯罪嫌疑人有无检举立功的证明，证据主要有物证、书证、证人证言等；

（2）对犯罪嫌疑人干扰证人作证，毁灭、伪造证据等情节的证明，证据主要有物证、书证、证人证言、侦查机关的记录等。

十一、隐瞒境外存款案

根据我国《刑法》第395条第2款的规定，隐瞒境外存款罪，是指国家工作人员违反国家规定，故意隐瞒不报在境外的存款，数额较大的行为。

（一）证明标准

案件事实清楚，证据确实充分。对犯罪嫌疑人的身份、职务，境外存款的数额、隐瞒不报的行为的证明，达到确实充分的程度，对犯罪嫌疑人隐瞒不报故意心态的证明，达到内心确信的程度，证明有罪的证据能够形成完整的证据链。

（二）举证责任

在一般情况下，控方承担举证责任。犯罪嫌疑人提出有利于己的主张的，应当承担举证责任。对犯罪嫌疑人主观上的故意，控方可以根据客观情况推定。

（三）对犯罪主体的证明

（参见贪污案）

（四）对犯罪主客观方面的证明

证明犯罪主客观方面的方法主要是勘验、检查，查询、冻结，调取、扣押物证、书证，鉴定，询问证人，讯问犯罪嫌疑人，推定等。

1. 勘验、检查

对犯罪嫌疑人住所、办公场所勘验、检查，扣押犯罪嫌疑人境外存储账簿、境外存储存单、境外存储支取凭证、记录本、日记等，以证明存在境外存款。

2. 查询、冻结

（1）调查犯罪嫌疑人及其亲属的经济状况，以证明消费能力；

（2）查询犯罪嫌疑人及其亲属的国内银行账号与境外账号进行汇款的往来明细，以查获境外存款的账户信息；

（3）查询犯罪嫌疑人银行信用卡消费记录，以证明实际消费水平。

3. 调取、扣押物证、书证

（1）扣押犯罪嫌疑人的干部履历表、人事部门出具的书证，以证明犯罪主体身份；

（2）调取国家工作人员财产申报的相关规定、外汇管理有关规定及本单位的纪律、规定等，以证明境外财产的应申报性；

（3）调取国际司法协助或国际刑警组织进行调查的交接手续、公函和法律文书等，以证明犯罪嫌疑人是否拥有境外存款；

（4）调取境外存储银行或金融机构出具的查询记录、存款及取款记录，以证明犯罪嫌疑人是否拥有境外存款；

（5）扣押犯罪嫌疑人继承、赠与财产的相关材料，以证明境外存款的合法来源。

4. 鉴定

（1）对境外存款凭证的签字、印章、指纹等进行技术鉴定，以证明犯罪嫌疑人是否境外存款的所有人；

（2）对犯罪嫌疑人所拥有的外币、外币有价证券、支付凭证、贵重金属及其制品等物品进行价格评估，以证明犯罪数额。

5. 询问证人

（1）犯罪嫌疑人的身份、职务，以证明犯罪主体身份；

（2）犯罪嫌疑人及其家庭的经济情况和社会关系情况，以证明是否存在合法境外存款；

（3）犯罪嫌疑人在境外存款的具体情况，如开户时间、开户银行、存款、取款的时间、地点，以证明境外存款情况；

(4) 犯罪嫌疑人将存款存放于境外个人、企业处的时间、地点，以证明境外存款情况；

(5) 受委托辗转将犯罪嫌疑人钱款存于境外的存款经过，以证明境外存款情况；

(6) 国家工作人员财产申报的规定和本单位对该制度的告知、宣传活动，以证明犯罪明知；

(7) 犯罪嫌疑人境外存款是否是赠与、继承所得，以证明是否合法来源；

(8) 隐瞒境外存款的数额，不按照规定申报的目的、动机，以证明犯罪数额、犯罪主观方面。

6. 讯问犯罪嫌疑人

(1) 所在单位、担任的职务，以证明犯罪主体身份；

(2) 个人及其家庭的经济情况和社会关系情况，以证明是否存在合法境外存款；

(3) 在境外存款的具体情况，如开户时间、开户银行、存款、取款的时间、地点，以证明境外存款情况；

(4) 将存款存放于境外个人、企业处的时间、地点、数量、币种，以证明境外存款情况；

(5) 委托他人辗转将钱款存于境外的存款经过，以证明境外存款情况；

(6) 国家工作人员财产申报的规定和本单位组织的告知、宣传活动，以证明犯罪明知；

(7) 境外存款是否是赠与、继承所得，以证明是否是合法来源；

(8) 不提交境外财产申报书的原因，以证明犯罪动机；

(9) 是否采用不提交申报书、伪造申报书、不按规定提交申报书、申报数额小于实际存款数额等方式隐瞒境外财产，以证明犯罪行为；

(10) 是否存在贪污、贿赂或其他犯罪行为，以证明其他犯罪的存在。

7. 推定

如果犯罪嫌疑人接受过国家工作人员财产申报制度、本单位相关申报规定的学习、培训，又查明其在境外有大额的存款没有申报，推定其主观上明知、故意。

8. 视听资料

对犯罪嫌疑人的讯问进行同步录音录像，以证明侦查活动的合法性和供述的自愿性。

(五) 对有关量刑情节的证明

1. 对犯罪嫌疑人有无检举立功的证明，证据主要有物证、书证、证人证言等。

2. 对犯罪嫌疑人案发后是否主动坦白交代、认罪态度好的证明，证据主要有证人证言、侦查机关记录等。

（六）补强证明

犯罪嫌疑人辩称不知道存在境外财产申报制度的，侦查机关应当补强证明，证据主要有：

1. 本单位领导或同事的证言，证明本单位进行过相关申报义务的宣传。

2. 本单位相关培训的书证，证明犯罪嫌疑人参加过申报义务规章制度的学习。

3. 犯罪嫌疑人的任命书等书证，证明任职时已告知相关的义务。

（七）案　　例

2005 年，张某某在担任 A 市 B 区供销合作总社主任期间，违反国家规定，于 2002 年至 2005 年间，以妻子潘某某的名义在香港汇丰银行存入 253.49 万元港币。在每年的领导干部财产申报过程中，张某某均未如实履行申报义务，故意隐瞒其在香港的存款事实。后来，他又将存款转汇到美国。不久，张某某因贪污、受贿被人举报后，被立案侦查，检察机关从张某某的境外账户内查获折合人民币 344 万多元的港币及美元存款。

【证明参考】

1. 对犯罪主体的证明

（参见贪污案）

2. 对犯罪主客观方面的证明

（1）勘验、检查

对犯罪嫌疑人住所、办公场所勘验、检查，扣押犯罪嫌疑人境外存储账簿、境外存储存单、境外存储支取凭证、记录本、日记等，以证明存在境外存款。

（2）调取、扣押物证、书证

①扣押犯罪嫌疑人的干部履历表、人事部门出具的书证，以证明犯罪主体身份；

②调取国家工作人员财产申报的相关规定、外汇管理有关规定及本单位的纪律、规定等，以证明境外财产的应申报性；

③调取国际司法协助或国际刑警组织进行调查的交接手续、公函和法律文书等，以证明犯罪嫌疑人在境外有无存款；

④调取境外存储银行或金融机构出具的查询记录、存款及取款记录，以证明犯罪嫌疑人在境外有无存款；

⑤扣押犯罪嫌疑人继承、赠与财产的相关材料，以证明境外存款的来源。

（3）鉴定

对境外存款凭证的签字、印章、指纹等进行鉴定，以证明境外存款是否为犯罪嫌疑人的妻子所有。

（4）询问证人

①犯罪嫌疑人的身份、职务，以证明犯罪主体身份；

②犯罪嫌疑人及其家庭的经济情况和社会关系情况，境外存款的来源，以证明是否存在合法境外存款；

③犯罪嫌疑人在境外存款的具体情况，如开户人、开户时间、开户银行、存款、取款的时间、地点，以证明境外存款情况；

④国家工作人员财产申报的规定和本单位对该制度的告知、宣传活动，以证明犯罪明知；

⑤犯罪嫌疑人隐瞒境外存款的数额，目的、动机，以证明犯罪数额、主观上是否明知。

（5）讯问犯罪嫌疑人

①本人的身份、职务、职权，以证明犯罪主体身份；

②个人及其家庭的经济情况和社会关系情况，以证明是否存在合法境外存款；

③在境外存款的具体情况，如开户时间、开户银行、存款、取款的时间、地点，以证明境外存款情况；

④为何使用妻子的名字境外存款，不提交境外财产申报书的原因，以证明犯罪动机；

⑤国家工作人员财产申报的规定和本单位的告知、宣传，以证明犯罪明知；

⑥境外存款是否是赠与、继承等，以证明是否合法来源；

⑦隐瞒境外存款的数额，是否存在贪污、贿赂或其他犯罪行为，以证明其他犯罪的存在。

（6）视听资料

对犯罪嫌疑人的讯问进行同步录音录像，以证明侦查活动的合法性和供述的自愿性。

（7）推定

如果犯罪嫌疑人接受过国家工作人员财产申报制度、本单位相关申报规定的学习、培训，又查明其在境外有大额的存款没有申报，推定其主观上明知、故意。

3. 对有关量刑情节的证明

（1）对犯罪嫌疑人有无检举立功的证明，证据主要有物证、书证、证人证言等；

（2）对犯罪嫌疑人案发后主动坦白交代、认罪态度好的证明，证据主要有证人证言、侦查机关的记录等。

4. 补强证明

犯罪嫌疑人辩称是其妻子擅自在境外存款，自己并不知情的，侦查机关应当补强证明，证据主要有：

（1）犯罪嫌疑人妻子的证言，证明其与犯罪嫌疑人商量之后共同决定用自己的名字将款物存于境外；

（2）出入境记录等，证明犯罪嫌疑人妻子每次出境办理境外存款时，犯罪嫌疑人均一同前往；

（3）视频资料等，证明犯罪嫌疑人陪同妻子一同在境外银行出现，办理相关业务。

十二、私分国有资产案

根据我国《刑法》第396条第1款的规定，私分国有资产罪，是指国家机关、国有公司、企业、事业单位、人民团体，违反国家规定，以单位名义将国有资产集体私分给个人，数额较大的行为。

（一）证明标准

案件事实清楚，证据确实充分。对国有机关、国有公司、企业、事业单位、人民团体的性质，违反国家有关国有资产管理方面的法律法规，以单位名义集体私分国有资产的手段、方式、数额、去向等证明，达到确实充分的程度，对非法占有国有资产的目的、直接故意的证明，达到内心确信的程度，证明有罪的证据能够形成完整的证据链。

（二）举证责任

在一般情况下，控方承担举证责任。犯罪嫌疑人提出有利于己的主张的，应当承担举证责任。对犯罪嫌疑人主观上的目的、直接故意，侦查机关可以根据客观情况推定。

（三）对犯罪主体的证明

（参见单位受贿案）

（四）对犯罪主客观方面的证明

证明犯罪主客观方面的方法主要有勘验、检查，调取、扣押物证、书证，询问证人，讯问犯罪嫌疑人，鉴定，推定等。

1. 勘验、检查

对私分国有资产的现场勘验、检查，查明厂房、设备、生产原材料被私分的状况，获取相关物证、书证，以证明犯罪行为。

2. 调取、扣押物证、书证

（1）扣押私分国有资产单位的法人登记证或执照等书证，以证明犯罪主体、财产所有权；

（2）扣押私分国有资产直接负责的主管人员和其他直接责任人员的干部履历表、职务任命书等，以证明责任人员的主体身份；

（3）调取关于国有资产管理的相关法律、法规，以证明私分行为的违规性；

（4）扣押入账凭证、发票、固定资产证明、备品账、物资清单、产成品账、设备折旧证明等书证，以证明国有资产的来源、性质、价值；

（5）扣押收缴的私分款物，以证明私分的国有资产；

（6）扣押与私分有关的设备、厂房、生产资料、产品、车辆、通信工具、作案工具等物品，以证明犯罪行为；

（7）扣押会议记录、笔记本、"私分"批件、"私分"清单、"私分"财物审核表、凭证，分发签字凭证及银行账等书证，以证明集体研究、集体私分的行为。

3. 鉴定

（1）对私分国有资产的账目、表册、单据进行司法会计鉴定，核实账目真实性，确定私分款物的性质、来源和去向，以证明犯罪行为；

（2）对能证明集体研究、集体私分的记录文件进行文书鉴定，以证明真实性。

4. 询问证人

（1）私分国有资产单位的性质、所有制，以证明犯罪主体；

（2）主持私分国有资产的负责人和直接责任人的身份、职务、职权等，以证明责任人员；

（3）集体讨论私分国有资产的时间、地点、经过、结果等，以证明单位犯罪故意；

（4）被私分资产的性质、数量、价值、特征等，以证明国有资产的情况；

（5）集体私分国有资产的形式，是以单位分红、发奖金、发红包的方式，还是以发补助、发岗位津贴、误餐费、节日慰问费等其他方式，以证明犯罪方式；

（6）私分国有资产的时间、地点、次数、人数、总额、份额、分配方式等，以证明犯罪行为；

（7）集体私分国有资产款项的账务处理情况，以证明犯罪行为；

（8）是否发现集体私分国有资产的犯罪行为，是否提出质疑，犯罪嫌疑人是否拒不执行上级指示，拒不接受正确意见，一意孤行坚持私分和多次私分，以证明犯罪故意。

5. 讯问犯罪嫌疑人

（1）私分国有资产单位的性质、所有制，以证明犯罪主体；

（2）所在单位、担任的职务，是否由其主持、负责私分国有资产，以证明责任人员；

（3）被私分资产的性质、数量、价值、特征等，以证明国有资产的情况；

（4）决定私分国有资产的起因、目的及共同研究私分国有资产的各种心理态度，以证明犯罪动机与犯罪故意；

（5）集体研究、集体私分国有资产的时间、地点、次数，具体实施的步骤，以及有无反对意见，对反对意见的处理方式等，以证明犯罪行为；

（6）私分行为是否违反有关国有资产管理的规定，以证明私分行为的违规性；

（7）私分国有资产的形式，是以单位分红、发奖金、发红包的方式，还是以发补助、发岗位津贴、误餐费、节日慰问费等其他方式，以证明犯罪方式；

（8）私分国有资产的时间、地点、次数、人数、总额、份额、分配方式等，以证明犯罪行为；

（9）私分国有资产采取了哪些隐瞒措施，款项账务的处理情况，以证明犯罪行为；

（10）国有资产款物私分后的去向，以证明犯罪危害后果。

6. 视听资料

（1）扣押与私分国有资产行为有关的录音录像资料，以证明犯罪行为；

（2）对犯罪嫌疑人的讯问进行同步录音录像，以证明侦查活动的合法性和供述的自愿性。

（五）对有关量刑情节的证明

1. 对犯罪嫌疑人有无悔罪表现的证明，证据主要有物证、书证、证人证言、视听资料等。

2. 对犯罪嫌疑人有无检举立功的证明，证据主要有物证、书证、证人证言、侦查机关的记录。

3. 对犯罪嫌疑人拒不执行上级指示，拒不接受正确意见，一意孤行坚持私分和多次私分等情节的证明，证据主要有物证、书证、证人证言、视听资料等。

4. 对犯罪嫌疑人在集体私分过程中具有“多吃多占”、借机谋私等情节的证明，证据主要有物证、书证、证人证言、视听资料等。

5. 对犯罪嫌疑人在集体私分的责任上，是谋划决策责任、组织实施责任还是被动执行责任的证明，证据主要有书证、证人证言、视听资料等。

（六）补强证明

犯罪嫌疑人辩称私分的款物为单位创收所得，不属于上缴国家的国有资产，单位有权作出分配的，侦查机关应当补强证明，证据主要有：

1. 上级机关负责人的证人证言，证明长期形成的奖金、补贴分配，并未经上级认可。

2. 上级机关负责人的证人证言，证明私分的款物是未经批准分配的资金。

3. 本单位职工、财会人员的证人证言，证明私分的款物是单位“小钱柜”资金、单位预算计划外的营业收费等。

（七）案　　例

A 市医疗保险事务管理中心系 A 市医疗保险局所属的国有事业单位，经费来源为国家财政全额拨款。2001 年 12 月至 2003 年 4 月，医保管理中心领导班子经讨论，由张某某决定，夏某具体操办，将国家财政专项拨款的邮电通讯费和资料速递费结余部分以快递费、速递费、邮寄费等名义，套购邮政电子消费卡价值人民币 213000 元，套取现金 97560 元并用于购买超市代币券，相应发票予以入账。随后，二人将其中价值 243800 元的邮政电子消费卡和超市代币券以单位福利名义，定期分发给医保管理中心的全体员工，张某某及夏某各分得 14100 元和 10500 元的消费卡及代币券。另外，张某某在已经享受单位每月 180 元通讯费的前提下，让夏某用邮政电子消费卡为其支付移动电话通讯费 5800 余元。

【证明参考】

1. 对犯罪主体的证明

（参见单位受贿案）

2. 对犯罪主客观方面的证明

（1）勘验、检查

对医疗保险事务管理中心进行勘验、检查，扣押私分专项拨款相关的账目、发票等书证，以证明犯罪行为。

（2）调取、扣押物证、书证

①扣押医疗保险事务管理中心的法人登记证等书证，以证明犯罪主体；

②扣押张某某、夏某的干部履历表、职务任命书，私分专项拨款的会议记录等，以证明责任人员；

③调取国家财政经费必须专项使用的规定，以证明私分行为的违规性；

④扣押国家财政专项拨款的邮电通讯费和资料速递费的相关书证，以证明国有资产的来源、性质；

⑤扣押收缴的邮政电子消费卡和超市代币券，以证明私分的国有资产；

⑥扣押医疗保险事务管理中心领导班子讨论私分问题的会议记录，以证明单

位犯罪的故意；

⑦扣押“私分”清单，“私分”财物审核表，套购、套现凭证，分发签字凭证等书证，以证明集体研究、集体私分的行为。

（3）鉴定

对私分国有资产的账目、单据进行司法会计鉴定，核实账目真实性，确定国家财政专项拨款的邮电通讯费和资料速递费的性质、来源和去向，以证明犯罪行为。

（4）询问证人

①医疗保险事务管理中心的性质，以证明犯罪主体；

②主持私分国有资产的张某某、夏某的身份、职务，以证明责任人员；

③领导班子讨论私分国家财政专项拨款的时间、地点、经过、结果等，以证明单位犯罪故意；

④国家财政专项拨款的邮电通讯费和资料速递费的性质、数量、价值、特征等，以证明国有资产的情况；

⑤国家财政经费是否必须专项使用，以证明私分行为的违规性；

⑥套购邮政电子消费卡，套取购买超市代币券的时间、地点、经办人、经过等，以证明犯罪行为方式；

⑦邮政电子消费卡和超市代币券的发放对象、分配方式、发放的时间、地点、次数、人数、总额、份额等，以证明私分行为；

⑧发放邮政电子消费卡和超市代币券后，相关账务处理情况，以证明犯罪行为；

⑨是否发现集体私分国有资产犯罪的行为，是否提出质疑，犯罪嫌疑人如何辩解，以证明犯罪故意。

（5）讯问犯罪嫌疑人

①A市医疗保险事务管理中心的性质，以证明犯罪主体；

②在医疗保险事务管理中心的身份、职务，在私分国家财政专项拨款的过程中所起的作用，以证明责任人员；

③决定私分国家财政专项拨款的目的、起因及领导班子讨论私分的时间、地点、经过、结果等，以证明单位犯罪故意；

④国家财政专项拨款的邮电通讯费和资料速递费的性质、数量、价值、特征等，以证明国有资产的情况；

⑤国家财政经费是否必须专项使用，以证明私分行为的违规性；

⑥套购邮政电子消费卡，套取购买超市代币券的时间、地点、经办人、经过等，以证明犯罪行为方式；

⑦邮政电子消费卡和超市代币券的发放对象、分配方式、发放的时间、地

点、次数、人数、总额、份额等，以证明私分行为；

⑧发放邮政电子消费卡和超市代币券后，相关账务处理情况，以证明犯罪行为。

（6）视听资料

对犯罪嫌疑人的讯问进行同步录音录像，以证明侦查活动的合法性和供述的自愿性。

3. 对有关量刑情节的证明

（1）对犯罪嫌疑人的认罪态度、悔罪表现的证明，证据主要有物证、书证、证人证言、视听资料等；

（2）对犯罪嫌疑人有无检举立功的证明，证据主要有物证、书证、证人证言、侦查机关的记录；

（3）对犯罪嫌疑人在集体私分过程中有无“多吃多占”、借机谋私等情节的证明，证据主要有物证、书证、证人证言、视听资料等；

（4）对犯罪嫌疑人在集体私分的责任上，是谋划决策责任、组织实施责任或被动执行责任的证明，证据主要有书证、证人证言、视听资料等。

十三、私分罚没财物案

根据我国《刑法》第396条第2款的规定，私分罚没财物罪，是指司法机关、行政执法机关违反国家规定，将应当上缴国家的罚没财物，以单位名义集体私分给个人的行为。

（一）证明标准

案件事实清楚，证据确实充分。对司法机关、行政执法机关的性质，应上缴国家的罚没财物的性质、数额，以单位名义集体私分的手段、方式、数额、去向等证明，达到确实充分的程度，对私分罚没财物故意心态的证明，达到内心确信的程度，证明有罪的证据能够形成完整的证据链。

（二）举证责任

在一般情况下，控方承担举证责任。犯罪嫌疑人提出有利于己的主张的，应当承担举证责任。对犯罪嫌疑人主观上的故意，控方可以根据客观情况推定。

（三）对犯罪主体的证明

（参见单位受贿案）

（四）对犯罪主客观方面的证明

证明犯罪主客观方面的方法主要有勘验、检查，调取、扣押物证、书证，鉴定，询问证人，讯问犯罪嫌疑人等。

1. 勘验、检查

对私分罚没财物的现场勘验、检查，查明罚没财物被私分的状况，获取相关物证、书证，以证明犯罪行为。

2. 调取、扣押物证、书证

（1）扣押司法机关、行政执法机关性质的书证，以证明犯罪主体；

（2）扣押司法机关、行政执法机关直接负责的主管人员和其他直接责任人员的干部履历表、职务任命书等，以证明责任人员主体身份；

（3）调取国家关于罚没财物上缴国库的规定，以证明私分行为的违规性；

（4）扣押行政处罚决定书、没收违法犯罪所得通知书等书证，以证明罚没财物的来源、性质；

（5）扣押收缴的私分款物，以证明私分的罚没款物；

（6）扣押会议记录、笔记本、“私分”批件、“私分”清单、“私分”财物审核表、凭证，分发签字凭证及银行账等书证，以证明集体研究、集体私分的行为。

3. 鉴定

（1）对私分罚没款物的账目、表册、单据进行司法会计鉴定，核实账目真实性，确定私分款物的性质、来源和去向，以证明犯罪行为；

（2）对能证明集体研究、私分的记录文件进行文检鉴定，以证明真实性。

4. 询问证人

（1）司法机关、行政执法机关的性质，是否依法享有罚没权，以证明犯罪主体；

（2）主持私分罚没款物的负责人和直接责任人的身份、职务等，以证明责任人员；

（3）集体讨论私分罚没款物的时间、地点、经过、结果等，以证明单位犯罪故意；

（4）被私分款物的性质、数量、价值、特征等，以证明罚没款物的情况；

（5）私分罚没款物的时间、地点、次数、人数、总额、份额、分配方式等，以证明犯罪行为；

（6）集体私分罚没款物款项的账务处理情况，以证明犯罪行为；

（7）是否发现私分罚没款物犯罪的行为，是否提出质疑，犯罪嫌疑人是否拒不执行上级指示，拒不接受正确意见，一意孤行坚持私分和多次私分，以证明犯罪故意。

5. 讯问犯罪嫌疑人

（1）司法机关、行政执法机关的性质，是否依法享有罚没权，以证明犯罪主体；

(2) 所在单位、担任的职务，是否由其主持、负责私分罚没款物，以证明责任人员；

(3) 被私分款物的性质、来源、数量、价值、特征，是否应上缴国家的罚没财物，以证明罚没款物的情况；

(4) 决定私分罚没款物犯罪目的、起因及共同研究私分罚没款物的各种心理态度，以证明犯罪动机与犯罪故意；

(5) 集体研究、集体私分罚没款物的时间、地点、次数，具体实施的步骤，以及有无反对意见，对反对意见的处理方式，以证明犯罪行为；

(6) 私分行为是否违反有关罚没款物管理的规定，以证明私分行为的违规性；

(7) 私分罚没款物的时间、地点、次数、人数、总额、份额、分配方式等，以证明犯罪行为；

(8) 私分罚没款物采取了哪些隐瞒措施，款项账务处理情况，以证明犯罪行为；

(9) 罚没款物私分后的去向，以证明犯罪危害后果。

6. 视听资料

(1) 扣押与私分罚没款物行为有关的录音录像资料，以证明犯罪行为；

(2) 对犯罪嫌疑人的讯问进行同步录音录像，以证明侦查活动的合法性和供述的自愿性。

(五) 对有关量刑情节的证明

1. 对犯罪嫌疑人有无悔罪表现的证明，证据主要有物证、书证、证人证言、视听资料等。

2. 对犯罪嫌疑人有无检举立功的证明，证据主要有物证、书证、证人证言、侦查机关的记录。

3. 对犯罪嫌疑人在私分过程中具有“多吃多占”、借机谋私等情节的证明，证据主要有物证、书证、证人证言、视听资料等。

4. 对犯罪嫌疑人在私分的责任上，是谋划决策责任、组织实施责任还是被动执行责任的证明，证据主要有书证、证人证言、视听资料等。

(六) 补强证明

犯罪嫌疑人辩称不知私分的款物是应按国家规定按时、足额上缴罚没财物的，侦查机关应补强证明，证据主要有：

1. 罚没物资清单等书证，证明文书上有犯罪嫌疑人的指纹。

2. 证人证言等，证明曾向犯罪嫌疑人汇报过罚没财物的具体情况。

3. 证人证言等，证明领导班子讨论私分罚没财物时，已明确了私分罚没财物的性质。

4. 书证、证人证言等，证明犯罪嫌疑人指示财务人员将私分的罚没财物在账目中进行虚假记录。

（七）案　　例

1997 年，杨某到某工商行政管理局任局长。杨到任后认为要树立威信，必须提高全体工作人员的奖金与福利，于是召集两个副局长开会研究办法，决定设立单位小金库，用来给大家发奖金，方法是采取对罚没款和没收的财物少开发票，少登记入账，截留部分罚没财物。从 1997 年 11 月至 1998 年 4 月，该局共私自截留应上缴的罚没财物 15.6 万元，分 5 次以单位名义分给全体工作人员。其中三个局长每人分得 3 万元。

【证明参考】

1. 对犯罪主体的证明

（参见单位受贿案）

2. 对犯罪主客观方面的证明

（1）勘验、检查

对某工商行政管理局进行勘验、检查，查明罚没财物被私分的状况，获取相关物证、书证，以证明犯罪行为。

（2）扣押物证、书证

①扣押证明某工商行政管理局行政执法机关性质的书证，以证明犯罪主体；

②扣押杨某的干部履历表、职务任命书等，以证明责任人员主体身份；

③调取国家关于罚没财物上缴国库的规定，以证明私分行为的违规性；

④扣押行政处罚决定书、没收违法犯罪所得通知书等法律文书，发票、账册等书证，以证明截留的部分罚没财物的来源、性质。

（3）鉴定

对罚没款物的账目、表册、单据进行司法会计鉴定，核实账目真实性，确定私分款物的性质、来源和去向，以证明犯罪行为。

（4）询问证人

①某工商行政管理局的性质，是否依法享有罚没权，以证明犯罪主体；

②主持私分罚没款物的负责人的身份、职务等，以证明责任人员；

③集体讨论私分罚没款物的时间、地点、经过、结果等，以证明单位犯罪故意；

④截留部分罚没财物的方法，被私分款物的性质、数量、价值、特征等，以证明罚没款物的情况；

⑤私分罚没款物的时间、地点、次数、人数、总额、份额、分配方式等，以

证明犯罪行为；

⑥集体私分罚没款物、款项账务处理情况，以证明犯罪行为。

（5）讯问犯罪嫌疑人

①在某工商行政管理局的职务、职权，是否由其主持、负责私分罚没款物，以证明责任人员；

②被私分款物的性质、来源、数量、价值，是否是应上缴国家的罚没财物，以证明罚没款物的情况；

③决定私分罚没款物犯罪的目的、起因及共同研究私分罚没款物的各种心理态度，以证明犯罪动机与犯罪故意；

④集体研究、集体私分罚没款物的时间、地点、次数，具体实施的步骤，以证明犯罪行为；

⑤截留部分罚没财物的方法，私分行为是否违反有关罚没款物管理的规定，以证明私分行为的违规性；

⑥私分罚没款物的时间、地点、次数、人数、总额、份额、分配方式等，以证明犯罪行为；

⑦私分罚没款物采取了哪些隐瞒措施，款项账务处理情况，以证明犯罪行为；

⑧罚没款物私分后的去向，以证明犯罪危害后果。

（6）视听资料

对犯罪嫌疑人的讯问进行同步录音录像，以证明侦查活动的合法性和供述的自愿性。

3. 对有关量刑情节的证明

（1）对犯罪嫌疑人有无投案自首、检举立功的证明，证据主要有证人证言、侦查机关的记录等；

（2）对犯罪嫌疑人认罪态度的证明，证据主要有证人证言、侦查机关的记录等；

（3）对犯罪嫌疑人平时表现的证明，证据主要有书证、证人证言、视听资料等。

第三章　渎职案件

一、滥用职权案

根据我国《刑法》第397条的规定，滥用职权罪，是指国家机关工作人员违反法律规定的权限和程序，滥用职权，致使公共财产、国家和人民利益遭受重大损失的行为。

（一）证明标准

案件事实清楚，证据确实充分。对犯罪嫌疑人的身份、职务，滥用职权的方法、手段，致使公共财产、国家和人民利益遭受重大损失的证明，达到确实充分的程度，对犯罪嫌疑人主观方面的证明，达到内心确信的程度，证明有罪的证据能够形成完整的证据链。

（二）举证责任

在一般情况下，控方承担举证责任。犯罪嫌疑人提出有利于己的主张的，应当承担举证责任。对犯罪嫌疑人的主观状态，控方可以根据客观情况推定。

（三）对犯罪主体的证明

1. 对刑事责任年龄的证明

证明刑事责任年龄的证据主要有户籍证明、身份证、出生证明、工作证、专业或技术等级证、护照等。只要以上有一证据查证属实，即可证明犯罪嫌疑人的刑事责任年龄。如果犯罪嫌疑人提出证据，主张没有达到刑事责任年龄，侦查机关应当补强证明，证据主要包括：

（1）犯罪嫌疑人父母、周围居民、老师、同学的证言；

（2）犯罪嫌疑人父母做绝育手术的证明，犯罪嫌疑人兄弟姐妹的户籍、身份证、护照等。

根据以上证据，综合认定犯罪嫌疑人是否达到刑事责任年龄。

2. 对刑事责任能力的证明

只要犯罪嫌疑人达到刑事责任年龄，就认为其具有刑事责任能力。如果犯罪嫌疑人一方提出证据，主张不具有刑事责任能力，侦查机关应当补强证明，证据主要包括：

（1）精神病鉴定；

（2）证人证言，包括周围居民、老师、同学、同事对犯罪嫌疑人行为能力的评价；

（3）知情者证言，犯罪嫌疑人一方提供的鉴定意见是伪造的或者鉴定人无鉴定资格或者鉴定人被收买，以证明犯罪嫌疑人提供的证据不可信。

根据以上证据，综合评价犯罪嫌疑人的刑事责任能力。

3. 对特殊主体身份的证明

（1）证明身份的书证，包括人事部门、组织部门或主管部门出具的人事档案、任职证明、职责范围有关文件规定、履历表、国家公务员登记表、代表证、委员证等；

（2）证人证言，包括主管部门、领导人员、同事等的证言；

（3）犯罪嫌疑人关于自己身份、职务的供述。

根据以上证据，综合认定犯罪嫌疑人国家机关工作人员的主体身份。

（四）对犯罪主客观方面的证明

证明犯罪主客观方面的方法主要是勘验、检查，鉴定，调取、扣押物证、书证，询问被害人、证人，讯问犯罪嫌疑人，推定等。

1. 勘验、检查

（1）对事故现场勘验、检查，发现、收集人身伤亡，经济损失，公司、企业停、亏、破产以及给国家声誉、对社会造成恶劣影响等与案件有关的证据材料，以证明犯罪的危害结果；

（2）对犯罪嫌疑人住所、办公场所勘验、检查，扣押犯罪嫌疑人履行职责所签署的意见、批示以及记载案件相关事实的工作笔记、日记等书证，以证明犯罪行为；

（3）对犯罪嫌疑人住所勘验、检查，扣押犯罪嫌疑人徇私利获取的财物，以证明犯罪动机。

2. 鉴定

（1）对被害人进行法医鉴定、伤残等级鉴定、死亡证明等，以证明人身伤亡的结果及其原因；

（2）对犯罪嫌疑人在责任书等相关文件上的签字、印章等进行笔迹鉴定、印章印文鉴定，以证明其真实性；

（3）对公司、企业进行设备损坏的鉴定、审计、评估，以证明公司、企业的财产损失；

（4）对被害人财产损失、工资损失进行评估，以证明财产损失情况；

（5）对事故原因进行鉴定，以证明危害结果与滥用职权行为间的因果关系。

3. 调取、扣押物证、书证

（1）调取、扣押有关部门的规章制度、行政命令、决定、会议记录等书证，以证明相关责任人员；

（2）扣押有关犯罪嫌疑人身份、职务的书证，包括工作证、任命书、聘任书、执法证书、专业资格证书、代表证、委员证等，以证明犯罪主体身份；

（3）扣押犯罪嫌疑人职责培训笔记、责任书上的签字，相关会议决议的记录，单位领导、上级主管部门对犯罪嫌疑人的明确要求、指示、批示、批评、建议等书证，以证明其对职责的明知以及具体的犯罪行为；

（4）调取、扣押行政相对人呈报事项的原始材料，以证明是否滥用职权；

（5）调取、扣押犯罪嫌疑人所签署的意见、批示、请示、报告，或在特定会议上的发言记录、会议纪要，或对特定对象的表态、指令等相关书证，以证明犯罪行为、犯罪主观方面；

（6）扣押犯罪嫌疑人伪造、调换、销毁、隐匿的与履行职责相关的书证、物证，以证明犯罪故意以及滥用职权的行为；

（7）扣押犯罪嫌疑人获得的赃款、赃物或其他利益的相关书证、物证，以证明犯罪动机；

（8）扣押反映公共财产、国家和人民利益遭受重大损失的物证、书证，以证明犯罪后果；

（9）扣押危害后果发生后，犯罪嫌疑人积极采取措施挽回损失的相关书证、物证，或者犯罪嫌疑人疏于补救、弄虚作假，致使危害后果扩大化的相关证据，以证明其主观恶性。

4. 询问被害人

（1）犯罪嫌疑人的身份、职务，滥用职权的时间、地点、经过，以证明犯罪行为；

（2）遭受到的人身伤害、财产损失情况，以证明犯罪后果；

（3）人身、财产受到侵害的原因，以证明犯罪后果与滥用职权行为间的因果关系。

5. 询问证人

（1）了解案发原因、经过和结果，以证明犯罪行为、犯罪结果及因果关系；

（2）责任人员在重大损失发生过程中的作用，谁是主要直接责任人员，谁是次要直接责任人员，以证明犯罪嫌疑人在重大损失发生过程中的作用，确定罪责地位；

（3）犯罪嫌疑人何时任职，所任职务，主管范围及职责，以证明职责权限；

（4）犯罪嫌疑人的工作经历，是否具有较长的工作经验或具有处理同类事务的经验，是否能够正确履行职责，以证明犯罪主观状态；

（5）犯罪嫌疑人滥用职权行为的起因，是否具有徇私情、私利的动机，以证明犯罪动机、目的；

（6）犯罪嫌疑人滥用职权行为的经过，是否存在超越职权，违法决定、处理其无权决定、处理的事项，或者违反规定处理公务的行为，以证明犯罪行为；

（7）犯罪嫌疑人发现危害结果已发生或可能发生，依职权应采取措施阻止或减少损害时，是否采取相关措施，以证明犯罪行为及主观恶性；

（8）滥用职权行为是否造成人身伤亡，个人财产、公司、企业财产经济损失，外交纠纷、涉外诉讼或社会强烈反响及媒体广泛关注等后果，以证明犯罪结果。

6. 讯问犯罪嫌疑人

（1）所在单位、担任的职务、职责范围等，以证明犯罪主体身份；

（2）行使职责的程序，以往的工作经历及处理同类事务的经验，以证明犯罪主观状态；

（3）滥用职权行为的起因，是否具有徇私情、私利的动机，以证明犯罪动机、目的；

（4）超越职权、玩弄职权、故意不履行应当履行的职责或以权谋私、假公济私，不正确履行职责的具体经过及内容，以证明犯罪行为；

（5）对致使公共财产、国家和人民利益遭受重大损失危害结果的认识，以证明犯罪主观恶性。

7. 推定

他人已经提醒犯罪嫌疑人如此指挥会导致重大生产安全事故发生，犯罪嫌疑人仍然执意妄为，并且实际上发生了生产安全事故的，推定犯罪嫌疑人主观上明知、故意。

8. 视听资料

对犯罪嫌疑人的讯问进行同步录音录像，以证明侦查活动的合法性和供述的自愿性。

（五）对有关量刑情节的证明

1. 对犯罪嫌疑人有无投案自首、检举立功的证明，证据主要有证人证言、侦查机关的记录。

2. 对犯罪嫌疑人曾有滥用职权前科的证明，证据主要有书证、证人证言等。

3. 对犯罪嫌疑人是否存在徇私舞弊情节的证明，证据主要有书证、物证、证人证言等。

4. 对犯罪嫌疑人平时表现、认罪态度以及群众意见的证明，证据主要有书证、证人证言等。

（六）补强证明

1. 犯罪嫌疑人推翻原先的供述，理由是事故发生源于意外事件的，侦查机关应补强证明，证据包括证人证言、鉴定意见、书证等，证明犯罪结果的出现不属于犯罪嫌疑人不能预见的事由。

2. 犯罪嫌疑人推翻原先的供述，理由是疏忽大意的过失等免责事由的，侦查机关应补强证明，证据包括物证、书证、证人证言等，证明犯罪嫌疑人对职权的范围、履行程序、后果明知而滥用，犯罪嫌疑人具有徇私情、私利的动机，或犯罪嫌疑人具有前科行为等。

（七）案　　例

1994 年 4 月，时任某市市委书记、市长的许某，违反国家有关文件规定，作出错误指示，致使某银行越权批准设立的某信托投资公司未按规定撤销，却挂靠于某国际信托投资公司，并以该公司某营业部名义继续从事金融活动。

1995 年下半年，该营业部总经理吴某为解决独立融资权等问题，多次通过许某之子许某某做工作，请许某予以关心、支持。后许某明知该营业部存在违规经营等严重问题，仍要求有关人员帮助解决独立融资权问题。

1996 年 1 月至 1997 年 8 月期间，有关部门在多次审计、检查中发现并指出该营业部存在严重问题。许某得知后却掩盖事实真相，并要求有关部门继续予以支持。1997 年 11 月，某银行致函市委、市政府，要求对该营业部的严重问题采取措施加以解决，许某却消极对待。

在许某的支持和纵容下，该营业部长期违规经营。截至 1997 年 11 月，资产损失及经营亏损达人民币 11.97 亿元。

【证明参考】

1. 对犯罪主体的证明

（参见滥用职权案）

2. 对犯罪主客观方面的证明

（1）勘验、检查

①对某营业部勘验、检查，发现、收集违规经营、资产损失及经营亏损的物证、书证，以证明犯罪的危害结果；

②对犯罪嫌疑人住所、办公场所勘验、检查，扣押犯罪嫌疑人履行职责所签署的意见、批示以及记载案件相关事实的工作笔记、日记等书证，以证明犯罪行为；

③对犯罪嫌疑人住所勘验、检查，扣押犯罪嫌疑人徇私利获取的财物，以证明犯罪动机。

(2) 鉴定

①对犯罪嫌疑人在批示等相关文件上的签字、印章等进行笔迹鉴定、印章印文鉴定，以证明其经手办理；

②对某营业部进行债权债务清理、经济损失评估，以证明公司的财产损失。

(3) 调取、扣押物证、书证

①调取、扣押有关部门的规章制度、行政命令、决定、会议记录等书证，以证明责任人员；

②扣押有关犯罪嫌疑人身份、职务的书证，以证明犯罪主体身份；

③扣押市长专题会议纪要、批示、批复，犯罪嫌疑人对某营业部解决独立融资权的表态、指令等相关书证，证明犯罪行为；

④扣押某营业部违法成立、违规经营的相关书证，以证明犯罪行为；

⑤调取审计部门、检查部门、上级主管部门的批评、建议等书证，以证明犯罪嫌疑人对职责的明知以及具体的犯罪行为；

⑥扣押犯罪嫌疑人获得的赃款、赃物或其他利益的相关书证、物证，以证明犯罪动机；

⑦扣押反映公共财产、国家和人民利益遭受重大损失的物证、书证，以证明犯罪后果；

⑧扣押某银行致市委、市政府的公函，以证明犯罪嫌疑人主观上明知、故意。

(4) 询问证人

①犯罪嫌疑人何时任职，所任职务，主管范围及职责，以证明职务权限；

②犯罪嫌疑人的工作经历，是否具有较长的工作经验或具有处理同类事务的经验，是否能够正确履行职责，以证明犯罪明知、故意；

③犯罪嫌疑人滥用职权行为的起因，是否具有徇私情、徇私利的动机，以证明犯罪动机、目的；

④犯罪嫌疑人滥用职权行为的经过、方法，以证明犯罪行为；

⑤审计部门、检查部门、上级主管部门提出批评、建议时，犯罪嫌疑人掩盖事实真相，要求有关部门继续予以支持的具体做法，以证明犯罪故意及犯罪行为；

⑥某营业部的经济损失情况，以证明犯罪后果；

⑦某银行何时致函市委、市政府，致函的目的，犯罪嫌疑人如何处理的，以证明犯罪行为、主观上的明知、故意。

(5) 讯问犯罪嫌疑人

①职务、职责、主管范围等，以证明犯罪主体身份；

②行使职责的程序，以往的工作经历及处理同类事务的经验，以证明犯罪明

知、故意；

③滥用职权的起因，是否具有徇私情、私利的动机等，以证明犯罪动机、目的；

④不正确履行职责的具体经过及内容，以证明犯罪行为；

⑤实施滥用职权行为时的目的、动机，以证明犯罪主观方面；

⑥对致使公共财产、国家和人民利益遭受重大损失危害结果的认识，以证明犯罪主观恶性。

（6）视听资料

对犯罪嫌疑人的讯问进行同步录音录像，以证明侦查活动的合法性和供述的自愿性。

3. 对有关量刑情节的证明

（1）对犯罪嫌疑人有无投案自首、检举立功的证明，证据主要有证人证言、侦查机关的记录；

（2）对犯罪嫌疑人曾有滥用职权行为的前科的证明，证据主要有书证、证人证言等；

（3）对犯罪嫌疑人是否存在徇私舞弊情节的证明，证据主要有书证、物证、证人证言等；

（4）对致使公共财产遭受特别重大损失，并造成恶劣的社会影响犯罪情节的证明，证据主要有鉴定意见、书证、证人证言等。

4. 补强证明

犯罪嫌疑人推翻原先的供述，理由是疏忽大意的过失等免责事由的，侦查机关应补强证明，证据包括物证、书证、证人证言等，证明犯罪嫌疑人对职权的范围、履行程序、后果明知而滥用，或者犯罪嫌疑人具有较长的工作经验或具有处理同类事务的经验，或者犯罪嫌疑人具有徇私情、私利的动机，或者犯罪嫌疑人具有前科行为。

二、玩忽职守案

根据我国《刑法》第 397 条的规定，玩忽职守罪，是指国家机关工作人员玩忽职守，致使公共财产、国家和人民利益遭受重大损失的行为。

（一）证明标准

案件事实清楚，证据确实充分。对犯罪嫌疑人的职务、身份，玩忽职守的行为，公共财产、国家和人民利益遭受重大损失的证明，达到确实充分的程度，对犯罪嫌疑人主观方面的证明，达到内心确信的程度，现有证据能够形成完整的证据链。

（二）举证责任

在一般情况下，控方承担举证责任。犯罪嫌疑人提出有利于己的主张的，应当承担举证责任。对犯罪嫌疑人主观上的过失，控方可以根据客观情况推定。

（三）对犯罪主体的证明

（参见滥用职权案）

（四）对犯罪主客观方面的证明

证明犯罪主客观方面的方法主要是勘验、检查，调取、扣押物证、书证，鉴定，询问被害人、证人，讯问犯罪嫌疑人，推定等。

1. 勘验、检查

（1）对事故现场勘验、检查，发现、收集人身伤亡，经济损失，公司、企业停、亏、破产以及给国家声誉、对社会造成恶劣影响等与案件有关的证据材料，以证明犯罪的危害结果；

（2）对犯罪嫌疑人住所、办公场所勘验、检查，扣押犯罪嫌疑人履行职责所签署的意见、批示以及记载案件相关事实的工作笔记、日记等书证，以证明犯罪行为。

2. 鉴定

（1）对被害人进行法医鉴定、伤残等级鉴定、死亡证明等，以证明人身伤亡的结果及其原因；

（2）对犯罪嫌疑人在责任书等相关文件上的签字、印章等进行笔迹鉴定、印章印文鉴定，以证明其真实性；

（3）对公司、企业进行设备损坏鉴定、审计、评估，以证明公司、企业的财产损失；

（4）对被害人财产损失、工资损失进行评估，以证明财产损失情况；

（5）对事故原因鉴定，以证明危害结果与玩忽职守行为间的因果关系。

3. 调取、扣押物证、书证

（1）调取、扣押相关部门的规章制度、行政命令、决定、会议记录等书证，以证明责任人员；

（2）扣押犯罪嫌疑人身份、职务的书证，以证明犯罪主体身份；

（3）扣押犯罪嫌疑人职责培训笔记、责任书上的签字，相关决议会议的记录，单位领导、上级主管部门对犯罪嫌疑人的明确要求、指示、批示等书证，以证明犯罪嫌疑人对职责主观应知的内容；

（4）扣押行政相对人呈报事项的原始材料，以证明是否存在玩忽职守行为；

（5）调取、扣押犯罪嫌疑人所签署的意见、批示、请示、报告等相关书证，以证明犯罪行为；

（6）扣押犯罪嫌疑人获得的赃款、赃物或其他利益的相关书证、物证，以证明犯罪动机；

（7）扣押反映公共财产、国家和人民利益遭受重大损失的物证、书证，以证明犯罪后果；

（8）扣押危害后果发生后，犯罪嫌疑人积极采取措施挽回损失的相关书证、物证，或者犯罪嫌疑人疏于补救或弄虚作假，致使危害后果扩大化的相关证据，以证明犯罪嫌疑人的主观恶性。

4. 询问被害人

（1）犯罪嫌疑人的身份、职务，玩忽职守的具体经过，以证明犯罪行为；

（2）遭受到的人身伤害、财产损失情况，以证明犯罪后果；

（3）人身、财产受到侵害的原因，以证明犯罪后果与玩忽职守行为间的因果关系。

5. 询问证人

（1）事故发生的时间、地点、原因、经过和结果，以证明犯罪后果及因果关系；

（2）责任人员在重大损失发生过程中的作用，谁是主要直接责任人员，谁是次要直接责任人员，以证明犯罪嫌疑人在重大损失发生过程中的作用，以确定罪责地位；

（3）犯罪嫌疑人何时任职，所任职务、主管范围及职责，以证明职务权限；

（4）犯罪嫌疑人的年龄、经历、受教育程度、业务水平、工作性质、处理同类事务的经验，社会公共行为规则和行为人所处的具体环境，犯罪嫌疑人是否应当履行职责且有能力履行职责，以证明犯罪嫌疑人是否存在主观过错；

（5）犯罪嫌疑人玩忽职守行为的经过，是否存在严重不负责任、不履行职责或者不正确履行职责的行为，以证明犯罪行为；

（6）犯罪嫌疑人发现危害结果已发生或可能发生，依职权应采取措施阻止或减少损害时，是否采取相关措施，以证明犯罪行为；

（7）玩忽职守是否造成人身伤亡，个人财产、公司、企业财产经济损失，外交纠纷、涉外诉讼或社会强烈反响或媒体广泛关注等后果，以证明犯罪结果。

6. 讯问犯罪嫌疑人

（1）所在单位、担任的职务、职责范围等，以证明犯罪主体身份；

（2）行使职责的正常程序，以往的工作经历及处理同类事务的经验，以证明主观应知的内容；

（3）犯罪嫌疑人对本人未履行职责行为的认识，对造成后果的认识以及实施玩忽职守行为时的起因、心理态度，以证明犯罪主观方面；

（4）不认真执行职责权限、不认真履行职责义务、不完全执行职责权限或者不完全履行职责义务的具体经过及内容，以证明犯罪行为。

7. 推定

对玩忽职守罪主观过失的证明，可根据事件发生的时间、地点、性质及犯罪嫌疑人的社会阅历、业务熟悉程度、客观行为表现及公认的基础常识等推定。

8. 视听资料

对犯罪嫌疑人的讯问进行同步录音录像，以证明侦查活动的合法性和供述的自愿性。

（五）对有关量刑情节的证明

1. 对犯罪嫌疑人有无投案自首、检举立功的证明，证据主要有证人证言、侦查机关的记录。

2. 对犯罪嫌疑人曾有玩忽职守相关前科的证明，证据主要有书证、证人证言等。

3. 对犯罪嫌疑人是否存在徇私舞弊情节的证明，证据主要有书证、物证、证人证言等。

4. 对玩忽职守行为造成危害后果的现状以及挽回经济损失情况的证明，证据主要有鉴定意见、书证、物证、证人证言等。

5. 对犯罪嫌疑人平时表现、认罪态度以及群众意见的证明，证据主要有书证、证人证言等。

（六）补强证明

1. 犯罪嫌疑人推翻原先的供述，理由是受到刑讯逼供的，侦查机关应当补强证明，证据主要包括：

（1）录音录像、讯问笔录，证明侦查机关讯问的合法性、客观性；

（2）证人证言，包括看守所民警的证言、犯罪嫌疑人同监室囚犯的证言，证明犯罪嫌疑人没有受到刑讯逼供；

（3）看守所的体检证明，证明犯罪嫌疑人身上伤痕是原有的。

2. 证人、被害人改变证言的，侦查机关应当补强证明，证据主要包括：

（1）知情者证言，证明证人、被害人受到犯罪嫌疑人或其亲属的威胁或收买；

（2）录音录像，证明证人、被害人当初的陈述具有客观性、合法性。

（七）案　　例

某镇矿产资源管理服务中心（以下简称矿管中心）是该镇镇政府下设的代表镇政府管理该镇辖区内矿山企业的全额拨款事业单位，负责监管各矿山企业的税收和安全生产工作。2002 年 5 月至 2005 年 10 月，张某担任该矿管中心的跑片安全员，负责第一采石场以及其他七个采石场的安全监管工作。张某严重不负责任，疏于日常管理，对违章操作监管不力，致使2005年6月16日第一采石场在凿岩作业时发生山体坍塌，造成李某、周某、杜某三名工人死亡，邱某、杜某某两名工人重伤的严重后果。

【证明参考】

1. 对犯罪主体的证明

（参见滥用职权案）

2. 对犯罪主客观方面的证明

（1）勘验、检查

①对山体坍塌事故现场勘验、检查，发现、收集人身伤亡有关的证据材料，以证明犯罪的危害结果；

②对犯罪嫌疑人住所、办公场所勘验、检查，扣押犯罪嫌疑人履行职责所签署的责任书、记载安全生产相关事实的工作笔记、日记等书证，以证明犯罪嫌疑人应当承担的责任。

（2）鉴定

①对被害人进行人体损伤程度鉴定、尸体检验等，以证明事故人身伤亡的结果及其原因；

②对犯罪嫌疑人在责任书、跑片安全员安全生产日志等相关文件上的签字、印章等进行笔迹鉴定、印章印文鉴定，以证明其是否真实，是否按照法律规定或约定履行职责；

③对重大生产安全事故进行调查、鉴定，以证明危害结果以及与玩忽职守行为间的因果关系。

（3）扣押物证、书证

①扣押矿管中心的规章制度、采石场安全生产检查制度等书证，以证明事故相关责任人员；

②扣押有关犯罪嫌疑人身份、职务的书证，包括工作证、聘任书等，以证明其身份、职责；

③扣押犯罪嫌疑人职责培训笔记、责任书上的签字，单位领导、上级主管部门对犯罪嫌疑人的明确要求、指示、批示等书证，以证明犯罪嫌疑人对职责主观应知的内容；

④调取、扣押跑片安全员安全生产日志、事故隐患通知书和限期整改通知书等书证，以证明犯罪嫌疑人严重不负责任，疏于日常管理，对违章操作监管不力；

⑤扣押反映公共财产、国家和人民利益遭受重大损失的物证、书证，以证明犯罪后果。

（4）询问被害人

①遭受到的人身伤害、财产损失情况，以证明犯罪后果；

②人身、财产受到侵害的原因，以证明犯罪后果与玩忽职守行为间的因果关系；

③犯罪嫌疑人是否到自己所在的工作场所检查过，是否要求整改，以证明有无犯罪行为。

（5）询问证人

①了解案发原因、发生经过和结果，以证明犯罪后果及因果关系；

②责任人员在重大损失发生过程中的作用，谁是直接负责生产安全的监管人员，以证明犯罪嫌疑人在安全生产事故中的罪责地位；

③犯罪嫌疑人何时任职，所任职务，主管范围及职责，以证明职务权限；

④犯罪嫌疑人的年龄、经历、受教育程度、业务水平、工作性质或处理同类事务的经验、社会公共行为规则和行为人所处的具体环境，犯罪嫌疑人是否应当履行职责且有能力履行职责，以证明犯罪嫌疑人是否存在主观过错；

⑤犯罪嫌疑人是否认真履行职责，没有认真履行职责的原因、动机，以证明犯罪主观方面；

⑥犯罪嫌疑人玩忽职守行为的经过，是否存在对违章掏采、不系安全绳、违章作业等违规操作未反映、未制止等严重不负责任、不履行职责行为，以证明犯罪行为；

⑦安全生产事故造成的人身伤亡，个人、企业财产经济损失等，以证明犯罪的后果。

（6）讯问犯罪嫌疑人

①所在单位、担任的职务、职责范围等，以证明犯罪主体身份；

②行使职责的正常程序、以往的工作经历及处理同类事务的经验，以证明主观应知的内容；

③多长时间应当到矿山检查一次，实际多长时间检查一次，在检查中是否发现问题，发现后是否要求矿山整改，为何不要求矿山整改，以证明犯罪行为及其主观方面；

④犯罪嫌疑人对本人未履行职责行为的认识，对造成后果的认识以及实施玩忽职守行为时的心理态度，以证明犯罪过失。

（7）推定

犯罪嫌疑人到矿山检查时，发现存在安全问题，在收受对方的“红包”后，就没有要求对方整改，推定其主观上存在过错。

（8）视听资料

对犯罪嫌疑人的讯问进行同步录音录像，以证明侦查活动的合法性和供述的

自愿性。

3. 对有关量刑情节的证明

（1）对犯罪嫌疑人有无投案自首、检举立功的证明，证据主要有证人证言、侦查机关的记录；

（2）对犯罪嫌疑人曾有玩忽职守相关前科的证明，证据主要有书证、证人证言等；

（3）对犯罪嫌疑人是否存在徇私舞弊情节的证明，证据主要有书证、物证、证人证言等；

（4）对玩忽职守行为造成危害后果的现状以及挽回经济损失情况的证明，证据主要有鉴定意见、书证、物证、证人证言等；

（5）对犯罪嫌疑人平时的表现、认罪态度以及群众意见的证明，证据主要有书证、证人证言等。

三、故意泄露国家秘密案

根据我国《刑法》第398条的规定，故意泄露国家秘密罪，是指国家机关工作人员或者非国家机关工作人员违反保守国家秘密法的规定，故意使国家秘密被不应知悉者知悉，或者故意使国家秘密超出了限定的接触范围，情节严重的行为。

（一）证明标准

案件事实清楚，证据确实充分。对涉案国家秘密的接触范围、密级，泄露或遗失国家秘密的行为，情节严重的证明，达到确实充分的程度，对犯罪嫌疑人主观故意的证明，达到内心确信的程度，证明有罪的证据能够形成完整的证据链。

（二）举证责任

在一般情况下，控方承担举证责任。犯罪嫌疑人提出超过限定接触范围的不应知悉者并未知悉国家秘密等有利于己的主张的，应当承担举证责任。对犯罪嫌疑人主观上的故意，控方可以根据客观情况推定。

（三）对犯罪主体的证明

（参见滥用职权案）

（四）对犯罪主客观方面的证明

证明犯罪主客观方面的方法主要是勘验、检查，鉴定，调取、扣押物证、书证，扣押电子证据，询问证人，讯问犯罪嫌疑人，推定等。

1. 勘验、检查

（1）对犯罪嫌疑人住所、办公场所勘验、检查，扣押国家秘密载体，查证犯罪嫌疑人掌握或保存国家秘密的证据，查清泄露国家秘密的途径，以证明犯罪行为；

（2）对涉案计算机进行勘查、取证，通过网络等方式向公众散布、传播国家秘密的，查证信息来源、传播路径、散布范围，获取泄露国家秘密的电子证据，以证明犯罪行为方式；

（3）对犯罪嫌疑人住所、办公室或其他赃款、赃物藏匿现场勘验、检查，扣押犯罪嫌疑人通过泄露国家秘密而获取的财物，以证明谋取私利的犯罪目的。

2. 鉴定

（1）对涉案的国家秘密鉴定，以证明涉案国家秘密的范围、数量和等级；

（2）对泄露国家秘密的计算机、文书等鉴定，以确定犯罪行为方式、泄露途径；

（3）对涉案国家秘密载体上的指纹、血迹、汗液等鉴定，以证明犯罪嫌疑人。

3. 调取、扣押物证、书证

（1）调取国家有关保密法规以及本单位具体保密职责、规定，以证明犯罪的主观明知；

（2）扣押记录有涉案国家秘密内容的书证、物证，以证明犯罪对象；

（3）扣押记录有涉案国家秘密的复印件、复制件、相片、私人交往的信函、涉密的计算机、涉密存储设备等，以证明犯罪的手段、方法；

（4）扣押犯罪嫌疑人的手机等通信工具，调取其通话记录和短信息内容，以证明犯罪动机、犯罪行为。

4. 扣押电子证据

（1）扣押记录有涉案国家秘密内容的电子证据，以证明犯罪对象；

（2）扣押犯罪嫌疑人通过互联网泄密的 email、QQ 聊天记录等电子证据，以证明犯罪动机、犯罪行为。

5. 询问证人

（1）国家有关保密法规以及本单位具体保密职责、规定，以证明犯罪的主观明知；

（2）犯罪嫌疑人的职务、身份，犯罪嫌疑人在上岗前是否经过保密培训，是否掌握或保存有国家秘密，以证明犯罪的主体身份及主观明知；

（3）犯罪嫌疑人泄露国家秘密的时间、地点、经过、方式、目的、动机，以证明犯罪手段、方法、犯罪主观方面；

（4）犯罪嫌疑人是否使不应知悉的人知悉国家秘密，或使国家秘密超过了限定的接触范围，泄露国家秘密的数量、密级，是否造成危害社会稳定、经济发展、国防安全或其他严重后果等，以证明犯罪的危害后果。

6. 讯问犯罪嫌疑人

（1）国家有关保密法规以及本单位具体保密职责、规定，以证明犯罪的主观明知、故意；

（2）何时接触保密岗位的，在上岗前是否经过保密培训，是否掌握保密法规，以证明犯罪嫌疑人主观上是否明知、故意；

（3）掌握的国家秘密的数量、内容、密级及形式，以证明犯罪的对象；

（4）泄露国家秘密的途径及经过，以证明犯罪手段、方法；

（5）泄露国家秘密的动机、目的，是出卖获利，还是为炫耀，显示自己消息灵通等，以证明犯罪动机；

（6）共同犯罪的起意、策划、分工、实施、分赃等情况，清查每一个行为人在共同犯罪中的地位和作用，以证明是否共同犯罪，区分主犯、从犯；

（7）是否使不应知悉的人知悉国家秘密，或使国家秘密超过了限定的接触范围，泄露国家秘密的数量、密级，是否造成危害社会稳定、经济发展、国防安全或其他严重后果等，以证明犯罪的危害后果。

7. 视听资料

对犯罪嫌疑人的讯问进行同步录音录像，以证明侦查活动的合法性和供述的自愿性。

（五）对有关量刑情节的证明

1. 对犯罪嫌疑人是否累犯，有无前科的证明，证据主要有法院的判决书、公安网上的资料、证人证言。

2. 对犯罪嫌疑人有无投案自首、检举立功的证明，证据主要有证人证言、侦查机关的记录。

3. 对泄露国家秘密的数量、密级的证明，证据主要有鉴定意见、书证、物证、证人证言等。

4. 对犯罪嫌疑人平时表现、认罪态度以及群众意见的证明，证据主要有书证、证人证言等。

5. 对情节特别严重，已经造成严重后果的证明，证据主要有书证、物证、证人证言、鉴定意见等。

6. 对犯罪嫌疑人非国家机关工作人员身份的证明，证据主要有书证、证人证言等。

（六）案　　例

2002年6月，某大学教师孔某发现学校对全国大学英语四级考试的管理不严格，产生了窃取试卷作出答案出售牟利的意图。此后，在2002年6月、2002年12月、2003年12月的英语四级考试前，孔某邀约胡某、李某、陈某共同作案，先后联系了杜某、徐某、王某、周某等人（均另案处理）来做题。在三次考试当天孔某均提前领取试卷拆封，将试题交陈某复印后，交给做题者作出答案并通过网络发给事先联系好的购题者。考试后，孔某安排胡某、李某等人向购题者收款或通过银行账户收款，共获利22万余元。

【证明参考】

1. 对犯罪主体的证明

（参见滥用职权案）

2. 对犯罪主客观方面的证明

（1）勘验、检查

①对犯罪嫌疑人住所、办公场所勘验、检查，扣押英语试卷袋、复印的试卷、用于复印试题的复印机、涉案电脑等，以证明犯罪手段、方法；

②对犯罪嫌疑人住所、办公室或其他赃款、赃物藏匿现场勘验、检查，扣押犯罪嫌疑人通过泄露大学英语四级考试试题而获取的财物、银行卡、存折等，以证明谋取私利的犯罪目的与犯罪手段；

③对计算机勘查、取证，查清通过网络等方式向公众发布广告、寻找试题购买者，并向其发送试题的时间、途径、发布范围等，以证明犯罪行为方式。

（2）鉴定

①对涉案的全国大学英语四级考试试卷鉴定，以证明涉案国家秘密的范围和密级；

②对泄露国家秘密的方式、途径进行计算机鉴定、文书鉴定等，以确定犯罪行为方式；

③对全国大学英语四级考试试卷及复印件上的指纹、汗液等鉴定，以证明该载体与犯罪嫌疑人的联系。

（3）查询、冻结

①调查犯罪嫌疑人的经济状况，以证明犯罪动机；

②查询犯罪嫌疑人银行存款往来明细、对账清单，查证赃款的来源与去向，以证明犯罪行为；

③冻结犯罪嫌疑人的存款，以证明犯罪牟利金额。

（4）调取、扣押物证、书证

①调取全国大学英语四级考试保密法规以及大学具体保密职责、规定，以证明犯罪的主观明知；

②扣押英语试卷袋、复印的试卷，以证明犯罪对象；

③扣押用于复印试题的复印机、制作考试答案的涉案电脑，以证明犯罪手段、方法；

④扣押犯罪嫌疑人的手机等通信工具，调取其通话记录和短信息内容，以证

明犯罪动机、犯罪行为；

⑤扣押犯罪嫌疑人的存折、银行卡、股票账户查询卡等，以证明犯罪牟利数额。

（5）扣押电子证据

下载、复制、固定犯罪嫌疑人在网络上发布的出售试题的广告，扣押通过互联网泄密的 email、QQ 聊天记录等电子证据，以证明犯罪行为、犯罪主观方面。

（6）询问证人

①全国大学英语四级考试有关保密法规以及本单位具体保密职责、规定，以证明犯罪的主观明知；

②犯罪嫌疑人的职务、身份，是否掌握或保存全国大学英语四级考试试题，以证明犯罪的主体身份及主观明知；

③犯罪嫌疑人泄露全国大学英语四级考试试题的时间、地点、经过、方式，如购买试题答案的联络人、价格、交易方式、交货方式等，以证明犯罪手段、方法；

④网络购买答案的正确性，以证明是否使不应知悉的人知悉，或使国家秘密超过了限定的接触范围，以证明犯罪的危害后果；

⑤犯罪嫌疑人在哪个网站上发布英语四级考试信息的，联系方式，如何与犯罪嫌疑人交易的，交易的价格，以证明犯罪行为、违法所得。

（7）讯问犯罪嫌疑人

①国家有关保密法规以及本单位具体保密职责、规定，以证明犯罪的主观明知；

②在单位的职务、身份，全国大学英语四级考试考务工作的具体职责，掌握的全国大学英语四级考试试题的内容、密级，以证明犯罪对象；

③将全国大学英语四级考试试题偷出、复印、安排制作答案的方法、经过，以证明犯罪手段、方法；

④在哪个网站上发布英语四级考试信息、联系方式、交易价格，如何进行交易，以证明犯罪行为、犯罪主观方面；

⑤共同犯罪的起意、策划、分工、实施、分赃等情况，清查每一个行为人在共同犯罪中的地位和作用，以证明是否共同犯罪，区分主犯、从犯。

（8）视听资料

对犯罪嫌疑人的讯问进行同步录音录像，以证明侦查活动的合法性和供述的自愿性。

3. 对有关量刑情节的证明

（1）对犯罪嫌疑人是否累犯，有无前科的证明，证据主要有法院的判决书、公安网上的资料、证人证言；

（2）对犯罪嫌疑人有无投案自首、检举立功的证明，证据主要有证人证言、侦查机关的记录；

（3）对泄露国家秘密的数量、密级的证明，证据主要鉴定意见、书证、物证、证人证言等；

（4）对犯罪嫌疑人平时的表现、认罪态度以及群众意见的证明，证据主要有书证、证人证言等；

（5）对犯罪嫌疑人积极退回非法所得的证明，证据主要有书证、物证、证人证言、侦查机关记录等。

四、过失泄露国家秘密案

根据我国《刑法》第398条的规定，过失泄露国家秘密罪，是指国家机关工作人员或其他有关人员违反保守国家秘密法的规定，过失泄露国家秘密或者遗失秘密文件，致使国家秘密被不应知悉者知悉，或超出了限定的接触范围，情节严重的行为。

（一）证明标准

案件事实清楚，证据确实充分。对涉案国家秘密的接触范围、密级，泄露或遗失国家秘密的行为，情节严重的证明，达到确实充分的程度，对犯罪嫌疑人主观过失的证明，达到内心确信的程度，证明有罪的证据能够形成完整的证据链。

（二）举证责任

在一般情况下，控方承担举证责任。犯罪嫌疑人提出超过限定接触范围的不应知悉者并未知悉国家秘密等有利于己的主张的，应当承担举证责任。对犯罪嫌疑人主观上的过失，控方可以根据客观情况推定。

（三）对犯罪主体的证明

（参见滥用职权案）

（四）对犯罪主客观方面的证明

证明犯罪主客观方面的方法主要是勘验、检查，鉴定，调取、扣押物证、书证，扣押电子证据，询问证人，讯问犯罪嫌疑人，推定等。

1. 勘验、检查

（1）对犯罪嫌疑人住所、办公场所勘验、检查，扣押国家秘密载体，查证犯罪嫌疑人掌握或保存国家秘密的证据，查清泄露国家秘密的途径，以证明犯罪行为；

（2）对涉案的计算机进行勘查、取证，查明犯罪嫌疑人是否通过网络等方式向公众散布、传播国家秘密，查证信息来源、传播路径、散布范围，以证明犯罪行为方式。

2. 鉴定

（1）对涉案的国家秘密鉴定，以证明涉案国家秘密的范围、数量和等级；

（2）对涉案国家秘密载体上的指纹、血迹、汗液等鉴定，以证明该载体与犯罪嫌疑人的联系。

3. 调取、扣押物证、书证

（1）调取国家有关保密法规以及本单位具体保密职责、规定，以证明犯罪的主观应知；

（2）扣押记录有涉案国家秘密相关内容的书证、物证，以证明犯罪对象；

（3）扣押记录有涉案国家秘密的复印件、复制件、相片、私人交往的信函、涉密的计算机、涉密存储设备等，以证明犯罪的手段、方法；

（4）扣押犯罪嫌疑人的手机等通信工具，调取其通话记录和短信息内容，以证明犯罪行为。

4. 扣押电子证据

（1）扣押记录有涉案国家秘密内容的电子证据，以证明犯罪对象；

（2）扣押犯罪嫌疑人通过互联网泄密的email、QQ聊天记录等电子证据，以证明犯罪行为。

5. 询问证人

（1）国家有关保密法规以及本单位具体保密职责、规定，以证明犯罪的主观应知；

（2）犯罪嫌疑人的职务、身份，是否掌握或保存有国家秘密，以证明犯罪的主体身份及主观应知；

（3）犯罪嫌疑人泄露国家秘密的时间、地点、经过、方式，以证明犯罪手段、方法；

（4）泄露国家秘密后，犯罪嫌疑人是否隐瞒不报、不如实提供有关情况或不采取补救措施，以证明犯罪情节的严重性；

（5）是否使不应知悉的人知悉，或使国家秘密超过了限定的接触范围，以证明犯罪的危害后果。

6. 讯问犯罪嫌疑人

（1）国家有关保密法规以及本单位具体保密职责、规定，以证明犯罪的主观应知；

（2）掌握的国家秘密的内容及形式、等级，以证明犯罪的对象；

（3）泄露国家秘密的途径及经过，以证明犯罪手段、方法；

（4）是否按照国家保密法规规定保管、使用、储存、传输含有国家秘密的文件，为何不按照规定执行，以证明犯罪行为及其主观过失；

（5）泄露国家秘密后，给国家利益造成何种损失，以证明犯罪后果。

7. 推定

国家秘密超过了限定的接触范围，而不能证明未被不应知悉者知悉，则推定为泄露了国家秘密。如果能够证明接触者并不知悉国家秘密的内容，则不能认定为构成过失泄露国家秘密罪。

8. 视听资料

对犯罪嫌疑人的讯问进行同步录音录像，以证明侦查活动的合法性和供述的自愿性。

（五）对有关量刑情节的证明

1. 对犯罪嫌疑人有无前科的证明，证据主要有法院的判决书、公安网上的资料、证人证言。

2. 对犯罪嫌疑人有无投案自首、检举立功的证明，证据主要有证人证言、侦查机关的记录。

3. 对犯罪嫌疑人泄露国家秘密的数量、密级的证明，证据主要有鉴定意见、书证、物证、证人证言等。

4. 对犯罪嫌疑人平时表现、认罪态度以及群众意见的证明，证据主要有书证、证人证言等。

5. 对犯罪嫌疑人非国家机关工作人员身份的证明，证据主要有书证、证人证言等。

（六）补强证明

犯罪嫌疑人提出超过限定接触范围的不应知悉者并未知悉国家秘密的，侦查机关应当补强证明，证据主要包括：

1. 证人证言等，证明不应知悉者已经知悉国家秘密。

2. 记录有国家秘密的纸张上，特别是有文字的一面，有大量不应知悉者的指纹、汗液。

3. 记录有国家秘密的email发送至不应知悉者的邮箱，且邮件显示收件人已将邮件点击打开。

（七）案　　例

吕某于1995年3月调入某开发区管理委员会办公室，负责档案管理、机要保密、信访接待、印章管理、人大及政协联络员等工作。

1999年4月吕某按规定将1998年度应上缴的中央、省级文件清理后放入保密室一铁皮保险柜中存放。随后，管委会的领导先后两次安排吕某上堤防汛。第一次是1999年6月28日至7月5日，第二次是1999年7月16日晚至7月25日。两次上堤防汛期间，吕某均按领导规定将串有保密室铁门、木门、办公室中间抽屉（抽屉内有单位的公章和保密文件柜钥匙）的三把钥匙交给办公室领导。为工作方便，这三把钥匙先后在五人中传递使用。此外，吕某凡遇到临时外出开会或参加学习等情况时，均将保密室上述三把钥匙交给办公室领导。办公室主任还长期使用和保管有保密室的钥匙二把。

至1999年8月2日，吕某在为单位领导查阅一份文件时发现存放在铁柜中待上缴的部分文件不见了。吕某便暗自查找，在确无结果后，于8月4日报告领导。经查实并经省保密局鉴定，共丢失文件75份，其中中央文件47份、省级文件28份。

【证明参考】

1. 对犯罪主体的证明

（参见滥用职权案）

2. 对犯罪主客观方面的证明

（1）勘验、检查

①对开发区管委会保密室勘验、检查，查证门窗是否存在破坏痕迹，是否存在可疑的指纹、足迹等痕迹，以证明是否存在盗窃等犯罪行为；

②对保密室铁皮保险柜进行检查、清点，查证丢失的设计文件，以证明犯罪后果。

（2）鉴定

①对涉案的国家秘密鉴定，以证明记录有涉案国家秘密文件丢失的数量和密级；

②对涉案国家秘密存放地点及周边的足迹、指纹、汗液等鉴定，以证明是否存在盗窃等犯罪行为。

（3）扣押物证、书证

①调取国家有关保密法规以及本单位具体保密职责、规定，以证明犯罪的主观应知；

②扣押记录有涉案国家秘密文件的登记册、工作记录本等书证，以证明丢失涉密文件的数量及内容；

③扣押保密室的钥匙，查清钥匙的作用及流转过程，以证明犯罪主观过失。

（4）询问证人

①国家有关保密法规以及本单位具体保密职责、规定，以证明犯罪的主观应知；

②犯罪嫌疑人的职务、身份，是否掌握或保存有国家秘密，以证明犯罪的主体身份及主观应知；

③犯罪嫌疑人遗失国家秘密文件的时间、地点、发现经过，以证明犯罪手段、方法；

④犯罪嫌疑人违反保密规定的相关做法及不当之处，以证明主观过失；

⑤遗失国家秘密文件后，犯罪嫌疑人是否隐瞒不报、不如实提供有关情况或积极挽回损失，以证明犯罪情节的严重性；

⑥是否使不应知悉的人知悉，或使国家秘密超过了限定的接触范围，以证明犯罪的危害后果。

（5）讯问犯罪嫌疑人

①国家有关保密法规以及本单位具体保密职责、规定，以证明犯罪的主观应知；

②丢失涉密文件的内容、数量、密级等，以证明犯罪的对象；

③丢失涉密文件的时间、地点、发现经过等，以证明犯罪行为；

④对自身行为性质以及遗失国家秘密文件危害结果的认识，以证明犯罪的主观过失；

⑤犯罪嫌疑人泄露国家秘密后的行为内容，以证明犯罪的主观心态及主观恶性。

（6）视听资料

对犯罪嫌疑人的讯问进行同步录音录像，以证明侦查活动的合法性和供述的自愿性。

3. 对有关量刑情节的证明

（1）对犯罪嫌疑人有无投案自首、检举立功的证明，证据主要有证人证言、侦查机关的记录；

（2）对泄露国家秘密的数量、密级的证明，证据主要鉴定意见、书证、物证、证人证言等；

（3）对犯罪嫌疑人平时表现、认罪态度以及群众意见的证明，证据主要有书证、证人证言等；

（4）对泄密原因，如工作环节较多、责任较分散等的证明，证据主要有书证、证人证言等。

五、徇私枉法案

根据我国《刑法》第 399 条第 1 款的规定，徇私枉法罪，是指司法工作人员徇私枉法、徇情枉法，对明知是无罪的人而使他受追诉、对明知是有罪的人而故意包庇不使他受追诉，或者在刑事审判活动中故意违背事实和法律作枉法裁判的行为。

（一）证明标准

案件事实清楚，证据确实充分。对犯罪嫌疑人司法工作人员的身份、徇私枉法的行为、严重情节的证明，达到确实充分的程度，对犯罪嫌疑人徇私、徇情的动机，主观追求枉法结果发生的故意心态的证明，达到内心确信的程度，证明有罪的证据能够形成完整的证据链。

（二）举证责任

在一般情况下，控方承担举证责任。犯罪嫌疑人提出有利于己的主张的，应当承担举证责任。对犯罪嫌疑人主观上的徇私情、私利的动机、枉法的目的以及故意的内容，控方可以根据客观情况推定。

（三）对犯罪主体的证明

（参见滥用职权罪）

（四）对犯罪主客观方面的证明

证明犯罪主客观方面的方法主要是勘验、检查，鉴定，调取、扣押物证、书证，查询、冻结，询问被害人、证人，讯问犯罪嫌疑人，辨认等。

1. 勘验、检查

（1）对犯罪嫌疑人住所、办公场所或其他赃款、赃物藏匿现场勘验、检查，扣押犯罪嫌疑人通过枉法所得的物质性利益，以证明犯罪嫌疑人徇私的犯罪动机；

（2）对犯罪嫌疑人住所、办公场所勘验、检查，扣押徇私枉法过程中形成的书证、记录犯罪活动的笔记、日记等，以证明犯罪行为；

（3）对犯罪嫌疑人徇私枉法引起被害人及其家属精神失常、重伤、自杀死亡等人身损害检查，以证明犯罪的危害后果。

2. 鉴定

（1）对犯罪嫌疑人枉法陷害引起精神失常的被害人及其家属进行司法精神病鉴定，以证明犯罪危害后果；

（2）对犯罪嫌疑人枉法陷害引起被害人及其家属重伤、自杀死亡等人身损害进行法医鉴定，以证明犯罪危害后果。

3. 调取、扣押物证、书证

（1）扣押证明犯罪嫌疑人司法工作人员身份的书证，如警官证、检察官证、法官证等书证，以证明犯罪主体身份；

（2）调取相关法律、法规及犯罪嫌疑人在刑事案件中具体职责义务的书证，以证明犯罪嫌疑人的职权和裁判行为的违规性；

（3）扣押报案、举报、控告材料，提请批准逮捕书、起诉书等涉及被追诉人罪行、情节的案件材料，以证明司法工作人员徇私枉法的对象；

（4）扣押犯罪嫌疑人徇私利所得的物品、钱财、房产等，以证明犯罪动机；

（5）扣押犯罪嫌疑人的手机等通讯设备，查询通话记录及短信息，查清犯罪嫌疑人与被追诉人及其关系密切人的联系，以证明犯罪动机；

（6）扣押犯罪嫌疑人向被追诉人通风报信、泄露侦查秘密的信件、字条，以证明犯罪方法、手段；

（7）扣押犯罪嫌疑人伪造、隐匿的证据和伪造、篡改的法律文件，以证明犯罪方法、手段；

（8）扣押犯罪嫌疑人在查阅相关材料、听取有关汇报、案件处理决策中的记录以及内部审批材料，以证明犯罪方法、手段；

（9）扣押犯罪嫌疑人制作的包庇有罪的人或使无罪的人受到追诉的法律文书、审批报告和实际执行情况的书证，以证明犯罪结果。

4. 查询、冻结

（1）调查犯罪嫌疑人的经济状况，以证明其财产状况与收入是否吻合；

（2）查询犯罪嫌疑人银行存款往来明细、对账清单，查证赃款来源与去向，以证明违法所得。

5. 询问被害人

（1）是否实施了犯罪行为，是否被错误地采取强制措施，以证明有无犯罪行为；

（2）权利受到侵害的后果，如受到人身损害、人身自由受到剥夺等，以证明犯罪后果；

（3）对案件提出投诉、申诉的情况，犯罪嫌疑人是否依法处理，以证明犯罪行为；

（4）犯罪行为是否导致自己上访、自杀、自伤等，造成人身伤害及财产损失情况，以证明犯罪危害后果。

6. 询问证人

（1）犯罪嫌疑人的身份、职务与职责，以证明犯罪主体身份；

（2）犯罪嫌疑人的年龄、经历、受教育程度、业务水平、工作性质或处理同类案件的经验、社会公共行为规则和行为人所处的具体环境，以证明犯罪明知、故意；

（3）犯罪嫌疑人与被追诉人及其关系密切的人是否熟识，是否存在亲情、友情、奸情关系，或存在财物、名誉、地位等恩怨关系、利益冲突，以证明徇私利或私情的犯罪动机；

（4）犯罪嫌疑人与利益关系人、情义关系人事前商定内容及好处，商定的具体时间、地点、知情人，谋取、请托、承诺的内容，以证明犯罪动机；

（5）徇私枉法对象的具体情况，在正确适用法律的情况，应当如何处理，犯罪嫌疑人是如何处理的，以证明犯罪嫌疑人枉法追诉；

（6）犯罪嫌疑人在案件讨论、商议、听取有关汇报、案件处理决策中的意见和态度，以证明犯罪行为；

（7）犯罪嫌疑人徇私枉法的具体方式、手段，以证明犯罪行为；

（8）徇私枉法行为是否受到领导的质疑，当时如何隐瞒与辩解，以证明犯罪行为、主观上是否明知；

（9）犯罪行为是否使无罪的人被立案侦查、采取强制措施、羁押、移送审查起诉或提起公诉，有罪的人受到包庇，或刑事案件中出现枉法裁判，以证明犯罪危害结果；

（10）犯罪嫌疑人徇私枉法获得的利益，以证明犯罪动机、目的、非法所得。

7. 讯问犯罪嫌疑人

（1）所在单位中的身份、职务与职责、受教育程度、业务水平、处理同类案件的经验，以证明犯罪主体身份与犯罪明知、故意；

（2）办理该案的职责、案件基本情况、法律适用与判断，以证明对犯罪对象的明知以及犯罪行为；

（3）犯罪是为了徇私利，如贪图钱财、接受性贿赂、保全个人名利，还是徇私情，如亲情、友情、奸情等，以证明犯罪动机；

（4）与利益关系人、情义关系人事前商定的具体时间、地点、知情人、请托事项、承诺事项等，以证明犯罪动机；

（5）如何实施犯罪行为，通过证据上舞弊、程序上舞弊、法律适用上舞弊还是在执法过程中舞弊，具体的时间、地点、知情人员等，以证明犯罪行为；

（6）是否受到领导、同事的质疑，如何隐瞒与辩解，以证明犯罪行为、主观上明知、故意；

（7）是否使无罪的人被立案侦查、采取强制措施、羁押、移送审查起诉或提起公诉，有罪的人受到包庇，或刑事案件中出现枉法裁判，以证明犯罪危害结果；

（8）徇私枉法的行为是否获得了实际利益，以证明犯罪动机、目的；

（9）共同犯罪的起意、策划、分工、实施、分赃等情况，查清每一个行为人在共同犯罪中的地位和作用，以证明是否共同犯罪，区分主犯、从犯。

8. 辨认

被害人、证人对犯罪嫌疑人辨认，以进行嫌犯的人身识别。

9. 视听资料

对犯罪嫌疑人的讯问进行同步录音录像，以证明侦查活动的合法性和供述的自愿性。

（五）对有关量刑情节的证明

1. 对犯罪嫌疑人有无投案自首、检举立功的证明，证据主要有证人证言、侦查机关的记录。

2. 对犯罪嫌疑人平时表现、认罪态度以及群众意见的证明，证据主要有书证、证人证言等。

3. 对枉法结果的证明，证据主要有法院的判决、释放证明等法律文书、证人证言等。

4. 对造成严重政治影响和其他严重危害后果的证明，证据主要有致使被害人的人身、精神受到严重损害或者死亡的鉴定意见，引起社会公愤的书证，证人证言等。

（六）补强证明

犯罪嫌疑人辩称自己业务生疏，能力有限，并非故意徇私的，侦查机关应当补强证明，证据包括书证、证人证言等，证明犯罪嫌疑人故意枉法裁判。

（七）案　　例

2001年9月23日，某公安局对余某（已判刑）故意伤害致徐某死亡一案立案侦查，由时任该局预审科民警的王某负责预审。余某被立案侦查后，其朋友陈某（已判刑）见余某的父母十分悲伤，便主动表示愿意替余某顶罪。余某之母刘某（已判刑）经人介绍，找到时任公安局预审科民警的周某，要求为余某帮忙，周某又找到王某询问案情并介绍王某与刘某认识。陈某找他人代写了一张纸条，让余某把杀人的事往自己身上推。刘某将此纸条交给了周某。周某趁与王某一起提讯余某之机，当着王某的面把纸条交给余某。此后，周某还告诉余某、刘某仅有陈某顶罪、余某翻供还不够，需有证人证实才能达到翻案的目的。2001年11月至2002年1月，周某、王某多次利用提讯余某之机，采取传递纸条、提供通信工具等方式，串通无业人员程某（已判刑）、李某（另案处理）作虚假证明，使陈某顶罪的事实成立。期间，刘某为表示感谢，分三次给周某、王某感谢费共计人民币6000元。

2003年3月11日，法院开庭审理余某故意伤害案，程某、李某出庭作了伪证。公安局于同月27日将陈某捉获，陈某按照串供的内容供述了自己致徐某死亡的虚假事实后被执行逮捕。鉴于余某案在事实及证据上发生重大变化，检察院决定撤回起诉，随后公安局从检察院撤回该案，拟补充侦查。此后，侦查人员发现陈某的供述有重大疑点，经进一步侦查查明了陈某替余某顶罪的事实真相。检察院依法对刘某、陈某、程某提起公诉，同时对余某再次以故意伤害罪提起公诉。

【证明参考】

1. 对犯罪主体的证明

（参见滥用职权案）

2. 对犯罪主客观方面的证明

（1）勘验、检查

①对犯罪嫌疑人住所、办公场所或其他赃款、赃物藏匿现场勘验、检查，扣押犯罪嫌疑人通过枉法所得的物质性利益，如钱财、物品等，以证明犯罪徇私动机；

②对犯罪嫌疑人住所、办公场所勘验、检查，扣押徇私枉法过程中形成的书证、记录犯罪活动的笔记、日记等，以证明犯罪行为。

（2）扣押物证、书证

①扣押证明犯罪嫌疑人司法工作人员身份的警官证、人事档案、工作简历等书证，以证明犯罪主体身份；

②调取相关法律、法规及犯罪嫌疑人在刑事案件侦查中职责的书证，以证明犯罪嫌疑人的职权和行为的违规性；

③调取、扣押余某故意伤害一案的案卷材料，以证明司法工作人员徇私枉法对象的情况；

④扣押犯罪嫌疑人徇私利所得的物品、钱财等，以证明徇私动机；

⑤扣押犯罪嫌疑人的手机等通讯设备，查询通话记录及短信息，查证犯罪嫌疑人与被追诉人及其关系密切人的联系，以证明犯罪动机以及犯罪行为；

⑥调取《看守所提讯登记表》等书证，以证明犯罪嫌疑人提讯的时间、地点；

⑦扣押犯罪嫌疑人向被追诉人通风报信、泄露侦查秘密的信件、字条等，以证明犯罪方法、手段；

⑧扣押犯罪嫌疑人伪造、隐匿的证据和伪造、篡改的法律文件，以证明犯罪方法、手段；

⑨调取、扣押犯罪嫌疑人在查阅相关材料、听取有关汇报、案件处理决策中的记录以及内部审批材料，以证明犯罪方法、手段；

⑩扣押《提请批准逮捕书》、《逮捕证》、《结束预审报表》、《起诉意见书》、《起诉书》、《刑事审判笔录》、《撤回起诉决定书》、《刑事裁定书》、《捉获经过》、《逮捕证》等包庇有罪的人或使无罪的人受到追诉的法律文书、审批报告和实际执行情况的书证，以证明犯罪结果。

（3）询问证人

①犯罪嫌疑人的身份、职务与职责，以证明犯罪主体身份；

②犯罪嫌疑人的年龄、经历、受教育程度、业务水平、工作性质或处理同类案件的经验、社会公共行为规则和行为人所处的具体环境，以证明犯罪明知、故意；

③犯罪嫌疑人与利益关系人事前商定的内容及好处，商定的具体时间、地

点、知情人，谋取、请托、承诺的内容，以证明犯罪动机；

④余某故意伤害一案的基本案情，以证明犯罪嫌疑人枉法追诉；

⑤犯罪嫌疑人在提讯余某过程中通风报信、泄露机密的时间、地点、次数、方式等，以证明犯罪方法、手段；

⑥刑事追诉活动是否使无罪的人被立案侦查、采取强制措施、羁押、移送审查起诉或被起诉，有罪的人受到包庇，以证明犯罪危害结果；

⑦犯罪嫌疑人徇私枉法获得的利益，以证明接受徇私财物。

（4）讯问犯罪嫌疑人

①在单位中的身份、担任的职务与工作职责、受教育程度、业务水平、处理同类案件的经验，以证明犯罪主体身份与犯罪明知、故意；

②办理余某故意伤害一案的职责、案件真实情况，以证明对犯罪对象的明知以及犯罪行为；

③与利益关系人事前商定的具体的时间、地点、知情人、请托事项、承诺事项等，以证明犯罪动机；

④如何在执法过程中舞弊，具体的时间、地点、知情人员等，以证明犯罪行为；

⑤如何指使犯罪嫌疑人翻供，为何要将手机借给被追诉的人使用，是否给犯罪嫌疑人传递纸条，以证明犯罪行为、犯罪主观方面；

⑥刑事追诉活动是否使无罪的人被立案侦查、采取强制措施、羁押、移送审查起诉或被起诉，有罪的人受到包庇，或刑事案件中出现枉法裁判，以证明犯罪危害结果；

⑦徇私枉法的行为是否获得实际利益，以证明犯罪动机、目的；

⑧共同犯罪的起意、策划、分工、实施、分赃等情况，查清每一个犯罪嫌疑人在共同犯罪中的地位和作用，以证明是否共同犯罪，区分主犯、从犯。

（5）辨认

通过余某等证人对王某、周某进行辨认，以证明犯罪主体。

（6）视听资料

①调取犯罪嫌疑人提审余某时的监控资料，以证明犯罪行为；

②对犯罪嫌疑人的讯问进行同步录音录像，以证明侦查活动的合法性和供述的自愿性。

3. 对有关量刑情节的证明

（1）对犯罪嫌疑人有无投案自首、检举立功的证明，证据主要有证人证言、侦查机关的记录；

（2）对犯罪嫌疑人平时表现、认罪态度以及群众意见的证明，证据主要有书证、证人证言等。

六、民事、行政枉法裁判案

根据我国《刑法》第 399 条第 2 款的规定，民事、行政枉法裁判罪，是指司法工作人员在民事、行政审判活动中，故意违背事实和法律作枉法裁判，情节严重的行为。

（一）证明标准

案件事实清楚，证据确实充分。对犯罪嫌疑人司法工作人员的身份、职责，违反司法工作人员义务或职责，枉法裁判的行为，情节严重等的证明，达到确实充分的程度，对犯罪嫌疑人主观上明知、故意的证明，达到内心确信的程度，证明有罪的证据能够形成完整的证据链。

（二）举证责任

在一般情况下，控方承担举证责任。犯罪嫌疑人提出有利于己的主张的，应当承担举证责任。对犯罪嫌疑人主观上故意的认定，控方可以根据客观情况推定。

（三）对犯罪主体的证明

（参见滥用职权案）

（四）对犯罪主客观方面的证明

证明犯罪主客观方面的方法主要是勘验、检查，鉴定，调取、扣押物证、书证，查询、冻结，询问被害人、证人，讯问犯罪嫌疑人等。

1. 勘验、检查

（1）对犯罪嫌疑人住所、办公场所或其他赃款、赃物藏匿现场勘验、检查，扣押犯罪嫌疑人通过枉法裁判所得的物质性利益，如钱财、物品、房产等，以证明犯罪嫌疑人徇私的犯罪动机；

（2）对犯罪嫌疑人住所、办公场所勘验、检查，扣押民事、行政枉法裁判的相关法律文书，伪造、编造、篡改的有关材料、笔记、日记等，以证明犯罪行为；

（3）对犯罪嫌疑人枉法裁判引起被害人及其家属精神失常、重伤、自杀死亡等人身损害的检查，以证明犯罪后果。

2. 鉴定

（1）对枉法裁判引起精神失常的被害人及其家属进行司法精神病鉴定，以证明犯罪危害结果；

（2）对枉法裁判引起被害人及其家属重伤、自杀死亡等人身损害进行法医鉴定，以证明犯罪危害结果；

（3）对枉法裁判造成的个人、法人或其他经济组织财产损失进行价值评估，以证明犯罪危害结果。

3. 扣押物证、书证

（1）扣押证明犯罪嫌疑人司法工作人员身份的书证，以证明犯罪主体身份；

（2）调取相关法律、法规及犯罪嫌疑人在民事、行政审判活动中具体职责的书证，以证明犯罪嫌疑人的职权和裁判行为的违规性；

（3）调取民事、行政案件的相关材料，以证明司法工作人员枉法裁判的对象；

（4）扣押犯罪嫌疑人徇私利所得的物品、钱财、房产等，以证明犯罪动机；

（5）扣押犯罪嫌疑人的手机等通讯设备，查询通话记录及短信息，查证犯罪嫌疑人与案件当事人及其关系密切人的联系，以证明犯罪动机、手段；

（6）扣押犯罪嫌疑人伪造、隐匿的证据和伪造、篡改的法律文件，以证明犯罪方法、手段；

（7）扣押通风报信泄露机密的相应书证，如信件、字条等，以证明犯罪方法、手段；

（8）调取、扣押裁判结果证据，如涉及案件事实、证据、诉讼程序文书在内的所有相关的法律文书（包括内部审批文书）、司法意见等，以证明裁判违反实体法或程序法；

（9）扣押上级关于该案审判的命令，枉法裁判由合议庭作出的评议记录，分管领导审批或经审判委员会讨论决定的记录等，以确定相关责任人员；

（10）扣押造成法人或其他组织财产直接经济损失的书证，以证明犯罪危害后果。

4. 查询、冻结

（1）调查犯罪嫌疑人的经济状况，以证明与其正常收入是否相吻合；

（2）查询犯罪嫌疑人银行存款往来明细、对账清单，查证赃款来源与去向，以证明犯罪动机；

（3）冻结犯罪嫌疑人涉案的财产与存款，以证明涉案的金额。

5. 询问被害人

（1）案由，与对方当事人争议的主要事实，现有的证据，经历的民事、行政诉讼过程，以证明犯罪对象；

（2）权利受到侵害的后果，如遭受到的财产损失等，以证明犯罪后果；

（3）对案件提出投诉、申诉、上访的情况，以证明犯罪危害后果；

（4）是否感觉司法不公，认为司法不公的理由与证据有哪些，以证明有无犯罪行为。

6. 询问证人

（1）犯罪嫌疑人的身份、职务与职责，以证明犯罪主体身份；

（2）犯罪嫌疑人与案件当事人及其关系密切的人是否熟识，是否存在亲情、友情、奸情关系，或存在财物、名誉、地位等恩怨关系、利益冲突，以证明徇私利或徇私情的犯罪动机；

（3）犯罪嫌疑人与利益关系人、情义关系人事前商定的具体时间、地点、知情人，谋取、请托、承诺的内容，以证明犯罪动机；

（4）民事、行政案件的基本案情、正确的法律适用与法律判断，以证明犯罪嫌疑人是否枉法裁判；

（5）以往对类似案件是如何处理的，本案的裁判结果是否是该胜诉的判败诉，该败诉的判胜诉，判决、裁定、决定和实际执行情况如何，以证明犯罪行为；

（6）枉法裁判行为是否受到领导的质疑，犯罪嫌疑人如何隐瞒与辩解，以证明犯罪行为、主观上明知、故意；

（7）枉法裁判是否造成个人、法人或其他组织财产损失，或当事人自杀、自残或精神失常等严重后果，以证明犯罪危害结果；

（8）犯罪嫌疑人是否因徇私枉法而获得利益，以证明犯罪动机、目的。

7. 讯问犯罪嫌疑人

（1）所在单位、担任的职务与工作职责、受教育程度、业务水平、具有处理同类案件的经验，以证明犯罪主体身份与犯罪明知、故意；

（2）办理该案的职责、案件基本情况、法律适用与判断，以证明对犯罪对象的明知以及犯罪行为；

（3）犯罪是为了徇私利，还是徇私情，以证明犯罪动机；

（4）与利益关系人、情义关系人事前商定的具体时间、地点、知情人、请托事项、承诺事项等，以证明犯罪动机；

（5）如何实施犯罪行为，通过证据上舞弊、程序上舞弊还是法律适用上舞弊，具体的时间、地点、知情人员等，以证明犯罪行为；

（6）是否受到领导、同事的质疑，如何隐瞒与辩解，以证明犯罪行为、犯罪故意；

（7）以往对类似案件是如何裁判的，在本案中是如何裁判的，是否该胜诉的判败诉，该败诉的判胜诉，判决、裁定、决定和实际执行情况如何，以证明犯罪行为；

（8）枉法裁判行为是否获得实际利益，以证明犯罪动机、目的；

（9）共同犯罪的起意、策划、分工、实施、分赃等情况，清查每一个行为人在共同犯罪中的地位和作用，以证明是否共同犯罪，区分主犯、从犯。

8. 视听资料

（1）记录枉法裁判内容的庭审录像、录音资料等，以证明犯罪行为；

（2）对犯罪嫌疑人的讯问进行同步录音录像，以证明侦查活动的合法性和供述的自愿性。

（五）对有关量刑情节的证明

1. 对犯罪嫌疑人有无投案自首、检举立功的证明，证据主要有证人证言、侦查机关的记录。

2. 对犯罪嫌疑人平时表现、认罪态度以及群众意见的证明，证据主要有书证、证人证言等。

3. 对民事、行政枉法裁判情节特别严重的证明，如对造成公民、法人或者其他组织的财产特别重大损失的证明，证据主要有物证、书证、鉴定意见、证人证言等。

（六）补强证明

犯罪嫌疑人推翻原先的供述，理由是裁判结果是合议庭集体讨论、审委会讨论或分管领导的意思，自己没有枉法裁判的，侦查机关应当补强证明，证据包括证人证言、书证，证明犯罪嫌疑人在向合议庭汇报时隐瞒了案件的事实。

（七）案　　例

1998年春夏之际，由于农村建筑业处于淡季，因此以农村建筑为主要消费市场的某县水泥厂水泥卖不出去，价格从原来每吨290元降至220元。某县个体户费某估测夏秋之后农村建筑市场一定会很兴旺，对水泥的需求量一定很大，水泥价格完全有可能涨至每吨310元，因此打算趁当下水泥价跌时提前购进一批水泥，等秋冬价格上涨时抛售。于是费某就筹集12万元资金准备购买550吨水泥。由于没有储存场所，费某便与水泥厂协商现在付款购买水泥，到10月中旬再提货。水泥厂适值销售淡季，资金周转困难，故同意费某的提议。

到了10月中旬，水泥价格果然上涨至每吨311元。水泥厂售货火爆，供不应求。费某10月中旬到水泥厂提货时，水泥厂拒绝，并提出要么按现价给货，要么退款。费某在屡次交涉无果的情况下，向某县法院提起了诉讼。

该案由袁某任审判长负责审理。水泥厂自知理亏，为了打赢这场官司，就想通过钱色双管齐下"攻关"袁某，使其判水泥厂胜诉。厂里委派主管销售的厂长高某和公关部负责人翟某前往游说、拉拢。翟某年轻漂亮，先后三次到袁某家行贿共计9824元。高某和翟某又约袁某晚上到一酒店吃饭。待袁某酒足饭饱后，高某、翟某将袁某扶到预先订好的房间。高某悄然离去，翟某留下陪袁某睡觉。于是袁某和勾引他的翟某发生了多次性关系。面对水泥厂的金钱与美色，袁某置客观事实于不顾，在庭审时认定购销合同无效，驳回了费某要求水泥厂履行合同的请求，判令水泥厂退还预收费某的钱款人民币 12 万元。案发后袁某如数退交了赃款。

【证明参考】

1. 对犯罪主体的证明

（参见滥用职权案）

2. 对犯罪主客观方面的证明

（1）勘验、检查

①对犯罪嫌疑人住所、办公场所或其他赃款、赃物藏匿现场勘验、检查，扣押犯罪嫌疑人通过枉法所得的物质性利益，如钱财、物品等，以证明犯罪嫌疑人徇私的犯罪动机；

②对犯罪嫌疑人住所、办公场所勘验、检查，扣押民事枉法裁判的相关法律文书，有关笔记、日记等，以证明犯罪行为。

（2）扣押物证、书证

①扣押证明犯罪嫌疑人司法工作人员身份的书证，如人事档案、任命书等证明材料，以证明犯罪主体身份；

②调取相关法律、法规及犯罪嫌疑人在民事审判活动中具体职责的书证，以证明犯罪嫌疑人的职权和裁判行为的违规性；

③调取费某与水泥厂合同纠纷一案的相关材料，以证明司法工作人员枉法裁判的对象；

④扣押犯罪嫌疑人一起吃饭、住宿的发票及徇私利所得的物品、钱财等，以证明犯罪动机；

⑤扣押犯罪嫌疑人的手机等通讯设备，查询通话记录及短信息，查证犯罪嫌疑人与案件当事人及其关系密切人的联系，以证明犯罪动机；

⑥扣押驳回诉讼请求的裁判法律文书、相关法律、法规等，以证明裁判行为的违规性；

⑦扣押造成被害人财产直接经济损失的书证，以证明犯罪危害后果。

（3）询问被害人

①何时、何案到法院起诉，案件的基本情况，法院应当如何适用法律，以证明有无枉法裁判行为；

②民事审判的过程及判决结果，以及权利受到侵害的后果，以证明犯罪行为与犯罪结果；

③对案件提出投诉、申诉的情况，以证明犯罪危害后果。

（4）询问证人

①犯罪嫌疑人的身份、职务与职责，以证明犯罪主体身份；

②犯罪嫌疑人的年龄、经历、受教育程度、业务水平、工作性质或处理同类

案件的经验，以证明犯罪明知、故意；

③何时、何地请犯罪嫌疑人吃饭，为何陪犯罪嫌疑人睡觉，目的、动机是什么，以证明犯罪行为；

④给犯罪嫌疑人行贿的金额，为何要给犯罪嫌疑人行贿，以证明犯罪行为；

⑤费某与水泥厂合同纠纷案的基本案情、正确的法律适用与法律判断，以证明犯罪嫌疑人枉法裁判；

⑥裁判结果是否是该胜诉的被判败诉，该败诉的被判胜诉，判决、裁定的内容，以证明犯罪行为；

⑦枉法裁判是否使当事人费某的财产遭受损失，以证明犯罪危害结果；

⑧犯罪嫌疑人徇私枉法获得的利益，以证明犯罪动机、目的。

（5）讯问犯罪嫌疑人

①身份、职务与职责、受教育程度、业务水平、处理同类案件的经验，以证明犯罪主体身份与犯罪明知、故意；

②办理该案的职责、案件基本情况、法律适用与判断，以证明对犯罪对象的明知以及犯罪行为；

③对方当事人何时请自己吃饭的，为何陪自己开房睡觉，事后对自己有何要求，是否答应，以证明犯罪行为、犯罪动机；

④如何利用法律上、证据上的漏洞故意枉法裁判，目的、动机是什么，以证明犯罪行为；

⑤裁判结果是否是该胜诉的被判败诉，该败诉的被判胜诉，以证明犯罪行为。

（6）视听资料

（1）记录民事枉法裁判内容的庭审录像、录音资料等，以证明犯罪行为；

（2）对犯罪嫌疑人的讯问进行同步录音录像，以证明侦查活动的合法性和供述的自愿性。

3. 对有关量刑情节的证明

（1）对犯罪嫌疑人有无投案自首、检举立功的证明，证据主要有证人证言、侦查机关的记录；

（2）对犯罪嫌疑人平时表现、认罪态度以及群众意见的证明，证据主要有书证、证人证言等；

（3）对民事枉法裁判情节严重的证明，证据主要有物证、书证、鉴定意见、证人证言等。

七、执行判决、裁定失职案

根据我国《刑法》第399条第3款的规定，执行判决、裁定失职罪，是指司法工作人员在执行判决、裁定活动中，严重不负责任，不依法采取诉讼保全措施、不履行法定执行职责，致使当事人或者其他人的利益遭受重大损失的行为。

（一）证明标准

案件事实清楚，证据确实充分。对犯罪嫌疑人司法工作人员的身份、职责，在执行判决、裁定中，不依法采取诉讼保全措施、不履行法定执行职责，使当事人或者其他人的利益遭受的重大损失后果等的证明，达到确实充分的程度，对犯罪嫌疑人过失心态的证明，达到内心确信的程度，现有证据能够形成完整的证据链。

（二）举证责任

在一般情况下，控方承担举证责任。犯罪嫌疑人提出有利于己的主张的，应当承担举证责任。对犯罪嫌疑人主观上是否尽到义务的认定，控方可以根据客观情况推定。

（三）对犯罪主体的证明

（参见滥用职权案）

（四）对犯罪主客观方面的证明

证明犯罪主客观方面的方法主要是勘验、检查，鉴定，扣押物证、书证，查询、冻结，询问被害人、证人，讯问犯罪嫌疑人等。

1. 勘验、检查

（1）对犯罪嫌疑人住所、办公场所勘验、检查，扣押判决、裁定执行中的相关法律文书及有关的笔记、日记等，以证明犯罪行为；

（2）对判决、裁定执行现场勘验、检查，以证明搜查、查封、扣押等行为是否违规等；

（3）对犯罪嫌疑人执行判决、裁定失职引起被害人及其家属精神失常、重伤、自杀死亡等人身损害检查，以证明犯罪的危害后果。

2. 鉴定

（1）司法精神病鉴定，以证明犯罪嫌疑人执行判决、裁定失职行为引起被害人及其家属精神失常；

（2）法医鉴定，以证明执行判决、裁定失职行为引起被害人及其家属重伤、自杀死亡等人身损害；

（3）对执行判决、裁定失职行为造成的当事人或者其他组织财产直接经济损失、间接经济损失价值评估，以证明犯罪的危害后果。

3. 调取、扣押物证、书证

（1）扣押证明犯罪嫌疑人司法工作人员身份的书证，如人事档案、任命书等，以证明犯罪主体身份；

（2）调取相关法律、法规及犯罪嫌疑人在执行判决、裁定过程中的具体职责义务的证明材料，以证明犯罪嫌疑人的职权和执行行为的违规性；

（3）调取需执行的判决、裁定等法律文书、相关材料，以证明犯罪对象；

（4）扣押犯罪嫌疑人收受贿赂所得物品、钱财、房产等，以证明犯罪动机；

（5）扣押造成个人、法人或其他组织财产经济损失的书证，以证明犯罪危害后果。

4. 查询、冻结

（1）调查犯罪嫌疑人的经济状况，以证明与正常的收入是否相吻合；

（2）查询犯罪嫌疑人银行存款往来明细、对账清单，查证赃款来源与去向，以证明犯罪动机；

（3）冻结犯罪嫌疑人的存款，以证明涉案的金额；

（4）查询被执行人的存款，查明犯罪嫌疑人是否冻结、划拨被执行人的存款，以证明犯罪行为。

5. 询问被害人

（1）被违法采取诉讼保全措施或强制执行措施的过程，以证明犯罪行为；

（2）权利受到侵害的后果，如工厂停产、停业等财产损失，以证明犯罪后果；

（3）是否要求犯罪嫌疑人依法采取诉讼保全、冻结、查封等强制措施，犯罪嫌疑人是否采取，不采取的理由，以证明犯罪行为、犯罪动机；

（4）对案件提出投诉、申诉的情况，以证明犯罪危害后果；

（5）有关自伤、自杀、上访的时间、地点，是否是由犯罪嫌疑人不执行裁判造成的，以证明犯罪危害后果。

6. 询问证人

（1）犯罪嫌疑人的身份、职务与职责，以证明犯罪主体身份；

（2）犯罪嫌疑人的年龄、经历、受教育程度、业务水平、工作性质、一贯的工作表现以及处理同类案件的经验，以证明犯罪应知；

（3）犯罪嫌疑人的职责情况、执行案件的案情，是否应当执行，是否具有执行的条件，以证明犯罪过失；

（4）犯罪嫌疑人是否有失职的前科，本次执行判决、裁定过程中为何不依法采取诉讼保全措施或不履行法定执行职责，以证明犯罪动机；

（5）判决、裁定执行的法定职责是什么，犯罪嫌疑人采取了哪些违规的执行行为，以证明犯罪行为；

（6）向犯罪嫌疑人提出申请，要求其尽快采取诉讼保全措施时，犯罪嫌疑人如何答复，是否履行了法定执行职责，以证明犯罪行为；

（7）执行判决、裁定的失职行为是否造成个人、法人或其他组织财产损失或当事人自杀、自残或精神失常等严重后果，以证明犯罪危害结果及因果关系。

7. 讯问犯罪嫌疑人

（1）身份、职务与职责、受教育程度、业务水平、处理同类案件的经验，以证明犯罪主体身份与犯罪应知、过失；

（2）判决、裁定执行中的职责、本案的基本情况，以证明对犯罪对象的应知以及犯罪行为；

（3）案件当事人是否申请自己采取诉讼保全、冻结、查封等措施，当事人申请是否合理，为何不采取诉讼保全措施，以证明犯罪行为、犯罪主观方面；

（4）如何实施犯罪行为，是不依法采取诉讼保全措施、不履行法定执行职责，或者违法采取诉讼保全措施、强制执行措施，具体的时间、地点、经过、知情人等，以证明犯罪行为；

（5）执行判决、裁定的失职行为是否造成个人、法人或其他组织财产损失或当事人自杀、自残、精神失常等严重后果，以证明犯罪危害结果。

8. 视听资料

对犯罪嫌疑人的讯问进行同步录音录像，以证明侦查活动的合法性和供述的自愿性。

（五）对有关量刑情节的证明

1. 对犯罪嫌疑人有无投案自首、检举立功的证明，证据主要有证人证言、侦查机关的记录。

2. 对犯罪嫌疑人平时的表现、认罪态度以及群众意见的证明，证据主要有书证、证人证言等。

（六）补强证明

犯罪嫌疑人辩称自己业务生疏，能力有限，不存在主观过失的，侦查机关应当补强证明，证据包括书证、证人证言等，证明犯罪嫌疑人业务水平较高，具有处理同类案件的经验。

（七）案　　例

2000 年 12 月 28 日，张某以按揭形式购买了某房地产公司与某集团联合开发的一套商品房，首付款 83424 元，余款在银行按揭贷款，此后张某随夫一直在深圳生活。

同一时期，孟某以付全款 25 万元的形式购买一套住房。2005 年 10 月 25 日，因某房地产公司违约，孟某起诉某房地产公司欺诈，要求赔偿其损失。2006 年 1 月 20 日，法院判决孟某胜诉，某房地产公司返还孟某购房款 25 万元，并赔偿其 25 万元。

2008 年孟某与某房地产公司的律师于某拿着一份和解协议找到法院执行局书记员许某，要求查封和解协议上的房产，即张某按揭购买的那套商品房。许某违反规定，在没有调查清楚房屋所有权属的情况下，即起草法律文书，致使法院作出对张某的商品房查封的决定。后许某在没有进一步调查该房产所有权属的情况下，又起草法律文书，致使法院裁定将权属张某的商品房确认给申请执行人孟某，使张某的合法权益遭受严重侵犯。

【证明参考】

1. 对犯罪主体的证明

（参见滥用职权案）

2. 对犯罪主客观方面的证明

（1）勘验、检查

①对犯罪嫌疑人办公场所勘验、检查，扣押申请执行书、民事裁定书、查封公告、执行和解协议等书证，以证明犯罪行为；

②对被查封的房产勘验、检查，以证明犯罪危害结果。

（2）鉴定

对被害人被查封、确权给他人的房产进行价值评估，以证明犯罪造成的个人财产损失数额。

（3）调取、扣押物证、书证

①调取、扣押犯罪嫌疑人的工作证、人事档案、任命书等，以证明犯罪主体身份；

②调取相关法律、法规规定，以证明犯罪嫌疑人的职责和执行行为的违规性；

③扣押购房合同、抵押（按揭）合同、保证合同、付款收据等，以证明房产的权属；

④扣押申请执行书、民事裁定书、查封公告、执行和解协议等书证，以证明执行经过与犯罪行为；

⑤扣押申请执行异议书等，以证明犯罪应知与过失；

⑥扣押造成被害人财产经济损失的书证，以证明犯罪危害后果。

（4）查询

查询被害人按揭银行还款记录，以证明涉案房产的权属。

（5）询问被害人

①购买房产的时间、总价款、给付房款数额、房产使用情况等，以证明房产

的权属；

②对民事判决执行提出异议的经过及犯罪嫌疑人对其的答复，是否收到法院的相关权利告知书，以证明犯罪过失；

③查封、确权给他人的经过，以证明犯罪危害后果。

（6）询问证人

①犯罪嫌疑人的身份、职务与职责，以证明犯罪主体身份；

②犯罪嫌疑人的年龄、经历、受教育程度、业务水平、一贯工作表现以及处理同类案件的经验，以证明犯罪应知与过失；

③犯罪嫌疑人在查封过程中，是否按照法律规定履行相关的程序，以证明是否违规操作；

④犯罪嫌疑人是否具有查清房屋权属的职责，是否具有履行职责的条件，是否到房地产市场管理部门调查，以证明犯罪过失。

（7）讯问犯罪嫌疑人

①身份、职务与职责、受教育程度、业务水平、处理同类案件的经历，以证明犯罪主体身份与犯罪应知、过失；

②何时接到该民事判决的执行工作，做了哪些调查核实工作，作出哪些裁定，具体内容是什么，依据是什么，执行情况如何，以证明犯罪行为；

③执行中是否有人提出异议，理由是什么，是否具有查清楚房屋权属的职责，是否具有履行职责的条件，是否到房地产市场管理部门查询，以证明犯罪过失；

④执行是否履行了法定的程序，是否对第三人进行告知，是否进行必要的调查工作，以证明有无失职行为；

⑤执行判决、裁定的失职行为是否造成个人财产损失，以证明犯罪危害结果。

（8）视听资料

对犯罪嫌疑人的讯问进行同步录音录像，以证明侦查活动的合法性和供述的自愿性。

3. 对有关量刑情节的证明

（1）对犯罪嫌疑人有无投案自首、检举立功的证明，证据主要有证人证言、侦查机关的记录；

（2）对犯罪嫌疑人平时表现、认罪态度以及群众意见的证明，证据主要有书证、证人证言等。

4. 补强证明

犯罪嫌疑人提出自己只是法院执行局的书记员，不能成为执行判决、裁定失职罪的主体的，侦查机关应补强证明，证据包括书证、证人证言等，证实犯罪嫌疑人系孟某申请执行一案的负责人员。

八、执行判决、裁定滥用职权案

根据我国《刑法》第 399 条第 3 款的规定，执行判决、裁定滥用职权罪，是指司法工作人员在执行判决、裁定活动中，滥用职权，或者违法采取保全措施、强制执行措施，致使当事人或者其他人的利益遭受重大损失的行为。

（一）证明标准

案件事实清楚，证据确实充分。对犯罪嫌疑人司法工作人员的身份、职责，在执行判决、裁定中，违反司法工作人员义务或职责，违法采取保全措施、强制执行措施的行为，当事人或者其他人的利益遭受的重大损失后果的证明，达到确实充分的程度，对犯罪嫌疑人故意心态的证明，达到内心确信的程度，现有证据能够形成完整的证据链。

（二）举证责任

在一般情况下，控方承担举证责任。犯罪嫌疑人提出有利于己的主张的，应当承担举证责任。对犯罪嫌疑人主观上明知、故意的认定，控方可以根据客观情况推定。

（三）对犯罪主体的证明

（参见滥用职权案）

（四）对犯罪主客观方面的证明

证明犯罪主客观方面的方法主要是勘验、检查，鉴定，调取、扣押物证、书证，查询、冻结，询问被害人、证人，讯问犯罪嫌疑人等。

1. 勘验、检查

（1）对犯罪嫌疑人住所、办公场所或其他赃款、赃物藏匿现场勘验、检查，扣押犯罪嫌疑人收受的物质性利益，以证明犯罪动机；

（2）对犯罪嫌疑人住所、办公场所勘验、检查，扣押判决、裁定执行中的相关法律文书及有关的笔记、日记等，以证明犯罪行为；

（3）对判决、裁定执行现场勘验、检查，以证明搜查、查封、扣押等是否违规操作；

（4）对犯罪嫌疑人滥用职权引起被害人及其家属精神失常、重伤、自杀死亡等人身损害的现场勘验、检查，以证明犯罪后果；

（5）对被害人及其家属的人身进行检查，查明犯罪嫌疑人滥用职权的行为是否致使当事人或者其近亲属自杀、自残造成重伤、死亡或者精神失常，以证明犯罪后果。

2. 鉴定

（1）司法精神病鉴定，以证明犯罪嫌疑人执行判决、裁定滥用职权行为引起被害人及其家属精神失常；

（2）法医鉴定，以证明执行判决、裁定滥用职权行为造成被害人及其家属重伤、自杀死亡等人身损害；

（3）对执行判决、裁定滥用职权行为造成的个人、法人或者其他组织财产直接经济损失、间接经济损失评估，以证明犯罪的危害结果。

3. 扣押物证、书证

（1）扣押证明犯罪嫌疑人司法工作人员身份的书证，以证明犯罪主体身份；

（2）调取相关法律、法规及犯罪嫌疑人在执行判决、裁定过程中的具体职责义务的证明材料，以证明犯罪嫌疑人的职权和行为的违法性；

（3）调取需执行的判决、裁定的法律文书、相关材料，以证明犯罪对象；

（4）扣押违法对被执行人采取的搜查、扣押所得的财物，相关法律文书，以证明犯罪行为；

（5）扣押犯罪嫌疑人收受贿赂所得物品、钱财、房产等，以证明犯罪动机；

（6）扣押造成个人、法人或其他组织财产经济损失的书证，以证明犯罪危害后果。

4. 查询、冻结

（1）调查犯罪嫌疑人的经济状况，以证明与其正常收入是否相吻合；

（2）查询犯罪嫌疑人银行存款往来明细、对账清单，查证赃款来源与去向，以证明犯罪动机；

（3）冻结犯罪嫌疑人的存款，以证明涉案的金额；

（4）查询被执行人的存款，查明犯罪嫌疑人是否冻结、划拨被执行人的存款，扣留、提取被执行人的收入和预期股息或红利等收益，以证明犯罪行为。

5. 询问被害人

（1）何时、何地、何标的物被违法采取诉讼保全措施或强制执行措施的过程，诉讼保全措施、强制执行措施的手续是否完备，是否符合法定程序，以证明犯罪行为；

（2）权利受到侵害的后果，如工厂停产、停业等财产损失，以证明犯罪后果；

（3）对案件提出投诉、申诉的情况，犯罪嫌疑人是否听取自己的合理意见，以证明犯罪行为；

（4）自伤、上访、自杀的原因，是否因犯罪嫌疑人滥用职权行为引起，以证明犯罪危害后果。

6. 询问证人

（1）犯罪嫌疑人的身份、职务与职责，以证明犯罪主体身份；

（2）犯罪嫌疑人的年龄、经历、受教育程度、业务水平、工作性质、一贯的工作表现以及处理同类案件的经验，以证明犯罪明知；

（3）犯罪嫌疑人的职责情况，执行案件的案情，是否应当执行，是否具有执行的条件，以证明犯罪故意；

（4）与犯罪嫌疑人之间存在的财物、名誉、地位、亲情、友情等利益关系，与之商定的谋取、请托、承诺事项，以证明犯罪动机、犯罪行为；

（5）判决、裁定执行的法定职责是什么，犯罪嫌疑人采取了哪些违法的执行行为，是否违法采取诉讼保全措施、强制执行措施，具体的时间、地点、经过、知情人等，以证明犯罪行为；

（6）犯罪嫌疑人滥用职权行为是否造成个人、法人或其他组织财产损失，或当事人自杀、自残或精神失常等严重后果，以证明犯罪危害结果；

（7）行为人滥用职权的行为与当事人或者他人利益遭受重大损失之间是否存在因果关系，以证明犯罪因果关系；

（8）是否对滥用职权行为提出过质疑，犯罪嫌疑人如何隐瞒与辩解，以证明犯罪故意。

7. 讯问犯罪嫌疑人

（1）所在单位、担任的职务、具体职责、受教育程度、业务水平、处理同类案件的经验，以证明犯罪主体身份与犯罪明知；

（2）判决、裁定执行中的职责、本案的基本情况，以证明对犯罪明知以及犯罪行为；

（3）出于何种原因滥用职权，是贪图钱财、接受性贿赂、保全个人名利，还是徇亲情、友情等，以证明犯罪动机；

（4）与利益关系人、情义关系人事前商定的具体时间、地点、知情人、请托事项、承诺事项等，以证明犯罪动机与犯罪行为；

（5）何时接受何种执行申请，执行的具体时间、地点、经过、知情人等，是否存在违规操作行为，是否存在滥用诉讼保全措施、强制执行措施，以证明犯罪行为；

（6）是否受到领导、同事的质疑，如何隐瞒与辩解，以证明犯罪行为、犯罪故意；

（7）是否造成个人、法人或其他组织财产损失，或当事人自杀、自残或精神失常等严重后果，以证明犯罪危害结果；

（8）是否获得实际利益，以证明犯罪动机、目的。

8. 视听资料

对犯罪嫌疑人的讯问进行同步录音录像，以证明侦查活动的合法性和供述的自愿性。

（五）对有关量刑情节的证明

1. 对犯罪嫌疑人有无投案自首、检举立功的证明，证据主要有证人证言、侦查机关的记录。

2. 对犯罪嫌疑人平时表现、认罪态度以及群众意见的证明，证据主要有书证、证人证言等。

（六）补强证明

1. 犯罪嫌疑人推翻原先的供述，理由是受到刑讯逼供的，侦查机关应当补强证明，证据主要包括：

（1）录音录像、讯问笔录，证明侦查机关讯问的合法性、客观性；

（2）证人证言，包括看守所民警的证言、犯罪嫌疑人同监室囚犯的证言，证明犯罪嫌疑人没有受到刑讯逼供；

（3）看守所的体检证明，证明犯罪嫌疑人身上伤痕是原有的。

2. 证人、被害人改变证言的，侦查机关应当补强证明，证据包括：

（1）知情者证言，证明证人、被害人受到犯罪嫌疑人或其亲属的威胁或收买；

（2）录音录像，证明证人、被害人当初的陈述具有客观性、合法性。

（七）案　　例

某市某区人民法院在处理某银行某支行申请执行某公司的借款纠纷案和某信用合作社申请执行某公司的借款纠纷案过程中，裁定查封、拍卖被执行人某公司所有的一处厂房及机器设备，拍卖所得款项用于清偿两个申请执行人的债务，并进行了公告。竞买人孔某交纳了10万元保证金后，于2004年7月30日参加拍卖会，以130万元最高应价竞得拍卖标的物，并与拍卖公司签订了拍卖协议。工商行政管理局派员在现场见证，确认该拍卖真实、合法、有效。

在拍卖协议生效后的第二天，某区人民法院院长卢某接受被执行人的要求，同意被执行人赎回已拍卖的标的物，并收取了被执行人的赎金122万元。随后，又指示法院案件承办人将拍卖标的物的部分产权证交付给被执行人。拍卖买受人孔某始终不同意放弃竞拍标的物，并于2005年4月15日交足拍卖款130万元，同时多次上访要求某区人民法院依法办理标的物的相关过户手续。

2005年5月9日，某市中级人民法院明确要求某区人民法院维护拍卖秩序，在20天内办理完标的物产权过户手续。2005年6月21日，某市中级人民法院又给某区人民法院下达了执行案件督办函，要求某区人民法院抓紧办理过户手续，并在30日内函告结果。经办人员将某市中级人民法院的意见向卢某作了汇报，但卢某仍没有组织将拍卖标的物移交给买受人孔某，指示经办人员以孔某“没有在60个工作日交清全部价款”为由，裁定该次拍卖无效，重新拍卖。

2005年11月23日，某市中级人民法院裁定撤销这一错误的裁定书，拍卖标的物才得以过户给买受人孔某。卢某的行为致使买受人孔某为扩大生产而添置的机器设备闲置，并造成了支付拍卖款资金占用损失9.72万元。

【证明参考】

1. 对犯罪主体的证明

（参见滥用职权案）

2. 对犯罪主客观方面的证明

（1）勘验、检查

①对犯罪嫌疑人住所、办公场所或其他赃款、赃物藏匿现场勘验、检查，扣押犯罪嫌疑人收受的贿赂所得，以证明犯罪动机；

②对犯罪嫌疑人住所、办公场所勘验、检查，扣押判决、裁定执行中的相关法律文书及有关的笔记、日记等，以证明犯罪行为；

③对被害人厂房勘验、检查，查证是否存在新添置的机器，以证明犯罪的危害后果。

（2）鉴定

对被害人扩大生产而添置的机器设备闲置状况及造成的支付拍卖款资金占用损失评估，以证明犯罪后果。

（3）扣押物证、书证

①扣押证明犯罪嫌疑人司法工作人员身份的书证，以证明犯罪主体身份；

②调取相关法律、法规及犯罪嫌疑人在执行标的拍卖过程中的具体职责义务的证明材料，以证明犯罪嫌疑人的职权和操作的违规性；

③调取、扣押民事裁决书、拍卖公告、拍卖协议、产权证、付款收据、执行案件督办函、民事裁定书等，以证明犯罪行为；

④扣押犯罪嫌疑人收受贿赂所得物品、钱财、房产等，以证明犯罪动机；

⑤扣押造成个人、法人或其他组织财产经济损失的书证，以证明犯罪危害后果；

⑥调取中级人民法院的裁定书，以证明犯罪嫌疑人行为的违规性。

（4）查询、冻结

①调查犯罪嫌疑人的经济状况、银行存款往来明细、对账清单，查证赃款来源与去向，以证明犯罪动机；

②查询被害人交纳拍卖款的银行记录，以证明犯罪嫌疑人不按拍卖程序交付拍卖标的物是违规的。

（5）询问被害人

①参加拍卖会、竞得拍卖标的物的过程，在竞得拍卖物后一直未办理过户的原因等，以证明犯罪行为；

②对案件提出投诉、申诉的情况，以证明犯罪行为；

③为扩大生产添置了哪些机器设备，具体花费，是否被闲置，造成的支付拍卖款资金占用损失金额等，以证明犯罪结果。

（6）询问证人

①犯罪嫌疑人的身份、职务与职责，以证明犯罪主体身份；

②犯罪嫌疑人的年龄、经历、受教育程度、执行判决裁定的业务水平、一贯的工作表现以及处理同类案件的经验，以证明犯罪明知；

③犯罪嫌疑人的职责情况，执行案件的案情，是否应当执行，是否具有执行的条件，以证明犯罪故意；

④与犯罪嫌疑人之间存在的财物、名誉、地位、亲情、友情等利益关系，与之商定的谋取、请托、承诺事项，以证明犯罪动机、犯罪行为；

⑤执行标的拍卖过程中的具体职责义务是什么，犯罪嫌疑人采取了哪些违规的执行行为，具体的时间、地点、经过、知情人等，以证明犯罪行为；

⑥上级法院提出的执行案件督办函的具体内容，犯罪嫌疑人如何隐瞒与辩解，以证明犯罪故意与犯罪行为。

（7）讯问犯罪嫌疑人

①身份、职务与职责，以证明犯罪主体身份；

②查封、拍卖的民事裁定书的内容，本案的基本情况，执行标的的法定拍卖程序，以证明犯罪明知；

③出于何种原因滥用职权，是贪图钱财、接受性贿赂、保全个人名利，还是徇亲情、友情等，以证明犯罪动机；

④与利益关系人、情义关系人事前商定的具体时间、地点、知情人、请托事项、承诺事项等，以证明犯罪动机与犯罪行为；

⑤查封、拍卖的过程，具体时间、地点、经过、知情人等，是否存在违规操作，以证明犯罪行为；

⑥是否受到领导或上级院的质疑，如何隐瞒与辩解，以证明犯罪行为；

⑦是否造成被害人的财产损失，以证明犯罪危害结果；

⑧是否获得实际利益，以证明犯罪动机、目的。

（8）视听资料

对犯罪嫌疑人的讯问进行同步录音录像，以证明侦查活动的合法性和供述的自愿性。

3. 对有关量刑情节的证明

（1）对犯罪嫌疑人有无投案自首、检举立功的证明，证据主要有证人证言、侦查机关的记录；

（2）对犯罪嫌疑人平时的表现、认罪态度以及群众意见的证明，证据主要有书证、证人证言等。

4. 补强证明

犯罪嫌疑人提出拍卖买受人没有在60个工作日交清全部价款，所以拍卖无效，并由此主张执行判决、裁定中无违规操作的，侦查机关应当补强证明，证据主要包括：

（1）书证、证人证言等，证明拍卖买受人未违反规定，不存在致使拍卖无效的法定事由；

（2）物证、书证、证人证言等，证明犯罪嫌疑人存在徇私情的犯罪动机；

（3）证人证言、书证等，证明犯罪嫌疑人明令经办人不按拍卖程序交付拍卖标的，并指令以非法定理由裁定拍卖无效。

九、枉法仲裁案

根据我国《刑法》第399条之一的规定，枉法仲裁罪，是指依法承担仲裁职责的人员，在仲裁活动中故意违背事实和法律作枉法裁决，情节严重的行为。

（一）证明标准

案件事实清楚，证据确实充分。对犯罪嫌疑人依法承担仲裁职责人员的身份、职责，枉法裁决的行为，情节严重的证明，达到确实充分的程度，对犯罪嫌疑人明知、故意的证明，达到内心确信的程度，证明有罪的证据能够形成完整的证据链。

（二）举证责任

在一般情况下，控方承担举证责任。犯罪嫌疑人提出有利于己的主张的，应当承担举证责任。对犯罪嫌疑人主观上是否明知、故意的认定，控方可以根据客观情况推定。

（三）对犯罪主体的证明

（参见滥用职权案）

（四）对犯罪主客观方面的证明

证明犯罪主客观方面的方法主要是勘验、检查，鉴定，调取、扣押物证、书证，询问被害人、证人，讯问犯罪嫌疑人等。

1. 勘验、检查

（1）对犯罪嫌疑人住所、办公场所或其他赃款、赃物藏匿现场勘验、检查，扣押犯罪嫌疑人收受的财物，以证明犯罪动机；

（2）对犯罪嫌疑人住所、办公场所勘验、检查，扣押仲裁活动的相关文书及有关的笔记、日记等，以证明犯罪行为。

2. 鉴定

（1）对枉法仲裁造成的个人、法人或者其他组织财产直接经济损失、间接经济损失评估，以证明犯罪危害后果；

（2）对涉案文书上的指纹、印章、笔迹等进行技术鉴定，以证明犯罪嫌疑人伪造证据等犯罪行为。

3. 调取、扣押物证、书证

（1）扣押犯罪嫌疑人是依法承担仲裁职责人员的书证，以证明犯罪主体身份；

（2）扣押违法所得的物品、钱财、房产以及日记、笔记等，以证明犯罪动机；

（3）调取仲裁规则、制度，仲裁案件的相关文书、材料，选择适用的法律等，以证明仲裁行为的违规性；

（4）扣押犯罪嫌疑人的手机，调取其通话清单、手机短信、聊天记录，以证明犯罪嫌疑人是如何预谋犯罪的，犯罪的主观方面。

4. 询问被害人

（1）参与仲裁活动的起因、经过等，以证明犯罪行为；

（2）权利受到侵害的后果，如工厂停产、停业等财产损失，以证明犯罪后果。

5. 询问证人

（1）犯罪嫌疑人的身份、职务与职责，以证明犯罪主体身份；

（2）犯罪嫌疑人的年龄、经历、受教育程度、业务水平、工作性质、一贯的工作表现以及处理同类案件的经验，以证明犯罪明知；

（3）犯罪嫌疑人与仲裁对象之间存在的财物、名誉、地位、亲情、友情等利益关系，以证明犯罪动机；

（4）仲裁案件的基本案情，应适用的法律是什么，类似的案件是如何仲裁的，以证明仲裁行为曲解事实和错用法律的违规性；

（5）犯罪嫌疑人是否对有确实、充分证据证明的事实不予认定，或对证据不确实、不充分的事实予以认定，或伪造、毁灭证据以混淆事实的经过，以证明犯罪行为；

（6）犯罪嫌疑人的仲裁行为是否造成个人、法人或其他组织财产损失等严重后果，以证明犯罪危害结果；

(7) 明显违背事实和法律的行为是否经仲裁庭其他成员、仲裁委员会、当事人及其代理人以及其他人指出或提出过质疑，犯罪嫌疑人如何隐瞒与辩解，以证明犯罪故意。

6. 讯问犯罪嫌疑人

(1) 身份、职务与职责、受教育程度、业务水平、处理同类案件的经验，以证明犯罪主体身份与犯罪明知；

(2) 仲裁活动中的职责、本案的基本情况，以证明对犯罪明知以及犯罪行为；

(3) 出于何种原因枉法仲裁，是贪图钱财、接受性贿赂、保全个人名利，还是徇亲情、友情等，以证明犯罪动机；

(4) 枉法仲裁的经过，是否故意曲解法律或违背法律，具体的时间、地点、内容等，以证明犯罪行为；

(5) 个人、法人或者其他组织财产损失重大等情节严重的情形，以证明犯罪的后果；

(6) 是否受到领导、同事的质疑，如何隐瞒与辩解，以证明犯罪故意。

7. 视听资料

(1) 扣押记录枉法仲裁内容的审理录像、录音资料等，以证明犯罪行为；

(2) 仲裁人员与当事人接触时拍摄的视频录像等，以证明犯罪动机；

(3) 对犯罪嫌疑人的讯问进行同步录音录像，以证明侦查活动的合法性和供述的自愿性。

(五) 对有关量刑情节的证明

1. 对犯罪嫌疑人有无投案自首、检举立功的证明，证据主要有证人证言、侦查机关的记录。

2. 对犯罪嫌疑人平时表现、认罪态度以及群众意见的证明，证据主要有书证、证人证言等。

3. 对犯罪情节特别严重的证明，证据主要有物证、书证、鉴定意见、证人证言等。

(六) 补强证明

犯罪嫌疑人辩称主观上是由于个人所持的法律理论的不同而作出不适当的裁决，或因为过失或者仲裁水平低下而造成作出错误裁决行为的，侦查机关应当补强证明，证据包括书证、物证、证人证言，证明犯罪嫌疑人对类似案件具有丰富的仲裁实践经验，且仲裁行为明显违反法定程序或曲解法律。

（七）案 例

2011年3月，某电子厂员工以用人单位长期克扣工人加班费为由，向区劳动争议仲裁院提出仲裁。区劳动争议仲裁院的出庭仲裁员沈某、蔡某承办该案后，没有采信员工一方提供的证据，相反，依据用人单位提供的相关考勤记录，认定厂方不存在克扣员工工资问题，并据此作出裁决。

对于上述裁决，该厂员工不服，遂向区检察院举报仲裁员沈某、蔡某有枉法仲裁嫌疑。区检察院反渎局接到举报后进行了侦查，发现沈某、蔡某收受厂方提供的购物卡、接受厂方吃请、明知厂方提供的考勤记录不实却仍然予以采信等事实，并据此认定沈某、蔡某涉嫌枉法仲裁罪。随后区检察院对该案提起公诉，区人民法院对沈某、蔡某作出“枉法仲裁罪”罪名成立的判决。

【证明参考】

1. 对犯罪主体的证明

（参见滥用职权案）

2. 对犯罪主客观方面的证明

（1）勘验、检查

①对犯罪嫌疑人住所、办公场所勘验、检查，扣押犯罪嫌疑人收受的购物卡等财物，以证明犯罪动机；

②对犯罪嫌疑人办公场所勘验、检查，扣押仲裁裁决中的关键证据，用人单位提供的相关考勤记录，以证明犯罪行为。

（2）鉴定

对用人单位提供的相关考勤记录进行技术鉴定，以证明是否是伪造的证据。

（3）扣押物证、书证

①扣押犯罪嫌疑人是依法承担仲裁职责人员的书证，以证明犯罪主体身份；

②扣押犯罪嫌疑人违法所得的购物卡等物品，以证明犯罪动机；

③调取仲裁规则、制度，仲裁案件的相关文书、材料，选择适用的法律等，以证明仲裁行为的违规性；

④扣押犯罪嫌疑人的手机，调取其通话清单、手机短信、聊天记录，查明犯罪嫌疑人与电子厂之间的关系，以证明徇私动机。

（4）询问被害人

①参与仲裁活动的起因、经过等，以证明犯罪行为；

②权利受到侵害的财产损失，以证明犯罪后果。

（5）询问证人

①犯罪嫌疑人的身份、职务与职责，以证明犯罪主体身份；

②犯罪嫌疑人的年龄、经历、受教育程度、业务水平、工作性质、一贯的工

作表现以及处理同类案件的经验，以证明犯罪明知；

③犯罪嫌疑人与电子厂之间存在的财物利益关系，以证明犯罪动机；

④仲裁案件的基本案情，依据的关键证据是什么，以证明仲裁行为曲解事实的违规性；

⑤犯罪嫌疑人是否对明知是伪造的证据加以采信，从而混淆事实，以证明犯罪行为；

⑥犯罪嫌疑人的仲裁行为是否造成电子厂员工财产损失，并造成恶劣的社会影响，以证明犯罪危害结果。

（6）讯问犯罪嫌疑人

①身份、职务与职责、受教育程度、业务水平、处理同类案件的经验，以证明犯罪主体身份与犯罪明知；

②仲裁活动中的职责、本案的基本情况，以证明对犯罪明知以及犯罪行为；

③出于何种原因枉法仲裁，以证明犯罪动机；

④枉法仲裁的经过，故意采用虚假证据的原因，以证明犯罪行为；

⑤仲裁行为是否造成电子厂员工财产损失，并造成恶劣的社会影响，以证明犯罪危害结果。

（7）视听资料

对犯罪嫌疑人的讯问进行同步录音录像，以证明侦查活动的合法性和供述的自愿性。

3. 对有关量刑情节的证明

（1）对犯罪嫌疑人有无投案自首、检举立功的证明，证据主要有证人证言、侦查机关的记录；

（2）对犯罪嫌疑人平时表现、认罪态度以及群众意见的证明，证据主要有书证、证人证言等。

十、私放在押人员案

根据我国《刑法》第400条第1款的规定，私放在押人员罪，是指司法工作人员私放在押的犯罪嫌疑人、被告人或者罪犯的行为。

（一）证明标准

案件事实清楚，证据确实充分。对犯罪嫌疑人的身份、职务，私放在押人员的时间、场所的证明，达到确实充分的程度，对犯罪嫌疑人主观上是否存在故意的证明，达到内心确信的程度，证明有罪的证据能够形成完整的证据链。

（二）举证责任

在一般情况下，控方承担举证责任。犯罪嫌疑人主张不是私放，而是依法释放在押人员的，应当承担举证责任。对犯罪嫌疑人提出的有利于己的证据，控方有查证的责任。

（三）对犯罪主体的证明

（参见滥用职权案）

（四）对犯罪主客观方面的证明

证明犯罪主客观方面的方法主要是勘验、检查，扣押物证、书证，鉴定，查询、冻结，调取视听资料，询问证人，讯问犯罪嫌疑人，辨认等。

1. 勘验、检查

（1）对犯罪嫌疑人私放在押人员的场所勘验、检查，查明该场所的地理位置、监管设施、进出路线等情况，查明犯罪嫌疑人是在何处私放在押人员，通过何种方式使在押人员脱离械具，在押人员从什么路径脱离关押的场所，以证明犯罪行为；

（2）对监管场所勘验、检查，查看监管设施有无破坏痕迹，以查明在押人员是否自己脱逃；

（3）对现场遗留物进行检查，提取现场遗留物上的指纹、脚印、衣服纤维、烟头、血迹等证据，以证明与涉案人员的关系。

2. 扣押物证、书证

（1）扣押单位的证明、干部履历表、犯罪嫌疑人的工作证、职务任免文件等，以证明司法工作人员的特殊主体身份；

（2）扣押涉案手机、电脑，调取犯罪嫌疑人的通话清单、短信、QQ 聊天记录等，查明犯罪嫌疑人在案发前是否与在押人员家属或其他请托人联系，预谋私放在押人员，或者指使他人私放在押人员，以证明犯罪动机；

（3）调取监管场所的值班表、值班记录等书证，以证明犯罪嫌疑人是否有作案时间；

（4）调取被私放人员的拘留证、逮捕证、刑事判决书、裁定书、监管场所的收押证明，以证明被私放的是在押的犯罪嫌疑人、被告人或罪犯；

（5）通过伪造、编造有关法律文书、证明材料放走在押人员的，应调取有关的书证。

3. 鉴定

（1）对现场遗留的指纹、脚印、衣服纤维、血迹、烟头上的唾液提取物进行鉴定，以证明与涉案人员有无同一性；

（2）通过伪造、编造有关法律文书、证明材料放走在押人员的，应对文书上的笔迹鉴定，以证明是否为犯罪嫌疑人的笔迹。

4. 查询、冻结

（1）调查犯罪嫌疑人的经济状况，以证明与其正常的收入情况不相符合；

（2）调取犯罪嫌疑人的银行账号、开户记录和交易清单，查明犯罪嫌疑人是否收受他人好处而私放在押人员，以证明犯罪动机。

5. 视听资料

（1）调取监管场所的监控录像，确认私放在押人员的犯罪嫌疑人身份，私放在押人员的时间、地点、方式等，以证明犯罪行为；

（2）调取监管场所周边街道的监控录像，确认在押人员脱逃的时间、地点、路线；

（3）调取犯罪嫌疑人与在押人员家属或其他请托人接触地点的监控录像，以证明犯罪动机。

6. 询问证人

（1）询问被私放的在押人员：

①何时因何原因被羁押在何处，以证明被私放人员的身份；

②何时、何地被何人私放，如何脱离监管场所，以证明犯罪行为；

③与犯罪嫌疑人是否相识，犯罪嫌疑人事前有无与其商议帮助其脱离监管场所，被私放的原因，以证明犯罪动机、犯罪故意。

（2）询问犯罪嫌疑人的同事：

①被私放人员关押的时间、地点、原因，以证明被私放人员的身份；

②犯罪嫌疑人的职务、工作职责，以证明犯罪主体身份；

③犯罪嫌疑人上班的时间、负责的具体岗位、案发时的具体行为（如有无支开其他同事、与被私放人员单独接触等行为）、释放在押人员的正常程序等，以证明犯罪行为。

（3）询问与被私放的在押人员共同关押的其他人员：

被私放人员关押的地点，何时以何方式脱离监管场所，有无其他人员协助等，以证明犯罪行为。

（4）询问被私放的在押人员的家属：

①被私放人员何时因何原因被羁押，羁押的地点，以证明被私放人员的身份；

②何时以何方式脱离监管场所，与家属有无联系，家属是否与犯罪嫌疑人有过接触，以证明犯罪时间、犯罪手段等。

（5）询问其他证人：

是否见到在押人员脱离监管场所，是否见到犯罪嫌疑人与被私放的在押人员或其家属有过联系，对在押人员脱离监管场所的方式和原因是否知情，是否受犯罪嫌疑人的指使、强迫而将在押人员放走，以证明犯罪行为。

7. 讯问犯罪嫌疑人

（1）工作单位、职务、岗位、职责，以证明犯罪嫌疑人是否利用职务便利；

（2）被私放人员关押的时间、地点、原因，以证明犯罪嫌疑人明知被私放的是在押的犯罪嫌疑人、被告人或罪犯；

（3）与被私放的在押人员的关系，为何要私放在押人员，是否收受当事人的好处，收受何种好处以及时间、地点、对方当事人，以证明犯罪动机、犯罪行为；

（4）是自己私自将在押人员放走，还是授意、指使、强迫他人将在押人员放走，是否伪造、变造有关法律文书、证明材料，是否向在押人员通风报信、提供条件，帮助其脱逃，以证明犯罪方式、方法；

（5）私放在押人员的时间、地点与经过，以证明犯罪行为；

（6）是否有同伙，如何分工，以证明共同犯罪人的地位和作用。

8. 辨认

（1）犯罪嫌疑人对犯罪现场、犯罪工具辨认，以证明犯罪行为；

（2）被私放的人员对现场的辨认、犯罪嫌疑人辨认，以证明犯罪主体、犯罪行为。

（五）对有关量刑情节的证明

1. 对犯罪嫌疑人有无前科，是否累犯的证明，证据主要有法院的判决书、公安网上的资料、证人证言、监管机关的释放证明。

2. 对犯罪后有无投案自首、检举、立功的证明，证据主要有侦查机关的记录、证人证言。

3. 对私放在押人员的情节是否严重的证明，证据主要有证明被私放人员罪行轻重的判决书、证人证言、鉴定意见等。

（六）补强证明

1. 犯罪嫌疑人辩解在押人员是自己脱逃或他人放走的，侦查机关应当补强证明，证据主要有：

（1）犯罪嫌疑人同事、下属的证言，证明是受犯罪嫌疑人授意、指使、强迫才放走犯罪嫌疑人的；

（2）被私放人员的证言，证明犯罪嫌疑人向其通风报信、提供条件；

（3）被私放人员家属的证言，证明其曾请托犯罪嫌疑人私放在押人员；

（4）鉴定意见等，证明械具、监管场所大门等是由犯罪嫌疑人打开。

2. 犯罪嫌疑人辩解自己是过失致使在押人员脱逃的，侦查机关应当补强证明，证据主要有：

（1）证人证言，证明犯罪嫌疑人曾事前预谋；

(2) 物证、监控录像、现场勘查笔录等，证明犯罪嫌疑人故意破坏监管设施，使在押人员脱逃。

(七) 案　　例

王某、谢某均系某公安局第一看守所民警。2001 年 4 月 5 日下午 4 时许，王某利用其当班的便利，私自将因犯故意杀人罪被判处 13 年有期徒刑的罪犯黄某从监仓带到办公区，然后打传呼机让谢某回到所里。王某对谢某讲其欲放罪犯黄某回去过清明。谢某听后即叫王某应事先向所长汇报、请示，然后便走开了。当天下午，王某还是准许黄某离所出走，致使黄某一直未归。

【证明参考】

1. 对犯罪主体的证明

(参见滥用职权案)

2. 对犯罪主客观方面的证明

(1) 勘验、检查

对第一看守所监仓、办公室勘验、检查，证明王某私放黄某的地点和周围环境情况，监管设施是否有被破坏的痕迹。

(2) 扣押物证、书证

①扣押犯罪嫌疑人的传呼机，调取传呼记录，证明王某和谢某之间的联系，并查明两人与罪犯家属之间有无联系；

②调取黄某的刑事判决书、收押证明，证明案发时黄某为在押的罪犯；

③调取看守所的值班表、值班记录等书证，以证明犯罪嫌疑人在案发时的岗位和职责；

④调取在押人员进出看守所的登记表，以证明是何人将犯罪嫌疑人带出的。

(3) 视听资料

查明犯罪嫌疑人何时将黄某带出监仓至办公室，何时将黄某放走，放走黄某时有几人在场，以证明犯罪行为。

(4) 辨认

①犯罪嫌疑人对黄某被关押场所的指认和放走黄某的地点的指认，以证明犯罪地点；

②黄某对犯罪嫌疑人辨认，确认是谁将其放走，以证明犯罪嫌疑人与案件的关系。

(5) 询问证人

①询问看守所有关工作人员何时发现黄某已不在看守所，案发时是谁值班，值班人员的职责是什么，有没有看到是谁将黄某放走，以证明犯罪行为；

②询问黄某的家属、邻居等，黄某何时因何原因回家，以证明犯罪时间、犯

罪手段等。

（6）讯问犯罪嫌疑人

①讯问王某：在看守所任何职务，案发当天值班的职责，与黄某是何关系，为何要放黄某回家过清明，何时何地放走黄某，以证明犯罪动机和犯罪行为；为何要打传呼叫回谢某，和谢某如何商议，谢某的反应，以证明谢某是否构成共犯；

②讯问谢某：在看守所任何职务，案发当天是否值班，具体职责，王某为何传呼他，其回到看守所后王某和其说了什么，其如何回答，当时黄某在何处，是否知道王某放走黄某，以证明犯罪故意。

3. 对有关量刑情节的证明

（1）对犯罪嫌疑人有无检举、揭发、自首、立功的证明，证据主要有公安机关的记录、证人证言；

（2）对私放在押人员情节是否严重的证明，证据主要有：

①黄某的刑事判决书，证明其系罪行严重的在押罪犯；

②证人证言，证明黄某是否继续犯罪、打击报复证人等。

4. 补强证明

王某主张其行为只构成失职致使在押人员脱逃罪的，侦查机关应当补强证明，证据包括：

（1）讯问王某时应录音录像，防止其翻供；

（2）讯问谢某，王某是否明确说了要放黄某回家过清明，进行录音录像固定证据；

（3）现场勘查笔录，证明大门等设施无破坏痕迹；

（4）监控录像，证明王某将黄某放出看守所。

十一、失职致使在押人员脱逃案

根据我国《刑法》第400条第2款的规定，失职致使在押人员脱逃罪，是指司法工作人员由于严重不负责任，致使在押的犯罪嫌疑人、被告人或者罪犯脱逃，造成严重后果的行为。

（一）证明标准

案件事实清楚，证据确实充分。对犯罪嫌疑人的身份、职务，失职行为，致使在押人员脱逃造成后果的证明，达到确实充分的程度，对犯罪嫌疑人主观上存在过失的证明，达到内心确信的程度，现有证据能够形成完整的证据链。

（二）举证责任

在一般情况下，控方承担举证责任。犯罪嫌疑人主张自己已履行职责，不存在过失的，应承担举证责任。控方对犯罪嫌疑人提出的辩解有查证的责任。

（三）对犯罪主体的证明

（参见滥用职权案）

（四）对犯罪主客观方面的证明

证明犯罪主客观方面的方法主要是勘验、检查，扣押物证、书证，调取视听资料，鉴定，辨认，询问证人，讯问犯罪嫌疑人。

1. 勘验、检查

（1）对在押人员脱逃的场所勘验、检查，查明该场所的地理位置、监管设施、进出路线、监管设施有无破坏痕迹等情况，以证明在押人员在何处以何方式脱逃；

（2）对现场遗留物检查，提取现场遗留物上的指纹、脚印、衣服纤维、烟头、血迹等证据，以证明与脱逃人员及犯罪嫌疑人的关系。

2. 鉴定

对现场遗留的指纹、脚印、衣服纤维、血迹、烟头上的唾液提取物鉴定，以证明与脱逃人员及犯罪嫌疑人有无同一性。

3. 调取、扣押物证、书证

（1）调取监管场所的规章制度、职位说明等文件，以证明犯罪嫌疑人负有监管职责；

（2）调取监管场所的值班表、值班记录等书证，以证明在押人员是在犯罪嫌疑人履行职责期间脱逃；

（3）调取脱逃人员的拘留证、逮捕证、刑事判决书、裁定书、监管场所的收押证明等，以证明脱逃人员为在押的犯罪嫌疑人、被告人或罪犯，该脱逃人员是否可能或者已经判处10年以上有期徒刑、无期徒刑、死刑；

（4）扣押现场遗留的作案工具，以证明是否是犯罪嫌疑人的过失导致脱逃人员获取该作案工具；

（5）调取证明在押人员脱逃后打击报复报案人、控告人、举报人、被害人、证人和司法工作人员或者继续犯罪的法律文书等书证，以证明犯罪后果。

4. 视听资料

（1）调取监管场所的监控录像，以证明在押人员脱逃的时间、地点、方式等；

（2）调取监管场所周边街道的监控录像，以证明在押人员脱逃的时间、地点、路线；

（3）调取犯罪嫌疑人工作场所的监控录像，以证明其在工作期间是否履行了职责，是否存在不负责任，擅自离岗等情况。

5. 询问证人

（1）脱逃的在押人员何时因何原因被羁押在何处，以证明在押人员的身份；

（2）在押人员如何脱逃监管场所，以证明犯罪行为；

（3）犯罪嫌疑人的职务、工作职责、上班时间、负责的具体岗位、案发时的具体行为（如有无擅自离岗，是否进行了巡视、检查等工作），以证明犯罪过失；

（4）在押人员脱逃时，犯罪嫌疑人有无发现、阻止，以证明犯罪行为；

（5）致使在押人员脱逃的人次，以证明犯罪的主观过错与犯罪情节；

（6）在押人员脱逃后，有无打击报复报案人、控告人、举报人、被害人、证人和司法工作人员等，有无继续犯罪，以证明犯罪后果。

6. 讯问犯罪嫌疑人

（1）工作单位、职务、岗位、职责，以证明犯罪嫌疑人负有监管职责；

（2）在岗期间的行为，有无离岗，有无按照规定进行巡视、检查，工作时间有没有处理私事导致监管疏忽，以证明犯罪过失；

（3）脱逃人员被关押的时间、地点、原因，以证明犯罪嫌疑人明知有犯罪嫌疑人、被告人或罪犯在押，需进行监管；

（4）何时发现在押人员脱逃，是否采取措施阻止，以证明犯罪过失与犯罪行为。

7. 辨认

（1）犯罪嫌疑人对脱逃人员使用的工具辨认，以证明在押人员脱逃的事实；

（2）脱逃人员归案后对犯罪嫌疑人辨认，以证明在押人员脱逃的事实和犯罪过失。

（五）对有关量刑情节的证明

1. 对犯罪嫌疑人有无投案自首、检举、立功的证明，证据主要有侦查机关的记录、证人证言。

2. 对情节严重程度的证明，证据主要有证明脱逃人员罪行轻重及可能或已经被判处刑期的书证，证明脱逃的人次、脱逃人员继续犯罪或打击报复证人、被害人或造成其他严重后果的书证、证人证言等。

（六）补强证明

犯罪嫌疑人辩解自己已履行职责，无过失的，侦查机关应当补强证明，证据主要有：

1. 相关的规章制度、会议记录，证明犯罪嫌疑人明知自己的职责，但未履行或虽部分履行但未达到要求的标准。

2. 监控录像，证明犯罪嫌疑人未在岗或未按规定巡查。

3. 询问在押人员的笔录，证明犯罪嫌疑人未进行巡查。

（七）案　例

1998年12月30日8时至31日8时，某看守所副所长周某与民警赵某依例在看守所值班。30日上午下雨，被关押在该所2号监房内的彭某起意伺机越狱逃跑。下午2时许，彭某站在刘某的肩上，将用被单撕开搓成的绳子拴在北墙上的通风窗左边第二根钢栅的下端，将该钢栅拉弯。因怕看守所值班人员发现，彭某等暂停作案。31日凌晨1时许，彭某叫醒同监号的其他人员，在彭某的指挥下，反复对窗栅拉、撬、顶，直至5时许才将通风窗左边两根钢栅拉弯抽下。待6时许武警换岗时，整个2号监房的八名在押犯集体翻窗逃跑。

犯人逃跑后，周某与赵某才查巡2号监房。武警部队及全县军民紧急搜捕后，于1999年3月将八名越狱犯全部抓获。

【证明参考】

1. 对犯罪主体的证明

（参见滥用职权案）

2. 对犯罪主客观方面的证明

（1）勘验、检查

对县看守所监房进行现场勘查，查清在押人员逃跑的出口、方式，扣押逃脱看守所使用的工具，以证明犯罪行为。

（2）扣押物证、书证

①调取彭某等脱逃人员的拘留证、逮捕证、刑事判决书、收押证明，以证明案发时彭某等人为在押的犯罪嫌疑人、被告人、罪犯以及脱逃人员的人数；

②调取看守所的值班表、值班记录等书证，以证明彭某等人脱逃时是犯罪嫌疑人值班期间；

③调取看守所关于巡查时间间隔等的相关规定，以证明犯罪嫌疑人未按规定进行巡查；

④扣押现场遗留的通风窗栅栏、被单搓成的绳索，以证明脱逃人员的脱逃方式。

（3）视听资料

查明犯罪嫌疑人是否按照规定的时间间隔进行巡查，彭某等人何时脱逃，当时犯罪嫌疑人在干什么，以证明犯罪行为。

（4）辨认

①犯罪嫌疑人对脱逃人员被关押场所的指认和其值班地点的指认，以证明犯罪场所；

②彭某等人对犯罪嫌疑人辨认，以证明犯罪嫌疑人是否按时巡查。

(5) 询问证人

①询问看守所有关工作人员何时发现彭某等人脱逃，脱逃的具体人数，案发时是谁值班，值班人员的职责是什么，以证明犯罪行为；

②询问彭某等脱逃人员何时以何方式脱逃，脱逃的人数，期间看守人员有无进行巡查，以证明犯罪行为；

③看守所规定的巡查一次的时间间隔是多少，犯罪嫌疑人是否按照规定的时间、次数巡查，以证明有无犯罪行为。

(6) 讯问犯罪嫌疑人

①在看守所任何职务，案发当天值班的职责，以证明犯罪主体身份；

②值班期间进行了哪些工作，是否按规定进行了巡查，以证明犯罪过失与犯罪行为。

3. 对有关量刑情节的证明

(1) 对犯罪嫌疑人有无检举、揭发、自首、立功的证明，证据主要有侦查机关的记录、证人证言；

(2) 对情节严重程度的证明，证据主要有：

①彭某等脱逃人员的拘留证、逮捕证、刑事判决书、收押证明等，证明脱逃人员的罪行轻重，可能或已经被判处的刑期；

②证人证言，证明彭某等人脱逃后是否继续犯罪，打击报复报案人、控告人、举报人、被害人、证人、司法工作人员等。

4. 补强证明

犯罪嫌疑人辩称自己坚持巡查的，侦查机关应当补强证明，证据主要包括：

(1) 监控录像，证明其没有按规定的时间间隔巡查；

(2) 同案犯供述，证明其没有按照规定巡查；

(3) 询问脱逃人员采取脱逃措施的起止时间的笔录，证明在较长时间内犯罪嫌疑人没有巡查发现异常情况；

(4) 会议记录、证人证言等，证明已向犯罪嫌疑人传达有关巡查时间间隔的规定。

十二、徇私舞弊减刑、假释、暂予监外执行案

根据我国《刑法》第401条的规定，徇私舞弊减刑、假释、暂予监外执行罪，是指司法工作人员徇私舞弊，对不符合减刑、假释、暂予监外执行条件的罪犯予以减刑、假释、暂予监外执行的行为。

(一) 证明标准

案件事实清楚，证据确实充分。对犯罪嫌疑人的职务、身份，予以减刑、假

释、暂予监外执行的罪犯的情况，不符合减刑、假释、暂予监外执行条件的罪犯予以减刑、假释、暂予监外执行的行为的证明，达到确实充分的程度，对犯罪嫌疑人主观上明知、故意的证明，达到内心确信的程度，证明有罪的证据能够形成完整的证据链。

（二）举证责任

在一般情况下，控方承担举证责任。犯罪嫌疑人提出有利于已的主张的，应当承担举证责任。对犯罪嫌疑人主观上是否明知、故意的认定，控方可以根据客观情况推定。

（三）对犯罪主体的证明

（参见滥用职权案）

（四）对犯罪主客观方面的证明

证明犯罪主客观方面的方法主要是勘验、检查，调取、扣押物证、书证，鉴定，询问被害人、证人，讯问犯罪嫌疑人等。

1. 勘查、检查

（1）对犯罪嫌疑人住所和办公场所勘验、检查，以收集犯罪相关的物证、书证以及徇私的物质性利益等，以证明犯罪动机与犯罪行为；

（2）对罪犯服刑监狱进行勘验、检查，查证是否存在减刑、假释、监外执行的条件，以证明减刑、假释、监外执行决定的违规性；

（3）对罪犯假释、监外执行期间重新犯罪的现场勘验、检查，以证明犯罪后果。

2. 扣押物证、书证

（1）扣押犯罪嫌疑人徇私情、私利收取的赃款、赃物，以证明犯罪动机和犯罪故意；

（2）扣押犯罪嫌疑人的手机，查询电话通话记录、手机通讯记录及手机短消息，证明犯罪动机；

（3）调取法律法规、相关司法解释、国家司法机关的规章、制度和监狱管理制度、程序、规定等，以证明犯罪嫌疑人的职权和批准减刑、假释、暂予监外执行行为的违规性；

（4）扣押罪犯的起诉书、判决书、裁定书、执行通知书，罪犯服刑期间的表现材料等，以证明批准减刑、假释、暂予监外执行行为的违规性；

（5）扣押医院证明、检举和立功情况等伪造的证明材料，以证明犯罪动机与犯罪行为；

（6）扣押减刑、假释评审委员会讨论记录，领导班子讨论记录，减刑、假释审核表，提请减刑、假释意见书，提请批准保外就医报告，罪犯保外就医审批表，病情意见书等，以证明犯罪行为；

（7）扣押因徇私舞弊减刑、假释、暂予监外执行犯罪行为受到上级主管部门的处罚、通报批评等证据材料，以证明违规操作；

（8）扣押减刑、假释、暂予监外执行的媒体报道内容，对国家造成负面影响等方面的证据，以证明犯罪的危害结果。

3. 鉴定

（1）对被害人的伤亡进行法医鉴定，以证明人身伤害等级、伤亡的结果及其原因；

（2）对被害人财产损失、工资损失鉴定，以证明财产损失情况；

（3）对犯罪嫌疑人在伪造材料上的签字、印章等进行笔迹鉴定、印章印文鉴定，以证明其真实性。

4. 询问被害人

减刑、假释、暂予监外执行罪犯重新犯罪的情况，犯罪的时间、地点、造成的后果等，以证明犯罪的危害后果。

5. 询问证人

（1）正在服刑、不符合减刑、假释、暂予监外执行条件的罪犯的情况，以证明减刑、假释、暂予监外执行决定的违规性；

（2）犯罪嫌疑人具体的工作职责、工作时间，从事相关工作的经历等，以证明犯罪的主体身份与犯罪明知；

（3）犯罪嫌疑人是否存在徇私情、私利的主观动机，如亲友、同学、同事之私情、接受请托宴请、收受财物等方面的内容，以证明犯罪动机；

（4）犯罪嫌疑人捏造事实、伪造材料，或违法报请、裁定、决定或者批准减刑、假释、暂予监外执行的时间、地点、经过等，以证明主观故意的心态和犯罪行为；

（5）减刑、假释、暂予监外执行的罪犯重新犯罪的时间、地点、侵害对象、造成的后果等，以证明犯罪的危害后果。

6. 讯问犯罪嫌疑人

（1）具体承担何种职责，从事该项工作的时间，司法部门、监狱部门、看守所等刑罚执行部门对罪犯减刑、假释、暂予监外执行的工作程序、规定等，以证明犯罪主体职责与犯罪明知；

（2）正在服刑、不符合减刑、假释、暂予监外执行条件的罪犯的情况，以证明犯罪明知；

（3）与罪犯及其关系密切人员的关系，是否存在徇私情、私利，以证明犯罪动机与犯罪故意；

（4）如何舞弊减刑、假释、暂予监外执行，是否捏造事实、伪造材料，或违法报请、裁定、决定或者批准减刑、假释、暂予监外执行，以证明主观故意的心态；

（5）共同犯罪中预谋情况，地位、分工等情况以及犯罪中所起的具体作用、分赃情节等，以证明共同犯罪的罪责轻重；

（6）事前或事后是否收受贿赂，具体的时间、地点、经过、数额等，以证明犯罪的动机与犯罪行为。

7. 视听资料

对犯罪嫌疑人的讯问进行同步录音录像，以证明侦查活动的合法性和供述的自愿性。

（五）对有关量刑情节的证明

1. 对犯罪嫌疑人有无投案自首、检举立功的证明，证据主要有证人证言、侦查机关的记录等。

2. 对犯罪嫌疑人认罪态度、平时表现的证明，证据主要有证人证言、侦查机关的记录等。

3. 对犯罪嫌疑人违法减刑、假释、暂予监外执行的人数、对象是否严重罪犯的证明，证据主要有书证、证人证言等。

4. 对被违法减刑、假释、暂予监外执行的罪犯继续犯罪、危害社会的证明，证据主要有物证、书证、证人证言、勘验、检查笔录、视听资料等。

5. 对犯罪行为是否造成恶劣社会影响的证明，证据主要有网络、媒体的报道等书证、视听资料、证人证言等。

6. 对犯罪嫌疑人是否收受罪犯及其家属的财物而违法办理减刑、假释或者暂予监外执行的证明，证据主要有物证、书证、证人证言等。

（六）补强证明

犯罪嫌疑人辩称由于能力、水平、知识的欠缺致使减刑、假释、暂予监外执行决定出现差错的，侦查机关应补强证明，证据主要包括书证、证人证言、扣押的赃款、赃物等，证明犯罪嫌疑人之前就有办理相关案件的丰富经验，与罪犯的家属联系频繁，并收受了罪犯家属的财物。

（七）案　例

1995年5月间，梅某某为给其关押在某市看守所的胞姐梅某办理监外执行，通过他人找到任看守所所长的吴某帮忙。吴某找到时任市人民法院刑庭庭长纪某和市某医院医生李某，纪某、李某答应帮忙。李某伪造了梅某患有急性肝炎和性病的证明。吴某据此证明向法院建议将梅某监外执行。纪某明知梅某没有严重疾病，仍利用职务之便，判决梅某有期徒刑五年，暂予监外执行。事后，吴某先后两次收受人民币4000元；纪某收受人民币2000元，并接受当事人免费为其装修住房一套。

【证明参考】

1. 对犯罪主体的证明

（参见滥用职权案）

2. 对犯罪主客观方面的证明

（1）勘验、检查

①对犯罪嫌疑人住所勘验、检查，扣押犯罪所得的物质性利益，收集住房免费装修的证据，以证明犯罪动机；

②对犯罪嫌疑人办公场所勘验、检查，收集伪造的急性肝炎和性病的证明等书证，以证明犯罪动机与犯罪行为；

③对关押梅某的看守所勘验、检查，查证其是否存在暂予监外执行的条件，以证明暂予监外执行决定的违规性。

（2）扣押物证、书证

①扣押犯罪嫌疑人收受的款物，以证明犯罪动机和犯罪故意；

②扣押犯罪嫌疑人的手机等，通过电话通话记录、手机通讯记录及手机短消息记录，查明犯罪嫌疑人是否与罪犯家属联系，是否收受其财物，以证明犯罪动机；

③调取法律法规、相关司法解释、国家司法机关的规章、制度和看守所管理制度、纪律、程序、规定等，以证明主体的职权和暂予监外执行的相关条件；

④扣押罪犯的起诉书、判决书等，以证明暂予监外执行决定的违法性；

⑤扣押医院证明等伪造证明材料，以证明犯罪动机与犯罪行为。

（3）鉴定

①对判处暂予监外执行的罪犯进行医疗鉴定，以证明其是否存在证明中所称的急性肝炎和性病，以证明医疗证明的不真实性；

②对犯罪嫌疑人在伪造材料上的签字、印章等进行笔迹鉴定、印章印文鉴定，以证明其是否真实以及与犯罪嫌疑人的联系。

（4）询问证人

①在押人身状况如何，是否患有不宜羁押的疾病，是否符合暂予监外执行的条件，以证明有无犯罪行为；

②犯罪嫌疑人具体的工作职责、工作时间、从事相关工作的经历等，以证明犯罪的主体身份与犯罪明知；

③是否向犯罪嫌疑人请托，承诺的具体好处是什么，联系的方式、时间、地点等，以证明犯罪徇私利的动机；

④犯罪嫌疑人让其伪造医疗证明的经过，以证明主观故意的心态和犯罪行为；

⑤给予犯罪嫌疑人财物或免费对其住宅进行装修的时间、地点、经过、金额等，以证明犯罪动机；

⑥判决暂予监外执行的依据、判决结果等，以证明犯罪行为。

（5）讯问犯罪嫌疑人

①在看守所、法院中具体承担何种职责，从事该项工作的时间，司法部门、看守所等刑罚执行部门对罪犯暂予监外执行的工作程序、规定等，以证明犯罪主体职责与犯罪明知；

②被判处暂予监外执行的罪犯情况，是否符合暂予监外执行的条件，以证明暂予监外执行行为的违规性和犯罪的明知；

③与罪犯及其家属的关系，家属的请托事项及承诺的物质性利益等，查明是否存在徇私情、私利，以证明犯罪动机与犯罪故意；

④如何伪造材料、捏造事实，违法报请暂予监外执行，具体的时间、地点、经过等，以证明主观故意的心态与犯罪行为；

⑤依据伪造的医院证明判处暂予监外执行的经过，以证明主观故意与犯罪行为；

⑥共同犯罪中预谋情况，地位、分工等情况以及犯罪中所起的具体作用、获利情节等，以证明共同犯罪的罪责轻重；

⑦事前或事后是否收受贿赂，具体的时间、地点、经过、数额等，以证明犯罪的动机与犯罪行为。

（6）视听资料

对犯罪嫌疑人的讯问进行同步录音录像，以证明侦查活动的合法性和供述的自愿性。

3. 对有关量刑情节的证明

（1）对犯罪嫌疑人有无投案自首、检举立功的证明，证据主要有证人证言、侦查机关的记录等；

（2）对犯罪嫌疑人认罪态度、平时表现的证明，证据主要有书证、证人证言、侦查机关的记录等；

（3）对被暂予监外执行的对象是否是严重的罪犯的证明，证据主要有书证、证人证言等；

（4）对被暂予监外执行的罪犯是否继续犯罪，危害社会的证明，证据主要有物证、书证、证人证言、勘验、检查笔录、视听资料等；

（5）对是否造成恶劣的社会影响的证明，证据主要有网络、媒体的报道等书证、视听资料、证人证言等；

（6）对是否收受罪犯及其家属的财物而违法办理暂予监外执行的证明，证据主要有物证、书证、证人证言等。

4. 补强证明

犯罪嫌疑人辩称由于能力、水平、知识的欠缺致使暂予监外执行决定出现差错的，侦查机关应当补强证明，证据包括书证、证人证言、赃款、赃物，以证明犯罪嫌疑人之前就有办理相关案件的丰富经验，与本案罪犯的家属联系频繁，并收受了罪犯家属的财物。

十三、徇私舞弊不移交刑事案件案

根据我国《刑法》第402条的规定，徇私舞弊不移交刑事案件罪，是指行政执法人员徇私舞弊，对依法应当移交司法机关追究刑事责任的不移交，情节严重的行为。

（一）证明标准

案件事实清楚，证据确实充分。对犯罪嫌疑人的职务、身份，不移交对象的证明，达到确实充分的程度，对犯罪嫌疑人主观上明知、故意的证明，达到内心确信的程度，现有证据能够形成完整的证据链。

（二）举证责任

在一般情况下，控方承担举证责任。犯罪嫌疑人提出有利于己的主张的，应当承担举证责任。对犯罪嫌疑人主观上是否明知、故意，控方可以根据客观情况推定。

（三）对犯罪主体的证明

（参见滥用职权案）

（四）对犯罪主客观方面的证明

证明犯罪主客观方面的方法主要是勘验、检查，扣押物证、书证，鉴定，询问证人，讯问犯罪嫌疑人，辨认等。

1. 勘验、检查

（1）对刑事案件现场勘验、检查，扣押凶器，提取血迹等证据，以证明存在应当追究刑事责任的案件；

（2）对犯罪嫌疑人住所和办公场所勘验、检查，扣押与犯罪相关的物证、书证以及徇私而获得的赃款、赃物，以证明犯罪行为。

2. 扣押物证、书证

（1）扣押应移交的刑事案件中的相关物证，如假冒伪劣商品等，以证明存在应当追究刑事责任的案件；

（2）调取法律法规及公安、工商、税务、海关、劳动、交通、环境保护、卫生、检疫、质量监督、计量等行政机关的职责规定、工作规程等，以证明违法操作；

（3）扣押《调查终结报告》、《立案审批表》、《询问笔录》、《检查笔录》、《案件审核表》、《行政处罚决定审批表》等法律文书，以证明不移交刑事案件的行为；

（4）扣押犯罪嫌疑人获取的物质性利益，以证明犯罪徇私动机与犯罪故意；

（5）调取犯罪嫌疑人的电子邮件、QQ 聊天信息等，查明犯罪嫌疑人与罪犯家属的联系、收受他人财物的商谈过程等，以证明犯罪动机。

3. 鉴定

（1）对违法案件的财物进行价格鉴定，以证明违法案件已构成应当移交的刑事案件；

（2）对犯罪嫌疑人伪造的证据进行笔迹、文书等技术鉴定，以证明犯罪行为；

（3）对继续进行的违法犯罪活动进行价值鉴定、法医鉴定等，以证明不移交刑事案件的行为造成的严重后果。

4. 询问证人

（1）犯罪嫌疑人具体的行政执法职责，从事该项工作的时间、业务水平，以证明犯罪主体身份与职务便利；

（2）违法事实涉及的金额、违法事实的情节、违法事实造成的后果、可能判处的刑罚等，以证明是否属于应当移交的刑事案件；

（3）犯罪嫌疑人的请托事项及承诺的好处等，以证明犯罪动机；

（4）犯罪嫌疑人对应当移送司法机关追究刑事责任而不移送的案件采取何种方式隐瞒、掩饰，或者大事减小，以行政处罚代替刑事处罚，以证明犯罪手段与方法；

（5）不移交的人数、次数，以证明犯罪情节；

（6）是否因为不移交刑事案件而给予犯罪嫌疑人许诺的物质性利益，以证明犯罪动机；

（7）是否发现并对不移交刑事案件提出意见，犯罪嫌疑人如何辩解，是否无正当理由仍然不予移交，以证明犯罪行为与犯罪故意；

（8）移交刑事案件的行为是否遭到犯罪嫌疑人等行政执法部门主管领导的阻止，理由是什么，以证明犯罪行为；

（9）案件是否经过集体讨论，具体负责人是谁，直接负责的主管人员和其他直接责任人员是否为牟取本单位私利而不移交刑事案件，以证明犯罪动机与犯罪行为；

（10）不移交刑事案件的行为是否致使刑事案件嫌疑人继续进行违法犯罪活动，是否造成严重社会影响等，以证明犯罪危害后果。

5. 讯问犯罪嫌疑人

（1）具体的工作职责，从事行政执法工作的时间，所涉及的案件办理是否由其具体负责等，以证明主体身份和职务的便利；

（2）办理案件的基本情况，违法事实涉及的金额、违法事实的情节、违法事实造成的后果，是否是需要移交的刑事案件，以证明犯罪的明知和犯罪故意；

（3）与刑事案件当事人及其家属的关系，请托事项，承诺的好处等，以证明犯罪徇私动机与犯罪故意；

（4）对已经构成犯罪的违法行为进行何种隐瞒、掩饰，是否毁灭证据、伪造材料，是否作出不给予任何处罚或仅给予行政处罚的决定，以证明不移交的犯罪行为与犯罪手段；

（5）是否是直接负责的主管人员和其他直接责任人员为牟取本单位私利而不移交刑事案件，以证明犯罪行为；

（6）不移交的人数、次数，以证明犯罪行为、犯罪后果；

（7）是否因为不移交获得私利，以证明犯罪动机、违法所得；

（8）司法机关是否发现并提出意见，如何辩解，是否无正当理由仍然不予移交，以证明犯罪行为与犯罪故意；

（9）不移交刑事案件的行为是否致使犯罪嫌疑人继续进行违法犯罪活动，是否造成严重社会影响等，以证明犯罪危害后果。

6. 辨认

（1）对笔迹及物品进行辨认，以证明违法犯罪活动的存在；

（2）对犯罪嫌疑人进行辨认，以证明犯罪主体。

7. 视听资料

对犯罪嫌疑人的讯问进行同步录音录像，以证明侦查活动的合法性和供述的自愿性。

（五）对有关量刑情节的证明

1. 对犯罪嫌疑人有无投案自首、检举立功的证明，证据主要有证人证言、侦查机关的记录等。

2. 对犯罪嫌疑人的认罪态度、平时表现的证明，证据主要有证人证言、侦查机关的记录等。

3. 对不移交刑事案件的行为是否致使刑事案件嫌疑人继续进行违法犯罪活动，是否造成严重后果的证明，证据主要有物证、书证、证人证言、勘验、检查笔录、视听资料等。

（六）补强证明

犯罪嫌疑人辩称不移交刑事案件是由于自身业务知识、经验不足，或者是调查研究不够充分，工作作风不够深入，思想方法简单片面造成认识偏颇而发生的错误行为的，侦查机关应当补强证明，证据主要包括：

1. 书证、证人证言，证明犯罪嫌疑人办理相关案件的年限、经历、业务水平、类似案件的办理情况等。

2. 书证、证人证言，证明犯罪嫌疑人参加过相关业务知识的培训、具有相应的技能。

3. 书证、证人证言、鉴定意见，证明犯罪嫌疑人捏造事实、伪造证明材料的情节，意图包庇犯罪嫌疑人。

4. 赃款、赃物、证人证言，证明犯罪嫌疑人收取了罪犯及其家属的财物。

（七）案　　例

2001 年 11 月 2 日，某市技术监督局根据群众举报，查获某村民林某藏匿的假冒“红塔山”牌香烟 200 箱，价值 70 万元。市技术监督局稽查大队队长赵某负责保管，并具体承办此案。11 月 10 日，林某托人向赵某说情，赵某接受林某的宴请及 3000 元贿赂后，明知此案应当向司法机关移交，却故意隐瞒情况，只对林某作出罚款 2 万元的行政处罚。林某交了罚款后，赵某擅自让林某将假烟拉走，致使这批假烟又被运往某市销售。11 月 20 日，这批假烟被公安机关查获。

【证明参考】

1. 对犯罪主体的证明

（参见滥用职权案）

2. 对犯罪主客观方面的证明

（1）勘验、检查

①对犯罪嫌疑人住所和办公场所勘验、检查，以发现犯罪的相关物证、书证以及徇私获得的物质性利益等，以证明犯罪行为；

②对涉案假烟的存放、销售现场勘验、检查，查明假烟的数量、品牌、价格，以证明刑事案件嫌疑人继续违法犯罪的事实。

（2）扣押物证、书证

①扣押假冒的香烟，以证明存在应当追究刑事责任的案件；

②调取法律法规及技术监督局的职责规定、工作规程等，以证明不移交行为的违规性；

③扣押行政处罚相关的法律文书，以证明不移交刑事案件的行为；

④扣押犯罪嫌疑人获取的物质性利益，以证明犯罪徇私动机与犯罪故意。

（3）鉴定

①对违法销售的假烟进行鉴定，以证明属假冒伪劣商品；

②对违法藏匿、销售的假烟进行价格鉴定，以证明违法案件已构成应当移交

的刑事案件。

（4）询问证人

①犯罪嫌疑人在技术监督局的具体职责，从事该项工作的时间、业务水平、一贯表现，以证明犯罪主体身份与职务便利；

②查获林某藏匿的假冒“红塔山”牌香烟的数量、金额，具体违法事实等，以证明是否属于应当移交的刑事案件；

③是否给予犯罪嫌疑人贿赂，贿赂的数额，犯罪嫌疑人的承诺等，以证明犯罪动机、违法所得；

④犯罪嫌疑人对应当移送司法机关追究刑事责任而不移送的案件，采取何种方式隐瞒、掩饰，是否以行政处罚代替刑事处罚，以证明犯罪手段与方法；

⑤是否发现并对不移交刑事案件提出意见，犯罪嫌疑人如何辩解，是否无正当理由仍然不予移交，以证明犯罪行为与犯罪故意；

⑥是否经犯罪嫌疑人同意将假烟拉走继续销售，以证明犯罪危害后果。

（5）讯问犯罪嫌疑人

①在技术监督局的具体职责，从事行政执法工作的时间，所涉及的案件办理是否由其具体负责等，以证明主体身份和职务的便利；

②查获林某藏匿的假冒“红塔山”牌香烟的数量、金额，具体违法事实等，是否是需要移交的刑事案件，以证明犯罪的明知和犯罪故意；

③与刑事案件当事人及其家属的关系，请托事项，承诺的好处等，以证明犯罪徇私动机与犯罪故意；

④对藏匿假冒香烟的行为进行何种隐瞒、掩饰，作出行政处罚决定的具体内容，以证明不移交的犯罪行为与犯罪手段；

⑤是否因为不移交获得私利，以证明犯罪动机；

⑥林某交了罚款后，是否擅自同意其将假烟拉走，是否致使犯罪嫌疑人继续进行违法犯罪活动，以证明犯罪危害后果。

（6）视听资料

对犯罪嫌疑人的讯问进行同步录音录像，以证明侦查活动的合法性和供述的自愿性。

3. 对有关量刑情节的证明

（1）对犯罪嫌疑人有无投案自首、检举立功的证明，证据主要有证人证言、侦查机关的记录等；

（2）对犯罪嫌疑人的认罪态度、平时表现的证明，证据主要有证人证言、侦查机关的记录等；

（3）对继续销售假冒香烟的证明，证据主要有物证、书证、证人证言、勘验、检查笔录等。

4. 补强证明

犯罪嫌疑人辩称不移交刑事案件是由于自身业务知识、经验不足，或者是调查研究不够充分，工作作风不够深入，思想方法简单片面造成认识偏颇而发生的错误行为的，侦查机关应补强证明，证据主要包括：

(1) 书证、证人证言，查明犯罪嫌疑人办理过相似案件，大多将其移送司法机关处理，以证明犯罪嫌疑人意图包庇他人；

(2) 书证、证人证言，以证明犯罪嫌疑人参加过相关业务知识的培训，知道此类案件应当移送司法机关处理；

(3) 证人证言、赃款、赃物，以证明犯罪嫌疑人没有将案件移送司法机关处理是收受了对方的贿赂。

十四、滥用管理公司、证券职权案

根据我国《刑法》第403条的规定，滥用管理公司、证券职权罪，是指国家有关主管部门的国家机关工作人员，徇私舞弊，滥用职权，对不符合法律规定条件的公司设立、登记申请或者股票、债券发行、上市申请，予以批准或者登记，致使公共财产、国家和人民利益遭受重大损失的行为。

(一) 证明标准

案件事实清楚，证据确实充分。对犯罪嫌疑人的职务、身份，对不符合法律规定条件的公司设立、登记申请或者股票、债券发行、上市申请，予以批准或者登记，致使公共财产、国家和人民利益遭受重大损失的危害结果的证明，达到确实充分的程度，对行为人主观上明知、故意的证明，达到内心确信的程度，现有证据能够形成完整的证据链。

(二) 举证责任

在一般情况下，控方承担举证责任。犯罪嫌疑人提出有利于己的主张的，应当承担举证责任。对犯罪嫌疑人主观上是否明知、故意，控方可以根据客观情况推定。

(三) 对犯罪主体的证明

(参见滥用职权案)

(四) 对犯罪主客观方面的证明

证明犯罪主客观方面的方法主要是勘验、检查，扣押物证、书证，鉴定，询问证人、被害人，讯问犯罪嫌疑人等。

1. 勘验、检查

(1) 对犯罪嫌疑人住所和办公场所勘验、检查，以发现犯罪的相关物证、书证以及徇私的物质性利益等，以证明犯罪行为；

（2）对申请人的营业场所勘验、检查，查清财务会计文件有无虚假记载，是否有固定的生产经营场所和必要的生产经营条件，最近3年营利情况等，以证明公司设立、登记申请以及股票、债券发行、上市申请是否符合法律规定的条件；

（3）对公共财产、国家和人民利益遭受重大损失的现场，公司实施犯罪（如诈骗）的现场勘验、检查，以证明犯罪的危害后果。

2. 扣押物证、书证

（1）扣押证明犯罪嫌疑人身份方面的书证，包括身份证、干部履历表、聘用人员登记表、人事部门出具的书证等，以证明犯罪的主体身份与职务便利；

（2）调取《公司法》、《公司登记管理条例》、《证券法》等法律、法规，查明公司的设立条件和申请登记程序，股票、债券发行、上市的条件和审批程序等，以证明犯罪行为的违规性；

（3）扣押公司设立、登记申请或者股票、债券发行、上市申请材料，以证明是否符合法定条件；

（4）调取国家有关行政主管部门、工商行政管理部门、证券管理部门对公司设立、登记申请或者股票、债券发行、上市申请依法进行审查、批准或者登记的书证，以证明其是否符合审批的条件；

（5）扣押犯罪嫌疑人徇私所得的财物，以证明犯罪动机；

（6）上级部门强令登记机关及其工作人员对不符合法律规定条件的公司设立、登记申请或者股票、债券发行、上市申请违法予以批准或者登记的文字性材料、批示、纸条等，以证明犯罪行为；

（7）调取犯罪嫌疑人的电子邮件、QQ聊天信息等，查明犯罪嫌疑人与申请人之间的联系、收受他人财物的商谈过程等，以证明犯罪动机。

3. 讯问犯罪嫌疑人

（1）具体的工作职务、职责，是否具有从事负责对公司设立、登记申请或者股票、债券发行、上市申请的条件是否符合法律规定予以审核、批准或者登记的职责，案件所涉及的审核、批准或者登记工作是否由其具体负责，以证明犯罪主体身份与职务便利；

（2）公司设立、登记申请以及股票、债券发行、上市申请是否符合法律规定的条件，以证明主观上的明知、故意；

（3）舞弊行为是为了贪图钱财等不法利益，还是碍于亲朋好友情面，或是出于报复或嫉妒心理而徇私，以证明犯罪动机；

（4）是否指使、命令、要求登记机关及其工作人员对不符合法律规定条件的公司设立、登记申请或者股票、债券发行、上市申请违法予以批准或者登记，以证明犯罪行为；

（5）是否对公共财产、国家和人民利益造成巨大直接经济损失或恶劣的政治影响，以证明犯罪的危害后果；

（6）是否实际收受贿赂后实施本罪行为，以证明犯罪动机与主观上明知。

4. 询问证人

（1）犯罪嫌疑人具体的工作职责，案件所涉及的负责对公司设立、登记申请或者股票、债券发行、上市申请的条件是否符合法律规定予以审核、批准或者登记的工作是否由犯罪嫌疑人具体负责，以证明犯罪主体身份与职务便利；

（2）公司设立、登记申请以及股票、债券发行、上市申请是否符合法律规定的条件，以证明主观上明知与犯罪故意；

（3）是否向犯罪嫌疑人请托，具体的时间、地点、请托事项、知情人员，犯罪嫌疑人的承诺等，以证明犯罪动机与犯罪故意；

（4）上级部门是否指使、命令、要求登记机关及其工作人员非法予以批准或登记，直接负责的主管人员是谁，以证明犯罪主体与犯罪行为；

（5）是否对公共财产、国家和人民利益造成巨大直接经济损失或恶劣的政治影响，以证明犯罪的危害后果；

（6）是否给予犯罪嫌疑人物质性利益，犯罪嫌疑人是否收受，以证明犯罪的动机与犯罪故意。

5. 询问被害人

遭受到诈骗等犯罪行为侵害的时间、地点、过程、结果等，以证明非法批准成立的公司实施犯罪的危害结果。

6. 鉴定

（1）对公共财产、国家和人民财产造成损失的价值鉴定，以证明犯罪的危害后果；

（2）对伪造的财务会计文件进行技术鉴定，以证明申请的不真实性。

7. 视听资料

对犯罪嫌疑人的讯问进行同步录音录像，以证明侦查活动的合法性和供述的自愿性。

（五）对有关量刑情节的证明

1. 对犯罪嫌疑人有无投案自首、检举立功的证明，证据主要有证人证言、侦查机关的记录等。

2. 对犯罪嫌疑人认罪态度的证明，证据主要有证人证言、侦查机关的记录等。

3. 对犯罪嫌疑人平时表现的证明，证据主要有书证、证人证言、视听资料等。

（六）案　　例

1998年10月，某工商局私营企业科副科长王某在办理文某申请营业执照的过程中，发现文某的办照材料不全而拒绝办理。后文某托人宴请了该工商局副局长华某，并给予8000元好处费，华某答应帮忙，越权在文某的申请表上作假，签上了“特殊情况，同意发照”字样，交代王某先办照，后补材料。此后，华某还多次催促王某尽快办理。王某迫于上级部门主管领导的指示，为文某进行注册登记，办理了企业法人营业执照。

1999年5月、11月，文某先后以公司营业执照和动产抵押，向县农行贷款150万元，后文某携款外逃，致使两笔贷款的本息无法收回，给国家造成重大损失。

【证明参考】

1. 对犯罪主体的证明

（参见滥用职权案）

2. 对犯罪主客观方面的证明

（1）勘验、检查

①对犯罪嫌疑人住所和办公场所勘验、检查，以发现犯罪相关的物证、书证以及徇私的物质性利益等，以证明犯罪行为；

②对申请人的营业场所勘验、检查，以证明公司设立、登记申请是否符合法律规定的条件；

③对文某的住所、办公场所进行搜查，扣押与犯罪相关的物证、书证，以证明携款逃跑的事实；

④对受害的银行勘验、检查，获取文某贷款的相关书证等，以证明犯罪造成的损失。

（2）扣押物证、书证

①扣押证明犯罪嫌疑人身份的书证，以证明犯罪的主体身份与职务便利；

②调取《公司法》、《公司登记管理条例》等法律、法规，公司的设立条件和申请登记程序等，以证明违法批准；

③扣押公司设立、登记的申请材料，查明其是否符合法定条件，材料是否完备，是否有伪造、虚报的信息，以证明犯罪行为；

④扣押犯罪嫌疑人强令登记机关的工作人员对不符合法律规定条件的公司设立、登记申请违法予以批准或者登记的批示、纸条等，以证明犯罪故意和犯罪行为；

⑤扣押营业执照等书面材料，以证明违法批准的结果；

⑥扣押犯罪嫌疑人徇私所得的财物，以证明犯罪动机；

⑦扣押文某以公司营业执照和动产抵押向银行贷款的书证，以证明犯罪的危害后果；

⑧调取犯罪嫌疑人的电子邮件、QQ 聊天信息等，查明犯罪嫌疑人与申请人之间的联系、收受他人财物的商谈过程等，以证明犯罪动机。

（3）鉴定

①对国家财产造成的损失进行评估，以证明犯罪的危害后果；

②对批示的文书进行技术鉴定，以证明属犯罪嫌疑人的字迹。

（4）询问证人

①犯罪嫌疑人在工商局的具体职务、职责，以证明犯罪主体身份与职务便利；

②公司设立、登记申请是否符合法律规定的条件，以证明主观上明知与犯罪故意；

③如何向犯罪嫌疑人请托，具体的时间、地点、请托事项、知情人员，犯罪嫌疑人的承诺等，以证明犯罪动机与犯罪故意；

④是否给予犯罪嫌疑人物质性利益，犯罪嫌疑人是否收受，以证明犯罪的动机与犯罪故意；

⑤犯罪嫌疑人是否指使、命令、要求登记机关工作人员非法予以批准或登记，采用何种方式，以证明犯罪故意与犯罪行为；

⑥文某何时以何理由向银行贷款，提供了何种担保，贷款金额及期限等，以证明犯罪的危害后果；

⑦文某何时以何种方式携款潜逃，以证明犯罪的危害后果。

（5）讯问犯罪嫌疑人

①在工商局的具体职务、职责，以证明犯罪主体身份与职务便利；

②公司设立、登记申请是否符合法律规定的条件，以证明主观上明知与犯罪故意；

③文某何时何地通过何人向其请托，请托事项，给予的好处以及知情人员等，以证明犯罪动机；

④如何对申请材料进行伪造，虚构事实、隐瞒真相，以证明犯罪的手段与方法；

⑤如何指使、命令、要求王某对不符合法律规定条件的公司设立、登记申请违法予以批准或者登记，以证明犯罪行为；

⑥是否收到文某给予的财物，具体数量、金额等，以证明犯罪徇私的动机；

⑦是否对公共财产、国家和人民利益造成巨大直接经济损失或恶劣的政治影响，以证明犯罪的危害后果。

（6）视听资料

对犯罪嫌疑人的讯问进行同步录音录像，以证明侦查活动的合法性和供述的自愿性。

3. 对有关量刑情节的证明

（1）对犯罪嫌疑人有无投案自首、检举立功的证明，证据主要有证人证言、侦查机关的记录等；

（2）对犯罪嫌疑人认罪态度的证明，证据主要有证人证言、侦查机关的记录等；

（3）对犯罪嫌疑人平时表现的证明，证据主要有书证、证人证言、视听资料等。

十五、徇私舞弊不征、少征税款案

根据我国《刑法》第404条的规定，徇私舞弊不征、少征税款罪，是指税务机关的工作人员徇私舞弊，不征或者少征应征税款，致使国家税收遭受重大损失的行为。

（一）证明标准

案件事实清楚，证据确实充分。对犯罪嫌疑人的职务、身份，不征或者少征应征税款的数额，致使国家税收遭受重大损失的危害结果的证明，达到确实充分的程度，对犯罪嫌疑人犯罪故意以及徇私动机的证明，达到内心确信的程度，现有证据能够形成完整的证据链。

（二）举证责任

在一般情况下，控方承担举证责任。犯罪嫌疑人提出有利于己的主张的，应当承担举证责任。对犯罪嫌疑人主观上是否明知、故意，控方可以根据客观情况推定。

（三）对犯罪主体的证明

（参见滥用职权案）

（四）对犯罪主客观方面的证明

证明犯罪主客观方面的方法主要是勘验、检查，扣押物证、书证，鉴定，询问证人，讯问犯罪嫌疑人等。

1. 勘验、检查

（1）对犯罪嫌疑人住所和办公场所勘验、检查，以发现犯罪相关的物证、书证以及徇私的物质性利益等，以证明犯罪行为；

（2）对纳税人商业活动场所勘验、检查，进行所得税汇算清缴，以证明应缴纳及受罚税款。

2. 扣押物证、书证

（1）扣押证明犯罪嫌疑人职务、职责方面的书证，以证明犯罪的主体身份与职务便利；

（2）调取税收征管活动相关的法律法规、单位规章、制度、纪律等，以证明违规操作；

（3）扣押需征收税款的商品，以证明不征、少征税款的商品数量及金额；

（4）扣押犯罪嫌疑人徇私所得的财物，以证明犯罪的动机；

（5）扣押《税务处理决定书》、《催缴通知书》、《停征、免征、减征决定》等书证，以证明不征、少征税款的行为；

（6）扣押涂改的税务登记、账簿，伪造的纳税凭证等书证，以证明犯罪手段；

（7）调取犯罪嫌疑人的电子邮件、QQ 聊天信息等，查明犯罪嫌疑人与纳税人之间的联系、收受他人财物的商谈过程等，以证明犯罪动机、犯罪行为。

3. 鉴定

（1）对应征税款进行司法会计鉴定，以证明损失税款的数额；

（2）对涂改的税务登记、账簿，伪造的纳税凭证等文书、印章进行鉴定，以证明其真伪；

（3）对涂改的税务登记、账簿，伪造的纳税凭证等进行指纹、笔迹鉴定，以证明犯罪主体、犯罪行为。

4. 询问证人

（1）犯罪嫌疑人的具体职务、职责，从事税务征收工作的时间，业务水平等，以证明犯罪主体身份及主观故意；

（2）案件所涉及的税收工作是否由犯罪嫌疑人具体办理，以证明职务的便利；

（3）税收征管活动相关的法律法规、单位规章、制度、纪律等，以证明主观上明知；

（4）根据法律、行政法规规定的税种、税率应当向纳税人征收的税款数额，是否具备停征、免征、减征条件，以证明主观上明知；

（5）向犯罪嫌疑人请托的具体时间、地点、内容、知情人员以及犯罪嫌疑人的承诺等，以证明犯罪徇私动机及主观上明知；

（6）犯罪嫌疑人是否索取、收受贿赂及其金额，以证明犯罪动机；

（7）不征或者少征应征税款的行为发生在税收征管的哪个环节，是否采取伪造、篡改、销毁账册凭证，故意歪曲事实或者隐瞒事实，曲解税收政策法规，违反征管程序等方法不征、少征税款，以证明犯罪行为方式；

（8）不征、少征的应征税款的数额，以证明国家税收遭受重大损失的危害结果；

（9）发现不征或少征的违法行为以后，是否依法征收并如数收归国库，是否无法再实际予以征收，以证明犯罪行为致使国家税收遭受重大损失的危害结果。

5. 讯问犯罪嫌疑人

（1）所在的单位、担任的职务，是否具有从事税务征收工作的职责，从事该项工作的时间，案件所涉及的税务征收工作是否由其具体负责等，以证明犯罪主体身份与职务便利；

（2）税收征管活动相关的法律法规、单位规章、制度、纪律等，以证明主观上明知；

（3）根据法律、行政法规规定的税种、税率应当向纳税人征收的税款的数额，纳税人是否具备停征、免征、减征条件，以证明主观上明知、故意；

（4）犯罪是为了徇私情还是徇私利，如袒护亲友、贪赃受贿等，以证明犯罪动机；

（5）不征或者少征应征税款的行为发生在税收征管的哪个环节，是否采取伪造、篡改、销毁账册凭证，故意歪曲事实或者隐瞒事实，曲解税收政策法规，违反征管程序等方法不征、少征税款，以证明犯罪手段、方法；

（6）是否向纳税人征收税款或者实际征收的数额，以证明不征、少征的行为；

（7）国家税收损失累计数额，以证明犯罪危害后果；

（8）是否存在索贿、收受贿赂的情形，收受贿赂的金额，以证明犯罪动机；

（9）税务机关发现不征或少征应征税款的违法行为以后，是否依法征收并如数收归国库，是否无法再实际予以征收，以证明犯罪行为致使国家税收遭受重大损失。

6. 视听资料

对犯罪嫌疑人的讯问进行同步录音录像，以证明侦查活动的合法性和供述的自愿性。

（五）对有关量刑情节的证明

1. 对犯罪嫌疑人有无投案自首、检举立功的证明，证据主要有证人证言、侦查机关的记录等。

2. 对犯罪嫌疑人的认罪态度、平时表现的证明，证据主要有证人证言、侦查机关的记录等。

3. 对徇私舞弊不征、少征税款的行为是否给国家造成特别重大损失的证明，证据主要有书证、证人证言、鉴定意见等。

（六）案　例

1998年8月，刘某在某市地方税务局某税务稽查所工作期间，受所里指派对该市第三造纸厂1997年度地方各税纳税情况进行稽查。刘某在稽查纳税过程中，告知该厂财务科科长邓某：第三造纸厂应补交132053.51元的税款，并处以一倍的罚款。该厂为不交和少交税款，经研究决定向刘某行贿，刘某在收受该厂贿赂2000元和吃请后，擅自隐瞒某市第三造纸厂应当补交税款的真实情况，出具了第三造纸厂1997年应当补交企业所得税2739.66元、罚款一倍的检查表。1999年6月4日，某市地方税务局稽查局对第三造纸厂1997年度地方各税纳税情况进行专案稽查，查出该厂在1997年度应补交税款229377.74元，致使国家少征、不征税款226638.08元。

【证明参考】

1. 对犯罪主体的证明

（参见滥用职权案）

2. 对犯罪主客观方面的证明

（1）勘验、检查

①对犯罪嫌疑人住所和办公场所勘验、检查，以发现犯罪的相关物证、书证以及徇私所获得的物质性利益等，以证明犯罪行为；

②对造纸厂勘验、检查，进行税款清算，以证明应缴纳及受罚税款金额。

（2）扣押物证、书证

①扣押证明犯罪嫌疑人职务、职责方面的书证，以证明犯罪的主体身份与职务便利；

②调取税收征管活动相关的法律法规、单位规章、制度、纪律等，扣押纳税人经营状况的财务账目，以证明纳税人应当缴纳的税款；

③扣押犯罪嫌疑人徇私所得的财物，以证明犯罪的动机；

④扣押造纸厂的财务凭证，以证实该厂被稽查的情况；

⑤扣押犯罪嫌疑人出具的检查表、《税务处理决定书》，以证明少征税款的行为；

⑥调取某市税务局稽查局的专案报告，以证明少征税款的数额。

（3）鉴定

①对应征税款进行司法会计鉴定，以证明损失税款的数额；

②对涂改的税务登记、账簿，伪造的纳税凭证等文书、印章进行鉴定，以证明其真伪；

③对涂改的税务登记、账簿，伪造的纳税凭证等进行指纹、笔迹鉴定，以证明犯罪主体、犯罪行为。

（4）询问证人

①犯罪嫌疑人的职务、职责，从事税务征收工作的时间，业务水平，以证明犯罪主体身份及主观故意；

②对造纸厂各税纳税情况进行稽查的工作是否由犯罪嫌疑人具体办理，以证明职务的便利；

③税收征管活动相关的法律法规、单位规章、制度、纪律等，以证明主观上明知；

④根据法律、行政法规规定的税种、税率应当向造纸厂补征的税款及罚款的数额，以证明主观上的明知；

⑤向犯罪嫌疑人请托的决策过程，具体时间、地点、内容、知情人员以及犯罪嫌疑人的承诺等，以证明犯罪徇私动机及犯罪明知；

⑥犯罪嫌疑人是否索取、收受贿赂，以证明犯罪动机；

⑦少征应征税款的行为发生在税收征管的哪个环节，是否采用歪曲事实或者隐瞒事实，曲解税收政策法规，违反征管程序等方法少征税款，以证明犯罪行为方式；

⑧少征的应征税款数额，以证明国家税收遭受重大损失的危害结果。

（5）讯问犯罪嫌疑人

①具体的职务，是否具有从事税务征收工作的职责，从事该项工作的时间，案件所涉及的税务征收工作是否由其具体负责等，以证明犯罪主体身份与职务便利；

②税收征管活动相关的法律法规、单位规章、制度、纪律等，以证明主观上明知；

③根据法律、行政法规规定的税种、税率应当向纳税人征收的税款的数额，纳税人是否具备停征、免征、减征条件，以证明主观上明知；

④造纸厂何时以何种方式向其请托，具体请托内容，给予的承诺等，以证明犯罪动机；

⑤何时、何地收受纳税人的财物，具体的数额，以证明犯罪动机、犯罪行为；

⑥稽查纳税过程中是否采用故意歪曲事实或者隐瞒事实，曲解税收政策法规，违反征管程序等方法少征税款，是否在收受贿赂以后才作出以上决定，以证明犯罪行为、犯罪动机；

⑦国家税收损失的数额，以证明犯罪危害后果。

（6）视听资料

对犯罪嫌疑人的讯问进行同步录音录像，以证明侦查活动的合法性和供述的自愿性。

3. 对有关量刑情节的证明

（1）对犯罪嫌疑人有无投案自首、检举立功的证明，证据主要有证人证言、侦查机关的记录等；

（2）对犯罪嫌疑人认罪态度、平时表现的证明，证据主要有证人证言、侦查机关的记录等；

（3）对徇私舞弊少征税款的行为是否给国家造成特别重大损失的证明，证据主要有书证、证人证言、鉴定意见等。

十六、徇私舞弊发售发票、抵扣税款、出口退税案

根据我国《刑法》第405条第1款的规定，徇私舞弊发售发票、抵扣税款、出口退税罪，是指税务机关的工作人员违反法律、行政法规的规定，在办理发售发票、抵扣税款、出口退税工作中，徇私舞弊，致使国家利益遭受重大损失的行为。

（一）证明标准

案件事实清楚，证据确实充分。对犯罪嫌疑人的身份，办理发售发票、抵扣税款、出口退税工作中徇私舞弊的行为，造成的后果等的证明，达到确实充分的程度，对犯罪嫌疑人主观上存在明知、故意的证明，达到内心确信的程度，现有证据能够形成完整的证据链。

（二）举证责任

在一般情况下，控方承担举证责任。犯罪嫌疑人主张发售发票、抵扣税款、出口退税工作中违法行为是集体讨论的结果，不是个人行为的，应承担举证责任。控方对犯罪嫌疑人提出的辩解有查证的责任。

（三）对犯罪主体的证明

（参见滥用职权案）

（四）对犯罪主客观方面的证明

证明犯罪主客观方面的方法主要是勘验、检查，扣押物证、书证，鉴定，询问证人，讯问犯罪嫌疑人等。

1. 勘验、检查

（1）对犯罪嫌疑人住所和办公场所勘验、检查，以发现犯罪的相关物证、书证以及徇私的物质性利益等，以证明犯罪行为；

（2）对纳税企业的经营场所勘验、检查，收集犯罪的相关物证、书证，以证明是否具备申购发票、抵扣税款、出口退税的法定条件。

2. 扣押物证、书证

（1）扣押证明犯罪嫌疑人职务、职责方面的书证，以证明犯罪的主体身份与职务便利；

（2）调取相关的法律法规，如《发票管理办法》、《增值税专用发票内部管理办法》、《增值税暂行条例》、《增值税专用发票使用规定》，以及单位的规章、制度、纪律等，以证明行为人是否违法、违规；

（3）扣押犯罪嫌疑人因徇私而收受的他人财物以及以非法获利购买的物品等，以证明犯罪动机；

（4）扣押申报抵扣、退税的申请、批复，交接班记录，发票发售、税款缴纳汇总报表，签署意见的条子，会议记录、工作日记，经营者发票领发登记簿、本单位领发发票的电脑记录，抵扣的增值税发票或者普通发票，税务稽查报告等书证，以证明犯罪行为；

（5）调取犯罪嫌疑人的电子邮件、QQ 聊天信息等，查明犯罪嫌疑人与纳税人之间的联系、收受他人财物的商谈过程等，以证明犯罪动机。

3. 鉴定

（1）进行司法会计鉴定，以证明损失税款的数额；

（2）对涂改、伪造的文书材料等进行文书、印章鉴定，以证明其真伪；

（3）对仿冒他人笔迹或者在资料上弄虚作假的文书材料进行指纹、笔迹鉴定，以证明犯罪行为。

4. 询问证人

（1）犯罪嫌疑人的职务、职责，从事发售发票、抵扣税款、出口退税工作的时间，业务水平等，以证明犯罪主体身份及主观故意；

（2）案件所涉及的发售发票、抵扣税款、出口退税工作是否由犯罪嫌疑人具体办理，以证明职务的便利；

（3）发售发票、抵扣税款、出口退税工作相关的法律法规、单位规章、制度、纪律等，以证明主观上明知；

（4）申购、申报人所提供的材料是否符合法定条件，以证明犯罪行为的违规性；

（5）向犯罪嫌疑人请托的具体时间、地点、内容、知情人员以及犯罪嫌疑人的承诺等，以证明犯罪徇私动机；

（6）犯罪嫌疑人是否索取、收受贿赂，以证明犯罪动机；

（7）犯罪嫌疑人舞弊的具体时间、地点、过程、手段等，是否采用涂改、伪造文书材料、仿冒他人笔迹或者在资料上弄虚作假等方式，以证明犯罪手段与犯罪故意；

（8）徇私舞弊办理发售发票、抵扣税款、出口退税的行为，是否致使国家利益遭受到重大损失，是否存在刑法上的因果关系，以证明犯罪危害结果。

5. 讯问犯罪嫌疑人

（1）所在单位，担任的职务、具体的职责，案件所涉及的发售发票、抵扣税款、出口退税工作是否由其具体负责，以证明犯罪主体身份与职务便利；

（2）发售发票、抵扣税款、出口退税工作相关的法律法规、单位规章、制度、纪律等，以证明犯罪的明知；

（3）犯罪是为了徇私情还是徇私利，如袒护亲友、打击报复、贪赃受贿等，以证明犯罪动机；

（4）申购、申报人所提供的材料是否符合法定条件，以证明主观上明知；

（5）是否索取、收受贿赂，接受请托事项，具体的时间、地点、经过、知情人员等，以证明犯罪的动机；

（6）如何舞弊，具体时间、地点、过程、手段等，是否采用涂改、伪造文书材料、仿冒他人笔迹或者在资料上弄虚作假等方式，以证明犯罪手段与犯罪故意；

（7）徇私舞弊办理发售发票、抵扣税款、出口退税的行为致使国家利益遭受重大损失的主观心理态度，以证明犯罪故意。

6. 视听资料

对犯罪嫌疑人的讯问进行同步录音录像，以证明侦查活动的合法性和供述的自愿性。

（五）对有关量刑情节的证明

1. 对犯罪嫌疑人有无投案自首、检举立功的证明，证据主要有证人证言、侦查机关的记录等。

2. 对犯罪嫌疑人认罪态度的证明，证据主要有证人证言、侦查机关的记录等。

3. 对犯罪嫌疑人平时表现的证明，证据主要有书证、证人证言、视听资料等。

4. 对徇私舞弊发售发票、抵扣税款、出口退税行为是否给国家税收造成特别重大损失的证明，证据主要有书证、证人证言、鉴定意见等。

（六）补强证明

犯罪嫌疑人辩称自己是临时聘用的协征员、助征员，并非税务机关工作人员的，侦查机关应补强证明，证据主要有受委托从事办理发售发票、抵扣税款、出口退税工作的委托书、会议纪要等书证，证人证言等，以证明犯罪嫌疑人具有税收征管职责。

（七）案　例

2003年9月至2004年6月间，张某利用担任某税务所所长职务的便利，向不应获得发票（指工商业普通发票）的白某发售发票。白某购买发票后，虚开58份，金额5000万余元，抵扣税款500余万元，致使国家税收损失达500余万元。为此，张某共收受白某贿赂款6.8万元。张某将所得赃款全部上缴，并主动交代了徇私舞弊发售发票和受贿犯罪的全部事实，且有重大立功表现。

【证明参考】

1. 对犯罪主体的证明

（参见滥用职权案）

2. 对犯罪主客观方面的证明

（1）勘验、检查

①对犯罪嫌疑人住所和办公场所勘验、检查，以发现犯罪的相关物证、书证以及徇私的物质性利益等，以证明犯罪行为；

②对白某的经营场所勘验、检查，收集犯罪的相关物证、书证，以证明是否具备申购发票的法定条件。

（2）扣押物证、书证

①扣押证明犯罪嫌疑人税务所所长职务、职责方面的书证，以证明犯罪的主体身份与职务便利；

②调取相关的法律法规以及税务所规章、制度、纪律等，以证明行为的违法、违规性；

③扣押犯罪嫌疑人因徇私而收受的他人财物以及以非法获利购买的物品等，以证明犯罪动机；

④扣押发票发售、税款缴纳汇总报表，经营者发票领发登记簿等书证，以证明犯罪行为。

（3）鉴定

①进行司法会计鉴定，以证明税款损失的数额；

②对涂改、伪造的文书材料进行文书、印章鉴定，以证明其真伪；

③对弄虚作假的文书材料进行指纹、笔迹鉴定，以证明犯罪行为。

（4）询问证人

①犯罪嫌疑人的具体职务、职责，从事发售发票工作的时间，业务水平等，以证明犯罪主体身份及主观故意；

②案件所涉及的发售发票工作是否由犯罪嫌疑人主管，以证明职务的便利；

③发售发票工作相关的法律法规、单位规章、制度、纪律等，以证明主观上明知；

④申购人所提供的材料是否符合法定条件，以证明犯罪行为的违规性；

⑤向犯罪嫌疑人请托的具体时间、地点、内容、知情人员以及犯罪嫌疑人的承诺等，以证明犯罪徇私动机；

⑥犯罪嫌疑人是否索取、收受贿赂，以证明犯罪动机；

⑦犯罪嫌疑人舞弊的具体时间、地点、过程、手段等，以证明犯罪手段与犯罪故意；

⑧虚开发票的数量，以证明犯罪危害结果。

（5）讯问犯罪嫌疑人

①在税务所担任的职务、具体的职责，从事该项工作的时间，以证明犯罪主体身份与职务便利；

②发售发票工作相关的法律法规、单位规章、制度、纪律等，以证明主观上明知；

③犯罪是为了徇私情还是徇私利，以证明犯罪动机；

④申购人所提供的材料是否符合法定条件，以证明犯罪的明知；

⑤是否索取、收受贿赂，接受请托事项，具体的时间、地点、经过、知情人员等，以证明犯罪的动机；

⑥如何舞弊，具体时间、地点、过程、手段等，以证明犯罪手段与犯罪故意；

⑦徇私舞弊办理发售发票的行为致使国家利益遭受重大损失的主观心理态度，以证明犯罪故意。

（6）视听资料

对犯罪嫌疑人的讯问进行同步录音录像，以证明侦查活动的合法性和供述的自愿性。

3. 对有关量刑情节的证明

（1）对犯罪嫌疑人有无投案自首、检举立功的证明，证据主要有证人证言、侦查机关的记录等；

（2）对犯罪嫌疑人认罪态度的证明，证据主要有证人证言、侦查机关的记录等；

（3）对犯罪嫌疑人平时表现的证明，证据主要有书证、证人证言、视听资料等；

（4）对徇私舞弊发售发票行为是否使国家税收遭受特别重大损失的证明，证据主要有书证、证人证言、鉴定意见等。

十七、违法提供出口退税凭证案

根据我国《刑法》第405条第2款的规定，违法提供出口退税凭证罪，是指税务机关的工作人员以外的其他国家机关工作人员违反国家规定，在提供出口货物报关单、出口收汇核销单等出口退税凭证的工作中，徇私舞弊，致使国家利益遭受重大损失的行为。

（一）证明标准

案件事实清楚，证据确实充分。对犯罪嫌疑人的职务、身份，在提供出口货物报关单、出口收汇核销单等出口退税凭证的工作中，徇私舞弊的行为方式、具体内容，国家利益遭受重大损失的结果的证明，达到确实充分的程度，对犯罪嫌疑人主观上明知、故意的证明，达到内心确信的程度，证明有罪的证据能够形成完整的证据链。

（二）举证责任

在一般情况下，控方承担举证责任。犯罪嫌疑人提出有利于己的主张的，应当承担举证责任。对犯罪嫌疑人主观上是否明知、故意，控方可根据客观情况推定。

（三）对犯罪主体的证明

（参见滥用职权案）

（四）对犯罪主客观方面的证明

证明犯罪主客观方面的方法主要是勘验、检查，扣押物证、书证，鉴定，询问证人，讯问犯罪嫌疑人等。

1. 勘验、检查

（1）对犯罪嫌疑人住所和办公场所勘验、检查，以发现犯罪相关的物证、书证以及徇私的物质性利益等，以证明犯罪行为；

（2）对申请出口退税商品存放的场所勘验、检查，收集犯罪的相关物证、书证，以证明是否具备申请出口退税的法定条件。

2. 扣押物证、书证

（1）扣押证明犯罪嫌疑人职务、职责方面的书证，包括干部履历表、人事部门出具的证明等，以证明犯罪的主体身份与职务便利；

（2）调取《海关对出口退税报关单管理办法》、《出口收汇核销管理办法》等法律、法规以及办理出口退税凭证的检验操作规章、程序、纪律等，以证明行为的违法、违规性；

（3）扣押犯罪嫌疑人因徇私而收受的他人财物，以非法获利购买的物品、票据、消费凭证等，以证明犯罪动机、非法所得；

（4）扣押申请出口退税的商品，以证明是否具备出口退税条件；

（5）扣押出口企业提交的办理申领出口退税的手续、出口货物报关单、出口收汇核销单等出口退税凭证等书证，以证明犯罪行为；

（6）调取犯罪嫌疑人的电子邮件、QQ 聊天信息等，查明犯罪嫌疑人与申请人之间的联系、收受他人财物的商谈过程等，以证明犯罪动机。

3. 鉴定

（1）对出口货物报关单和出口收汇核销单等出口退税凭证进行文书鉴定，以证明是否是伪造的材料；

（2）对出口货物报关单和出口收汇核销单等出口退税凭证进行指纹等痕迹检验，以证明是否犯罪嫌疑人经手办理；

（3）对国家利益遭受的经济损失进行价值评估，以证明犯罪危害结果。

4. 询问证人

（1）犯罪嫌疑人的职务、职责，提供出口退税凭证的工作时间，案件所涉及的出口退税凭证是否由犯罪嫌疑人具体办理，以证明犯罪主体身份及职务便利；

（2）犯罪嫌疑人的业务水平，一贯工作表现，从事相同或者相似工作的经历等，以证明主观上明知；

（3）相关的法律法规、单位规章、制度、纪律等，以证明行为的违规性、违法性；

（4）申请人所提供的材料是否符合法定条件，如果不符合条件，犯罪嫌疑人为何批准，以证明行为的违规性、违法性；

（5）向犯罪嫌疑人请托的具体时间、地点、内容、知情人员以及犯罪嫌疑人的承诺，以证明犯罪徇私动机及主观上明知；

（6）犯罪嫌疑人是否索取、收受贿赂，以证明犯罪动机；

（7）如何提供不真实的出口货物报关单、出口收汇核销单等出口退税凭证，如伪造材料、隐瞒情况、弄虚作假等，以证明犯罪行为方式；

（8）提供出口退税凭证的行为是否致使国家利益遭受重大损失，且存在刑法上的因果关系，以证明犯罪危害结果。

5. 讯问犯罪嫌疑人

（1）犯罪嫌疑人具体的工作职责，从事该项工作的时间，案件所涉及的工作是否由犯罪嫌疑人具体负责，以证明犯罪主体身份与职务便利；

（2）《海关对出口退税报关单管理办法》、《出口收汇核销管理办法》等法律、法规的相关职权、职责内容，单位的规章、制度、纪律等，以证明主观上明知；

（3）申请人所提供的材料是否符合法定条件，如果不具备法定条件，为何要批准，以证明犯罪故意；

（4）犯罪是为了徇私情还是徇私利，是否索取贿赂，接受请托事项的具体时间、地点、经过、知情人员等，以证明犯罪的动机；

（5）如何提供不真实的出口退税凭证，以证明犯罪行为方式；

（6）是否实际收到当事人的物质性利益或其他利益，以证明犯罪动机。

6. 视听资料

对犯罪嫌疑人的讯问进行同步录音录像，以证明侦查活动的合法性和供述的自愿性。

（五）对有关量刑情节的证明

1. 对犯罪嫌疑人有无投案自首、检举立功的证明，证据主要有证人证言、侦查机关的记录等。

2. 对犯罪嫌疑人认罪态度的证明，证据主要有证人证言、侦查机关的记录等。

3. 对犯罪嫌疑人平时表现的证明，证据主要有书证、证人证言、视听资料等。

4. 对犯罪嫌疑人是否给国家造成特别重大损失的证明，证据主要有书证、证人证言、鉴定意见等。

（六）案　例

某海关工作人员尤某在负责审查某市进出口公司申办出口退税凭证的过程中，徇私舞弊，在没有审核该公司提供的出口退税资料的情况下，擅自在该公司的出口货物报关单上加盖海关验讫章，致使国家的出口退税款损失达60多万元。

【证明参考】

1. 对犯罪主体的证明

（参见滥用职权案）

2. 对犯罪主客观方面的证明

（1）勘验、检查

①对犯罪嫌疑人住所和办公场所勘验、检查，以发现犯罪的相关物证、书证以及徇私的物质性利益等，以证明犯罪行为；

②对申请出口退税商品存放的场所进行勘验、检查，收集犯罪的相关物证、书证，以证明是否具备申请出口退税的法定条件。

（2）扣押物证、书证

①扣押证明犯罪嫌疑人职务、职责方面的书证，以证明犯罪的主体身份与职务便利；

②调取《海关对出口退税报关单管理办法》、《出口收汇核销管理办法》等法律、法规以及办理出口退税凭证的检验操作规章、程序、纪律等，以证明行为的违法性、违规性；

③扣押犯罪嫌疑人因徇私而收受的他人财物，以非法获利购买的物品、票据、消费凭证等，以证明犯罪动机；

④扣押申请出口退税的商品，以证明是否具备出口退税条件；

⑤扣押出口企业提交的办理申领出口退税的手续、出口货物报关单等出口退税凭证，以证明犯罪行为。

（3）鉴定

①对出口退税凭证上的指纹进行痕迹检验，以证明是否犯罪嫌疑人经手办理；

②对国家利益遭受的经济损失进行价值评估，以证明犯罪危害结果。

（4）询问证人

①犯罪嫌疑人的职务、职责，案件所涉及的出口货物报关单是否由犯罪嫌疑人具体办理，以证明犯罪主体身份及职务便利；

②犯罪嫌疑人的业务水平，一贯工作表现，从事相同或者相似工作的经历等，以证明主观上明知；

③相关的法律法规、单位规章、制度、纪律等，以证明行为的违规性；

④申请人所提供的材料是否符合法定条件，以证明违规操作；

⑤向犯罪嫌疑人请托的具体时间、地点、内容、知情人员以及犯罪嫌疑人的承诺等，以证明犯罪徇私动机及主观上明知；

⑥犯罪嫌疑人是否对该公司提供的出口退税资料进行审核，以证明犯罪行为方式；

⑦提供出口货物报关单的行为是否致使国家利益遭受重大损失，且存在刑法上的因果关系，以证明犯罪危害结果。

（5）讯问犯罪嫌疑人

①具体的工作职责，案件所涉及的工作是否由犯罪嫌疑人具体负责等，以证明犯罪主体身份与职务便利；

②《海关对出口退税报关单管理办法》等法律、法规的相关职权、职责内容，单位的规章、制度、纪律等，以证明主观上明知；

③申请人所提供的材料是否符合法定条件，以证明犯罪故意；

④犯罪是为了徇私情还是徇私利，是否索取贿赂，接受请托事项的具体时间、地点、经过、知情人员等，以证明犯罪的动机；

⑤是否对该公司提供的出口退税资料进行审核，以证明犯罪行为；

⑥是否实际收到当事人的物质性利益或其他利益，以证明犯罪动机。

（6）视听资料

对犯罪嫌疑人的讯问进行同步录音录像，以证明侦查活动的合法性和供述的自愿性。

3. 对有关量刑情节的证明

（1）对犯罪嫌疑人有无投案自首、检举立功的证明，证据主要有证人证言、侦查机关的记录等；

（2）对犯罪嫌疑人认罪态度的证明，证据主要有证人证言、侦查机关的记录等；

（3）对犯罪嫌疑人平时表现的证明，证据主要有书证、证人证言、视听资料等；

（4）对犯罪行为是否给国家税收造成特别重大损失的证明，证据主要有书证、证人证言、鉴定意见等。

十八、国家机关工作人员签订、履行合同失职被骗案

根据我国《刑法》第406条的规定，国家机关工作人员签订、履行合同失职被骗罪，是指国家机关工作人员在签订、履行合同过程中，因严重不负责任被诈骗，致使国家利益遭受重大损失的行为。

（一）证明标准

案件事实清楚，证据确实充分。对犯罪嫌疑人的身份、失职被骗造成的后果的证明，达到确实充分的程度，对犯罪嫌疑人主观过失的证明，达到内心确信的程度，证明有罪的证据能够形成完整的证据链。

（二）举证责任

在一般情况下，控方承担举证责任。犯罪嫌疑人主张不存在过失的，应当承担举证责任。对犯罪嫌疑人提出有利于己的证据，控方有查证的责任。

（三）对犯罪主体的证明

（参见滥用职权案）

（四）对犯罪主客观方面的证明

证明犯罪主客观方面的方法主要是勘验、检查，扣押物证、书证，鉴定，辨认，询问证人、被害人，讯问犯罪嫌疑人等。

1. 勘验、检查

对与签订、履行合同相关联的地点进行勘验、检查，如造成房屋倒塌的，需要对现场进行勘查，以证明犯罪结果。

2. 扣押物证、书证

（1）扣押涉案手机，调取犯罪嫌疑人的通话清单、短信、QQ 聊天记录、电子邮件等，以证明犯罪嫌疑人签订、履行合同过程中与对方当事人的联系情况；

（2）调取犯罪嫌疑人签订的合同，以证明其有签订合同的行为以及合同的内容；

（3）调取公安、司法机关对诈骗国家机关工作人员的犯罪行为人处理的有关法律文书，以证明国家机关工作人员被骗；

（4）调取造成经济损失的有关银行凭证等书证，如有实物被损坏的，扣押实物，以证明造成国家利益损失是否达到犯罪追诉标准；

（5）调取有关的规章制度、犯罪嫌疑人单位的工作规范，以证明犯罪嫌疑人在签订、履行合同过程中是否尽到审查责任。

3. 视听资料

调取有关款项的取款录像，以证明支付的合同款被他人取走，使国家利益遭受损失。

4. 鉴定

（1）对合同上的签名和印章进行鉴定，以证明犯罪嫌疑人签订了合同，对方当事人是否伪造了签名、印章进行诈骗；

（2）造成财物损失的，对受损财物进行价格鉴定，以证明造成经济损失的数额；

（3）对经济损失的数额难以确定的，可以进行司法会计鉴定，以证明损失数额。

5. 辨认

（1）犯罪嫌疑人与合同对方当事人相互辨认，以证明犯罪主体；

（2）对签署的合同、造成财物损失等书证、物证进行辨认，以证明犯罪行为与危害结果。

6. 询问证人

（1）犯罪嫌疑人的职务、职责，是否负责签订、履行合同，以证明犯罪主体身份与职责；

（2）合同签署的时间、地点、内容，对方当事人的情况，以证明犯罪的经过；

（3）犯罪嫌疑人在签订合同之前，有无对对方当事人的身份和资质等情况进行核实，以证明有无过失；

（4）犯罪嫌疑人履行合同过程中是否盲目付款或交货，是否遵守正常的财经纪律，以证明有无过失；

（5）犯罪嫌疑人是否违规为他人提供担保，发生经济纠纷时承担连带责任，使国家利益遭受损失，以证明犯罪行为。

7. 询问被害人

本罪损害的是国家利益，被害人一般为单位，需询问其有关负责人员。

（1）被害单位的性质，合同内容与被害人单位的关系，以证明犯罪行为；

（2）犯罪嫌疑人在签订合同过程中是否尽到责任，如果犯罪嫌疑人尽到责任，是否可以避免损失，以证明因果关系；

（3）犯罪行为给国家财产造成损失的程度，以证明犯罪结果。

8. 讯问犯罪嫌疑人

（1）所在的单位、担任的职务、工作中的职责范围，以证明犯罪主体身份与职责；

（2）签订合同前进行了哪些准备工作，有无考察对方的资信情况，为什么选择对方签合同，以证明犯罪过失；

（3）合同签署的时间、地点、内容，对方当事人的情况，以证明犯罪的经过；

（4）签订合同过程中有无发现异常情况，发现异常时是否采取必要的措施，以证明犯罪过失；

（5）如何履行合同，发现对方可能没有履行能力时，是否立即中止履行或让对方提供必要的担保，以证明犯罪过失；

（6）发现国家利益遭受损失后是否采取了措施避免损失扩大，以证明主观过错。

（五）对有关量刑情节的证明

1. 对犯罪嫌疑人有无投案自首、检举立功的证明，证据主要有证人证言、侦查机关的记录等。

2. 对犯罪嫌疑人认罪态度、平时表现的证明，证据主要有证人证言、侦查机关的记录等。

3. 对国家利益造成“重大损失”或“特别重大损失”的证明，证据主要有被害人陈述、鉴定意见等。

（六）补强证明

犯罪嫌疑人辩解主观上不存在过失的，侦查机关应当补强证明，证据主要有相关的会议记录、文件、证人证言等，证明犯罪嫌疑人所在单位对签订合同有严格的流程要求，犯罪嫌疑人明知这些要求而未按要求操作，省略了必要的审查程序。

（七）案　　例

张某在2004年10月担任某县科长兼本县软件开发公司总经理期间，与广东

A网络有限公司股东刘某洽谈购买刘某所持有的广东A网络有限公司的部分股权。

在此过程中，张某严重不负责任，轻信对方，对刘某称该公司经济实力雄厚、发展潜力很大、经过改制很快将在深圳证券交易所上市、到期股值将会大幅度增值等情况没有进行任何的咨询、论证和核实，就于2004年10月23日与刘某签订了购买股权协议，并分别于2004年10月24日（汇100万元）和2004年11月20日（汇1900万元），共向刘某指定的A网络有限公司的账户上汇入协议规定的2000万元（其中第二笔11月20日汇的款是没按合同约定提前汇的）。

协议履行后，广东A网络有限公司未能按约上市，刘某也未按约定回购股权，导致2000万元国有资产被骗，仅追回100万元。

【证明参考】

1. 对犯罪主体的证明

（参见滥用职权案）

2. 对犯罪主客观方面的证明

（1）扣押物证、书证

①扣押张某与刘某签订的合同，以证明犯罪过失；

②调取公安机关对刘某追究刑事责任的有关法律文书，证明张某被刘某诈骗；

③调取张某向刘某指定的账户上汇款的银行凭证以及被骗资金去向的银行凭证，以证明被骗的结果；

④调取张某任职的软件开发公司的注册登记资料、营业执照、公司章程等，以证明该公司的性质、张某的职责范围以及该公司对签订、履行合同有何规定；

⑤调取广东A网络有限公司的注册登记资料、营业执照、证券监管部门的相关说明，经营状况以及股权情况，是否上市，以证明该公司的真实实力。

（2）视听资料

调取广东A网络有限公司银行账户的取款录像，证明何人将汇入的款项取走。

（3）辨认

①张某和刘某相互辨认，以证明犯罪主体；

②张某对合同及银行汇款凭证辨认，以证明犯罪行为与危害结果。

（4）询问证人

①犯罪嫌疑人的职务、职责，以证明犯罪主体身份与职责；

②合同签署的时间、地点、内容，对方当事人的情况，以证明犯罪过失与犯罪行为；

③张某在签订合同之前，有无核实对方公司的经营状况和股权情况，以证明

有无犯罪过失；

④何时向对方汇款，汇款的金额和账号，是否要求对方提供担保，以证明被骗的结果。

（5）讯问犯罪嫌疑人

①工作单位、担任的职务、职责范围，以证明犯罪主体身份与职责；

②为何要购买刘某的股权，签订合同前进行了哪些准备工作，是否了解对方公司的情况，以证明犯罪过失；

③为何相信刘某的承诺，对方有无提供担保或相应的证据证明自己的承诺可以兑现，以证明犯罪过失；

④为何提前汇第二笔款，以证明犯罪过失；

⑤为何不向有关专家及证券监管部门征求意见，以证明犯罪过失。

3. 对有关量刑情节的证明

（1）对犯罪嫌疑人有无检举、揭发、自首、立功的证明，证据主要有侦查机关的记录、证人证言；

（2）对国家利益损失情况的证明，证据主要有被害人陈述、鉴定意见等。

4. 补强证明

犯罪嫌疑人提出在签订合同过程中自己不存在过错的，侦查机关应当补强证明，证据主要包括：

（1）县软件开发公司的会议记录、公司章程、证人证言等，证明公司对签订合同要求进行专家论证、集体讨论决策，但犯罪嫌疑人并未执行；

（2）刘某的证言，证明张某在签订、履行合同过程中对刘某的承诺未提出质疑，没有要求提供相关凭证；

（3）证人证言，证明在签订合同之前，有人提出对刘某及其公司的质疑，但张某未予重视。

十九、违法发放林木采伐许可证案

根据我国《刑法》第407条的规定，违法发放林木采伐许可证罪，是指林业主管部门的工作人员违反森林法的规定，超过批准的年采伐限额发放林木采伐许可证或者违反规定滥发林木采伐许可证，情节严重，致使森林遭受严重破坏的行为。

（一）证明标准

案件事实清楚，证据确实充分。对犯罪嫌疑人的职务、身份，超过批准的年采伐限额发放林木采伐许可证或者违反规定滥发林木采伐许可证的行为，森林遭受严重破坏的后果的证明，达到确实充分的程度，对犯罪嫌疑人主观方面的证明，达到内心确信的程度，现有证据能够形成完整的证据链。

（二）举证责任

在一般情况下，控方承担举证责任。犯罪嫌疑人提出有利于己的主张的，应当承担举证责任。对犯罪嫌疑人的主观状态，控方可以根据客观情况推定。

（三）对犯罪主体的证明

（参见滥用职权案）

（四）对犯罪主客观方面的证明

证明犯罪主客观方面的方法主要是勘验、检查，扣押物证、书证，鉴定，询问证人，讯问犯罪嫌疑人等。

1. 勘验、检查

（1）对犯罪嫌疑人住所和办公场所勘验、检查，以发现犯罪相关的物证、书证，以证明犯罪行为；

（2）对林木被滥伐、珍贵树木被滥伐、国家禁止采伐的林木被砍伐的现场勘查，以证明犯罪结果。

2. 扣押物证、书证

（1）扣押证明犯罪嫌疑人职务、身份方面的书证，如干部履历表、林业主管部门出具的人事证明等，以证明犯罪主体身份与职责；

（2）调取森林法及其实施细则中有关森林年采伐限额的制定和审批、采伐森林和林木的范围与方式、林木采伐许可证的申请与核发职权等方面的规定，以证明发放许可证行为的违规性；

（3）扣押犯罪嫌疑人收受的物质性利益等，以证明犯罪动机；

（4）调取、扣押伐区调查设计文件、上年度更新验收证明、年采伐限额文件、林木采伐申请书、林木采伐许可证等书证，以证明犯罪行为；

（5）调取犯罪嫌疑人的电子邮件、QQ聊天信息等，查明犯罪嫌疑人与申请人之间的联系、收受他人财物的商谈过程等，以证明犯罪动机。

3. 鉴定

（1）对林木采伐许可证进行文书鉴定，以证明其真伪；

（2）对发放的林木采伐许可证上的指纹进行痕迹检验，以证明是否犯罪嫌疑人经手办理；

（3）对犯罪造成的经济损失进行价值评估，以证明犯罪的危害后果。

4. 询问证人

（1）犯罪嫌疑人是否是林业主管部门的工作人员，职务、职责，一贯工作表现等，以证明犯罪的主体身份与主观过失；

（2）案件所涉及的林木采伐许可证是否是由犯罪嫌疑人具体审查、发放的，以证明犯罪的职责条件；

（3）森林法及其实施细则中有关森林年采伐限额的制定和审批、采伐森林和林木的范围与方式、林木采伐许可证的申请与核发职权等方面的规定，以证明发放许可证行为的违规性；

（4）林木采伐申请书是否符合规定，发放林木采伐许可证是否超过批准的年采伐限额，是否违规发放，以证明犯罪过失与犯罪行为；

（5）犯罪嫌疑人事后是否到现场进行监督检查，以证明犯罪过失与犯罪行为；

（6）违法发放林木采伐许可证致使国家利益遭受重大损失的严重后果，以证明犯罪的危害后果。

5. 讯问犯罪嫌疑人

（1）所在单位，担任的职务、具体的工作职责，案件所涉及林木采伐许可证是否由其具体负责，以证明犯罪主体身份与职责；

（2）森林法及其实施细则中有关森林年采伐限额的制定和审批、采伐森林和林木的范围与方式、林木采伐许可证的申请与核发职权等方面的规定，以证明其发放许可证行为的违规性；

（3）林木采伐申请书是否符合规定，发放林木采伐许可证是否超过批准的年采伐限额，是否违规发放，以证明犯罪过失与犯罪行为；

（4）采伐的是否是农村居民自留山的薪炭林和房前屋后个人所有的零星林木、竹子和不是以生产竹材为主要目的的竹林，以证明犯罪侵害的对象；

（5）为何超越自己的职权或者明知他人采伐许可证申请的内容不符合法律规定仍然予以批准而发给采伐许可证，以证明主观过失；

（6）是否收到当事人的物质性利益或其他利益，以证明犯罪动机。

6. 视听资料

对犯罪嫌疑人的讯问进行同步录音录像，以证明侦查活动的合法性和供述的自愿性。

（五）对有关量刑情节的证明

1. 对犯罪嫌疑人有无投案自首、检举立功的证明，证据主要有证人证言、侦查机关的记录等。

2. 对犯罪嫌疑人认罪态度的证明，证据主要有证人证言、侦查机关的记录等。

3. 对犯罪嫌疑人平时表现的证明，证据主要有书证、证人证言、视听资料等。

4. 对是否给国家造成特别重大损失的证明，证据主要有书证、证人证言、鉴定意见等。

(六) 案　　例

2006年8月,某市林业局某林管站站长何某在为木材经营商黄某办理某山场林木采伐许可证时,在明知该山场林木为国家生态公益保护林,且2005年已进行过采伐的情况下,以"一地两名"的形式,违反《林木采伐伐区调查设计技术规定》关于更新采伐间隔期的规定,安排本站工作人员李某、刘某到该山场进行采伐作业设计,并在其后的书面报告上签署"同意上报"意见,致使该山场防护林最终被采伐林木蓄积604.0689立方米(水毁材蓄积未计算在内),给森林资源造成了严重的破坏。

【证明参考】

1. 对犯罪主体的证明

(参见滥用职权案)

2. 对犯罪主客观方面的证明

(1) 勘验、检查

①对犯罪嫌疑人住所和办公场所勘验、检查,以发现犯罪相关的物证、书证;

②对生态公益保护林被砍伐的现场勘查,以证明犯罪结果。

(2) 扣押物证、书证

①扣押证明犯罪嫌疑人职务、身份方面的书证,以证明犯罪主体身份与职责;

②调取《林木采伐伐区调查设计技术规定》、《关于下达2006年木材生产计划的通知》,查清有关森林年采伐限额、采伐森林和林木的范围与方式等方面的规定,以证明发放许可证行为的违规性;

③扣押犯罪嫌疑人收受的财物等,以证明犯罪动机;

④扣押伐区调查设计书、伐区小班位置图、拨交通知书、山场林权转让协议、砍伐合同、山场林木采伐鉴定报告、现场勘验图、林木采伐申请书、林木采伐许可证等书证,以证明犯罪行为。

(3) 鉴定

对生态公益保护林遭到破坏的数量、价值进行评估鉴定,以证明犯罪的危害后果。

(4) 询问证人

①犯罪嫌疑人是否是林业主管部门的工作人员,具体的职务、职责,一贯工作表现等,以证明犯罪的主体身份与主观过失;

②案件所涉及的林木采伐许可证发放工作是否由犯罪嫌疑人主管,以证明犯罪的职责条件;

③森林法及其实施细则中有关森林年采伐限额的制定和审批、采伐森林和林木的范围与方式、林木采伐许可证的申请与核发职权等方面的规定，以证明发放许可证行为的违规性；

④林木采伐申请书是否符合规定，发放林木采伐许可证是否超过批准的年采伐限额，是否违规发放，以证明犯罪过失与犯罪行为；

⑤违法发放林木采伐许可证是否致使生态公益保护林遭受严重破坏，以证明犯罪后果。

（5）讯问犯罪嫌疑人

①具体的职务、身份、工作职责，从事该项工作的时间，案件所涉及林木采伐许可证发放工作是否由犯罪嫌疑人主管，以证明犯罪主体身份与职责；

②森林法及其实施细则中有关森林年采伐限额的制定和审批、采伐森林和林木的范围与方式、林木采伐许可证的申请与核发职权等方面的规定，以证明其行为的违规性；

③林木采伐申请书是否符合规定，发放林木采伐许可证是否超过批准的年采伐限额，是否违规发放，以证明犯罪过失、犯罪行为；

④为何超越自己的职权或者明知他人采伐许可证申请的内容不符合法律规定仍然予以批准而发给采伐许可证，以证明主观过失；

⑤是否收受当事人的物质性利益或其他利益，以证明犯罪动机。

（6）视听资料

对犯罪嫌疑人的讯问进行同步录音录像，以证明侦查活动的合法性和供述的自愿性。

3. 对有关量刑情节的证明

（1）对犯罪嫌疑人有无投案自首、检举立功的证明，证据主要有证人证言、侦查机关的记录等；

（2）对犯罪嫌疑人认罪态度的证明，证据主要有证人证言、侦查机关的记录等；

（3）对犯罪嫌疑人平时表现的证明，证据主要有书证、证人证言、视听资料等；

（4）对是否使国家利益遭受特别重大损失的证明，证据主要有书证、证人证言、鉴定意见等。

二十、环境监管失职案

根据我国《刑法》第 408 条的规定，环境监管失职罪，是指负有环境保护监督管理职责的国家机关工作人员严重不负责任，导致发生重大环境污染事故，致使公私财产遭受重大损失或者造成人身伤亡的严重后果的行为。

（一）证明标准

案件事实清楚，证据确实充分。对犯罪嫌疑人的职务、身份，失职行为、发生重大环境污染事故的严重后果以及因果关系的证明，达到确实充分的程度，对犯罪嫌疑人主观过失心态的证明，达到内心确信的程度，证明有罪的证据能够形成完整的证据链。

（二）举证责任

在一般情况下，控方承担举证责任。犯罪嫌疑人提出有利于己的主张的，应当承担举证责任。对犯罪嫌疑人主观上有无过失，控方可以根据客观情况推定。

（三）对犯罪主体的证明

（参见滥用职权案）

（四）对犯罪主客观方面的证明

证明犯罪主客观方面的方法主要是勘验、检查，扣押物证、书证，鉴定，询问被害人、证人，讯问犯罪嫌疑人等。

1. 勘验、检查

（1）对重大环境污染事故现场勘验、检查，查明人身伤亡、公私财产损失的后果及其程度，以证明犯罪后果；

（2）对重大环境污染事故现场勘验、检查，收集与案件有关的痕迹物品，查明环境污染事故发生的各种原因，以证明犯罪因果关系；

（3）对重大环境污染事故现场勘验、检查，查明责任人员的失职行为，以证明犯罪行为；

（4）对排污工厂等勘验、检查，以证明污染的源头。

2. 扣押物证、书证

（1）扣押证明犯罪嫌疑人职务、身份方面的书证，如干部履历表、人事部门出具的证明等，以证明犯罪主体身份与职责；

（2）扣押犯罪嫌疑人的手机，调取其通话记录、短信，以证明有无过失、有无共同犯罪；

（3）扣押现场遗留物，以证明犯罪行为及其结果的存在；

（4）扣押犯罪嫌疑人个人和其近亲属的账户等收支证明文件，以证明有无受贿等其他犯罪行为；

（5）扣押犯罪嫌疑人获取的物质性利益，以证明犯罪动机；

（6）扣押建设项目任务书、限期治理意见、现场检查记录等书证，以证明存在严重不负责任的行为。

3. 鉴定

（1）对被害人进行法医鉴定、伤残等级鉴定、死亡证明鉴定等，以证明人身伤亡的结果及其原因；

（2）对公私财产损失进行评估鉴定，以证明公私财产损失的情况；

（3）对事故原因进行鉴定，以证明危害结果与失职行为之间的因果关系。

4. 询问被害人

（1）询问环境污染事故发生的过程、原因、结果，财产的损失情况以及人员的伤亡情况，以证明犯罪后果；

（2）犯罪嫌疑人的身份、职务，是否向犯罪嫌疑人举报过环境污染问题，犯罪嫌疑人是否采取监管措施，以证明犯罪行为。

5. 询问证人

（1）犯罪嫌疑人是否是负有环境保护监督管理职责的国家机关工作人员，具体的职务、职责，以证明犯罪嫌疑人的身份；

（2）犯罪嫌疑人的一贯工作表现、近期有无反常的表现，以证明犯罪过失；

（3）是否向犯罪嫌疑人举报过环境污染事故，犯罪嫌疑人是否采取监管措施，以证明犯罪行为；

（4）犯罪嫌疑人存在哪些严重不负责任的失职行为，如对建设项目任务书中的环境影响报告不作认真审查，或者防治污染的设施不进行审查验收即批准投入生产、使用等，以证明犯罪行为。

6. 讯问犯罪嫌疑人

（1）具体的工作职责，从事该项工作的时间等，以证明犯罪主体身份与职责；

（2）存在哪些严重不负责任的失职行为，以证明犯罪行为；

（3）环境污染事故发生的经过及原因，以证明犯罪结果与因果关系；

（4）环境污染事故造成的人身伤亡、公私财产损失的后果及其程度，以证明犯罪的危害后果；

（5）与上级领导的关系如何，是否受到指使，有无共同犯罪情况等，以证明共同犯罪及其各自的责任；

（6）是否有人向自己举报过环境污染事故，自己是否采取了措施，没有采取措施的原因，以证明犯罪行为、犯罪主观方面；

（7）何时、何地收受他人贿赂，贿赂的名称、金额，收受贿赂后是否放弃职责，以证明犯罪行为、犯罪动机。

7. 视听资料

对犯罪嫌疑人的讯问进行同步录音录像，以证明侦查活动的合法性和供述的自愿性。

（五）对有关量刑情节的证明

1. 对犯罪嫌疑人有无投案自首、检举立功的证明，证据主要有证人证言、侦查机关的记录等。

2. 对犯罪嫌疑人认罪态度的证明，证据主要有证人证言、侦查机关的记录等。

3. 对犯罪嫌疑人平时表现的证明，证据主要有书证、证人证言、视听资料等。

（六）补强证明

犯罪嫌疑人辩称其行为是正当业务行为的，侦查机关应当补强证明，证据主要包括：

1. 法律、法规规定、单位出具的证明，证明正当业务行为的种类和限度。

2. 同行、同事的证言，证明失职行为和正当业务行为的界限。

（七）案　　例

2009 年 3 月、5 月，周某、李某共同到某化工有限公司进行环保检查，发现该公司新投产的生产线无环保审批手续，但两人未采取环境监管行政措施制止，也未检查、检测生产及排污情况。

某化工有限公司排放含砷废水，造成重大环境污染事故后，某市检察机关迅速查办污染事故背后的职务犯罪案件。8 月 1 日，检察机关以环境监管失职罪、受贿罪对周某、李某立案侦查。检察机关查明，周某收受 26 家企业人员贿赂的现金与购物卡共计 12 万余元；李某收受 14 家企业贿赂的现金与购物卡共计 3.39 万元。

【证明参考】

1. 对犯罪主体的证明

（参见滥用职权案）

2. 对犯罪主客观方面的证明

（1）勘验、检查

①对事故现场勘验、检查，查明财产损失情况，以证明严重后果；

②对事故现场伤亡人员的衣服、遗留物进行检查，以证明其身份；

③对事故现场的尸体进行检查，以证明死亡时间、方法、原因；

④对事故现场遗留物进行检查，以证明环境污染事故发生的原因。

（2）扣押物证、书证

①扣押犯罪嫌疑人的手机，调取其通话记录、短信，以证明有无过失、有无共同犯罪；

②扣押现场遗留物，以证明犯罪行为及其结果的存在；

③扣押犯罪嫌疑人个人和近亲属的银行账户等收支证明文件，以证明有无受贿等其他犯罪行为。

（3）鉴定

①对被害人进行法医鉴定、伤残等级鉴定、死亡证明鉴定等，以证明人身伤亡的结果及其原因；

②对公私财产损失进行评估鉴定，以证明公私财产损失的情况；

③对事故原因进行鉴定，以证明危害结果与失职行为之间的因果关系。

（4）询问被害人

①环境污染事故发生的经过、原因、结果，财产的损失情况以及人员的伤亡情况，以证明犯罪后果；

②是否向犯罪嫌疑人举报过环境污染问题，犯罪嫌疑人是否采取监管措施，以证明犯罪行为。

（5）询问证人

①环境污染事故发生的时间、经过、原因，当时伤亡人员、受损财物的位置，现场是否受到破坏，以证明犯罪的危害后果；

②犯罪嫌疑人何时、何故出现在事故现场，有无采取救济的措施、采取了哪些救济措施，以证明犯罪行为；

③犯罪嫌疑人的性别、年龄、衣着、人数，以证明犯罪嫌疑人的情况；

④犯罪嫌疑人的一贯工作表现，是否尽职尽责，近期有无反常的表现，有无他人向犯罪嫌疑人举报环境污染一事，以证明犯罪主观过失；

⑤犯罪嫌疑人存在哪些严重不负责任的失职行为，以证明犯罪行为；

⑥犯罪嫌疑人是否到某化工有限公司进行过环保检查，是否发现污染问题，是否采取监管措施，以证明犯罪主观方面；

⑦何时、何地、因为何事给予犯罪嫌疑人财物，具体的数额，犯罪嫌疑人承诺事项等，以证明犯罪动机、犯罪行为。

（6）讯问犯罪嫌疑人

①何时、何故出现在某化工有限公司，是否发现污染问题，是否采取监管措施，以证明犯罪行为、犯罪主观方面；

②环境污染事故发生的时间、经过、原因，现场的各种损失情况等，以证明危害后果；

③是否收受某化工有限公司的贿赂，贿赂的金额，在包庇污染中，相互之间如何分工、各自的违法所得，以证明犯罪行为；

④ 有无群众向自己举报环境污染事故，是否查明和监管，没有检查、监管的原因，以证明犯罪行为、犯罪主观方面。

(7) 视听资料

对犯罪嫌疑人的讯问进行同步录音录像，以证明侦查活动的合法性和供述的自愿性。

3. 对有关量刑情节的证明

(1) 对犯罪嫌疑人有无投案自首、检举立功的证明，证据主要有证人证言、侦查机关的记录等；

(2) 对犯罪嫌疑人认罪态度的证明，证据主要有证人证言、侦查机关的记录等；

(3) 对犯罪嫌疑人平时表现的证明，证据主要有书证、证人证言、视听资料等。

二十一、食品监管渎职案

根据我国《刑法》第408条之一的规定，食品监管渎职罪，是指负有食品安全监督管理职责的国家机关工作人员，滥用职权或者玩忽职守，导致发生重大食品安全事故或者造成其他严重后果的行为。

(一) 证明标准

案件事实清楚，证据确实充分。对犯罪嫌疑人的身份、职责，失职行为、重大食品安全事故导致的后果以及因果关系的证明，达到确实充分的程度，对犯罪嫌疑人主观方面的证明，达到内心确信的程度，证明有罪的证据能够形成完整的证据链。

(二) 举证责任

在一般情况下，控方承担举证责任。犯罪嫌疑人提出有利于己的主张的，应当承担举证责任。对犯罪嫌疑人的主观状态，控方可以根据客观情况推定。

(三) 对犯罪主体的证明

(参见滥用职权案)

(四) 对犯罪主客观方面的证明

证明犯罪主客观方面的方法主要是勘验、检查，扣押物证、书证，鉴定，询问被害人、证人，讯问犯罪嫌疑人等。

1. 勘验、检查

(1) 对食品安全事故现场勘验、检查，查明人身伤亡、公私财产损失的后果及其程度，以证明犯罪后果；

(2) 对食品安全事故现场勘验、检查，收集与案件有关的痕迹物品，查明食品安全事故发生的源头、各种原因，以证明犯罪因果关系；

（3）对食品安全事故现场勘验、检查，查明责任人员的渎职行为，以证明犯罪行为；

（4）对食品生产厂房、储存库房等勘验、检查，以证明是否达到食品生产、储存的国家安全标准。

2. 扣押物证、书证

（1）扣押证明犯罪嫌疑人职务、身份方面的书证，如干部履历表、人事部门出具的证明等，以证明犯罪主体身份与职责；

（2）扣押犯罪嫌疑人的手机，调取其通话记录、短信，以证明主观上有无过失、故意；

（3）扣押遗留在现场的食品、呕吐物、排泄物等物证，以证明食品安全事故的原因；

（4）扣押犯罪嫌疑人个人和近亲属的账户等收支证明文件，查明其非法所得，以证明犯罪动机；

（5）扣押犯罪嫌疑人获取的物质性利益，以证明犯罪动机；

（6）扣押食品质量安全生产许可证等书证，以证明严重不负责的行为。

3. 鉴定

（1）对被害人进行法医鉴定、伤残等级鉴定，以证明人身伤亡的结果及其原因；

（2）对公私财产损失进行评估鉴定，以证明公私财产损失的情况；

（3）对事故原因鉴定，以证明危害结果与渎职行为有无因果关系。

4. 询问被害人

（1）购买食品的时间、地点，购买食品的发票是否保存，储存时间及条件，以证明食品是否变质；

（2）食用的人群、范围、食用量，食用食品后是否发生恶心、呕吐等不良反应或其他慢性疾病，以证明犯罪的危害性；

（3）财产的损失情况以及人员的伤亡情况，以证明犯罪的危害后果。

5. 询问证人

（1）犯罪嫌疑人是否是负有食品安全监督管理职责的国家机关工作人员，具体的职务、职责等，以证明犯罪主体身份与职责；

（2）犯罪嫌疑人的一贯工作表现、近期有无反常的表现，以证明是否存在过失、故意；

（3）犯罪嫌疑人存在哪些严重不负责任的失职行为或滥用职权行为，是否收取对方的好处费，以证明犯罪行为、主观状态；

（4）食品安全事故发生的原因、过程和结果，以证明犯罪的危害性。

6. 讯问犯罪嫌疑人

(1) 所在单位，担任的具体职务、工作职责，从事该项工作的时间等，以证明犯罪主体身份与职责；

(2) 存在哪些严重不负责任的失职行为或滥用职权行为，有无他人要求自己加强对食品的监管，是否严格履职，以证明犯罪行为、犯罪主观方面；

(3) 食品安全事故发生的过程及原因，以证明犯罪结果与因果关系；

(4) 食品安全事故造成的人身伤亡、公私财产损失的后果及其程度，以证明犯罪的危害后果；

(5) 有无收受他人贿赂，何时、何地收受他人贿赂，收受财物的类型、数量，以证明犯罪动机、犯罪行为。

7. 视听资料

对犯罪嫌疑人的讯问进行同步录音录像，以证明侦查活动的合法性和供述的自愿性。

(五) 对有关量刑情节的证明

1. 对犯罪嫌疑人有无投案自首、检举立功的证明，证据主要有证人证言、侦查机关的记录等。

2. 对犯罪嫌疑人认罪态度的证明，证据主要有证人证言、侦查机关的记录等。

3. 对犯罪嫌疑人平时表现的证明，证据主要有书证、证人证言、视听资料等。

(六) 案　　例

2011年5月，某市集中爆发市民食物中毒事件，约200名市民食用了“川妹子”血旺后，出现水肿、眼刺痛、头痛等现象，其中9名严重者发生抽搐、昏迷。

警方对食物取样、化验后，认定生产血旺的厂家为降低成本，以甲醛按比例配置的福尔马林充当保鲜水浸泡血旺，部分检测结果显示，每公斤血旺含甲醛量超过允许最大检测值100毫克。随后，警方对“毒血旺”加工窝点进行搜查，查获“毒血旺”的原料、成品、制作工具等，抓获了制售“毒血旺”的行为人。

随后，检察机关对事故背后的食品监管渎职行为进行侦查，查明事故发生与食品监管不严存在因果关系，工商部门的负责人曹某及检查人员王某严重不负责任，在对食品进行抽查检测时，不进车间，让厂家将“样品”血旺直接送到办公室检测，给企业提供了制造问题食品的空隙和便利。

【证明参考】

1. 对犯罪主体的证明

（参见滥用职权案）

2. 对犯罪主客观方面的证明

（1）勘验、检查

①对食物中毒现场勘验、检查，查明中毒人员的人数、范围、中毒程度、原因等，以证明犯罪的危害后果；

②对犯罪嫌疑人所在单位勘验、检查，扣押食品监管职责的相关规定、对涉案“毒血旺”进行检测的结论等书证，以证明犯罪嫌疑人是否履行了职责；

③对食品生产厂房、储存库房等勘验、检查，以证明是否达到产品质量安全的基本生产条件。

（2）扣押物证、书证

①扣押证明犯罪嫌疑人身份、责任的书证，以证明犯罪主体身份；

②调取食品监管职责的相关规定、对涉案“毒血旺”进行检测的结论等书证，以证明犯罪嫌疑人是否履行了职责；

③扣押犯罪嫌疑人的工作日记及相关工作台账，以证明犯罪嫌疑人是否认真履职。

（3）鉴定

①对被害人中毒情况进行鉴定，以证明人身伤亡的结果及其原因；

②对公私财产损失评估鉴定，以证明公私财产损失的情况；

③对“毒血旺”进行质量鉴定，以证明其是否达到国家规定的安全标准或行业规定的安全标准。

（4）询问被害人

①何时、何地、食用了何种食品造成中毒，以证明犯罪危害后果；

②食物的购买、储存时间及条件，购买食品的发票是否保存，以证明食品是否变质；

③犯罪行为造成自己人身、财产损失情况，以证明犯罪后果。

（5）询问证人

①食物中毒事件发生的时间、经过、原因，何时、何地发现的，当时伤亡人员情况，以证明犯罪的危害后果；

②犯罪嫌疑人是否是负有食品安全监督管理职责的国家机关工作人员，具体的职务、职责等，以证明犯罪主体身份与职责；

③犯罪嫌疑人的一贯工作表现、近期有无反常的表现，以证明犯罪过失；

④犯罪嫌疑人为何不到厂家进行抽样检查，存在哪些严重不负责任的失职行为，以证明犯罪行为；

⑤有无他人要求犯罪嫌疑人加强食品安全的监管，或者上级部门指令犯罪嫌疑人加强食品安全的监管，犯罪嫌疑人是否认真履职，没有认真履职的原因，以证明犯罪行为、犯罪主观方面。

（6）讯问犯罪嫌疑人

①具体职务、工作职责、从事该项工作的时间等，以证明犯罪主体身份与职责；

②存在哪些严重不负责任的失职行为，有无群众向自己举报食品安全问题，是否查处，没有查处的原因，以证明犯罪行为、犯罪主观方面；

③食品安全事故发生的时间、经过、原因，以证明犯罪过程；

④食品安全事故造成的人身伤亡、公私财产损失的后果及其程度，以证明犯罪的危害后果；

⑤有无收受贿赂，何时、何地收受他人贿赂，收受财物的类型及数额，以证明犯罪动机、犯罪行为。

（7）视听资料

对犯罪嫌疑人的讯问进行同步录音录像，以证明侦查活动的合法性和供述的自愿性。

3. 对有关量刑情节的证明

（1）对犯罪嫌疑人有无投案自首、检举立功的证明，证据主要有证人证言，侦查机关的记录等；

（2）对犯罪嫌疑人认罪态度的证明，证据主要有证人证言、侦查机关的记录等；

（3）对犯罪嫌疑人平时表现的证明，证据主要有书证、证人证言、视听资料等。

4. 补强证明

犯罪嫌疑人辩称自己已履行正当业务行为，不存在严重不负责任等失职行为的，侦查机关应当补强证明，证据包括：

（1）相关工作制度、程序等书证，证明犯罪嫌疑人没有按正常程序履行职责；

（2）同行、同事的证人证言，证明犯罪嫌疑人在工作中严重不负责任；

（3）举报人、其他知情人的证人证言等，证明曾举报过该厂的食品安全问题，要求犯罪嫌疑人加强食品安全的监管，但犯罪嫌疑人并未给予答复，也未按正常程序履行职责。

二十二、传染病防治失职案

根据我国《刑法》第409条的规定，传染病防治失职罪，是指从事传染病防治的政府卫生行政部门的工作人员严重不负责任，导致传染病传播或者流行，情节严重的行为。

（一）证明标准

案件事实清楚，证据确实充分。对犯罪嫌疑人的职务、身份，公共财产、国家和人民利益遭受重大损失的危害结果，玩忽职守行为的证明，达到确实充分的程度，对犯罪嫌疑人疏忽大意或者过于自信过失的证明，达到内心确信的程度，现有证据能够形成完整的证据链。

（二）举证责任

在一般情况下，控方承担举证责任。犯罪嫌疑人提出有利于己的主张的，应当承担举证责任。对犯罪嫌疑人主观上的过失，控方可以根据客观情况推定。

（三）对犯罪主体的证明

（参见滥用职权案）

（四）对犯罪主客观方面的证明

证明犯罪主客观方面的方法主要有勘验、检查，扣押物证、书证，鉴定，询问被害人、证人，讯问犯罪嫌疑人等。

1. 勘验、检查

（1）对传染病传播或流行区域勘验、检查，以证明是否出现传染病传播或流行的情况；

（2）对因传染病传播或流行造成死亡或残疾的人员进行检查，以证明死亡原因或受伤害程度；

（3）对传染病传播或流行的区域进行检查，以证明是否严重影响正常的生产、生活秩序；

（4）对涉案的环境卫生设施、食堂、工地等进行检查，查明是否存在饮水、饮食以及环境卫生问题，以证明传染源。

2. 扣押物证、书证

（1）扣押含有某种传染病病原体的废物、已携带病原体的病人传播的飞沫、病人服用的药物、垃圾粪便等物证，以证明传染源；

（2）扣押证明犯罪嫌疑人职务、身份方面的书证，以证明犯罪主体身份；

（3）调取政府卫生行政部门工作人员从事传染病防治的相关法律法规、有关制度等，查明犯罪嫌疑人应履行的职责，履行该职责的程序等，以证明是否存在失职行为；

(4) 扣押被害人就医、诊断时医院出具的诊断证明，对生产、生活产生严重影响的数据等书证，以证明犯罪的危害后果；

(5) 扣押群众的举报信、上级机关的指令，查明犯罪嫌疑人是否对群众举报、上级机关的指令认真处理，以证明有无渎职行为；

(6) 扣押犯罪嫌疑人的工作日记及相关工作台账，以证明犯罪嫌疑人是否认真履职。

3. 鉴定

(1) 对传染病类别进行鉴定，以证明犯罪的危害后果；

(2) 对感染人群的范围、人数进行鉴定，以证明犯罪的危害后果；

(3) 对人员伤亡原因进行医学鉴定，查明传染病传播或流行是否是导致人员伤亡的直接原因，疾病对今后工作生活有何影响，以证明传染病传播或流行的原因及危害程度；

(4) 对传染病发生与扩散的原因进行鉴定，以证明与犯罪嫌疑人失职行为有无因果关系。

4. 询问被害人

(1) 当地何时发生传染性疾病，相关工作人员是否采取有效的措施，传染病扩散是否是由于犯罪嫌疑人不认真履行职责造成的，以证明犯罪行为、因果关系；

(2) 何时何地感染何种传染病，共有多少人感染，出现的范围多大，最终导致多少人感染，目前是否痊愈，愈后效果如何，有无后遗症等，以证明犯罪危害后果；

(3) 传染源是什么，是否在根源上来源于同一感染源，以证明传染病传播或流行的原因。

5. 询问证人

(1) 犯罪嫌疑人的职务、级别，案发所涉及的监督管理工作是否由犯罪嫌疑人承担，以证明犯罪主体身份与职责；

(2) 犯罪嫌疑人的工作经历、业务水平、一贯工作表现等，以证明犯罪主观预见性；

(3) 对于犯罪嫌疑人的玩忽职守行为，上级是否进行督促、同事是否提醒，犯罪嫌疑人的反应如何，以证明是否存在过于自信的过失；

(4) 单位职责是否存在责任人不清、政策界定不明确等客观情况，以证明犯罪主观恶性；

(5) 犯罪嫌疑人不履行职责是否因为上级决定，以证明是否存在主观过错；

(6) 犯罪嫌疑人敷衍塞责、草率应付，极端不负责任，没有切实履行起应当履行、能够履行的义务的具体表现形式，以证明犯罪行为；

（7）是否出现传染病传播或流行，传染病属甲类、乙类或丙类，人员伤亡及财产损失情况，以证明危害结果；

（8）传染病传播或流行与犯罪嫌疑人严重不负责任，不履行或者不正确履行管理监督职责有无联系，如果犯罪嫌疑人认真履行职责，是否能减少损失及其程度，以证明犯罪行为、因果关系。

6. 讯问犯罪嫌疑人

（1）所在单位，担任的职务、工作职责，以证明主体身份；

（2）从事传染病防治监督管理工作时间，主要工作经历，法律法规、相关制度规定中职务、业务的要求，违反这些规定可能造成什么后果，当时具体的条件和情形是什么样的，以证明犯罪嫌疑人对其严重不负责任的行为造成传染病传播或者流行这一后果的预见义务；

（3）何时、何地、通过何种途径发现重大疫情、有传染病传播或流行的可能、有关单位与个人不符合传染病防治法的规定等情形，何种原因造成应当报告而不报告或不立即报告、不作监督、检查或者虽作监督、检查却不认真负责等不履行或者不正确履行传染病防治监督管理职责，以证明犯罪主观方面；

（4）是否违反工作纪律和规章，是否存在严重官僚主义、对工作极端不负责任等行为，以证明犯罪行为；

（5）传染病传播或流行的时间、地点、经过等，是否按照规定的职责进行处理，如果事先认真防范、事中认真处理，是否可以减少危害后果的发生，以证明犯罪行为、因果关系；

（6）有无群众举报或上级机关指令要求自己处理有关传染病问题，自己是否认真处理，没有认真处理的原因，以证明犯罪行为、犯罪主观状态。

7. 视听资料

对犯罪嫌疑人的讯问进行同步录音录像，以证明侦查活动的合法性和供述的自愿性。

（五）对有关量刑情节的证明

1. 对犯罪嫌疑人有无投案自首、检举立功的证明，证据主要有证人证言、侦查机关的记录等。

2. 对犯罪嫌疑人认罪态度的证明，证据主要有证人证言、侦查机关的记录等。

3. 对犯罪嫌疑人平时表现的证明，证据主要有书证、证人证言、视听资料等。

4. 对犯罪嫌疑人严重不负责任、不履行或不正确履行传染病防治监督管理职责的心理原因是有意为之，还是疏忽所致的证明，证据主要有犯罪嫌疑人供述、证人证言、书证等。

（六）补强证明

犯罪嫌疑人辩称自己的行为属于工作失误，并非玩忽职守的，侦查机关应当补强证明，证据主要有：

1. 相关法律、法规关于职责等的规定，单位有关的规章、制度等书证，单位领导、同事的证人证言等，以证明不存在制度不完善、具体政策界限不清、管理上有弊病等原因导致犯罪嫌疑人的行为违反工作纪律和规章制度。

2. 犯罪嫌疑人的工作履历、奖励情况等书证，单位领导、同事的证人证言等，以证明犯罪嫌疑人不存在文化水平不高、业务素质较差、缺乏工作经验等情形。

3. 单位领导、同事的证人证言，以证明犯罪嫌疑人存在严重的官僚主义思想，对工作极端不负责。

（七）案　例

赵某在担任某乡卫生院防保组组长期间，不认真履行自己的传染病疫情上报职责，在明知发生疫情的情况下，对2008年11月份发生在本辖区内的某小学和某幼儿园的甲肝（属国家规定的乙类传染病）疫情不按《传染病疫情报告制度》及时上报。

时任某县疾控中心学卫科科长的张某，负有对全县传染病疫情上报的管理职责，却不认真履行责任，在明知某乡发生甲肝疫情的情况下，对某乡防保组的疫情上报工作失予监管，导致甲肝疫情在某县某小学和某幼儿园爆发流行。

【证明参考】

1. 对犯罪主体的证明

（参见滥用职权案）

2. 对犯罪主客观方面的证明

（1）勘验、检查

①对某县某小学和某幼儿园等传染病流行区域进行勘验、检查，以证明出现传染病爆发流行的情况；

②对感染甲肝疫情的人员进行检查，以证明传染病造成的危害程度。

（2）扣押物证、书证

①收集甲肝感染者的飞沫、病人服用的药物等物证，以证明感染甲肝病毒；

②扣押证明犯罪嫌疑人职务、身份方面的书证，以证明犯罪主体身份与职责；

③调取政府卫生行政部门工作人员从事传染病防治的相关法律法规、有关制度等，查明犯罪嫌疑人应履行的职责，履行该职责的程序等，以证明其是否存在

失职行为；

④扣押感染人员就医、诊断等医院出具的诊断证明、患者报告卡等书证，以证明犯罪行为的危害后果；

⑤扣押群众的举报信、犯罪嫌疑人的工作日记及相关工作台账，以证明犯罪嫌疑人是否认真履行职责。

（3）鉴定

①对传染病的类别进行鉴定，以证明犯罪危害后果；

②对感染人群的范围、人数进行鉴定，以证明犯罪的危害后果；

③对传染病发生、扩散的原因进行鉴定，以证明与犯罪嫌疑人不认真履行职责有无因果关系。

（4）询问被害人

①何时、何地、感染何种传染病，共有多少人感染，出现的范围多大，最终导致多少人感染，目前是否痊愈，愈后效果如何，有无后遗症等，以证明犯罪危害后果；

②传染源是什么，是否在根源上来源自同一感染源，以证明传染病传播或流行的原因；

③有无向国家相关工作人员报告传染病疫情，国家相关工作人员是否采取有效的防治措施，以证明有无渎职行为。

（5）询问证人

①犯罪嫌疑人的职务、身份，案发所涉及的传染病疫情上报职责、传染病疫情上报的管理职责是否由犯罪嫌疑人承担，以证明犯罪主体身份与职责；

②犯罪嫌疑人的工作经历、业务水平、一贯工作表现等，以证明犯罪主观预见性；

③单位职责是否存在责任人不清、政策界定不明确等客观情况，以证明犯罪主观恶性；

④犯罪嫌疑人是否极端不负责任，没有切实履行起应当履行、能够履行的义务的具体表现形式，以证明犯罪行为；

⑤是否出现传染病流行，传染病属何种类型，以证明犯罪危害结果及程度；

⑥犯罪嫌疑人何时得知传染病流行的，获得信息的途径，是否采取有效的防范措施，是否向上级报告，以证明有无渎职行为；

⑦传染病流行与犯罪嫌疑人严重不负责任，不履行或者不正确履行管理监督职责之间存在的联系，以证明犯罪因果关系。

（6）讯问犯罪嫌疑人

①具体职务、工作职责，以证明犯罪主体身份；

②本人岗位的工作职责、业务的要求，以证明犯罪嫌疑人对其严重不负责任

的行为造成传染病传播或者流行这一后果的预见义务；

③从事传染病防治监督管理工作时间，主要工作经历，法律或规章制度对从事该项职责人员的具体要求是什么，违反这些规定可能造成什么后果，当时具体的条件和情形是什么样的，以证明犯罪主观心态；

④何时、何地、通过何种途径发现有传染病流行的可能，何种原因造成应当报告而不报告或不立即报告、不作监督、检查等不履行或者不正确履行传染病防治监督管理职责，以证明犯罪行为；

⑤传染病流行的时间、地点、经过等，以证明犯罪的危害后果。

(7) 视听资料

对犯罪嫌疑人的讯问进行同步录音录像，以证明侦查活动的合法性和供述的自愿性。

3. 对有关量刑情节的证明

(1) 对犯罪嫌疑人有无投案自首、检举立功的证明，证据主要有证人证言、侦查机关的记录等；

(2) 对犯罪嫌疑人认罪态度的证明，证据主要有证人证言、侦查机关的记录等；

(3) 对犯罪嫌疑人平时表现的证明，证据主要有书证、证人证言、视听资料等；

(4) 对犯罪嫌疑人严重不负责任、不履行或不正确履行传染病防治监督管理职责的心理原因的证明，证据主要有犯罪嫌疑人供述、证人证言、书证等。

二十三、非法批准征用、占用土地案

根据我国《刑法》第410条的规定，非法批准征用、占用土地罪，是指国家机关工作人员徇私舞弊，违反土地管理法规，滥用职权，非法批准征收、征用、占用土地，情节严重的行为。

(一) 证明标准

案件事实清楚，证据确实充分。对犯罪嫌疑人国家机关工作人员的身份、职责，不符合法定条件征收、征用、占用土地申请予以批准的行为，情节严重的证明，达到确实充分的程度，对犯罪的明知、故意以及徇私动机的证明，达到内心确信的程度，现有证据能够形成完整的证据链。

(二) 举证责任

在一般情况下，控方承担举证责任。犯罪嫌疑人提出有利于己的主张的，应当承担举证责任。对犯罪嫌疑人主观上的故意和徇私动机，控方可以根据客观情况推定。

（三）对犯罪主体的证明

（参见滥用职权案）

（四）对犯罪主客观方面的证明

证明犯罪主客观方面的方法主要有勘验、检查，扣押物证、书证，鉴定，询问被害人、证人，讯问犯罪嫌疑人，辨认等。

1. 勘验、检查

（1）对犯罪嫌疑人住所、办公场所进行勘验、检查，扣押犯罪嫌疑人徇私的物质性利益，以证明违法所得、徇私动机；

（2）对犯罪嫌疑人住所、办公场所进行勘验、检查，扣押非法批准征收、征用、占用土地的相关书证，如笔记、日记、批文等，以证明犯罪行为；

（3）对非法征收、征用、占用的土地进行勘验、检查，以查明该土地的使用情况，证明土地被非法征收、征用、占用；

（4）对土地地貌和种植条件进行勘验、检查，以查明犯罪危害后果。

2. 扣押物证、书证

（1）扣押犯罪嫌疑人的干部履历表、人事部门出具的书证，查明犯罪嫌疑人现任职务等，以证明犯罪主体身份与职责；

（2）调取《土地管理法》、《土地管理法实施条例》等法律、法规，单位规章、工作流程，土地利用总体规划等书证，以证明违反职责批准征收、征用、占用土地的犯罪行为；

（3）扣押犯罪嫌疑人徇私所得的物品、钱财、房产等，以证明违法所得、犯罪徇私动机；

（4）扣押政府批文、购地协议、伪造档案、土地征收、征用的公文、土地使用证等书证，以证明犯罪行为、犯罪方式；

（5）扣押犯罪嫌疑人的手机，调取其通话记录、短信、邮件，以证明犯罪嫌疑人是如何预谋犯罪的。

3. 鉴定

（1）对非法批准征收、征用、占用土地的面积进行鉴定，以证明犯罪危害结果；

（2）对单位、个人直接经济损失进行鉴定，以证明犯罪危害结果。

4. 查询、冻结

（1）查询犯罪嫌疑人的经济情况，以证明犯罪动机；

（2）查询犯罪嫌疑人银行账号的转账、存款、支出情况，以证明与其正常收入是否相符。

5. 询问被害人

（1）自己是何时取得土地所有权属的，土地的法定用途，他人有无与自己达成土地转让、租用的协议，以证明土地的性质；

（2）土地被非法征收、征用、占用的时间、经过，土地或者植被遭到严重破坏或财产受到的损失的情况，以证明犯罪的危害后果；

（3）对土地被非法征收、征用、占用情况进行的投诉、申诉活动，是否影响正常的生产、生活，以证明犯罪的危害后果。

6. 询问证人

（1）犯罪嫌疑人的身份、职务、职责具体情况，以证明犯罪职务便利；

（2）与犯罪嫌疑人的熟识程度，是否存在财物、名誉、地位等利益关系，或亲情、友情、乡情、奸情等情义关系，以证明犯罪动机；

（3）事前与犯罪嫌疑人商定的内容及好处，具体的时间、地点、相关人员及知情人，以证明犯罪动机与犯罪故意；

（4）如何发现犯罪嫌疑人非法批准征收、征用、占用土地申请的行为，具体的时间、地点、经过，是否对犯罪嫌疑人提出质疑，犯罪嫌疑人如何辩解，以证明犯罪手段与犯罪故意；

（5）非法转让、倒卖基本农田、基本农田以外的耕地、其他土地的性质、用途、面积、非法获利的数额，以证明犯罪危害结果；

（6）非法批准征收、征用、占用土地的行为是否影响群众生产、生活，是否引起纠纷，以证明犯罪危害结果；

（7）是否实际给予犯罪嫌疑人好处费或其他利益，以证明犯罪动机。

7. 讯问犯罪嫌疑人

（1）所在单位，担任的职务、具体的职责情况，以证明犯罪职务便利；

（2）涉案的征收、征用、占用土地申请的具体情况、业务判断，以证明犯罪主观上的明知；

（3）非法批准征收、征用、占用土地的原因，是否接受他人贿赂，接受贿赂的时间、地点、种类、数量，以证明犯罪行为、犯罪主观方面；

（4）利益关系人、情义关系人的请托事项，商定的具体时间、地点、知情人员，承诺的内容等，以证明犯罪徇私动机；

（5）非法批准征收、征用、占用土地申请的时间、地点、方式、手段、次数等，以证明犯罪行为；

（6）非法批准征收、征用、占用土地申请的行为是否受到领导的质疑，如何隐瞒与辩解，以证明犯罪故意；

（7）非法批准征收、征用、占用土地的行为是否影响群众生产、生活，是否引起纠纷，以证明犯罪危害结果。

8. 辨认

对非法征收、征用、占用的土地进行辨认，以证明涉案的土地。

9. 视听资料

对犯罪嫌疑人的讯问进行同步录音录像，以证明侦查活动的合法性和供述的自愿性。

（五）对有关量刑情节的证明

1. 对犯罪嫌疑人有无投案自首、检举立功的证明，证据主要有证人证言、侦查机关的记录等。

2. 对犯罪嫌疑人认罪态度、平时表现的证明，证据主要有书证、证人证言、侦查机关的记录等。

3. 对国家或者集体利益遭受特别重大损失的证明，证据主要有物证、书证、证人证言、鉴定意见等。

（六）案　　例

1998 年 10 月，城关镇某村村民杨某将自己耕种的 10.3 亩耕地划成 22 处宅基地出售。为办理土地使用证，杨某托其妹夫找到县土地管理局监察大队队长芦某，并多次宴请芦某。芦某遂为其补办各种手续，伪造档案，并利用职务之便在县政府未发公文的情况下领取土地使用证交给杨某，致使 10.3 亩耕地被非法批准占用。芦某从中收受宅基地一处，卖后得款 1.9 万元。

【证明参考】

1. 对犯罪主体的证明

（参见滥用职权案）

2. 对犯罪主客观方面的证明

（1）勘验、检查

①对犯罪嫌疑人住所、办公场所进行勘验、检查，扣押犯罪嫌疑人徇私的物质性利益，如钱财、物品、房产等，以证明违法所得、徇私动机；

②对犯罪嫌疑人办公场所进行勘验、检查，扣押非法批准占用土地的相关书证，以证明犯罪行为；

③对非法占用的土地进行勘验、检查，查明该土地的使用情况，以证明土地被非法占用；

④对土地地貌和种植条件进行勘验、检查，以证明犯罪危害后果；

⑤对犯罪嫌疑人接受他人的宅基地勘验、检查，查明其面积、位置，以证明非法所得。

（2）扣押物证、书证

①扣押犯罪嫌疑人的干部履历表、人事部门出具的书证，以证明犯罪主体身

份与职责；

②调取相关法律法规、单位规章、工作流程等，以证明批准占用土地的违反职责性；

③扣押犯罪嫌疑人徇私所得的物品、钱财等，以证明犯罪动机、违法所得；

④扣押政府批文、购地协议、伪造的档案、土地使用证、宅基地的买卖合同等书证，以证明犯罪行为。

（3）鉴定

①对非法批准占用土地的面积进行鉴定，以证明犯罪危害结果；

②对他人提供的申请材料进行鉴定，以证明是否伪造、是否符合申请条件。

（4）查询

①查询犯罪嫌疑人的经济情况，以证明犯罪动机；

②查询犯罪嫌疑人银行账号的转账、存款、支出情况，以证明徇私动机。

（5）询问证人

①犯罪嫌疑人的身份、职务、职责情况，以证明犯罪主体身份与职务便利；

②与犯罪嫌疑人的熟识程度，通过何人与犯罪嫌疑人结识，结识犯罪嫌疑人的目的、动机，以证明犯罪动机；

③是否多次宴请犯罪嫌疑人，为何要将自己的宅基地送给犯罪嫌疑人，目的、动机是什么，以证明犯罪动机与犯罪故意；

④非法转让、倒卖耕地的性质、面积，非法获利的数额，以证明犯罪危害结果。

（6）讯问犯罪嫌疑人

①所在单位，担任的职务、具体的职责情况，以证明犯罪主体身份与职务便利；

②按照法律规定，耕地能否转让为住宅用地，他人的申请资料是否符合规定，是否帮助他人或指点他人伪造材料，以证明犯罪行为；

③是否接受他人多次宴请，宴请的时间、地点、次数，他人宴请自己的目的、动机，以证明徇私动机；

④是否接受他人赠送的宅基地，宅基地的面积、位置，自己如何处理宅基地的，违法所得的数额，以证明犯罪行为、犯罪主观方面；

⑤非法批准占用土地申请的时间、地点、方式、手段等，以证明犯罪行为；

⑥非法批准他人占用耕地的面积、位置，以证明犯罪的危害结果。

（7）辨认

对非法占用的土地进行辨认，以证明涉案的土地。

（8）视听资料

对犯罪嫌疑人的讯问进行同步录音录像，以证明侦查活动的合法性和供述的

自愿性。

3. 对有关量刑情节的证明

（1）对犯罪嫌疑人有无投案自首、检举立功的证明，证据主要有证人证言、侦查机关的记录等；

（2）对犯罪嫌疑人认罪态度的证明，证据主要有证人证言、侦查机关的记录等；

（3）对犯罪嫌疑人平时表现的证明，证据主要有书证、证人证言、视听资料等。

二十四、非法低价出让国有土地使用权案

根据我国《刑法》第410条的规定，非法低价出让国有土地使用权罪，是指国家机关工作人员徇私舞弊，违反土地管理法规，滥用职权，非法低价出让国有土地使用权，情节严重的行为。

（一）证明标准

案件事实清楚，证据确实充分。对犯罪嫌疑人国家机关工作人员的身份、职务，低价出让国有土地使用权的行为，出让国有土地的数量、价格，情节严重的证明，达到确实充分的程度，对犯罪嫌疑人主观故意状态的证明，达到内心确信的程度，证明有罪的证据能够形成完整的证据链。

（二）举证责任

在一般情况下，控方承担举证责任。犯罪嫌疑人提出有利于己的主张的，应当承担举证责任。对犯罪嫌疑人主观上的故意和徇私动机，控方可以根据客观情况推定。

（三）对犯罪主体的证明

（参见滥用职权案）

（四）对犯罪主客观方面的证明

证明犯罪主客观方面的方法主要有勘验、检查，扣押物证、书证，鉴定，询问被害人、证人，讯问犯罪嫌疑人，辨认等。

1. 勘验、检查

（1）对犯罪嫌疑人住所、办公场所进行勘验、检查，扣押犯罪嫌疑人收取的物质性利益，以证明违法所得、犯罪动机；

（2）对犯罪嫌疑人住所、办公场所进行勘验、检查，扣押笔记、日记、低价出让国有土地使用权的书证等，以证明犯罪行为；

（3）对非法低价出让使用权的国有土地勘验、检查，查明该土地的面积、

位置、法定用途、出售后用途，以证明犯罪后果。

2. 扣押物证、书证

（1）扣押犯罪嫌疑人的干部履历表、人事部门出具的书证，查明犯罪嫌疑人现任职务，以证明犯罪主体身份与职责；

（2）调取《土地管理法》、《土地管理法实施条例》等土地管理法规，单位规章、工作流程、纪律，查明国有土地使用权最低价、协议出让最低价，以证明有无犯罪行为；

（3）扣押犯罪嫌疑人徇私所得的物品、钱财、房产等，以证明犯罪徇私动机；

（4）扣押土地主管部门规划、土地利用总体规划、土地出让合同、土地证书、收据、伪造的档案、汇款凭证等书证，以证明犯罪行为。

3. 鉴定

（1）对非法低价转让使用权的国有土地面积进行鉴定，以证明犯罪危害结果；

（2）对国有土地资产流失的价值或者植被遭到破坏的严重程度进行鉴定，以证明犯罪危害结果；

（3）对国家、集体利益造成的经济损失进行鉴定，以证明犯罪危害结果。

4. 查询、冻结

（1）查询犯罪嫌疑人的经济情况，以证明犯罪动机；

（2）查询犯罪嫌疑人银行账号的转账、存款、支出情况，以证明与其正常收入是否相符合。

5. 询问被害人

（1）国有土地资产流失、植被遭到严重破坏或财产受到的损失的情况，以证明犯罪的危害后果；

（2）对国有土地非法使用的投诉、申诉活动，是否影响正常的生产、生活，以证明犯罪的危害后果；

（3）对犯罪嫌疑人非法出让使用权的国有土地有何权利，犯罪行为对自己的法定权利有何影响，自己财产的损失情况，以证明犯罪行为、犯罪后果。

6. 询问证人

（1）犯罪嫌疑人的身份、职务、职责，以证明犯罪嫌疑人能否滥用职权；

（2）土地管理法规，单位规章、工作流程、纪律，国有土地使用权最低价、协议出让最低价等，以证明低价出让行为的违规性；

（3）与犯罪嫌疑人的熟识程度，是否存在财物、名誉、地位等利益关系，或亲情、友情、乡情、奸情等情义关系，以证明犯罪动机；

（4）事前与犯罪嫌疑人商定的内容及好处，具体的时间、地点、相关人员及知情人，以证明犯罪动机与犯罪故意；

（5）如何发现犯罪嫌疑人非法低价出让国有土地使用权的行为，是否对犯罪嫌疑人提出质疑，犯罪嫌疑人如何辩解，以证明犯罪手段与犯罪故意；

（6）非法低价出让使用权的国有土地性质、用途、面积，非法获利的数额，以证明犯罪危害结果；

（7）非法低价出让国有土地使用权是否影响群众生产、生活，是否引起纠纷，以证明犯罪危害结果；

（8）造成国有土地资产流失的价额或者植被遭到破坏的严重程度，以证明犯罪的危害结果。

7. 讯问犯罪嫌疑人

（1）所在单位，担任的职务、具体的职责，以证明能否滥用职权；

（2）国有土地使用权最低价、协议出让最低价，涉案的国有土地、出让对象的具体情况，对该工作的业务判断等，以证明犯罪主观上的明知；

（3）低价出让国有土地使用权的目的、动机，是否接受他人贿赂，接受贿赂的时间、地点、种类、名称、数量，以证明犯罪行为、徇私动机；

（4）利益关系人、情义关系人的请托事项，商定的具体时间、地点、相关人员，承诺的内容等，以证明犯罪动机；

（5）非法低价出让国有土地使用权的时间、地点、方式、手段、次数等，以证明犯罪行为；

（6）非法低价出让国有土地使用权的行为是否受到领导的质疑，如何隐瞒与辩解，以证明犯罪故意；

（7）非法低价出让国有土地使用权的行为是否影响群众生产、生活，是否引起纠纷，以证明犯罪危害结果；

（8）非法低价出让使用权的国有土地面积、价格，是否是国家支持或者重点扶持发展的产业及国家鼓励建设的项目用地，非法获利的数额，以证明犯罪的危害结果；

（9）造成国有土地资产流失的价额或者植被遭到严重破坏的程度，以证明犯罪的危害结果。

8. 辨认

对非法低价出让使用权的国有土地进行辨认，以证明涉案的土地。

9. 视听资料

对犯罪嫌疑人的讯问进行同步录音录像，以证明侦查活动的合法性和供述的自愿性。

（五）对有关量刑情节的证明

1. 对犯罪嫌疑人有无投案自首、检举立功的证明，证据主要有证人证言、侦查机关的记录等。

2. 对犯罪嫌疑人认罪态度的证明，证据主要有证人证言、侦查机关的记录等。

3. 对犯罪嫌疑人平时表现的证明，证据主要有书证、证人证言、视听资料等。

4. 对国家或者集体利益遭受特别重大损失的证明，证据主要有物证、书证、证人证言、鉴定意见等。

（六）案　　例

某镇由于经济发展发达，土地使用权价格大幅上涨。2005 年 12 月，林某找到担任镇长的大学同学许某，要求其低价转让该镇土地 20 亩，并答应不会亏待许某。许某答应了林某的要求，将该镇已升至每亩 10 万元的土地 25 亩以每亩 5 万元的低价转让给了林某，并安排该镇土地所所长肖某帮助办理相关手续，给该镇造成直接经济损失 125 万元。期间，许某还收受林某的贿赂 7 万元，分给肖某 1 万元。

【证明参考】

1. 对犯罪主体的证明

（参见滥用职权案）

2. 对犯罪主客观方面的证明

（1）勘验、检查

①对犯罪嫌疑人住所、办公场所勘验、检查，扣押犯罪嫌疑人收取的物质性利益，以证明犯罪徇私动机；

②对犯罪嫌疑人住所、办公场所进行勘验、检查，扣押笔记、日记、低价出让国有土地使用权的书证等，以证明犯罪行为；

③对非法低价出让使用权的国有土地勘验、检查，以查明该土地的面积、位置；

④对土地地貌和种植条件勘验、检查，以查明犯罪危害后果。

（2）扣押物证、书证

①扣押犯罪嫌疑人的干部履历表、人事部门出具的书证，查明犯罪嫌疑人现任职务、级别等，以证明犯罪主体身份与职责；

②调取土地管理法规，单位规章、工作流程、纪律，查明国有土地使用权最低价、协议出让最低价，以证明低价出让国有土地使用权的违反职责性；

③扣押犯罪嫌疑人徇私所得的物品、钱财等，以证明违法所得、犯罪动机；

④扣押土地主管部门规划、土地利用总体规划、土地出让合同、土地证书、收据等书证，以证明犯罪行为。

（3）鉴定

①对非法低价转让使用权的国有土地的面积鉴定，以证明犯罪危害结果；

②对国有土地资产流失的价值，对国家、集体利益造成的经济损失鉴定，以证明犯罪危害结果。

（4）查询、冻结

①查询犯罪嫌疑人的经济情况，以证明犯罪动机；

②查询犯罪嫌疑人银行账号的转账、存款、支出情况，以证明与其正常收入是否相符合。

（5）询问证人

①犯罪嫌疑人的身份、职务、职责情况，以证明能否利用职务便利；

②土地管理法规，单位规章、工作流程、纪律，国有土地使用权最低价、协议出让最低价等，以证明低价出让行为的违规性；

③与犯罪嫌疑人的熟识程度，是否存在金钱往来、同学等利益关系，以证明犯罪动机；

④何时、何地给予犯罪嫌疑人贿赂，贿赂物品的种类、数量，以证明犯罪行为、犯罪动机；

⑤如何发现犯罪嫌疑人非法低价出让国有土地使用权的行为，是否对犯罪嫌疑人提出质疑，犯罪嫌疑人如何辩解，以证明犯罪手段与犯罪故意；

⑥相邻土地的出让价格，出让国有土地使用权的价格、面积，造成国有资产的损失，以证明犯罪危害结果。

（6）讯问犯罪嫌疑人

①所在单位，担任的职务、主管的工作，同案犯人数，相互关系，各自的违法所得，以证明犯罪行为及其违法所得；

②国有土地使用权最低价、协议出让最低价，办理该案的案情、判断及具体情况，以证明犯罪的明知；

③低价出让国有土地使用权的原因，是否接受他人贿赂，接受贿赂的时间、地点、贿赂的内容，以证明犯罪行为、犯罪动机；

④利益关系人、情义关系人的请托事项，商定的具体时间、地点、相关人员，承诺的内容等，以证明犯罪动机；

⑤非法低价出让国有土地使用权的时间、地点、方式、手段、次数等，以证明犯罪行为；

⑥相邻土地的出让价格、出让使用权的国有土地面积、价格，非法获利的数额，以证明犯罪行为、犯罪结果；

⑦造成国有土地资产流失的价额或者植被遭到严重破坏的程度，以证明犯罪的危害结果。

(7) 辨认

对非法低价出让使用权的国有土地进行辨认，以证明涉案的土地。

(8) 视听资料

对犯罪嫌疑人的讯问进行同步录音录像，以证明侦查活动的合法性和供述的自愿性。

3. 对有关量刑情节的证明

(1) 对犯罪嫌疑人有无投案自首、检举立功的证明，证据主要有证人证言，侦查机关的记录等；

(2) 对犯罪嫌疑人认罪态度的证明，证据主要有证人证言、侦查机关的记录等；

(3) 对犯罪嫌疑人平时表现的证明，证据主要有书证、证人证言、视听资料等；

(4) 对国家或者集体利益遭受特别重大损失的证明，证据主要有物证、书证、证人证言、鉴定意见等。

二十五、放纵走私案

根据我国《刑法》第411条的规定，放纵走私罪，是指海关工作人员徇私舞弊，放纵走私，情节严重的行为。

(一) 证明标准

案件事实清楚，证据确实充分。对犯罪嫌疑人海关工作人员的身份、职务，放纵、纵容走私的行为的证明，达到确实充分的程度，对犯罪嫌疑人主观上明知、故意的证明，达到内心确信的程度，证明有罪的证据能够形成完整的证据链。

(二) 举证责任

在一般情况下，控方承担举证责任。犯罪嫌疑人提出有利于己的主张的，应当承担举证责任。对犯罪嫌疑人主观上是否明知、故意、控方可以根据客观情况推定。

(三) 对犯罪主体的证明

(参见滥用职权案)

(四) 对犯罪主客观方面的证明

证明犯罪主客观方面的方法主要有勘验、检查，扣押物证、书证，鉴定，查询、冻结，询问证人，讯问犯罪嫌疑人，辨认等。

1. 勘验、检查

（1）对犯罪嫌疑人住所、办公场所勘验、检查，扣押犯罪嫌疑人收取的物质性利益，以证明违法所得、犯罪动机；

（2）对犯罪嫌疑人住所、办公场所进行勘验、检查，扣押笔记、日记、办理手续、材料等书证，以证明犯罪行为；

（3）对走私物品勘验、检查，以证明犯罪行为、走私物品的数量。

2. 扣押物证、书证

（1）扣押犯罪嫌疑人的干部履历表、人事部门出具的书证，查明犯罪嫌疑人现任职务、级别等，以证明犯罪主体身份与职责；

（2）调取海关法及其相关法律、行政法规以及海关缉私的正常工作、管理制度，以证明犯罪行为；

（3）扣押犯罪嫌疑人的手机、电脑，查询其通话记录、短信息、email，查明是否与走私行为人有关联，以证明犯罪行为、犯罪主观方面；

（4）扣押犯罪嫌疑人收受的物质性利益，以证明徇私动机；

（5）扣押进出境的运输工具、货物、行李物品、邮递物品和其他物品，以证明走私行为；

（6）扣押单证、保税货物进出仓单、关封、出口回执等书证，以证明犯罪行为；

（7）扣押为走私人员通风报信的纸条、信函等，以证明犯罪行为；

（8）扣押假证据材料，篡改、毁灭证实真相的证据材料，以证明犯罪行为。

3. 鉴定

（1）对通风报信的纸条、信函等进行笔迹鉴定、指纹鉴定，以证明犯罪嫌疑人；

（2）对假证据材料，篡改、毁灭的证据材料进行文书检验，以证明犯罪行为；

（3）对进出境的货物、行李物品、邮递物品和其他物品进行鉴定，以证明为走私物品；

（4）对走私物品的价格鉴定，以证明国家应收税额的损失。

4. 查询、冻结

（1）查询犯罪嫌疑人的经济情况，以证明犯罪动机；

（2）查询犯罪嫌疑人银行转账、存款、支出情况，以证明与其正常收入是否相符合。

5. 询问证人

（1）犯罪嫌疑人的职务、工作职责，从事该项工作的时间，案发所涉及海关监管的工作是否由犯罪嫌疑人负责，以证明犯罪嫌疑人能否利用职务便利；

（2）犯罪嫌疑人的业务水平，从事相同或者相似海关监管职责的经历、一贯表现，以证明是否明知、故意；

（3）相关法律、行政法规、海关监管职责的内容，以证明行为违反职责；

（4）事前与犯罪嫌疑人商定的内容及好处，具体的时间、地点、相关人员及知情人，以证明犯罪动机与犯罪故意；

（5）犯罪嫌疑人是否索贿，给予犯罪嫌疑人贿赂的时间、地点、物品名称、数量，以证明犯罪行为及其主观恶性；

（6）如何发现犯罪嫌疑人放纵走私的行为，是否对犯罪嫌疑人提出质疑，犯罪嫌疑人如何辩解，以证明犯罪手段与犯罪故意；

（7）包庇、放纵的是否是重大的走私犯罪分子，以证明犯罪社会危害性；

（8）放纵走私致使国家应收税款的损失金额，以证明犯罪社会危害性。

6. 讯问犯罪嫌疑人

（1）所在单位，担任的职务、具体的职责情况，案发所涉及海关监管的工作是否由犯罪嫌疑人负责，以证明能否利用职务便利；

（2）相关法律、行政法规、海关监管职责的内容，以证明行为违反职责；

（3）放纵走私的原因，是徇私利还是徇私情，是否接受对方的贿赂，接受贿赂的时间、地点、具体物品，以证明犯罪动机、违法所得；

（4）关系人的请托事项，商定的具体时间、地点、相关人员，承诺的内容等，以证明犯罪动机；

（5）放纵走私的时间、地点、方式、手段、次数等，以证明犯罪行为；

（6）放纵走私的行为是否受到领导的质疑，犯罪嫌疑人如何隐瞒与辩解，以证明犯罪故意；

（7）共同犯罪人的基本情况，分工、分赃情况，以证明共同犯罪行为与责任；

（8）包庇、放纵的是否是重大的走私犯罪分子，致使国家应收税款的损失金额，以证明犯罪社会危害性。

7. 视听资料

（1）扣押记录放纵走私过程的视频资料，以证明放纵走私的行为；

（2）对犯罪嫌疑人的讯问进行同步录音录像，以证明侦查活动的合法性和供述的自愿性。

8. 辨认

对走私物品、走私人员辨认，以证明犯罪行为。

（五）对有关量刑情节的证明

1. 对犯罪嫌疑人有无投案自首、检举立功的证明，证据主要有证人证言、侦查机关的记录等。

2. 对犯罪嫌疑人认罪态度的证明，证据主要有证人证言、侦查机关的记录等。

3. 对犯罪嫌疑人平时表现的证明，证据主要有书证、证人证言、视听资料等。

4. 对放纵重大走私犯罪分子或放纵走私给国家造成特别巨大经济损失的证明，证据主要有物证、书证、证人证言、鉴定意见等。

（六）补强证明

犯罪嫌疑人辩解由于管理制度不完善等原因，犯罪行为属工作失误，并非故意放纵走私的，侦查机关应当补强证明，证据主要包括：

1. 犯罪嫌疑人同事的证人证言等，证明犯罪嫌疑人参加过海关管理法规、单位工作流程、规范的学习。

2. 证人证言等，证明走私人员曾接触过犯罪嫌疑人，并提过相关请托事项，犯罪嫌疑人予以承诺。

3. 书证、证人证言等，证明犯罪嫌疑人未曾按规定对走私物品进行检查。

4. 书证、证人证言等，证明其他工作人员曾向其提出质疑或提醒过，但犯罪嫌疑人对此并不理会。

（七）案　　例

1994 年夏季，某海关副关长高某经人介绍认识了某贸易公司总经理李某，此后二人交往频繁。1996 年春，李某为与某钟表眼镜有限公司合作经营进口手表，找到高某商量不报关直接从香港走私进口手表，高某表示同意。之后，李某先后两次将 575 只瑞士产梅花、欧米茄、雷达牌手表从香港空运至某地入境。受高某的指使，身为监管科副科长的刘某明知该批货物未办理任何报关手续，却两次放行。

经某海关核定，该批手表价值人民币 1774746.24 元，偷逃关税 763494.8 元。案发后，某海关从某钟表眼镜有限公司扣留了尚未售出的手表 272 只，价值人民币 962903 元。

【证明参考】

1. 对犯罪主体的证明

（参见滥用职权案）

2. 对犯罪主客观方面的证明

（1）勘验、检查

①对犯罪嫌疑人住所、办公场所进行勘验、检查，扣押犯罪嫌疑人收取的物质性利益，以证明违法所得、犯罪动机；

②对某钟表眼镜有限公司进行勘验、检查，扣押涉案手表，以证明放纵走私

的行为。

（2）扣押物证、书证

①扣押犯罪嫌疑人的干部履历表、人事部门出具的书证等，以证明犯罪主体身份与职责；

②调取海关法及其相关法律、行政法规、管理制度，以证明犯罪行为；

③扣押犯罪嫌疑人的手机、电脑，查询其通话记录、短信息、email，查明是否与走私行为人有关联，以证明徇私动机；

④扣押犯罪嫌疑人收受的物质性利益，以证明徇私动机；

⑤扣押报关单、纳税证明、走私物品（尚未售出的272只手表），以证明走私行为。

（3）鉴定

对走私手表的价格进行鉴定，以证明国家应收税额的损失。

（4）询问证人

①犯罪嫌疑人的职务、职责，案发所涉及海关监管的工作是否由犯罪嫌疑人具体负责，以证明犯罪职务便利；

②犯罪嫌疑人的业务水平，从事相同或者相似海关监管职责的经历、一贯表现，以证明犯罪明知；

③相关法律、行政法规、海关监管职责的内容，以证明行为违反职责；

④事前与犯罪嫌疑人商定的内容及好处，具体的时间、地点、相关人员及知情人，以证明犯罪动机与犯罪故意；

⑤是否实际给予犯罪嫌疑人好处，具体的类型、金额等，以证明犯罪动机；

⑥放纵走私的时间、地点、物品，致使国家应收税款的损失金额，以证明犯罪社会危害性。

（5）讯问犯罪嫌疑人

①所在单位，担任的职务、具体的职责情况，案发所涉及海关监管的工作是否由犯罪嫌疑人负责，以证明犯罪职务便利；

②同案犯人数，相互关系，各自的作用，如何指使他人放纵走私，以证明主犯、从犯；

③何人指使自己放纵走私的，放纵走私的物品，应当纳税的金额，为何听从他人指使，以证明犯罪行为、共同犯罪、犯罪后果；

④放纵走私的时间、地点、物品、方式、手段等，以证明犯罪行为；

⑤放纵走私致使国家应收税款的损失金额，以证明犯罪社会危害性。

（6）视听资料

对犯罪嫌疑人的讯问进行同步录音录像，以证明侦查活动的合法性和供述的自愿性。

3. 对有关量刑情节的证明

（1）对犯罪嫌疑人有无投案自首、检举立功的证明，证据主要有证人证言、侦查机关的记录等；

（2）对犯罪嫌疑人认罪态度的证明，证据主要有证人证言、侦查机关的记录；

（3）对放纵走私数额的证明，证据主要有鉴定意见、证人证言、扣押的物证、书证。

4. 补强证明

犯罪嫌疑人辩解由于管理制度不完善等原因，犯罪行为属工作失误，并非故意放纵走私的，侦查机关应当补强证明，证据包括：

（1）犯罪嫌疑人同事的证人证言等，证明犯罪嫌疑人参加过海关管理法规、工作流程、规范的学习；

（2）证人证言等，证明走私人员曾接触过犯罪嫌疑人，并提过相关请托事项，犯罪嫌疑人予以承诺；

（3）书证、证人证言等，证明犯罪嫌疑人未按规定对走私物品进行检查；

（4）书证、证人证言等，证明其他工作人员曾向其提出质疑或提醒过，但犯罪嫌疑人不予理会。

二十六、商检徇私舞弊案

根据我国《刑法》第412条第1款的规定，商检徇私舞弊罪，是指国家商检部门、商检机构的工作人员徇私舞弊，伪造检验结果的行为。

（一）证明标准

案件事实清楚，证据确实充分。对犯罪嫌疑人的职务、身份，滥用职权，违背事实作黑白颠倒的商检结果或者出具虚假的商品检验证行为的证明，达到确实充分的程度，对犯罪嫌疑人主观上明知、故意的证明，达到内心确信的程度，证明有罪的证据能够形成完整的证据链。

（二）举证责任

在一般情况下，控方承担举证责任。犯罪嫌疑人提出有利于己的主张的，应当承担举证责任。对犯罪嫌疑人主观上的明知、故意，控方可以根据客观情况推定。

（三）对犯罪主体的证明

（参见滥用职权案）

（四）对犯罪主客观方面的证明

证明犯罪主客观方面的方法主要有勘验、检查，扣押物证、书证，鉴定，查询，询问证人，讯问犯罪嫌疑人等。

1. 勘验、检查

（1）对犯罪嫌疑人的住所、办公场所进行勘验、检查，扣押犯罪嫌疑人收取的物质性利益，如钱财、物品、房产等，以证明违法所得、犯罪动机；

（2）对犯罪嫌疑人的住所、办公场所进行勘验、检查，扣押笔记、日记、办理手续、材料等书证，以证明犯罪行为；

（3）对应当检验的物品勘验、检查，以证明是否检验或错误检验；

（4）对伪造的商检文书勘验、检查，提取其上遗留的指纹等证据，以证明与犯罪嫌疑人的关系。

2. 扣押物证、书证

（1）扣押犯罪嫌疑人的干部履历表、人事部门出具的书证，查明犯罪嫌疑人现任职务、级别等，以证明犯罪主体身份与职责；

（2）调取相关法律、行政法规及商品检验标准，以证明有无犯罪行为；

（3）扣押犯罪嫌疑人的手机、电脑，查询通话记录、短信息、email，查明是否与商检物品的所有人、货主有关联，以证明犯罪行为、犯罪动机；

（4）扣押犯罪嫌疑人收受的物质性利益，以证明徇私动机；

（5）扣押进行商检的物品和包装物，扣押检验结果等书证，以证明犯罪行为；

（6）扣押假证据材料，篡改、毁灭证实真相的证据材料，以证明犯罪故意。

3. 鉴定

（1）对检验结果上的公章、签名，挖补、涂改等痕迹进行文书检验，以证明是否伪造；

（2）对检验结果上的指纹、笔迹进行鉴定，以证明是否犯罪嫌疑人经手办理；

（3）对犯罪造成的经济损失进行评估，以证明犯罪的危害后果。

4. 查询

（1）查询犯罪嫌疑人的经济情况，以证明犯罪动机；

（2）查询犯罪嫌疑人银行转账、存款、支出情况，以证明与其正常收入是否符合。

5. 询问证人

（1）犯罪嫌疑人是否是国家商检部门、商检机构的工作人员，具体的职务、级别，以证明犯罪主体身份与职责；

（2）案发所涉及的检验结果是否由犯罪嫌疑人具体作出或审查、复核，以证明犯罪嫌疑人是否尽到职责；

（3）商品检验手段、正常商品检验的操作规章或程序等内容，以证明有无犯罪行为；

（4）与犯罪嫌疑人的熟识程度，是否向其贿赂，贿赂的时间、地点、物品，以证明犯罪行为、犯罪动机；

（5）向犯罪嫌疑人提出请托事项的时间、地点、经过、知情人，犯罪嫌疑人是否承诺提供帮助，以证明犯罪动机；

（6）犯罪嫌疑人故意伪造检验结果的时间、地点、经过，检验结果的内容，以证明犯罪行为。

6. 讯问犯罪嫌疑人

（1）所在单位，担任的职务，案发所涉及的商品检验工作是否由其具体负责，以证明职责内容；

（2）商品检验手段、正常商品检验的操作规章或程序等内容，以证明犯罪行为；

（3）对商品的质量、规格、数量、重量、包装以及是否符合安全、卫生的认识，以证明犯罪明知；

（4）伪造检验结果的原因，是贪图钱财、贪图美色、袒护亲友、存在照顾关系，还是打击报复或者其他情形，以证明犯罪行为、犯罪动机；

（5）伪造检验结果的时间、地点、经过、伪造方式、知情人等，以证明犯罪行为；

（6）商品检验结果注明的结论与实际结果不符，是否属于笔误；

（7）伪造商品检验结果是否受到别人的指使，指使人的具体情况，以证明共同犯罪人的责任。

7. 视听资料

（1）扣押检验场所的监控录像，查明犯罪嫌疑人与检验商品的所有人有无不正当接触，证明犯罪行为；

（2）对犯罪嫌疑人的讯问进行同步录音录像，以证明侦查活动的合法性和供述的自愿性。

（五）对有关量刑情节的证明

1. 对犯罪嫌疑人有无投案自首、检举立功的证明，证据主要有证人证言、侦查机关的记录等。

2. 对犯罪嫌疑人认罪态度的证明，证据主要有证人证言、侦查机关的记录等。

3. 对犯罪嫌疑人平时表现的证明，证据主要有书证、证人证言、视听资料等。

4. 对犯罪行为是否导致依法不应进出口的商品进出口，依法应当进出口的商品不能进出口等严重后果的证明，证据主要有物证、书证、证人证言、鉴定意见等。

（六）补强证明

1. 犯罪嫌疑人辩称存在检验标准不明确、政策界限不清楚等客观原因的，侦查机关应当补强证明，证据主要包括：

（1）证人证言、书证，证明检验标准明确、政策界限清楚；

（2）证人证言、同案犯供述，证明商检物品所有人曾接触过犯罪嫌疑人，并提过相关请托事项，犯罪嫌疑人予以承诺；

（3）书证、证人证言等，证明犯罪嫌疑人未按规定对商检物品进行检查；

（4）物证、书证等，证明犯罪嫌疑人篡改、毁灭证据材料。

2. 犯罪嫌疑人辩称其行为属于业务水平低下的，侦查机关应当补强证明，证据主要包括：

（1）犯罪嫌疑人同事的证人证言等，证明犯罪嫌疑人的工作时间、业务水平，办理类似案件检验的准确率；

（2）证人证言、书证等，证明犯罪嫌疑人参加过相关法规、工作流程、规范的学习；

（3）证人证言、书证，证明犯罪嫌疑人主动要求负责该检验对象的检验工作；

（4）书证、证人证言等，证明其他工作人员曾对其行为质疑或提醒；

（5）物证、书证等，证明犯罪嫌疑人篡改、毁灭证据材料。

（七）案　　例

某市开发区出入境检验检疫局工作人员尹某，负责出入境货物的报检及签发通关单工作。2000年3月至7月，尹某在受理该市某贸易中心代理申报检疫的22票冻牛杂、冻鸡杂、羊毛等进境动物产品过程中，利用职务之便，非法收受某贸易中心所送的29寸菲利浦彩电一台、现金3000元及400元面额购物卡一张。

尹某明知该贸易中心提供的报检单证中没有进境动物产品检疫许可证或检疫许可证的复印件的情况下，仍然违反国家规定，对上述22票动物产品予以签发入境货物报关单，同时不按规定转递报检单证，致使上述22票动物产品未经检验检疫通关进境。

【证明参考】

1. 对犯罪主体的证明

（参见滥用职权案）

2. 对犯罪主客观方面的证明

（1）勘验、检查

①对犯罪嫌疑人的住所、办公场所进行勘验、检查，扣押菲利浦彩电、现金及购物卡等，以证明非法所得、犯罪徇私动机；

②对犯罪嫌疑人的住所、办公场所进行勘验、检查，扣押笔记、日记、办理手续、材料等书证，以证明犯罪行为；

③对冻牛杂、冻鸡杂、羊毛等进境动物产品进行检查，以证明有无犯罪行为。

（2）扣押物证、书证

①扣押犯罪嫌疑人的干部履历表、人事部门出具的书证，查明犯罪嫌疑人现任职务、级别等，以证明犯罪主体身份与职责；

②调取相关法律、行政法规及商品检验标准，以证明犯罪行为；

③扣押犯罪嫌疑人的手机、电脑，查询通话记录、短信息、email，查明是否与贸易中心工作人员有关联，以证明犯罪行为、犯罪动机；

④扣押犯罪嫌疑人收受的菲利浦彩电、现金及购物卡等物证，以证明违法所得、犯罪动机；

⑤扣押贸易中心提供的报检单证、入境货物报关单等书证，以证明有无隐藏应当检验的物品。

（3）鉴定

①对入境报关单上的公章、签名等痕迹进行文书检验，以证明是否伪造；

②对入境报关单上的指纹鉴定，以证明是否犯罪嫌疑人经手办理；

③对犯罪造成的经济损失进行评估，以证明犯罪的危害后果。

（4）询问证人

①犯罪嫌疑人是否是国家商检部门、商检机构的工作人员，具体的职务、级别，以证明犯罪主体身份；

②案发所涉及的入境货物报关单是否由犯罪嫌疑人具体签发，是否隐藏应当检验的物品，以证明犯罪行为；

③商品检验手段、正常商品检验的操作规章或程序等内容，以证明犯罪行为；

④向犯罪嫌疑人提出请托事项的时间、地点、经过、知情人，犯罪嫌疑人是否承诺提供帮助，以证明犯罪动机；

⑤犯罪嫌疑人是否违反国家规定，对22票动物产品予以签发入境货物报关单，不按规定转递报检单证的时间、地点、经过、检验结果，以证明犯罪行为；

⑥犯罪嫌疑人是否对应当检验的物品故意不检验，目的、动机，是否接受他人的贿赂、贿赂的具体内容，以证明犯罪行为、犯罪动机。

(5) 讯问犯罪嫌疑人

①具体的商品检验职责，案发所涉及的入境货物报关单是否由其签发，以证明主体职责；

②商品检验手段、正常商品检验的操作规章或程序等内容，以证明犯罪行为；

③22 票冻牛杂、冻鸡杂、羊毛等进境动物产品的性质，贸易中心提供的报检单证中有无进境动物产品检疫许可证或检疫许可证的复印件，以证明犯罪主观上的明知；

④违法签发入境货物报关单的原因，是否接受对方的贿赂、贿赂的具体内容，以证明犯罪动机、违法所得；

⑤违法签发入境货物报关单的时间、地点、经过、伪造方式、知情人等，以证明犯罪行为。

(6) 视听资料

对犯罪嫌疑人的讯问进行同步录音录像，以证明侦查活动的合法性和供述的自愿性。

3. 对有关量刑情节的证明

(1) 对犯罪嫌疑人有无投案自首、检举立功的证明，证据主要有证人证言、侦查机关的记录等；

(2) 对犯罪嫌疑人认罪态度的证明，证据主要有证人证言、侦查机关的记录等；

(3) 对犯罪行为是否导致国家财产、人民利益重大损失的证明，证据主要有书证、证人证言、鉴定意见等。

4. 补强证明

犯罪嫌疑人辩称其行为属于业务水平低下，不是故意犯罪的，侦查机关应当补强证明，证据主要包括：

(1) 证人证言、书证等，证明犯罪嫌疑人的工作时间，业务水平，办理类似案件检验的准确率；

(2) 证人证言、书证等，证明犯罪嫌疑人参加过相关法规、工作流程、规范的学习；

(3) 证人证言、监控资料，证明贸易中心工作人员与犯罪嫌疑人有过不正当接触。

二十七、商检失职案

根据我国《刑法》第 412 条第 2 款的规定，商检失职罪，是指国家商检部门、商检机构的工作人员严重不负责任，对应当检验的物品不检验，或者延误检验出证、错误出证，致使国家利益遭受重大损失的行为。

（一）证明标准

案件事实清楚，证据确实充分。对犯罪嫌疑人的职务、身份，玩忽职守、严重不负责任，对应当检验的物品不检验，或者延误检验出证，错误出证，导致国家利益遭受重大损失的证明，达到确实充分的程度，对犯罪嫌疑人主观上存在过失的证明，达到内心确信的程度，证明有罪的证据能够形成完整的证据链。

（二）举证责任

在一般情况下，控方承担举证责任。犯罪嫌疑人提出有利于己的主张的，应当承担举证责任。对犯罪嫌疑人主观过失的证明，控方可以根据客观情况推定。

（三）对犯罪主体的证明

（参见滥用职权案）

（四）对犯罪主客观方面的证明

证明犯罪主客观方面的方法主要有勘验、检查，扣押物证、书证，鉴定，询问被害人、证人，讯问犯罪嫌疑人，辨认等。

1. 勘验、检查

（1）对犯罪嫌疑人的住所、办公场所勘验、检查，扣押笔记、日记、办理手续、材料等书证，以证明犯罪行为；

（2）对大批出口商品被退回的现场勘验、检查，以证明商检失职行为造成的严重后果。

2. 扣押物证、书证

（1）扣押犯罪嫌疑人的干部履历表、人事部门出具的书证，查明犯罪嫌疑人现任职务、级别等，以证明犯罪主体身份与职责；

（2）调取相关法律、行政法规及商品检验标准，以证明犯罪行为；

（3）扣押进行商检的物品和包装物，以证明犯罪行为；

（4）扣押对外贸易合同、收货人、发货人申请、检验结果等书证，以证明犯罪行为；

（5）扣押外商向我方索赔的书面材料，以证明犯罪危害结果。

3. 鉴定

（1）对检验结果上的公章、签名、指纹等证据进行技术鉴定，以证明是否犯罪嫌疑人经手办理；

（2）对犯罪造成的经济损失评估，以证明犯罪的危害后果。

4. 询问被害人

（1）犯罪嫌疑人办理商品检验的时间、地点、经过等，以证明犯罪行为；

（2）大批出口商品被退回、给予外商巨额经济赔偿、大批合同订单被取消、进口不合格商品不能使用、销售等情形，以证明危害结果；

（3）上述情形与不检验、延误检验出证、错误出证之间的关系，以证明犯罪因果关系。

5. 询问证人

（1）犯罪嫌疑人是否是国家商检部门、商检机构的工作人员，具体的职务、级别，以证明犯罪主体身份；

（2）案发所涉及的检验结果是否由犯罪嫌疑人具体作出或审查、复核，以证明犯罪嫌疑人的职责；

（3）商品检验手段、正常商品检验的操作规章或程序等内容，以证明犯罪行为；

（4）犯罪嫌疑人的业务水平，事前是否从事过相同或者相似的检验工作，以往检验的准确率，以证明犯罪过失；

（5）犯罪嫌疑人对应当检验的物品不检验，或者延误检验出证、错误出证的时间、地点、经过，以证明犯罪行为；

（6）失职进行商检致使国家利益遭受重大损失的严重后果，以证明危害后果。

6. 讯问犯罪嫌疑人

（1）具体的商品检验职责，案发所涉及的商品检验工作是否由其具体负责，以证明职责内容；

（2）商品检验手段、正常商品检验的操作规章或程序等内容，以证明犯罪行为；

（3）对商品的质量、规格、数量、重量、包装以及是否符合安全、卫生的认识，以证明犯罪过失；

（4）不检验或者延误检验出证、错误出证的原因，以证明犯罪过失；

（5）不检验或者延误检验出证、错误出证的时间、地点、经过、方式、知情人等，以证明犯罪行为；

（6）失职进行商检致使国家利益遭受重大损失的严重后果，以证明犯罪危害后果。

7. 视听资料

对犯罪嫌疑人的讯问进行同步录音录像，以证明侦查活动的合法性和供述的

自愿性。

8. 辨认

对商检物品、商检物品所有人、犯罪嫌疑人辨认，以证明犯罪行为。

（五）对有关量刑情节的证明

1. 对犯罪嫌疑人有无投案自首、检举立功的证明，证据主要有证人证言、侦查机关的记录等。

2. 对犯罪嫌疑人认罪态度的证明，证据主要有证人证言、侦查机关的记录。

3. 对犯罪嫌疑人平时表现的证明，证据主要有书证、证人证言、视听资料等。

（六）案　　例

2004年9月，某贸易公司在收到A国某公司发来的皮包2000件，发现该批皮包为仿制品，与合同要求严重不符，决定退货并申请索赔。该贸易公司遂将样品送至检验检疫局检验，但负责检验的梁某严重不负责任，在样品瑕疵非常明显的情况下仍将不合格产品检验为合格产品，导致该公司延误索赔期，致使该企业遭受经济损失89万元。

【证明参考】

1. 对犯罪主体的证明

（参见滥用职权案）

2. 对犯罪主客观方面的证明

（1）勘验、检查

①对犯罪嫌疑人的办公场所勘验、检查，扣押产品检验相关的手续、材料等书证，以证明犯罪行为；

②对贸易公司涉案皮包进行勘验、检查，以证明犯罪的严重后果。

（2）扣押物证、书证

①扣押犯罪嫌疑人的干部履历表、人事部门出具的书证，查明犯罪嫌疑人现任职务、级别等，以证明犯罪主体身份与职责；

②调取相关法律、行政法规及商品检验标准，以证明犯罪行为；

③扣押涉案皮包样品，以证明是否是仿制品；

④扣押对外贸易合同、检验申请、检验结果、向外商索赔的书面材料等书证，以证明犯罪行为。

（3）鉴定

①对检验结果上的公章、签名、指纹等痕迹进行文书检验，以证明是否犯罪嫌疑人经手办理；

②对检验错误致使贸易公司遭受的损失鉴定，以证明犯罪后果。

（4）询问被害人

①与A国公司皮包贸易的合同内容、履行合同的经过、合同纠纷、索赔内容等，以证明皮包检验的重要性；

②犯罪嫌疑人对皮包样品进行检验的时间、地点、经过、依据、结果等，以证明犯罪行为；

③皮包被检验为合格产品后，造成向外国公司索赔期延误的具体情况，以证明犯罪的因果关系；

④因向外国公司索赔延误遭受的经济损失，以证明危害结果。

（5）询问证人

①犯罪嫌疑人是否是检验检疫局的工作人员，具体的职务、级别，以证明犯罪主体身份；

②涉案皮包的检验结果，是否由犯罪嫌疑人具体作出，以证明犯罪嫌疑人的职责；

③皮包检验的手段是否科学、正常商品检验的操作规章或程序等内容，以证明犯罪行为；

④犯罪嫌疑人的业务水平，事前是否从事过相同或者相似的检验工作，以往检验的准确率，以证明犯罪过失；

⑤犯罪嫌疑人对皮包样品进行错误检验的时间、经过、依据、结论，以证明犯罪行为；

⑥检验错误致使贸易公司遭受损失的后果，以证明犯罪危害后果。

（6）讯问犯罪嫌疑人

①商品检验职责，涉案皮包的检验工作是否由其具体负责，以证明职责；

②商品检验手段、正常商品检验的操作规章或程序等内容，以证明犯罪行为；

③对申请检验的皮包的质量、瑕疵的认识，以证明犯罪过失；

④犯罪嫌疑人对皮包样品进行错误检验的时间、经过、依据、结论，以证明犯罪行为；

⑤错误出证的原因，以证明犯罪过失。

（7）视听资料

对犯罪嫌疑人的讯问进行同步录音录像，以证明侦查活动的合法性和供述的自愿性。

3. 对有关量刑情节的证明

（1）对犯罪嫌疑人有无投案自首、检举立功的证明，证据主要有证人证言、侦查机关的记录等；

（2）对犯罪嫌疑人认罪态度的证明，证据主要有证人证言、侦查机关的记录等；

（3）对犯罪嫌疑人平时表现的证明，证据主要有书证、证人证言、视听资料等。

4. 补强证明

犯罪嫌疑人辩称其行为是由于业务水平低下造成的，侦查机关应当补强证明，证据主要包括：

（1）犯罪嫌疑人同事的证人证言等，证明犯罪嫌疑人的工作时间，业务水平，办理类似案件检验的准确率；

（2）犯罪嫌疑人领导、同事的证人证言、书证等，证明犯罪嫌疑人参加过相关法规、工作流程、规范的学习，具备相应的技能。

二十八、动植物检疫徇私舞弊案

根据我国《刑法》第413条第1款的规定，动植物检疫徇私舞弊罪，是指动植物检疫机关的检疫人员徇私舞弊，伪造检疫结果的行为。

（一）证明标准

案件事实清楚，证据确实充分。对犯罪嫌疑人的职务、身份，涉案进出境动植物的名称、种类、性质，伪造检疫结果的行为，以及是否出现带有传染病、寄生虫病和植物危险性病、虫、害传入、传出国境，造成重大疫情或者遭受重大损失等严重后果的证明，达到确实充分的程度，对犯罪嫌疑人主观上明知、故意的证明，达到内心确信的程度，证明有罪的证据能够形成完整的证据链。

（二）举证责任

在一般情况下，控方承担举证责任。犯罪嫌疑人提出有利于己的主张的，应当承担举证责任。对犯罪嫌疑人主观上明知、故意的证明，控方可以根据客观情况推定。

（三）对犯罪主体的证明

（参见滥用职权案）

（四）对犯罪主客观方面的证明

证明犯罪主客观方面的方法主要是勘验、检查，扣押物证、书证，鉴定，询问被害人、证人，讯问犯罪嫌疑人，辨认等。

1. 勘验、检查

（1）对犯罪嫌疑人的住所、办公场所勘验、检查，扣押犯罪嫌疑人收取他人的物质性利益，如钱财、物品、房产等，以证明违法所得、犯罪动机；

（2）对犯罪嫌疑人的住所、办公场所勘验、检查，扣押笔记、日记、办理手续、材料等书证，以证明犯罪行为；

（3）对进出境的动物、动物产品、植物种子、种苗及其他繁殖材料、装载动植物、动植物产品和其他检疫物的装载容器、包装物勘验、检查，证明是否带有传染病、寄生虫病和植物危险性病、虫、害；

（4）对重大疫情或者遭受重大损失的现场勘验、检查，查明原因、损害、损失情况，以证明犯罪的危害后果、因果关系。

2. 扣押物证、书证

（1）扣押犯罪嫌疑人的干部履历表、进出境检疫机关人事部门出具的书证，查明犯罪嫌疑人现任职务、级别等，以证明犯罪主体身份与职责；

（2）调取特定检疫物的检疫手段、正常检疫操作规章或程序等检疫标准，以证明犯罪行为；

（3）扣押进出境的动植物及装载容器、运输工具等，以证明是否存在传染病、寄生虫病和植物危险性病、虫、害；

（4）扣押伪造、变造的单证、印章、标志、封识等虚假证明、检疫报告、报关单等，以证明犯罪行为；

（5）扣押感染病、虫、害的动植物，以证明犯罪危害结果；

（6）扣押犯罪嫌疑人与动植物所有人联系或通风报信的 email、QQ 聊天信息等，以证明犯罪动机。

3. 鉴定

（1）对检疫报告、报关单、证明材料上的公章、签名，挖补、涂改等痕迹进行文书检验，以证明是否伪造；

（2）对检疫结果上的指纹鉴定，以证明是否犯罪嫌疑人经手办理；

（3）对犯罪造成的疫情鉴定，查明病源、感染群体、数量、病情等，以证明犯罪危害后果；

（4）对犯罪造成的经济损失评估，以证明犯罪的危害后果。

4. 询问被害人

（1）动植物感染病、虫、害的时间、地点、原因，以证明犯罪的因果关系；

（2）动植物感染病、虫、害造成重大疫情或者遭受重大损失的情况，以证明犯罪后果。

5. 询问证人

（1）犯罪嫌疑人是否是进出境动植物检疫机关工作人员或受委托或聘用的工作人员，具体的职务、级别，以证明犯罪主体身份与职责；

（2）案发所涉及的检疫结果是否由犯罪嫌疑人具体作出或审查、复核，以证明犯罪嫌疑人的职责；

（3）特定检疫物的检疫手段、正常检疫操作规章或程序等检疫标准，犯罪嫌疑人是否按照正常程序进行检疫，以证明有无犯罪行为；

（4）与犯罪嫌疑人的熟识程度，是否对其贿赂，贿赂的时间、地点、物品，目的、动机，以证明犯罪行为、犯罪动机；

（5）向犯罪嫌疑人提出请托事项的时间、地点、经过、知情人，犯罪嫌疑人是否给予关照，以证明犯罪行为；

（6）之前作出的检疫结果，犯罪嫌疑人如何修改检测数据，修改了哪些数据或内容，这些数据内容的改变是否最终造成检疫结果的改变，以证明犯罪行为；

（7）犯罪嫌疑人故意伪造检疫结果的时间、地点、经过、检验结果的内容，以证明犯罪行为；

（8）犯罪嫌疑人的业务水平，以往检疫的准确率，是否存在检疫标准不明确、政策界限不清楚等情形，以证明有无犯罪行为。

6. 讯问犯罪嫌疑人

（1）具体的动植物检疫职责，案发所涉及的动植物检疫工作是否由其具体负责，以证明职责内容；

（2）动植物检疫的手段、正常动植物检疫的操作规章或程序等内容，是否按照正常的检验程序检验，为何不按照正常程序检验，以证明犯罪行为；

（3）对被检疫动植物的性质，是否带有传染病、寄生虫病和植物危险性病、虫、害的认识，以证明犯罪明知；

（4）伪造检疫结果的原因，是贪图钱财，贪图美色，袒护亲友，存在照顾关系，还是打击报复或者其他情形，以证明犯罪徇私动机；

（5）出具虚假的检疫报告或报关单上盖章的时间、地点、经过、手段、知情人等，以证明犯罪行为；

（6）如果他人进行了具体检疫，是否告知了犯罪嫌疑人具体的检疫结果，伪造动植物检疫结果是否受到别人指使，以证明共同犯罪人的责任；

（7）是否实际收受到物质性利益或得到非物质性好处，以证明犯罪徇私动机。

7. 视听资料

（1）调取通过机场、港口等进出境场所的监控录像，查明犯罪嫌疑人与检疫物的所有人、提货人是否有不正当接触，以证明犯罪的徇私动机；

（2）对犯罪嫌疑人的讯问进行同步录音录像，以证明侦查活动的合法性和供述的自愿性。

8. 辨认

对被检疫的动植物，动植物的所有人、代理人，犯罪嫌疑人辨认，以证明犯罪行为。

（五）对有关量刑情节的证明

1. 对犯罪嫌疑人有无投案自首、检举立功的证明，证据主要有证人证言、侦查机关的记录等。

2. 对犯罪嫌疑人认罪态度的证明，证据主要有证人证言、侦查机关的记录等。

3. 对犯罪嫌疑人平时表现的证明，证据主要有书证、证人证言、视听资料等。

4. 对造成重大疫情或者遭受重大损失情形的证明，证据主要有物证、书证、证人证言、鉴定意见等。

（六）补强证明

犯罪嫌疑人辩解自己业务水平不高，存在检疫标准不明确、政策界限不清楚等原因，导致工作失误的，侦查机关应当补强证明，证据主要包括：

1. 犯罪嫌疑人领导、同事的证人证言、书证等，证明检疫标准明确、政策界限清楚。

2. 机场、港口等进出境场所的监控录像，证明犯罪嫌疑人与检疫物的所有人、提货人有不正当接触。

3. 证人证言等，证明检疫物所有人曾接触过犯罪嫌疑人，并提过相关请托事项，犯罪嫌疑人予以承诺。

（七）案　　例

1997年10月5日，某市边境口岸动植物检疫站检疫工作人员袁某的舅舅曹某从国外回来，同时还携带了一只小狗。在某市边境口岸对小狗进行检疫时，发现小狗身上染有一种严重的动物疫病。检疫站拟将小狗处理掉。曹某不忍失去宠物，就求助于在检疫站工作的外甥袁某。袁某给其开了1份检疫合格的证明，小狗得以入境，后该市许多狗也染上该种疫病，相继而死。经调查，是曹某携带回国的疫犬传染所致。检察机关以动植物检疫徇私舞弊罪对袁某立案侦查，并提起公诉。

【证明参考】

1. 对犯罪主体的证明

（参见滥用职权案）

2. 对犯罪主客观方面的证明

（1）勘验、检查

①对犯罪嫌疑人办公场所进行勘验、检查，扣押动物检疫办理手续、材料等书证，以证明犯罪行为；

②对曹某的小狗进行检查，证明是否带有传染病、寄生虫病；

③对感染疫病的狗进行检查，查明数量、范围、死亡或感染的原因、病源、损失情况，以证明犯罪的危害后果。

（2）扣押物证、书证

①扣押犯罪嫌疑人的干部履历表、动植物检疫机关人事部门出具的书证，查明犯罪嫌疑人现任职务、级别等，以证明犯罪主体身份与职责；

②调取动物检疫手段、正常检疫操作规章或程序等检疫标准，以证明犯罪行为；

③扣押曹某的小狗、入境后接受治疗的相关书证，以证明是否存在传染病、寄生虫病；

④扣押检疫合格证明，以证明犯罪行为；

⑤扣押受感染小狗的诊断证明，以证明感染原因、感染途径。

（3）鉴定

①对曹某的小狗所携带的疫病鉴定，以证明是否存在传染病、寄生虫病；

②对本市犬类疫情鉴定，查明病源、感染群体、数量、病情等，以证明犯罪危害后果。

（4）询问被害人

①狗感染疫病的时间、地点、原因，以证明犯罪的因果关系；

②造成本市动物疫情的范围、数量、病情、损失等情况，以证明犯罪的危害后果。

（5）询问证人

①犯罪嫌疑人是否是进出境动植物检疫机关工作人员，具体的职务、级别，以证明犯罪主体的身份与职责；

②曹某的小狗入境的检疫结果是否由犯罪嫌疑人具体作出，以证明犯罪嫌疑人的职责；

③动物检疫的手段、正常检疫操作规章或程序等检疫标准，以证明犯罪行为；

④与犯罪嫌疑人有何亲情关系，以证明犯罪徇私动机；

⑤何时得知小狗存在严重疫病，为何向犯罪嫌疑人请求帮助，犯罪嫌疑人如何帮助的，以证明犯罪动机与犯罪明知；

⑥犯罪嫌疑人故意伪造检疫结果的时间、地点、经过、检验结果的内容，以证明犯罪行为；

⑦造成本市动物疫情的范围、数量、病情、损失等情况，以证明犯罪的危害后果；

⑧犯罪嫌疑人的业务水平，以往检疫的准确率，是否存在检疫标准不明确、政策界限不清楚等情形，以证明犯罪故意。

(6) 讯问犯罪嫌疑人

①具体的动物检疫职责，曹某的小狗入境的检疫结果是否由其具体作出，以证明主体的职责；

②动物检疫的手段、正常动物检疫的操作规章或程序等内容，以证明犯罪行为；

③何时得知曹某的小狗患严重疫病的，按照正常程序应当如何处理，实际上是如何处理的，以证明犯罪明知与故意；

④伪造检疫结果的原因，是否碍于亲戚的情面，以证明犯罪徇私动机；

⑤出具虚假的检疫证明的时间、地点、经过、知情人等，以证明犯罪行为。

(7) 辨认

对曹某的小狗进行辨认，以证明是否当时入境检疫的动物。

(8) 视听资料

①调取边境口岸动植物检疫站的监控录像，查明犯罪嫌疑人与曹某接触过程，以证明犯罪嫌疑人的徇私动机；

②对犯罪嫌疑人的讯问进行同步录音录像，以证明侦查活动的合法性和供述的自愿性。

3. 对有关量刑情节的证明

(1) 对犯罪嫌疑人有无投案自首、检举立功的证明，证据主要有证人证言，侦查机关的记录等；

(2) 对犯罪嫌疑人认罪态度的证明，证据主要有证人证言、侦查机关的记录等；

(3) 对犯罪嫌疑人平时表现的证明，证据主要有书证、证人证言、视听资料等。

二十九、动植物检疫失职案

根据我国《刑法》第413条第2款的规定，动植物检疫失职罪，是指动植物检疫机关的检疫人员严重不负责任，对应当检疫的检疫物不检疫，或者延误检疫出证、错误出证，致使国家利益遭受重大损失的行为。

(一) 证明标准

案件事实清楚，证据确实充分。对犯罪嫌疑人的职务、身份，涉案进出境动植物的性质，严重不负责任，对应当检疫的检疫物不检疫，或者延误检疫出证、错误出证的行为以及危害后果的证明，达到确实充分的程度，对犯罪嫌疑人不负责任、过失心态的证明，达到内心确信的程度，现有证据能够形成完整的证据链。

（二）举证责任

在一般情况下，控方承担举证责任。犯罪嫌疑人提出有利于己的主张的，应当承担举证责任。对犯罪嫌疑人主观上的过失，控方可以根据客观情况推定。

（三）对犯罪主体的证明

（参见滥用职权案）

（四）对犯罪主客观方面的证明

证明犯罪主客观方面的方法主要有勘验、检查，扣押物证、书证，鉴定，询问被害人、证人，讯问犯罪嫌疑人，辨认等。

1. 勘验、检查

（1）对犯罪嫌疑人办公场所勘验、检查，扣押动植物检疫的办理手续、材料等书证，以证明犯罪行为；

（2）对进出境的动物、动物产品、植物种子、种苗及其他繁殖材料，装载动植物、动植物产品和其他检疫物的装载容器、包装物检验，证明是否带有传染病、寄生虫病和植物危险性病、虫、害；

（3）对重大疫情或者遭受重大损失的现场勘验、检查，查明原因、损害、损失情况，以证明犯罪的危害后果。

2. 扣押物证、书证

（1）扣押犯罪嫌疑人的干部履历表、进出境检疫机关人事部门出具的书证，查明犯罪嫌疑人现任职务、级别等，以证明犯罪主体身份与职责；

（2）调取特定检疫物的检疫手段、正常检疫操作规章或程序等检疫标准，以证明犯罪行为；

（3）扣押进出境的动植物及装载容器、运输工具等，以证明是否存在传染病、寄生虫病和植物危险性病、虫、害；

（4）扣押单证、印章、标志、封识等证明材料及检疫报告、报关单等，以证明犯罪行为；

（5）扣押感染病、虫、害的动植物，以证明犯罪危害结果。

3. 鉴定

（1）对检疫报告、报关单、证明材料上的公章、签名等痕迹进行文书检验，以证明是否伪造；

（2）对检疫结果上的指纹鉴定，以证明是否犯罪嫌疑人经手办理；

（3）对犯罪造成的疫情鉴定，查明病源、感染群体、数量、病情等，以证明犯罪危害后果；

（4）对犯罪造成的经济损失评估，以证明犯罪的危害后果。

4. 询问被害人

（1）动植物感染病、虫、害的时间、地点、原因，以证明犯罪的因果关系；

（2）动植物感染病、虫、害造成重大疫情或者遭受重大损失的情况，以证明犯罪的危害后果。

5. 询问证人

（1）犯罪嫌疑人是否是进出境动植物检疫机关工作人员或受委托或聘用的工作人员，具体的职务、级别，以证明犯罪主体身份与职责；

（2）案发所涉及的检疫结果是否由犯罪嫌疑人具体作出或审查、复核，以证明犯罪嫌疑人的职责；

（3）特定检疫物的检疫手段、正常检疫操作规章或程序等检疫标准，以证明犯罪行为；

（4）犯罪嫌疑人的业务水平，以往检疫的准确率，是否存在检疫标准不明确、政策界限不清楚等情形，以证明犯罪行为；

（5）在与犯罪嫌疑人相似条件下，对动植物检疫情况的预见水平，以证明犯罪预见义务；

（6）犯罪嫌疑人不检疫或者延误检疫出证、错误出证的时间、地点、经过，检验结果的内容，以证明犯罪行为；

（7）是否对犯罪嫌疑人的检疫行为进行催促或提醒，犯罪嫌疑人如何辩解与答复，以证明过于自信的过失；

（8）动植物感染病、虫、害造成重大疫情或者遭受重大损失的情况，以证明犯罪的危害后果；

（9）犯罪嫌疑人案发时有无异常表现或言行、态度等，以证明犯罪嫌疑人对不检疫、延误检疫出证、错误出证的心理原因。

6. 讯问犯罪嫌疑人

（1）具体的动植物检疫职责，案发所涉及的动植物检疫工作是否由其具体负责，以证明职责内容；

（2）动植物检疫的手段、正常动植物检疫的操作规章或程序等内容，以证明犯罪行为；

（3）事前是否从事过相同或者相似检疫物的检疫，以往检疫的准确率，以证明犯罪的预见义务与预见能力；

（4）是否想到自己的作为或者不作为的行为可能发生致使国家利益遭受重大损失的结果，以证明是否存在疏忽大意没有预见的可能性；

（5）领导、同事是否进行催促、提醒，以证明过于自信的过失；

（6）涉案动植物检疫及其制品的具体情况，是否知道属于进出境检疫物，应对其进行检疫，何种原因造成应当检疫而不检疫或者延误检疫出证、错误出证，以证明犯罪过失；

（7）检疫报告注明的结论与实际结果是否相符，是否属于笔误等，以证明犯罪过失；

（8）应当检疫而不检疫或者延误检疫出证、错误出证的时间、地点、经过、手段、知情人等，以证明犯罪行为。

7. 视听资料

（1）调取机场、港口等进出境场所的记录动植物检疫过程的监控录像，以证明犯罪行为；

（2）对犯罪嫌疑人的讯问进行同步录音录像，以证明侦查活动的合法性和供述的自愿性。

8. 辨认

对被检疫的动植物，动植物的所有人、代理人，犯罪嫌疑人辨认，以证明犯罪行为。

（五）对有关量刑情节的证明

1. 对犯罪嫌疑人有无投案自首、检举立功的证明，证据主要有证人证言、侦查机关的记录等。

2. 对犯罪嫌疑人认罪态度的证明，证据主要有证人证言、侦查机关的记录等。

3. 对犯罪嫌疑人平时表现的证明，证据主要有书证、证人证言、视听资料等。

4. 对造成重大疫情或者遭受重大损失情形的证明，证据主要有物证、书证、证人证言、鉴定意见等。

（六）补强证明

犯罪嫌疑人辩解自己业务水平不高，存在检疫标准不明确、政策界限不清楚等原因，其行为属于工作失误的，侦查机关应当补强证明，证据包括：

1. 犯罪嫌疑人领导、同事的证言、书证等，证明检疫标准明确、政策界限清楚。

2. 犯罪嫌疑人同事的证言，证明犯罪嫌疑人的业务水平、一贯工作表现，从事相同或相似检疫物检疫的准确率。

3. 犯罪嫌疑人同事的证言，证明对犯罪嫌疑人的检疫行为进行催促或提醒，犯罪嫌疑人进行了辩解与答复。

（七）案　　例

1998年4月18日，某县种子公司从泰国进口一批水稻种子。根据法律规定，种子上岸之前要经过动植物检疫机关检疫并出具检疫结果证明。某市动植物检疫所承担这批稻种的检疫工作，并由工作人员林某具体负责。林某在检疫过程中，严重不负责任，没有检疫出该批稻种所携带的菌种，错误地出具检疫合格证明。这批稻种上岸后，在该县销售并被大面积种植，结果发生了严重的病虫害，造成严重减产，当地农民损失惨重。经当地物价部门估价，经济损失达5000万元。该市人民检察院以动植物检疫失职罪对林某立案侦查并起诉。

【证明参考】

1. 对犯罪主体的证明

（参见滥用职权案）

2. 对犯罪主客观方面的证明

（1）勘验、检查

①对犯罪嫌疑人办公场所勘验、检查，扣押稻种检疫办理的相关手续、材料等书证，以证明犯罪行为；

②对库存尚未销售的稻种存放地勘验、检查，查明稻种是否携带菌种，或是在存储销售过程中变质；

③对稻种种植地勘验、检查，查明严重病虫害的原因、损害情况，以证明犯罪的危害后果。

（2）扣押物证、书证

①扣押犯罪嫌疑人的干部履历表、人事部门出具的书证，查明犯罪嫌疑人现任职务、级别等，以证明犯罪主体身份与职责；

②调取稻种的检疫手段、正常检疫操作规章或程序等检疫标准，以证明犯罪行为；

③扣押尚未销售、种植的库存稻种，以证明是否携带菌种；

④扣押稻种的检疫合格证明，以证明犯罪行为；

⑤扣押感染病虫害的稻谷，以证明犯罪危害结果；

⑥扣押稻种销售的范围、数量，购买人数、对象等书证，以证明犯罪因果关系。

（3）鉴定

①对检疫证明上的公章、签名等痕迹进行文书检验，以证明是否伪造；

②对检疫结果上的指纹鉴定，以证明是否犯罪嫌疑人经手办理；

③对尚未销售或尚未种植的稻种鉴定，以证明是否携带菌种；

④对稻田遭受病虫害的情况鉴定，查明病虫害的类型、原因、范围、程度等，以证明犯罪危害后果；

⑤对犯罪造成的经济损失评估，以证明犯罪的危害后果。

（4）询问被害人

①购买稻种的时间、地点、数量、价格、途径等，以证明犯罪因果关系；

②稻田遭受病虫害的时间、原因，以证明犯罪因果关系；

③稻田遭受病虫害造成的损失情况，以证明犯罪的危害后果。

（5）询问证人

①犯罪嫌疑人是否是进出境动植物检疫机关工作人员，具体的职务、级别，以证明犯罪主体身份与职责；

②稻种的检疫结果是否由犯罪嫌疑人具体作出，以证明犯罪嫌疑人的职责；

③稻种常规的检疫手段、正常检疫操作规章或程序等检疫标准，犯罪嫌疑人是否按照常规的检疫手段检疫，以证明犯罪行为；

④犯罪嫌疑人的业务水平，以往检疫的准确率，是否存在检疫标准不明确、政策界限不清楚等情形，以证明犯罪过失；

⑤犯罪嫌疑人错误出证的时间、地点、经过，检验结果的内容，以证明犯罪行为；

⑥稻种销售的范围、数量，购买人数、对象，以证明犯罪侵害对象；

⑦稻种携带菌种的类型、稻田遭受严重病虫害的因果关系，农民受到的减产损失情况，以证明犯罪的危害后果。

（6）讯问犯罪嫌疑人

①承担的植物检疫职责，案发所涉及稻种的检疫工作是否由其具体负责，以证明职责内容；

②植物检疫的常规手段、正常植物检疫的操作规章或程序等内容，是否按照常规的检疫程序进行检疫，以证明有无犯罪行为；

③是否从事过相同或者相似稻种的检疫，以往检疫的准确率，以证明犯罪的预见义务与预见能力；

④涉案稻种检验的具体情况，何种原因造成错误出证，以证明犯罪过失；

⑤错误出证的时间、经过、依据、结论等，以证明犯罪行为；

⑥领导、同事是否提出质疑或提醒，以证明犯罪过失；

⑦检疫报告注明的结论与实际结果不符，是否属于笔误等，以证明犯罪过失。

（7）视听资料

对犯罪嫌疑人的讯问进行同步录音录像，以证明侦查活动的合法性和供述的自愿性。

3. 对有关量刑情节的证明

（1）对犯罪嫌疑人有无投案自首、检举立功的证明，证据主要有证人证言、侦查机关的记录等；

（2）对犯罪嫌疑人认罪态度的证明，证据主要有证人证言、侦查机关的记录等；

（3）对犯罪嫌疑人平时表现的证明，证据主要有书证、证人证言、视听资料等。

4. 补强证明

犯罪嫌疑人辩解自己业务水平不高，存在检疫标准不明确、政策界限不清楚等原因，其行为属于工作失误的，侦查机关应当补强证明，证据包括：

（1）犯罪嫌疑人领导、同事的证言、书证等，证明检疫标准明确、政策界限清楚；

（2）犯罪嫌疑人同事的证言，证明犯罪嫌疑人的业务水平、一贯工作表现、从事相同或相似检疫物检疫的准确率；

（3）犯罪嫌疑人同事的证言，证明对犯罪嫌疑人的检疫行为进行过催促或提醒，犯罪嫌疑人进行了辩解与答复。

三十、放纵制售伪劣商品犯罪行为案

根据我国《刑法》第414条的规定，放纵制售伪劣商品犯罪行为罪，是指对生产、销售伪劣商品犯罪行为负有追究责任的国家机关工作人员，徇私舞弊，不履行法律规定的追究职责，情节严重的行为。

（一）证明标准

案件事实清楚，证据确实充分。对犯罪嫌疑人的身份、渎职行为的证明，达到确实充分的程度，对犯罪嫌疑人主观状态的证明，达到内心确信的程度，证明有罪的证据能够形成完整的证据链。

（二）举证责任

在一般情况下，控方承担举证责任。犯罪嫌疑人提出有利于己的主张的，应当承担举证责任。对犯罪嫌疑人主观上的故意，控方可以根据客观情况推定。

（三）对犯罪主体的证明

（参见滥用职权案）

（四）对犯罪主客观方面的证明

证明犯罪主客观方面的方法主要是勘验、检查，扣押物证、书证，鉴定，查询、冻结，询问证人，讯问犯罪嫌疑人，辨认等。

1. 勘验、检查

（1）对犯罪嫌疑人住所、办公场所勘验、检查，扣押犯罪嫌疑人收取的物质性利益，如钱财、物品、房产等，以证明违法所得；

（2）对犯罪嫌疑人住所、办公场所勘验、检查，扣押笔记、日记、商品质量监督相关书证，以证明犯罪行为；

（3）对伪劣商品的生产地、销售地、存放窝点勘验、检查，以证明制售伪劣商品行为的存在。

2. 扣押物证、书证

（1）扣押犯罪嫌疑人的干部履历表、人事部门出具的书证，查明犯罪嫌疑人现任职务、级别等，以证明犯罪主体身份与职责；

（2）调取产品质量监督管理职责、制度、程序等，以证明有无渎职行为；

（3）扣押犯罪嫌疑人的手机、电脑，查询其通话记录、短信息、email，查明是否与制售伪劣商品的犯罪行为人有关联，以证明犯罪动机；

（4）扣押犯罪嫌疑人收受的物质性利益，以证明徇私动机；

（5）扣押制售伪劣商品的原料、产品，以证明制售伪劣商品的行为；

（6）扣押单证、保税货物进出仓单、关封、出口回执等书证，以证明犯罪行为；

（7）扣押为走私人员通风报信的纸条、信函、短信、邮件等，以证明犯罪行为；

（8）扣押假证据材料，篡改、毁灭证实真相的证据材料，以证明犯罪行为。

3. 鉴定

（1）对通风报信的纸条、信函等进行笔迹鉴定、指纹鉴定，以证明是犯罪嫌疑人所为；

（2）对假证据材料，篡改、毁灭的证据材料进行文书检验，以证明犯罪行为；

（3）对制售的假药、有毒、有害食品等伪劣商品鉴定，以证明制售伪劣商品行为；

（4）对伪劣商品造成人体健康、人身侵害的医学鉴定，以证明犯罪危害后果；

（5）对伪劣商品造成消费者财产损失鉴定，以证明犯罪危害后果。

4. 查询、冻结

（1）查询犯罪嫌疑人的经济情况，以证明犯罪动机；

（2）查询犯罪嫌疑人银行账号的转账、存款、支出情况，以证明与其正常收入是否相符合。

5. 询问证人

（1）犯罪嫌疑人的职务、具体工作职责，从事该项工作的时间，案发所涉及制售伪劣商品监管工作是否由犯罪嫌疑人负责，以证明犯罪职务便利；

（2）犯罪嫌疑人的业务水平、从事相同或者相似产品质量监管职责的经历、一贯表现，以证明犯罪明知；

（3）相关法律、行政法规、产品质量监管职责的内容，以证明犯罪行为；

(4) 与犯罪嫌疑人的熟识程度，有何特殊关系，以证明犯罪动机；

(5) 事前与犯罪嫌疑人商定的内容及好处，具体的时间、地点，相关人员及知情人，以证明犯罪动机与犯罪故意；

(6) 犯罪嫌疑人是否索贿、受贿，以证明犯罪主观恶性；

(7) 如何发现犯罪嫌疑人放纵制售伪劣商品的行为，具体的时间、地点、经过，是否对犯罪嫌疑人提出质疑，犯罪嫌疑人如何辩解，以证明犯罪手段与犯罪故意；

(8) 何时、何地给予犯罪嫌疑人好处，具体的类型、金额等，以证明犯罪动机；

(9) 不予追究企事业单位或者个人责任数量、次数，生产、销售伪劣商品的行为是否性质严重，以证明犯罪严重后果；

(10) 制售伪劣产品造成严重的后果或者恶劣的影响，以证明犯罪社会危害性。

6. 讯问犯罪嫌疑人

(1) 职务、具体的职责，案发所涉及制售伪劣商品监管工作是否由己负责，以证明能否利用职务便利；

(2) 相关法律、行政法规、产品质量监管职责的内容，以证明犯罪明知；

(3) 放纵制售伪劣商品的原因，是徇私利，如贪图钱财、接受性贿赂、保全个人名利，还是徇私情，以证明徇私动机；

(4) 关系人的请托事项，商定的具体时间、地点、相关人员，承诺的内容等，以证明犯罪动机；

(5) 是否索取或者实际收受贿赂，索贿或收取贿赂的时间、地点、物品，以证明犯罪行为、犯罪动机；

(6) 有无收到群众举报，对群众举报是如何处理的，以证明有无渎职行为；

(7) 该调查不调查，该查封、扣押伪劣商品的不予查封、扣押，该处罚的不予处罚行为的时间、地方、手段、次数等，以证明犯罪行为；

(8) 放纵伪劣商品的行为是否受到领导的质疑，如何隐瞒与辩解，以证明犯罪故意；

(9) 共同犯罪人的基本情况、分工、分赃情况，以证明共同故意犯罪行为与责任；

(10) 不予追究企事业单位或者个人责任数量、次数，生产、销售伪劣商品的行为是否性质严重，对消费者人身或财产造成何种伤害，以证明犯罪严重后果。

7. 视听资料

(1) 调取记录放纵制售伪劣商品犯罪过程的视频资料，以证明犯罪行为；

（2）对犯罪嫌疑人的讯问进行同步录音录像，以证明侦查活动的合法性和供述的自愿性。

8. 辨认

消费者对伪劣商品辨认，以证明造成合法权益受到侵害的原因。

（五）对有关量刑情节的证明

1. 对犯罪嫌疑人有无投案自首、检举立功的证明，证据主要有证人证言、侦查机关的记录等。

2. 对犯罪嫌疑人认罪态度的证明，证据主要有证人证言、侦查机关的记录等。

3. 对犯罪嫌疑人平时表现的证明，证据主要有书证、证人证言、视听资料等。

4. 对放纵制售伪劣商品犯罪行为次数及伪劣商品价值的证明，证据主要有物证、书证、证人证言、鉴定意见等。

5. 对犯罪后有无悔改表现、积极退赃的证明，证据主要有证人证言、侦查机关的记录、物证等。

（六）案　　例

2007年12月7日，某市畜牧局动物卫生监督所执法人员崔某、张某、郭某、邱某、宋某等人进行执法检查时，在发现董某非法携带“瘦肉精”的情况下，不正确履行职责，既未将董某所携带的“瘦肉精”全部查扣，亦未将董某携带“瘦肉精”的情况移交相关职能部门处理，只是在当场收取董某3800元罚款后（以检疫费名义入账），放任董某将一件“瘦肉精”带走。

2008年6月至11月期间，董某将未被查扣的一件“瘦肉精”非法销售给梁某等饲养户用于生猪饲养。2008年10月，梁某等生猪饲养户喂养的生猪在屠宰时，被国家农业部检测出猪体内“瘦肉精”成分严重超标，给国家食品卫生安全和人民群众生命健康造成严重威胁。

【证明参考】

1. 对犯罪主体的证明

（参见滥用职权案）

2. 对犯罪主客观方面的证明

（1）勘验、检查

对犯罪嫌疑人办公场所勘验、检查，扣押关于董某运输违禁药品“瘦肉精”的情况报告、罚款单等书证，以证明犯罪行为。

（2）扣押物证、书证

①扣押犯罪嫌疑人的干部履历表、人事部门出具的书证，查明犯罪嫌疑人现

任职务、级别等，以证明犯罪主体身份与职责；

②调取产品质量监督管理职责、制度、程序等，以证明没有正确履行职责；

③扣押违禁药品“瘦肉精”，以证明制售伪劣商品的行为；

④调取农业部、卫生部、国家药品监督管理局关于“瘦肉精”系违禁药品等有关书证，以证明制售伪劣商品犯罪的行为；

⑤扣押动物卫生监督所关于董某运输违禁药品“瘦肉精”的情况报告，以证明犯罪行为；

⑥扣押“瘦肉精”的销售清单、购买合同、发票等，以证明犯罪危害结果；

⑦调取国家农业部作出的猪体内“瘦肉精”成分严重超标的检测结果，以证明犯罪危害结果。

（3）鉴定

①国家农业部畜禽产品质量监督检验测试中心检验报告，证明猪体内“瘦肉精”成分严重超标；

②对“瘦肉精”成分严重超标食品造成人体健康、人身侵害鉴定，以证明犯罪危害后果。

（4）询问证人

①犯罪嫌疑人的职务、具体工作职责，从事该项工作的时间，以证明犯罪职务便利；

②相关法律、行政法规、产品质量监管职责的内容，以证明犯罪行为；

③犯罪嫌疑人发现董某车上载有违禁药品“瘦肉精”后，是否正确履行职责将全部“瘦肉精”扣押，且事后移交职能部门进行处理，以证明犯罪行为；

④未被扣押的一件“瘦肉精”的去向，是否进行销售，销售的对象、数量，购买者的用途，以证明犯罪危害结果；

⑤何时何地从何处购买“瘦肉精”，数量、用途，以证明犯罪危害结果；

⑥“瘦肉精”成分严重超标的猪肉是否给国家食品卫生安全和人民群众生命健康造成严重威胁，以证明犯罪危害结果。

（5）讯问犯罪嫌疑人

①职务、具体的职责，案发所涉及制售伪劣商品监管工作是否由犯罪嫌疑人负责，以证明主体职责；

②相关法律、行政法规、产品质量监管职责的内容，以证明犯罪行为；

③事前是否从事过相同或者相似产品质量监管工作，走私的具体情况，以证明犯罪的明知；

④对违禁药品“瘦肉精”的认识，以证明犯罪的明知；

⑤发现董某车上载有违禁药品“瘦肉精”后，是否正确履行职责将全部“瘦肉精”扣押，且事后移交职能部门进行处理，以证明犯罪行为；

⑥对违禁药品“瘦肉精”不予扣押，移交职能部门进行处理的原因，以证明徇私动机。

（6）视听资料

对犯罪嫌疑人的讯问进行同步录音录像，以证明侦查活动的合法性和供述的自愿性。

3. 对有关量刑情节的证明

（1）对犯罪嫌疑人有无投案自首、检举立功的证明，证据主要有证人证言、侦查机关的记录等；

（2）对犯罪嫌疑人认罪态度的证明，证据主要有证人证言、侦查机关的记录等；

（3）对犯罪嫌疑人平时表现的证明，证据主要有书证、证人证言、视听资料等。

三十一、办理偷越国（边）境人员出入境证件案

根据我国《刑法》第415条的规定，办理偷越国（边）境人员出入境证件罪，是指负责办理护照、签证以及其他出入境证件的国家机关工作人员，对明知是企图偷越国（边）境的人员，予以办理出入境证件的行为。

（一）证明标准

案件事实清楚，证据确实充分。对犯罪嫌疑人负责办理护照、签证以及其他出入境证件的国家机关工作人员职务、身份、权限，企图偷越国（边）境人员的情况，非法办理出入境证件行为的证明，达到确实充分的程度，对犯罪嫌疑人明知他人是企图偷越国（边）境的人员而故意给其办理出入境证件的证明，达到内心确信的程度，现有证据能够形成完整的证据链。

（二）举证责任

在一般情况下，控方承担举证责任。犯罪嫌疑人提出有利于己的主张的，应当承担举证责任。对犯罪嫌疑人主观上是否明知、故意，控方可以根据客观情况推定。

（三）对犯罪主体的证明

（参见滥用职权案）

（四）对犯罪主客观方面的证明

证明犯罪主客观方面的方法主要是勘验、检查，搜查，扣押物证、书证，鉴定，查询、冻结，询问证人，讯问犯罪嫌疑人，辨认，推定等。

1. 勘验、检查

（1）对犯罪嫌疑人住所、办公场所进行勘验、检查，扣押犯罪嫌疑人收取的物质性利益，如钱财、物品、房产等，以证明违法所得、犯罪动机；

（2）对犯罪嫌疑人住所、办公场所进行勘验、检查，扣押笔记、日记、出入境证件办理的手续、材料等相关书证，以证明犯罪行为；

（3）对非法办理的出入境证件勘验、检查，提取其上的指纹、笔迹、印章，以证明与犯罪嫌疑人的关系。

2. 搜查

对偷越国（边）境人员的人身搜查，扣押偷越国（边）境人员，收集相关物证、书证，以证明犯罪行为。

3. 扣押物证、书证

（1）扣押犯罪嫌疑人的干部履历表、人事部门出具的书证，查明犯罪嫌疑人现任职务、级别等，以证明犯罪主体身份与职责；

（2）调取出入境管理制度和出入境管理人员的职责、制度、程序等，以证明有无犯罪行为；

（3）扣押犯罪嫌疑人的手机、电脑，查询其通话记录、短信息、email，查明是否与偷越国（边）境人员有关联，以证明犯罪动机；

（4）扣押犯罪嫌疑人收受的物质性利益，以证明犯罪行为、犯罪动机；

（5）扣押伪造的居民户口证明、相片、申请出境材料等书证，以证明办理出入境证件的违法性；

（6）扣押审批表、护照、签证、边境公务通行证、过境通行证、港澳同胞回乡证等出入境证件，以证明犯罪行为。

4. 鉴定

（1）对偷越国（边）境人员出入境证件进行笔迹鉴定、指纹鉴定，以证明是犯罪嫌疑人办理；

（2）对假证据材料，篡改、毁灭的证据材料鉴定，以证明犯罪行为。

5. 查询、冻结

（1）查询犯罪嫌疑人的经济情况，以证明犯罪动机；

（2）查询犯罪嫌疑人银行账号的转账、存款、支出情况，以证明与其正常收入是否相符合。

6. 询问证人

（1）犯罪嫌疑人的职务、具体工作职责、从事该项工作的时间，案发所涉及的出入境证件是否由犯罪嫌疑人具体负责，以证明能否利用职务便利；

（2）出入境管理制度和出入境管理人员的职责、制度、程序等，以证明有无犯罪行为；

（3）犯罪嫌疑人的业务水平、办理出入境证件的经历、一贯表现，以证明是否工作失误；

（4）与犯罪嫌疑人的熟识程度，是否存在财物、名誉、地位等利益关系，或亲情、友情、乡情、奸情等情义关系，以证明犯罪动机；

（5）事前与犯罪嫌疑人商定的内容及好处，具体的时间、地点，相关人员及知情人，以证明犯罪动机与犯罪故意；

（6）犯罪嫌疑人是否索取、收受贿赂，何时、何地索取、收受他人贿赂，收受的物品，以证明犯罪行为、犯罪主观恶性；

（7）如何发现犯罪嫌疑人办理偷越国（边）境人员出入境证件的行为，违法办理的次数、人数、时间、地点、经过，是否对犯罪嫌疑人提出质疑，犯罪嫌疑人如何辩解，以证明犯罪手段与犯罪故意。

7. 讯问犯罪嫌疑人

（1）职务、具体的职责，案发所涉及的出入境证件是否由犯罪嫌疑人具体负责，以证明能否利用职务便利；

（2）出入境管理制度和出入境管理人员的职责、制度、程序等，以证明犯罪明知；

（3）对偷越国（边）境人员基本情况、申请材料是否真实，有无隐瞒真相的行为，以证明犯罪明知；

（4）办理偷越国（边）境人员出入境证件的原因，是徇私利，如贪图钱财、接受性贿赂、保全个人名利，还是徇私情，以证明犯罪动机；

（5）利益关系人、情义关系人的请托事项，商定的具体时间、地点、相关人员，承诺的内容等，以证明犯罪动机；

（6）是否索取或者实际收受贿赂，索贿或收取贿赂的时间、地点，以证明违法所得及犯罪动机；

（7）办理偷越国（边）境人员出入境证件的时间、地方、手段、次数、人数等，以证明犯罪行为；

（8）自己办理还是请他人帮忙办理，共同犯罪人的基本情况、分工、分赃情况，以证明共同犯罪的行为与责任；

（9）办理偷越国（边）境人员出入境证件的行为是否受到领导的质疑，如何隐瞒与辩解，以证明犯罪故意；

（10）是否为刑事犯罪分子办证，以证明犯罪的危害后果。

8. 视听资料

（1）调取出入境办证大厅的视听资料，以证明犯罪嫌疑人办证的行为；

（2）对犯罪嫌疑人的讯问进行同步录音录像，以证明侦查活动的合法性和供述的自愿性。

9. 辨认

(1) 偷越国 (边) 境人员对犯罪嫌疑人辨认，以证明犯罪主体；

(2) 犯罪嫌疑人对偷越国 (边) 境人员辨认，以证明犯罪嫌疑人。

10. 推定

(1) 犯罪嫌疑人明显地伪造申请材料，伪造、变造出入境证件，却顺利地办理了证件；

(2) 犯罪嫌疑人办理偷越国 (边) 境人员出入境证件的行为受到领导质疑后，仍然为犯罪嫌疑人办理了出入境证件。

如果以上证据查证属实，推定犯罪嫌疑人犯罪故意。

(五) 对有关量刑情节的证明

1. 对犯罪嫌疑人有无投案自首、检举立功的证明，证据主要有证人证言、侦查机关的记录等。

2. 对犯罪嫌疑人认罪态度的证明，证据主要有证人证言、侦查机关的记录等。

3. 对犯罪嫌疑人平时表现的证明，证据主要有书证、证人证言、视听资料等。

4. 对多次或给多人办理出入境证件等严重情节的证明，证据主要有物证、书证、证人证言、鉴定意见等。

(六) 补强证明

犯罪嫌疑人辩称没有发现偷越国 (边) 境的人员伪造材料的，侦查人员应补强证明，证据包括：

1. 犯罪嫌疑人同事的证言，证明犯罪嫌疑人办理出入境证件的经历、业务水平，能够识破伪造的材料。

2. 偷越国 (边) 境人员的证人证言等，证实与犯罪嫌疑人之间存在特殊的关系，以证明犯罪嫌疑人故意为其隐瞒事实。

3. 证人证言等，证明办理偷越国 (边) 境人员出入境证件的行为受到领导的质疑，犯罪嫌疑人进行隐瞒与辩解。

(七) 案　例

1998 年上半年至年底，某市公安局出入境管理处受理科民警张某，因女朋友邹某的请托，先后受理及托他人受理由刘某所送的代他人申办出国护照的材料，使多人凭虚假材料，骗得了出国护照，刘某、邹某亦从中牟取利益。

1999 年初，张某发现刘某送的材料有假，怀疑刘某系从事护照生意的“黄牛”后，对从中得益的邹某讲：“这样下去要出事的，领导强调‘黄牛’送来的材料是不好受理的。”由于邹某继续要张某从中帮忙，张某于 1999 年 4 月至 5 月间，仍违反申请护照应由申请人送交材料并接受询问的规定，先后受理刘某等人为童某等不符合申办出国护照条件人员所送的虚假材料，为11人骗得出国护照。案发后，经鉴定，上述材料分别由刘某、费某参与伪造。

【证明参考】

1. 对犯罪主体的证明

（参见滥用职权案）

2. 对犯罪主客观方面的证明

（1）勘验、检查

①对犯罪嫌疑人住所、办公场所勘验、检查，扣押犯罪嫌疑人收取的物质性利益，以证明违法所得、犯罪动机；

②对犯罪嫌疑人住所、办公场所勘验、检查，扣押笔记、日记，出入境证件办理的手续、材料等相关书证，以证明犯罪行为；

③对11名偷越国（边）境人员的住所、藏匿地勘验、检查，以发现偷越国（边）境人员，收集相关物证、书证，以证明犯罪行为。

（2）扣押物证、书证

①扣押公安局出入境管理处关于张某工作职责的证明，查明犯罪嫌疑人现任职务、级别等，以证明犯罪主体身份与职责；

②调取出入境管理人员的职责、制度、程序，受理科工作规范等，以证明有无犯罪行为；

③扣押犯罪嫌疑人的手机、电脑，查询其通话记录、短信息、email，查明是否与偷越国（边）境人员有关联，以证明犯罪动机；

④扣押犯罪嫌疑人收受的物质性利益，以证明违法所得、犯罪动机；

⑤扣押11名偷越国（边）境人员申请护照的材料、伪造境外人员的邀请信、私刻的公司公章，以证明是伪造的材料；

⑥扣押审批表、护照等出境证件，以证明犯罪行为。

（3）鉴定

①对偷越国（边）境人员出入境护照申请材料、境外邀请书中的公章、笔迹鉴定，以证明是伪造的材料；

②对偷越国（边）境人员出入境护照审批表进行笔迹鉴定、指纹鉴定，以证明是犯罪嫌疑人办理。

（4）查询、冻结

①查询犯罪嫌疑人的经济情况，以证明犯罪动机；

②查询犯罪嫌疑人银行账号的转账、存款、支出情况，以证明收受财物的行为。

（5）询问证人

①犯罪嫌疑人的职务、具体工作职责，从事该项工作的时间，案发所涉及的护照是否由犯罪嫌疑人具体负责，以证明能否利用职务便利；

②受理出入境护照的工作规范、程序等，以证明有无犯罪行为；

③犯罪嫌疑人的业务水平，办理出入境护照的经历、一贯表现，以证明是否存在工作失误；

④与犯罪嫌疑人的关系，认识犯罪嫌疑人的途径、中间人，与犯罪嫌疑人请托内容，具体的时间、地点、知情人，以证明犯罪动机与犯罪故意；

⑤自制公章、伪造境外人员的邀请信、伪造申请护照材料的过程，伪造的材料是否容易识别，如何蒙混过关，以证明犯罪行为、主观上明知故意；

⑥犯罪嫌疑人在审查申请材料时，是否曾发现有问题退回去过，以证明犯罪明知；

⑦犯罪嫌疑人违法办理的次数、人数、时间、地点、经过，是否对犯罪嫌疑人提出质疑，犯罪嫌疑人如何辩解，以证明犯罪手段与犯罪故意；

⑧实际给予犯罪嫌疑人好处的类型、金额、方式、次数等，以证明犯罪动机。

（6）讯问犯罪嫌疑人

①职务、具体的职责，案发所涉及的护照是否由犯罪嫌疑人具体负责，以证明能否利用职务便利；

②受理工作规范，受理出入境护照的程序、规范等，是否违反办理程序为当事人办理证件，以证明犯罪明知；

③对11名偷越国（边）境人员伪造申请材料的判断，是否曾发现有问题退回去，为何不按照规定直接与这11人见面审查，以证明犯罪明知；

④办理偷越国（边）境人员出入境护照的原因，以证明犯罪动机；

⑤办理偷越国（边）境人员出入境护照的时间、地方、手段、次数、人数等，以证明犯罪行为；

⑥自己办理还是请他人帮忙办理，共同犯罪人的基本情况、分工、分赃情况，以证明共同犯罪的行为与责任；

⑦实际收取的物质性利益或其他好处，以证明犯罪动机。

（7）视听资料

①调取出入境办证大厅的视听资料，以证明犯罪嫌疑人办证的行为；

②对犯罪嫌疑人的讯问进行同步录音录像，以证明侦查活动的合法性和供述的自愿性。

（8）推定

①犯罪嫌疑人对11名偷越国（边）境人员伪造申请材料的判断，曾发现有

问题退回去；

②犯罪嫌疑人未按申办并接受有关询问的程序办理，存在明显的违规操作；

③犯罪嫌疑人实际收取了物质性利益或其他好处；

④犯罪嫌疑人办理偷越国（边）境人员出入境证件的行为受到领导的质疑后，进行隐瞒与辩解。

如果以上证据查证属实，推定犯罪嫌疑人犯罪故意。

3. 对有关量刑情节的证明

（1）对犯罪嫌疑人有无投案自首、检举立功的证明，证据主要有证人证言、侦查机关的记录等；

（2）对犯罪嫌疑人认罪态度的证明，证据主要有证人证言、侦查机关的记录等；

（3）对犯罪嫌疑人平时表现的证明，证据主要有书证、证人证言、视听资料等；

（4）对多次或给多人办理出入境证件等严重情节的证明，证据主要有物证、书证、证人证言、鉴定意见等。

三十二、放行偷越国（边）境人员案

根据我国《刑法》第415条的规定，放行偷越国（边）境人员罪，是指边防、海关等国家机关工作人员，对明知是偷越国（边）境的人员，予以放行的行为。

（一）证明标准

案件事实清楚，证据确实充分。对犯罪嫌疑人的职务、身份、权限，对企图偷越国（边）境人员故意放行的证明，达到确实充分的程度，对犯罪嫌疑人明知、故意的证明，达到内心确信的程度，证明有罪的证据能够形成完整的证据链。

（二）举证责任

在一般情况下，控方承担举证责任。犯罪嫌疑人提出有利于己的主张的，应当承担举证责任。对犯罪嫌疑人主观上的明知、故意，控方可以根据客观情况推定。

（三）对犯罪主体的证明

（参见滥用职权案）

（四）对犯罪主客观方面的证明

证明犯罪主客观方面的方法主要有勘验、检查，扣押物证、书证，鉴定，查询、冻结，询问证人，讯问犯罪嫌疑人，辨认，推定等。

1. 勘验、检查

（1）对犯罪嫌疑人住所、办公场所勘验、检查，扣押犯罪嫌疑人收取的物质性利益，如钱财、物品、房产等，以证明犯罪动机；

（2）对犯罪嫌疑人住所、办公场所勘验、检查，扣押笔记、日记、出入境办理手续、材料等书证，以证明犯罪行为；

（3）对偷越国（边）境人员的人身搜查，以证明其有无相关证件。

2. 扣押物证、书证

（1）扣押犯罪嫌疑人的干部履历表、人事部门出具的书证，查明犯罪嫌疑人现任职务、级别等，以证明犯罪主体身份与职责；

（2）调取国家出入境法律法规及边防、海关机关的正常工作、管理制度，以证明有无犯罪行为；

（3）扣押犯罪嫌疑人的手机、电脑，查询其通话记录、短信息、email，查明是否与偷越国（边）境人员有关联，以证明犯罪动机；

（4）扣押犯罪嫌疑人收受的物质性利益，以证明犯罪动机；

（5）扣押出入国（边）境人员所出示的证件，如伪造、变造的护照、签证，以证明犯罪行为；

（6）扣押伪造的出入境记录存档等书证，以证明犯罪行为。

3. 鉴定

（1）对偷越国（边）境人员伪造、变造、涂改、冒用的出入境证件进行鉴定，以证明是虚假出入境证件；

（2）对偷越国（边）境人员出入境证件上的指纹进行鉴定，以证明是由犯罪嫌疑人放行。

4. 查询、冻结

（1）查询犯罪嫌疑人的经济情况，以证明犯罪动机；

（2）查询犯罪嫌疑人银行账号的转账、存款、支出情况，以证明与其正常收入是否相符合。

5. 询问证人

（1）犯罪嫌疑人的职务、具体工作职责，从事该项工作的时间，案发所涉及出入境检查工作是否由犯罪嫌疑人具体负责，以证明能否利用职务便利；

（2）出入境管理制度和出入境管理人员的职责、制度、程序等，以证明有无犯罪行为；

（3）与犯罪嫌疑人的熟识程度，之间是否存在财物、名誉、地位等利益关系，或亲情、友情、乡情、奸情等情义关系，以证明犯罪动机；

（4）事前与犯罪嫌疑人商定的内容及好处，具体的时间、地点、相关人员及知情人，以证明犯罪动机与犯罪故意；

（5）犯罪嫌疑人何时、何地放行偷越国（边）境人员的，放行的人数、目的、动机，以证明犯罪行为、犯罪主观方面；

（6）是否实际给予犯罪嫌疑人好处，具体的类型、金额等，以证明犯罪动机。

6. 讯问犯罪嫌疑人

（1）职务、具体的职责，案发所涉及出入境检查工作是否由犯罪嫌疑人具体负责，以证明能否利用职务便利；

（2）出入境管理制度和出入境管理人员的职责、制度、程序等，以证明犯罪明知；

（3）犯罪嫌疑人何时、何地放行偷越国（边）境人员的，放行的人数、次数、目的、动机，以证明犯罪行为、犯罪主观方面；

（4）何时、何地收受偷越国（边）境人员贿赂的，贿赂的具体内容，以证明犯罪行为、违法所得；

（5）利益关系人、情义关系人的请托事项，商定的具体时间、地点、相关人员，承诺的内容等，以证明犯罪动机；

（6）自己放行还是请他人帮忙放行，共同犯罪人的基本情况、分工、分赃情况，以证明共同犯罪的行为与责任；

（7）放行偷越国（边）境人员的行为是否受到领导的质疑，如何隐瞒与辩解，以证明犯罪故意。

7. 视听资料

（1）调取出入境检查站的视听资料，以证明犯罪嫌疑人放行的行为；

（2）对犯罪嫌疑人的讯问进行同步录音录像，以证明侦查活动的合法性和供述的自愿性。

8. 辨认

（1）偷越国（边）境人员对犯罪嫌疑人辨认，以证明犯罪主体；

（2）犯罪嫌疑人对偷越国（边）境人员辨认，以证明放行对象。

9. 推定

当事人没有法定证件进出国（边）境，犯罪嫌疑人任其通行的，推定犯罪嫌疑人明知、故意。

（五）对有关量刑情节的证明

1. 对犯罪嫌疑人有无投案自首、检举立功的证明，证据主要有证人证言、侦查机关的记录等。

2. 对犯罪嫌疑人认罪态度的证明，证据主要有证人证言、侦查机关的记录等。

3. 对犯罪嫌疑人多次或给多人放行，造成严重后果的证明，证据主要有书证、证人证言、视听资料等。

4. 对因受贿或者索贿而放行他人出入境的证明，证据主要有赃款、赃物、书证、证人证言等。

（六）补强证明

犯罪嫌疑人辩称以为对方出入境证件丢失，没有具体核实，属于违反工作纪律的行为，不是故意犯罪的，侦查机关应当补强证明，证据包括：

1. 书证、证人证言等，证明偷越国（边）境人员是否可以补办证件，或者通过其他特别的审批程序补办相关手续，犯罪嫌疑人却没有按照规定办理。

2. 偷越国（边）境人员的证言，证明是否明确告知犯罪嫌疑人其偷越国（边）境的意图，并请其帮忙。

3. 书证、电子证据等，证明犯罪嫌疑人是否通过电脑验证机查阅了偷越国（边）境人员的信息，核实其是否属于边控对象。

（七）案　　例

钟某系某省边防总队某边防检查站政委。1998 年 1 月 7 日晚 7 时许，某市个体户王某给钟某打电话，求其帮忙关照一个经某口岸到哈巴罗夫斯克签证的 22 人劳务团，并表示事成后亏不了钟某。钟某在意识到有偷越国（边）境人员掺杂其间的情况下，为图谋私利，答应了王某的要求，并安排本站检查科科长江某，让其关照该出国劳务团。

1 月 9 日上午，江某、何某在进行出入境人员检查时，发现这 22 名出境人员中个别人的护照有问题。江某便打电话请示钟某，钟某要求江某放行。1 月 12 日，俄方发现这 22 名入境人员系持假护照，便将其全部遣返回国，钟某接到当日值班科长刘某的电话报告后，便派检查员何某开车将这 22 人从口岸接回，并让何某将护照全部发给偷越国（边）境人员，并将偷越国（边）境人员全部放掉。

【证明参考】

1. 对犯罪主体的证明

（参见滥用职权案）

2. 对犯罪主客观方面的证明

（1）勘验、检查

①对犯罪嫌疑人住所、办公场所进行勘验、检查，扣押犯罪嫌疑人收取的物质性利益，以证明违法所得、犯罪动机；

②对犯罪嫌疑人办公场所进行勘验、检查，扣押手机、笔记、日记等物证、书证，以证明犯罪行为；

③对劳务团体的相关人员搜查，扣押其持有的假证件，以证明犯罪行为。

（2）扣押物证、书证

①扣押犯罪嫌疑人的干部履历表、人事部门出具的书证，以证明犯罪主体身份与职责；

②调取国家出入境法律法规及边防、海关机关的正常工作、管理制度，以证明有无犯罪行为；

③扣押犯罪嫌疑人的手机，查询其通话记录、短信息，查明与王某的联系，如何指令他人对不符合进出境条件人员放行的，以证明犯罪动机；

④扣押犯罪嫌疑人收受的物质性利益，以证明犯罪动机；

⑤扣押偷越国（边）境人员的伪假护照、出入境记录存档等书证，以证明犯罪行为。

（3）鉴定

对偷越国（边）境人员伪造、变造、涂改、冒用的出入境证件鉴定，以证明是虚假出入境证件。

（4）查询、冻结

查询犯罪嫌疑人银行账号的转账、存款、支出情况，以证明收受财物的行为。

（5）询问证人

①犯罪嫌疑人的职务、具体工作职责，以证明能否利用职务便利；

②出入境管理制度和出入境管理人员的职责、制度、程序等，以证明有无犯罪行为；

③犯罪嫌疑人的业务水平，出入境检查工作的经历、业务水平，以证明犯罪明知；

④事前与犯罪嫌疑人商定的内容及好处，具体的时间、地点、联系方式，以证明犯罪动机与犯罪故意；

⑤发现22名出境人员中个别人的护照有问题，并电话请示犯罪嫌疑人后，犯罪嫌疑人的指示内容，以证明犯罪行为；

⑥俄方将22名入境人员全部遣返回国的原因、时间，以证明犯罪危害后果；

⑦犯罪嫌疑人指示将偷越国（边）境人员从口岸接回，发放护照，全部放掉的具体内容，以证明犯罪行为；

⑧是否实际给予犯罪嫌疑人好处，具体的类型、金额等，以证明犯罪动机。

（6）讯问犯罪嫌疑人

①职务、具体的职责，以证明能否利用职务便利；

②出入境管理制度和出入境管理人员的职责、制度、程序等，以证明犯罪明知；

③王某的请托事项，商定的具体时间、方式，承诺的内容等，以证明犯罪动机；

④是否了解有偷越国（边）境人员打算混在其中过关，以证明犯罪明知；

⑤指示工作人员放行偷越国（边）境人员的方式、时间、内容等，以证明犯罪行为；

⑥指示工作人员放行偷越国（边）境人员的原因，以证明犯罪动机；

⑦是否实际收受了贿赂，以证明犯罪动机及主观恶性；

⑧指示将偷越国（边）境人员从口岸接回、发放护照、全部放掉的时间、方式、具体内容，以证明犯罪行为。

（7）视听资料

对犯罪嫌疑人的讯问进行同步录音录像，以证明侦查活动的合法性和供述的自愿性。

3. 对有关量刑情节的证明

（1）对犯罪嫌疑人有无投案自首、检举立功的证明，证据主要有证人证言、侦查机关的记录等；

（2）对犯罪嫌疑人认罪态度的证明，证据主要有证人证言、侦查机关的记录等；

（3）对犯罪嫌疑人平时表现的证明，证据主要有书证、证人证言、视听资料等；

（4）对因受贿而放行他人出入境的证明，证据主要有物证、书证、证人证言、视听资料、鉴定意见、电子证据等。

4. 补强证明

犯罪嫌疑人辩称由于是朋友关系，没有对此事加以核实，属于违反工作纪律的行为，不是故意犯罪的，侦查机关应当补强证明，证据包括：

（1）王某的证言，证明是否明确告知犯罪嫌疑人其偷越国（边）境的意图，并请其帮忙；

（2）物证、书证、证人证言等，证明犯罪嫌疑人是否收取了财物；

（3）江某、何某的证言，证明发现22名出境人员中个别人的护照有问题，但犯罪嫌疑人坚持让放行；

（4）刘某的证言，证明告知犯罪嫌疑人22名入境人员系持伪假护照，被俄方全部遣返回国；

（5）检查员何某的证言，证明犯罪嫌疑人明确指示开车将偷越国（边）境人员接回，发放护照让其逃脱。

三十三、不解救被拐卖、绑架妇女、儿童案

根据我国《刑法》第416条第1款的规定，不解救被拐卖、绑架妇女、儿童罪，是指对被拐卖、绑架的妇女、儿童负有解救职责的国家机关工作人员，接到被拐卖、绑架的妇女、儿童及其家属的解救要求或者接到其他人的举报，而对被拐卖、绑架的妇女、儿童不进行解救，造成严重后果的行为。

（一）证明标准

案件事实清楚，证据确实充分。对犯罪嫌疑人国家机关工作人员的身份，被拐卖、绑架的妇女、儿童及其家属的解救要求或者其他人的举报情况，不进行解救的事实以及严重后果的证明，达到确实充分的程度，对犯罪嫌疑人明知、故意的证明，达到内心确信的程度，证明有罪的证据能够形成完整的证据链。

（二）举证责任

在一般情况下，控方承担举证责任。犯罪嫌疑人提出接到解救要求或举报后，进行了解救，但遇到他人的聚众阻碍而没有解救成功的，男女双方原无配偶，愿意结合的，或者原有配偶经动员女方坚持不返回原籍的，应当承担举证责任。对犯罪嫌疑人主观上的故意，控方可以根据客观情况推定。

（三）对犯罪主体的证明

（参见滥用职权案）

（四）对犯罪主客观方面的证明

证明犯罪主客观方面的方法主要有搜查，勘验、检查，扣押物证、书证，鉴定，询问被害人、证人，讯问犯罪嫌疑人，辨认等。

1. 搜查

（1）对可能隐藏被害人的地点进行搜查，以寻找被拐卖、绑架的妇女、儿童；

（2）对可能隐藏被害人物品的地点搜查，以证明搜查地点是否为犯罪现场。

2. 勘验、检查

对被害人亲属的人身检查，以证明被害人亲属是否重伤或精神失常。

3. 扣押物证、书证

（1）扣押收买人与上游犯罪嫌疑人签订的买卖妇女、儿童的合同、付款收据，以证明是被拐卖、绑架的妇女、儿童；

（2）扣押被害人报案用的手机，调取其通话记录、短信，以证明被害人是否向犯罪嫌疑人提出过解救要求；

（3）扣押人贩子、收买人的银行卡，调取银行交易记录，以证明买卖妇女、

儿童所支出的费用；

（4）扣押被拐卖、绑架的妇女、儿童及其家属的解救要求或者接到其他人举报的记录材料、报案材料等，以证明对犯罪的明知。

4. 鉴定

（1）对被拐卖、绑架妇女、儿童的伤情鉴定，查明被害人受伤等级及其原因，以证明犯罪的严重后果；

（2）对被拐卖、绑架妇女、儿童或者其家属进行精神病鉴定，以证明犯罪的严重后果；

（3）对被拐卖、绑架妇女、儿童或者其家属的尸体进行法医鉴定，以证明死亡原因；

（4）对被拐卖、绑架妇女、儿童的足迹、指纹、DNA 鉴定，以证明被害人的身份。

5. 询问被害人

（1）何时、何地被拐卖、绑架，与人贩子、收买人或绑架人的关系，收买人有无阻止自己回家，是否愿意共同生活，以证明被拐卖、绑架的事实；

（2）本人或家属是否向犯罪嫌疑人提出解救要求或者通过其他人举报，具体的时间、地点、联系人等，以证明请求解救的事实；

（3）犯罪嫌疑人是否组织、实施了解救行为，以证明不解救的事实；

（4）人贩子、收买人或绑架人在报案前及报案后有无殴打、猥亵、奸淫行为，有无强迫卖淫，以证明有无其他罪行。

6. 询问证人

（1）犯罪嫌疑人的职务、具体工作职责，以证明其有无解救义务；

（2）被拐卖、绑架的妇女、儿童的性别、年龄、籍贯、身高、衣着，以证明被拐卖妇女、儿童的情况；

（3）妇女、儿童被拐卖、绑架的时间、地点、价格，以证明妇女、儿童被拐卖、绑架的事实；

（4）被拐卖、绑架的妇女、儿童请求帮助举报的情形，向犯罪嫌疑人提出举报的时间、地点、内容等，以证明请求解救的事实；

（5）犯罪嫌疑人接到解救请求或举报后的表现，是否对解救危情充耳不闻、视而不见、坐视不管，以证明不履行解救职责。

7. 讯问犯罪嫌疑人

（1）本人的职务、具体的职责，以证明有无解救义务；

（2）被拐卖、绑架的妇女、儿童本人、家属提出解救要求或其他人举报的时间、地点、内容等，以证明请求解救的事实；

（3）是否组织、实施了解救行为，以证明是否履行解救职责；

（4）不解救的原因，是怕麻烦、怕报复，还是为了私情等，以证明犯罪动机；

（5）不解救行为是否导致被拐卖、绑架的妇女、儿童被转移、隐匿、转卖，不能及时解救，以证明严重后果；

（6）在报案前人贩子、收买人或绑架人有无殴打、奸淫、猥亵收买的妇女、儿童，报案后有无强迫收买的妇女、儿童发生性行为或者卖淫等，以证明严重后果；

（7）不解救被拐卖、绑架的妇女、儿童的人数、次数，以证明严重后果；

（8）不解救行为是否导致被拐卖、绑架的妇女、儿童及其亲属伤残、死亡、精神失常，以证明严重后果；

（9）对被拐卖、绑架的妇女、儿童不进行解救造成的恶劣社会影响，以证明严重后果。

8. 辨认

（1）被拐卖、绑架妇女、儿童或者其家属对犯罪嫌疑人辨认，以证明犯罪主体；

（2）被拐卖、绑架妇女、儿童对被拘禁场所辨认，以证明犯罪现场。

9. 视听资料

对犯罪嫌疑人的讯问进行同步录音录像，以证明侦查活动的合法性和供述的自愿性。

（五）对有关量刑情节的证明

1. 对犯罪嫌疑人有无投案自首、检举立功的证明，证据主要有证人证言、侦查机关的记录等。

2. 对犯罪嫌疑人认罪态度的证明，证据主要有证人证言、侦查机关的记录等。

3. 对犯罪嫌疑人平时表现的证明，证据主要有书证、证人证言、视听资料等。

（六）补强证明

1. 犯罪嫌疑人辩称接到解救要求或举报后，组织了解救，但遇到他人的聚众阻碍而没有解救成功的，侦查机关应当补强证明，证据包括：

（1）证人证言、书证等，证明犯罪嫌疑人当时在开会或从事其他活动，并未采取解救行为；

（2）被害人证言、人贩子的证言，证明犯罪嫌疑人并未组织解救。

2. 犯罪嫌疑人辩称被拐卖妇女和收买人双方原无配偶，愿意结合的，或者原有配偶经动员女方坚持不返回原籍的，侦查机关应当补强证明，证据包括：

(1) 民政部门的记录等书证，证实被拐卖妇女已婚的事实；

(2) 被拐卖妇女的证言，证实不愿意留在此地，并未同意与买受人的结合；

(3) 犯罪嫌疑人同事的证言，证实犯罪嫌疑人无了解情况、进行劝说的行为。

(七) 案 例

2006年9月10日，某镇农民花8000元从人贩子手中买了一个被拐卖的妇女，欲与其结为夫妻，但因该妇女坚决不从，只得将其暂时锁在家中。后该妇女趁家中无人之机，让路过的学生到该镇派出所报警。派出所所长李某接到报案后，始终没有安排人员对该妇女进行解救。后该妇女由于不堪忍受逼迫和侮辱，自杀身亡。

【证明参考】

1. 对犯罪主体的证明

(参见滥用职权案)

2. 对犯罪主客观方面的证明

(1) 勘验、检查

①对拘禁被拐妇女的场所勘验、检查，提取被害人的随身物品、身份证明、足迹、指纹等物品、痕迹，以证明被害人被拐卖的事实；

②对被害人自杀的现场勘验、检查，查明死亡原因、时间、方式等，以证明后果的严重性；

③对被害人自杀的现场勘验、检查，收集被害人日记等书证，以查明自杀原因，证明犯罪因果关系。

(2) 扣押物证、书证

①扣押收买人与上游犯罪嫌疑人签订的买卖妇女的合同、付款收据，以证明是被拐卖的妇女；

②扣押人贩子、收买人的银行卡，调取银行交易记录，以证明买卖妇女所支出的费用；

③扣押学生到派出所报警的记录，以证明被拐卖的妇女通过其他人请求解救的事实。

(3) 鉴定

①对被拐卖妇女的指纹、DNA鉴定，以证明被害人的身份；

②对被拐卖妇女的尸体进行法医检验，查明死亡时间、地点、原因等，以证明严重后果。

(4) 询问证人

①犯罪嫌疑人的职务、具体工作职责，以证明不解救行为的违规性；

②被拐卖妇女的年龄、籍贯、身高，收买被拐卖妇女的时间、地点、价格，以证明被拐卖妇女的情况；

③被拐卖妇女向其求助帮忙报警的情形，向派出所报警的时间、地点、内容、接警人员等，以证明请求解救的事实；

④犯罪嫌疑人接到解救请求或举报后的表现，是否对解救危情充耳不闻、视而不见、坐视不管，以证明不履行解救职责；

⑤被拐卖妇女死亡的时间、地点、发现经过等，以证明犯罪危害后果。

（5）讯问犯罪嫌疑人

①职务、具体的职责，以证明不解救行为的违规性；

②学生到派出所报警的时间、地点、内容等，以证明请求解救的事实；

③是否组织、实施解救行为，以证明是否履行解救职责；

④不解救的原因，是怕麻烦、怕报复，还是为了私情等，以证明犯罪动机。

（6）辨认

组织学生对接警人员辨认，以证明犯罪主体。

（7）视听资料

对犯罪嫌疑人的讯问进行同步录音录像，以证明侦查活动的合法性和供述的自愿性。

3. 对有关量刑情节的证明

（1）对犯罪嫌疑人有无投案自首、检举立功的证明，证据主要有证人证言、侦查机关的记录等；

（2）对犯罪嫌疑人认罪态度的证明，证据主要有证人证言、侦查机关的记录等；

（3）对犯罪嫌疑人平时表现的证明，证据主要有书证、证人证言、视听资料等。

4. 补强证明

犯罪嫌疑人辩称由于学生报警时没说清楚才造成不解救的，侦查机关应补强证明，证据包括：

（1）报警学生的证言，证明已经将被拐卖妇女所在的姓名、容貌、被拘禁的位置、请求解救的要求等详细告知派出所接警警察；

（2）派出所接警记录等，证明学生报警的内容具体、详细；

（3）派出所同事的证言，证明当时听到学生报警的内容具体、详细。

三十四、阻碍解救被拐卖、绑架妇女、儿童案

根据我国《刑法》第416条第2款的规定，阻碍解救被拐卖、绑架妇女、儿童罪，是指对被拐卖、绑架的妇女、儿童负有解救职责的公安、司法等国家机关工作人员利用职务阻碍解救被拐卖、绑架的妇女、儿童的行为。

（一）证明标准

案件事实清楚，证据确实充分。对犯罪嫌疑人的身份、职责，利用职务阻碍解救被拐卖、绑架的妇女、儿童行为的证明，达到确实充分的程度，对犯罪嫌疑人明知、故意的证明，达到内心确信的程度，证明有罪的证据能够形成完整的证据链。

（二）举证责任

在一般情况下，控方承担举证责任。犯罪嫌疑人提出有利于己的主张的，应当承担举证责任。对犯罪嫌疑人主观上的故意，控方可以根据客观情况推定。

（三）对犯罪主体的证明

（参见滥用职权案）

（四）对犯罪主客观方面的证明

证明犯罪主客观方面的方法主要有搜查，勘验、检查，扣押物证、书证，鉴定，询问被害人、证人，讯问犯罪嫌疑人，辨认等。

1. 搜查

（1）对可能隐藏被害人的地点搜查，以寻找被拐卖、绑架的妇女、儿童；

（2）对可能隐藏被害人物品的地点搜查，以证明搜查地点是否为犯罪现场。

2. 勘验、检查

（1）对藏匿被害人的地点勘验、检查，提取被害人的随身物品、身份证明、足迹、指纹、玩具、绳索、胶带等物品、痕迹，以证明被害人是否被转移、隐匿或转卖；

（2）对被害人的人身检查，以证明被害人是否重伤、死亡或精神失常；

（3）对被害人亲属进行人身检查，以证明被害人亲属是否重伤或精神失常；

（4）对犯罪嫌疑人住所、办公场所勘验、检查，扣押犯罪嫌疑人收取的物质性利益，以证明犯罪动机。

3. 扣押物证、书证

（1）扣押收买人与上游犯罪嫌疑人签订的买卖妇女、儿童的合同、付款收据，以证明案件的性质；

（2）扣押犯罪嫌疑人的手机，调取其通话记录、短信，查明是否向犯罪分

子通风报信，泄露解救的执行人员、时间、步骤等消息，以证明犯罪行为；

（3）扣押犯罪嫌疑人通风报信的纸条、提供虚假情况、隐瞒情况的材料等书证，以证明犯罪行为；

（4）扣押犯罪嫌疑人的银行卡，调取其银行交易记录，以证明是否收取好处。

4. 鉴定

（1）对解救过程中的人身伤亡鉴定，以证明犯罪的严重后果；

（2）对犯罪嫌疑人通风报信的纸条、提供的虚假材料等进行文书鉴定，以证明是否犯罪嫌疑人的笔迹；

（3）对被拐卖、绑架妇女、儿童的足迹、指纹、DNA 鉴定，以证明被害人的身份。

5. 询问被害人

（1）何时、何地被拐卖、绑架，与人贩子、收买人或绑架人的关系，收买人有无阻止自己回家，是否愿意共同生活，以证明被拐卖、绑架的事实；

（2）本人或家属提出解救要求或者通过其他人举报的时间、地点、联系人等，以证明请求解救的事实；

（3）解救过程中，犯罪嫌疑人是否提供虚假的情况或拒绝提供或隐瞒情况，以证明阻碍解救的事实；

（4）犯罪嫌疑人是否宣布非法形成的婚姻、收养关系“合法”予以维护，威胁、蒙骗令其不得报案，或责令与买主共同生活，以证明犯罪行为。

6. 询问证人

（1）犯罪嫌疑人的职务、具体工作职责，以证明能否利用职务便利；

（2）被拐卖、绑架妇女、儿童的性别、年龄、籍贯、身高，以证明被拐卖妇女、儿童的情况；

（3）妇女、儿童被拐卖、绑架的时间、地点、价格，以证明妇女、儿童被拐卖、绑架；

（4）被害人或家属提出解救要求或者通过其他人举报的具体时间、地点、联系人等，以证明请求解救的事实；

（5）组织解救行动的单位、对被害人情况的了解、解救计划等，以证明解救工作的情况；

（6）犯罪嫌疑人对解救工作的了解途径，向犯罪分子通风报信，泄露解救的执行人员、时间、步骤等消息的时间、地点、方式等，以证明职务便利与犯罪行为；

（7）犯罪嫌疑人是否宣布非法形成的婚姻、收养关系“合法”予以维护，威胁、蒙骗令被害人不得报案，或责令被害人与买主共同生活，以证明犯罪行为；

(8) 犯罪嫌疑人是否利用自己知道内情的便利，为他人阻碍解救出谋划策等，以证明犯罪行为；

(9) 犯罪嫌疑人是否收取了物质性利益或其他好处而实施阻碍解救的行为，以证明犯罪动机。

7. 讯问犯罪嫌疑人

(1) 本人的职务、具体的职责，以证明能否利用职务便利；

(2) 组织解救行动的单位对被害人情况的了解，具体的解救计划，掌握这些信息的途径等，以证明利用职务便利；

(3) 如何向犯罪分子通风报信、泄露解救的时间、步骤等消息，以证明利用职务便利与犯罪行为；

(4) 是否宣布非法形成的婚姻、收养关系合法，是否对被害人威胁、蒙骗，令其不得报案，或责令被害人与买主共同生活，以证明犯罪行为；

(5) 阻碍解救的原因，以证明犯罪动机与犯罪故意。

8. 辨认

被拐卖、绑架妇女、儿童或者其家属，拐卖犯罪行为人对犯罪嫌疑人辨认，以证明犯罪主体。

9. 视听资料

对犯罪嫌疑人的讯问进行同步录音录像，以证明侦查活动的合法性和供述的自愿性。

(五) 对有关量刑情节的证明

1. 对犯罪嫌疑人有无投案自首、检举立功的证明，证据主要有证人证言、侦查机关的记录等。

2. 对犯罪嫌疑人认罪态度的证明，证据主要有证人证言、侦查机关的记录等。

3. 对犯罪嫌疑人平时表现的证明，证据主要有书证、证人证言、视听资料等。

(六) 补强证明

犯罪嫌疑人辩称是一时口误才泄露了解救计划，并非故意阻碍解救的，侦查机关需补强证明，证据包括：

1. 证人证言等，证明犯罪嫌疑人与收买人是朋友或亲戚。

2. 证人证言等，证明是犯罪嫌疑人主动到收买人家中告知相关解救信息的。

3. 物证、证人证言等，证明犯罪嫌疑人收取他人的物质性利益或其他好处。

（七）案　例

2006年10月3日，某镇村民石某花5000元从人贩子手中购买女青年马某为妻。同年12月，石某得知人贩子被抓，担心公安机关前来解救马某，遂通过熟人找到该镇派出所民警聂某，请求其帮忙。聂某在接受了石某的吃请后，答应帮忙。几天后，当该镇派出所前来解救马某时，李某立即暗中通知石某将马某转移，导致解救行动失败。

【证明参考】

1. 对犯罪主体的证明

（参见滥用职权案）

2. 对犯罪主客观方面的证明

（1）搜查

对可能隐藏被害人的地点搜查，以寻找被拐卖的妇女马某。

（2）勘验、检查

对石某住所进行勘验、检查，提取被害人的随身物品、身份证明、足迹、指纹、绳索、胶带等物品、痕迹，以证明被害人是否被转移、隐匿或转卖。

（3）扣押物证、书证

①扣押石某收买被拐卖妇女的合同、付款收据，以证明是被拐卖的妇女；

②扣押犯罪嫌疑人的手机，调取其通话记录、短信，查明是否向犯罪分子通风报信，泄露解救的执行人员、时间、步骤等消息，以证明犯罪行为。

（4）鉴定

对被拐卖妇女的足迹、指纹、DNA进行鉴定，以证明被害人的身份。

（5）询问证人

①犯罪嫌疑人的职务、具体工作职责，以证明能否利用职务便利；

②被拐卖妇女的年龄、籍贯、身高，被拐卖的时间、地点、价格，以证明妇女被拐卖的情况；

③向犯罪嫌疑人请托的原因、中间人、事项、时间、地点等，以证明犯罪动机与犯罪故意；

④犯罪嫌疑人对解救工作了解的途径，以证明利用职务便利；

⑤犯罪嫌疑人向其通风报信，泄露解救的执行人员、时间、步骤等消息的时间、地点、方式等，以证明利用职务便利与犯罪行为；

⑥将被拐妇女转移的具体情况，以证明犯罪的危害结果；

⑦犯罪嫌疑人是否收取了物质性利益或其他好处而实施阻碍解救的行为，以证明犯罪动机。

（6）讯问犯罪嫌疑人

①本人的职务、具体的职责，以证明能否利用职务便利；

②何时、何地接受石某的宴请，石某向其请托的原因、中间人，请托的事项、时间、地点等，以证明犯罪动机与犯罪故意；

③组织解救行动的单位，具体的解救计划，掌握这些信息的途径等，以证明职务便利；

④向石某通风报信，泄露解救的执行人员、时间、步骤等消息的时间、地点、方式等，以证明职务便利与犯罪行为；

⑤石某是否提前转移了被拐妇女，造成解救行动失败，以证明犯罪的危害结果。

（7）视听资料

对犯罪嫌疑人的讯问进行同步录音录像，以证明侦查活动的合法性和供述的自愿性。

3. 对有关量刑情节的证明

（1）对犯罪嫌疑人有无投案自首、检举立功的证明，证据主要有证人证言、侦查机关的记录等；

（2）对犯罪嫌疑人认罪态度的证明，证据主要有证人证言、侦查机关的记录等；

（3）对犯罪嫌疑人平时表现的证明，证据主要有书证、证人证言、视听资料等。

三十五、帮助犯罪分子逃避处罚案

根据我国《刑法》第417条的规定，帮助犯罪分子逃避处罚罪，是指有查禁犯罪活动职责的国家机关工作人员，向犯罪分子通风报信、提供便利，帮助犯罪分子逃避处罚的行为。

（一）证明标准

案件事实清楚，证据确实充分。对犯罪嫌疑人负有查禁犯罪活动职能的国家机关工作人员的职务、身份，犯罪分子涉嫌犯罪的事实，犯罪嫌疑人通风报信、提供便利，帮助犯罪分子逃避处罚行为的证明，达到确实充分的程度，对犯罪嫌疑人明知、故意的证明，达到内心确信的程度，证明有罪的证据能够形成完整的证据链。

（二）举证责任

在一般情况下，控方承担举证责任。犯罪嫌疑人提出有利于己的主张的，应当承担举证责任。对犯罪嫌疑人主观上的故意，控方可以根据客观情况推定。

（三）对犯罪主体的证明

（参见滥用职权案）

（四）对犯罪主客观方面的证明

证明犯罪主客观方面的方法主要有勘验、检查，扣押物证、书证，鉴定，询问证人，讯问犯罪嫌疑人，辨认等。

1. 勘验、检查

（1）对犯罪分子的藏匿场所进行勘验、检查，发现犯罪分子，以证明犯罪嫌疑人向其提供住处等隐藏处所；

（2）对犯罪分子曾藏匿的场所进行勘验、检查，收集足迹、指纹、毛发、唾液、血迹等痕迹、物品，以证明犯罪分子从该场所转移；

（3）对犯罪嫌疑人住所、办公场所进行勘验、检查，扣押犯罪嫌疑人收取的物质性利益，以证明犯罪动机；

（4）对犯罪嫌疑人住所、办公场所进行勘验、检查，扣押笔记、日记、纸条等书证，以证明犯罪行为；

（5）对犯罪分子逃避处罚后继续犯罪的现场勘验、检查，以证明帮助犯罪分子逃避处罚的严重后果。

2. 扣押物证、书证

（1）扣押犯罪嫌疑人的干部履历表、人事部门出具的书证，查明犯罪嫌疑人现任职务、级别等，以证明犯罪主体身份与职责；

（2）调取相关法律、行政法规及查禁犯罪活动职能的内容、职责，以证明犯罪行为；

（3）扣押犯罪嫌疑人的手机、电脑，查询通话记录、短信息、email，查明是否与犯罪分子或其家属有关联，以证明犯罪行为、犯罪动机；

（4）扣押犯罪嫌疑人收受的物质性利益，以证明违法所得、犯罪动机；

（5）调取、扣押犯罪分子犯罪相关的法律文书，如立案决定书、起诉书、判决书等，以证明被帮助犯罪分子涉嫌何种犯罪；

（6）扣押向犯罪分子通风报信的纸条、信函、电报、传真，以证明犯罪行为；

（7）扣押犯罪分子隐匿、毁灭、伪造的证据及串供、翻供的书证，以证明犯罪行为。

3. 鉴定

（1）对通风报信的纸条、信函等进行笔迹鉴定、指纹鉴定，以证明是犯罪嫌疑人所为；

（2）对假证据材料，篡改、毁灭的证据材料进行文书检验，以证明犯罪行为。

4. 查询、冻结

（1）查询犯罪嫌疑人的经济情况，以证明犯罪动机；

（2）查询犯罪嫌疑人银行账号的转账、存款、支出情况，以证明收受徇私财物的行为。

5. 询问证人

（1）犯罪嫌疑人的职务、身份、具体工作职责，案发所涉及查禁犯罪的工作是否由犯罪嫌疑人承办、协助办理或监管，以证明犯罪的职务便利；

（2）犯罪嫌疑人的业务水平，从事相同或者相似查禁犯罪活动的经历、一贯表现，以证明犯罪明知；

（3）相关法律、行政法规，查禁犯罪活动的职责内容、程序、纪律等，以证明有无犯罪行为；

（4）犯罪分子涉嫌的犯罪、可能追究的刑事责任、案件办理的具体情况，以证明被帮助犯罪分子涉嫌何种犯罪；

（5）与犯罪嫌疑人有何关系，是否给予犯罪嫌疑人贿赂，贿赂的具体内容，以证明犯罪行为、犯罪动机；

（6）向犯罪嫌疑人请托的具体时间、地点、事项、知情人等，以证明犯罪动机与犯罪故意；

（7）犯罪嫌疑人如何向涉案的犯罪分子通风报信、提供便利、帮助、指示，协助逃避处罚的时间、地点、具体内容、知情人等，以证明犯罪行为。

6. 讯问犯罪嫌疑人

（1）本人的身份、职务、具体的职责，案发所涉及查禁犯罪的工作是否由其承办、协助办理或监管，以证明犯罪的职务便利；

（2）相关法律、行政法规，查禁犯罪活动的职责内容、程序、纪律等，以证明有无犯罪行为；

（3）犯罪分子涉嫌的犯罪、可能追究的刑事责任、案件办理的具体情况，以证明犯罪的明知；

（4）帮助犯罪分子逃避处罚的原因，以证明犯罪动机；

（5）利益关系人、情义关系人的请托事项，商定的具体时间、地点，承诺的内容等，以证明犯罪动机；

（6）是否索取或者实际收受贿赂，索取或接受贿赂的时间、地点、具体内容，以证明犯罪动机及主观恶性；

（7）向犯罪分子通风报信、提供便利、帮助、指示、协助逃避处罚的时间、地点、具体内容、方式、知情人等，以证明犯罪行为；

（8）共同犯罪人的基本情况、分工、分赃情况，以证明共同故意犯罪行为与责任。

7. 视听资料

（1）调取街道视频录像，以证明犯罪分子逃离藏匿地的时间、具体情况，以及逃离前与何人接触，是否接到电话等，以证明犯罪行为；

（2）对犯罪嫌疑人的讯问进行同步录音录像，以证明侦查活动的合法性和供述的自愿性。

8. 辨认

（1）犯罪分子对犯罪嫌疑人、犯罪嫌疑人对犯罪分子辨认，以证明犯罪主体；

（2）犯罪分子、犯罪嫌疑人对纸条、信函辨认，以证明犯罪手段。

（五）对有关量刑情节的证明

1. 对犯罪嫌疑人有无投案自首、检举立功的证明，证据主要有证人证言、侦查机关的记录等。

2. 对犯罪嫌疑人认罪态度的证明，证据主要有证人证言、侦查机关的记录。

3. 对犯罪嫌疑人平时表现的证明，证据主要有书证、证人证言、视听资料等。

4. 对是否向性质严重的犯罪分子或者犯罪集团通风报信、提供便利的证明，证据主要有物证、书证、证人证言、犯罪嫌疑人供述、侦查机关的记录。

5. 对是否多次向犯罪分子通风报信，或者因向犯罪分子通风报信、提供便利造成严重后果的证明，证据主要有物证、书证、证人证言、犯罪嫌疑人供述、侦查机关的记录、鉴定意见。

（六）补强证明

犯罪嫌疑人辩称其不知对方是犯罪分子，无意透露消息、提供便利的，侦查机关应当补强证明，证据包括：

1. 领导、同事的证言，证实犯罪嫌疑人亲眼目睹了行为人实施犯罪，知道该案已被决定移送司法机关查处、司法机关正在或准备抓捕或被采取了强制措施。

2. 物证、书证、证人证言等，证实犯罪嫌疑人接受犯罪分子及其家属的请托，并收取了财物。

3. 通风报信的纸条、短信息等，证实犯罪嫌疑人故意提供帮助犯罪分子逃避处罚的行为。

（七）案　　例

2001 年 4 月 8 日，其公司受到工商行政管理机关的调查，该公司法定代表人万某通过其姑夫谢某，找到税务局税侦室工作人员黄某，请求黄某帮助探听有关工商行政管理机关的调查情况。黄某了解到税侦室已接到关于该公司涉税犯罪举报的情况后，通过电话透露给谢某。尔后，谢某于某晚到黄某家，黄某再次将其掌握的该公司被举报的情况向谢某透露。谢某随后又将探知的情况告知万某。同月某日，万某与谢某等人在本市某饭店宴请黄某，席间，万某直接向黄某探听举报情况，黄某即将公司被举报的情况透露给万某。

随后的同月某日，黄某得知某公司员工王某被公安机关询问，且公安机关查处的是某公司与施某涉嫌虚开增值税专用发票犯罪事实的情况后，即主动打电话给万某，告知王某已被公安机关询问的情况。当晚，万某再度约请黄某吃饭，席间，黄某将掌握的上述情况透露给万某。万某获悉后，即将公司的财务账册予以销毁。

同年5月下旬，税务局因万某涉嫌虚开增值税专用发票而准备对其采取强制措施，并派员至公司办公地点找万某未果。当日，万某、谢某得悉此情况后，即由谢某出面约请黄某当晚在本市某饭店见面。黄某在明知公安机关寻找万某未果的情况下，不但应约与之见面，而且还指使万某先避一避，并答应次日到单位打听情况。分手后，万某回到家中，被公安人员抓获。

【证明参考】

1. 对犯罪主体的证明

（参见滥用职权案）

2. 对犯罪主客观方面的证明

（1）勘验、检查

①对犯罪嫌疑人住所、办公场所勘验、检查，扣押犯罪嫌疑人收取的物质性利益，以证明犯罪动机；

②对犯罪嫌疑人住所、办公场所进行勘验、检查，扣押笔记、日记、纸条等书证，以证明犯罪行为；

③对某公司的账目检查，以证明是否伪造、毁灭账本。

（2）扣押物证、书证

①扣押犯罪嫌疑人的干部履历表、人事部门出具的书证，以证明犯罪主体身份与职责；

②调取相关法律、行政法规及税侦工作职能的内容、职责，以证明有无犯罪行为；

③扣押犯罪嫌疑人的手机，查询其通话记录、短信息，查明是否与犯罪分子或其家属有关联，以证明犯罪动机；

④扣押犯罪嫌疑人收受的物质性利益，扣押他人宴请犯罪嫌疑人的发票，以证明犯罪行为、犯罪动机；

⑤调取、扣押犯罪分子犯罪相关的法律文书，以证明被帮助犯罪分子涉嫌何种犯罪。

（3）询问证人

①犯罪嫌疑人的职务、身份、具体工作职责，以证明犯罪的职务便利；

②犯罪嫌疑人何时、何地接受涉案当事人的宴请，宴请的次数、时间、地点，他人宴请犯罪嫌疑人的目的、动机，以证明犯罪动机；

③万某虚开增值税专用发票犯罪的具体情况、判决内容等，以证明被帮助犯罪分子涉嫌何种犯罪；

④犯罪嫌疑人向涉案当事人通风报信、提供便利、帮助、指示的时间、地点、具体内容等，以证明犯罪行为；

⑤接到犯罪嫌疑人的消息后，采取了哪些毁灭证据、逃避处罚的行为，以证明犯罪的危害后果。

（4）讯问犯罪嫌疑人

①本人的身份、职务、具体的职责，以证明能否利用职务便利；

②税侦工作职能的内容、职责，以证明有无犯罪行为；

③谢某、万某的请托事项，商定的具体时间、地点，承诺的内容等，以证明犯罪动机；

④了解虚开增值税专用发票犯罪相关信息的途径、渠道、时间、地点等，以证明犯罪的明知与职务便利；

⑤向万某通风报信、提供便利、帮助、指示，协助逃避处罚的时间、地点、具体内容、方式、知情人等，以证明犯罪行为。

（5）视听资料

对犯罪嫌疑人的讯问进行同步录音录像，以证明侦查活动的合法性和供述的自愿性。

（6）推定

犯罪嫌疑人知道该案已被决定立案查处、相关证人已被公安机关询问的，即可推定犯罪嫌疑人明知犯罪分子处于查禁之列。

3. 对有关量刑情节的证明

（1）对犯罪嫌疑人有无投案自首、检举立功的证明，证据主要有证人证言、侦查机关的记录等；

（2）对犯罪嫌疑人认罪态度的证明，证据主要有证人证言、侦查机关的记录等；

（3）对犯罪嫌疑人平时表现的证明，证据主要有书证、证人证言、视听资料等。

4. 补强证明

（1）犯罪嫌疑人辩称其主体身份不具备查禁税收犯罪活动的职责，更不是负责万某涉税案件的侦查人员的，侦查机关应补强证明，证据包括：

①书证，证明犯罪嫌疑人在税侦室工作，负有参与税侦工作的职责；

②领导、同事的证言，证明犯罪嫌疑人与侦查万某涉税案件的承办人员同室办公，具有获悉万某案件进展情况的便利，具备一定的帮助犯罪分子逃避处罚的能力和条件；

③书证、证人证言等，证明犯罪嫌疑人确实获取了侦查秘密并泄露给万某等人。

（2）犯罪嫌疑人辩称他在与万某等人的交往中并不知道万某是涉案的犯罪嫌疑人，自己是无意泄露侦查秘密的，侦查机关应补强证明，证据包括：

①领导、同事的证言，证明犯罪嫌疑人知道该案已被决定立案查处；

②物证、书证、证人证言等，证明犯罪嫌疑人接受犯罪分子及其家属的请托，并收取了财物；

③通风报信的纸条、短信息等，证明犯罪嫌疑人故意提供帮助犯罪分子逃避处罚的行为。

三十六、招收公务员、学生徇私舞弊案

根据我国《刑法》第418条的规定，招收公务员、学生徇私舞弊罪，是指国家机关工作人员在招收公务员、学生工作中徇私舞弊，情节严重的行为。

（一）证明标准

案件事实清楚，证据确实充分。对犯罪嫌疑人的职务、身份，招收公务员、学生工作中的职权，弄虚作假违规录用、招收的行为，情节是否严重的证明，达到确实充分的程度，对犯罪嫌疑人徇私、徇情的动机，犯罪的明知与故意的证明，达到内心确信的程度，证明有罪的证据能够形成完整的证据链。

（二）举证责任

在一般情况下，控方承担举证责任。犯罪嫌疑人提出有利于己的主张的，应当承担举证责任。对犯罪嫌疑人徇私动机、犯罪的故意，控方可以根据客观情况推定。

（三）对犯罪主体的证明

（参见滥用职权案）

（四）对犯罪主客观方面的证明

证明犯罪主客观方面的方法主要有勘验、检查，扣押物证、书证，鉴定，查

询、冻结，询问被害人、证人，讯问犯罪嫌疑人，推定等。

1. 勘验、检查

（1）对因招收不合格公务员、学生，导致被排挤的合格人员或者其亲属自杀的现场勘验、检查，以证明犯罪的严重后果；

（2）对犯罪嫌疑人住所、办公场所勘验、检查，扣押犯罪嫌疑人收取的物质性利益，以证明犯罪徇私动机；

（3）对犯罪嫌疑人住所、办公场所勘验、检查，扣押笔记、日记、招生、招录档案、手续等书证，以证明犯罪行为；

（4）对招收工作重新举办的现场检查，以证明犯罪的严重后果。

2. 扣押物证、书证

（1）扣押犯罪嫌疑人的干部履历表、人事部门出具的书证，查明犯罪嫌疑人现任职务、级别等，以证明犯罪主体身份与职责；

（2）调取国家招收公务员、学生管理、招考制度，干部选拔培养制度、招收工作制度以及具体招收办法、考务纪律等规定，以证明有无犯罪行为；

（3）扣押犯罪嫌疑人的手机、电脑，查询其通话记录、短信息、email，查明是否与考生及家属有关联，以证明犯罪动机；

（4）扣押犯罪嫌疑人收受的物质性利益，以证明违法所得、犯罪动机；

（5）扣押伪造、变造的人事、户口档案、考试成绩、体检表、立功受奖记录、考生违法犯罪记录等书证，以证明犯罪行为；

（6）扣押被排挤的合格人员或者其亲属自杀的工具、上访的材料，以证明犯罪严重后果。

3. 鉴定

（1）对同考生联系的纸条、信函等进行笔迹鉴定、指纹鉴定，以证明是犯罪嫌疑人所为；

（2）对伪造、变造的考试成绩等材料进行文书检验，以证明是虚假材料；

（3）对被排挤的考生或其家属的尸体进行法医检验，查明死亡时间、原因等，以证明犯罪危害后果；

（4）对被排挤的考生或其家属进行精神病鉴定，以证明犯罪危害后果；

（5）对重新组织考试造成的经济损失评估，以证明犯罪危害后果。

4. 查询、冻结

（1）查询犯罪嫌疑人的经济情况，以证明犯罪动机；

（2）查询犯罪嫌疑人银行账号的转账、存款、支出情况，以证明与其正常收入是否相符合。

5. 询问被害人

（1）报考的具体情况、考试分数、面试情况、排名，不予录用、录取的理由，以证明犯罪行为；

（2）犯罪嫌疑人违规招生、招录的时间、地点、内容，以证明犯罪行为；

（3）亲属因受排挤而精神失常或者自杀的具体情况，以证明犯罪危害后果。

6. 询问证人

（1）犯罪嫌疑人的职务、身份、具体工作职责，案发所涉及招生、招录工作是否由犯罪嫌疑人负责，以证明能否利用职务便利；

（2）犯罪嫌疑人从事相同或者相似招生、招录工作的经历、一贯表现，以证明犯罪明知；

（3）国家招收公务员、学生管理、招考制度，干部选拔培养制度、招收工作制度以及具体招收办法、考务纪律等规定，以证明有无犯罪行为；

（4）犯罪嫌疑人是否索取贿赂或收受贿赂，索取或收受贿赂的时间、地点、具体内容，以证明犯罪行为、犯罪动机；

（5）向犯罪嫌疑人请托的具体时间、地点、事项、知情人等，以证明犯罪动机与犯罪故意；

（6）犯罪嫌疑人伪造、变造人事、户口档案、考试成绩等，弄虚作假招收公务员、学生的时间、地点、经过、知情人等，以证明犯罪行为；

（7）是否将不合格的人员冒充合格人员予以录用、招收，或者将合格人员应当予以录用、招收而不予录用、招收，招收不合格的公务员、学生的次数与人数，以证明犯罪危害后果；

（8）是否导致被排挤的合格人员或者其亲属精神失常或者自杀、上访，导致该项招收工作重新进行，或给国家招考声誉造成极坏的影响，人力、财力遭受重大损失，以证明犯罪危害后果。

7. 讯问犯罪嫌疑人

（1）本人的身份、职务、具体的职责情况，案发所涉及招生、招录工作是否由犯罪嫌疑人负责，以证明犯罪的职务便利；

（2）国家招收公务员、学生管理、招考制度，干部选拔培养制度、招收工作制度以及具体招收办法、考务纪律等规定，以证明有无犯罪行为；

（3）利益关系人、情义关系人的请托事项，商定的具体时间、地点，承诺的内容等，以证明犯罪动机；

（4）是否索取贿赂或收受贿赂，索取或收受贿赂的时间、地点、具体内容，以证明犯罪行为、犯罪动机；

（5）招生、招录工作的任务，考生具体情况等，以证明犯罪明知；

（6）伪造、变造人事、户口档案、考试成绩等，弄虚作假招收公务员、学生的时间、地点、经过、知情人等，以证明犯罪行为；

（7）是否受到领导、同事的质疑，如何隐瞒与辩解，以证明犯罪故意；

（8）共同犯罪人的基本情况、分工、分赃情况，以证明共同故意犯罪行为与责任。

8. 视听资料

（1）调取犯罪嫌疑人与考生及家属不正常接触的视频录像，以证明犯罪动机；

（2）对犯罪嫌疑人的讯问进行同步录音录像，以证明侦查活动的合法性和供述的自愿性。

9. 推定

如犯罪嫌疑人伪造、变造人事、户口档案、考试成绩，则可推定其明知考生是不合格的人员。

（五）对有关量刑情节的证明

1. 对犯罪嫌疑人有无投案自首、检举立功的证明，证据主要有证人证言、侦查机关的记录等。

2. 对犯罪嫌疑人认罪态度的证明，证据主要有证人证言、侦查机关的记录。

3. 对犯罪嫌疑人平时表现的证明，证据主要有书证、证人证言、视听资料等。

（六）补强证明

犯罪嫌疑人辩称不知道考生是不合格人员的，侦查机关应当补强证明，证据包括：

1. 犯罪嫌疑人与考生及家属联系的信函、短信息等书证、电子证据，证人证言等，证明犯罪嫌疑人以考生不合格为由进行索贿。

2. 书证、证人证言等，证明犯罪嫌疑人伪造、变造人事、户口档案、考试成绩。

3. 犯罪嫌疑人同事的证人证言等，证明曾对招收不合格人员提出过质疑，犯罪嫌疑人进行辩解与隐瞒。

（七）案　　例

2008年6月，某市政府决定向社会公开招收一批工作人员，并指定市人事局负责组织招考工作。该局确定由副局长冯某具体组织公务员“行政职业能力测验”考试。在考试公布成绩之前，冯某先后受李某、王某、刘某的请托，将该3人的成绩由不满60分提高到68分、72分、78分，然后张榜公布，使3人顺利进入第二阶段考核并被录用。在此过程中，冯某先后收受李某、王某、刘某3人的烟酒、现金等总价为6000元。检察机关以招收公务员徇私舞弊罪和受贿罪对冯某立案侦查并提起公诉，人民法院对冯某作出有罪判决。

【证明参考】

1. 对犯罪主体的证明

(参见滥用职权案)

2. 对犯罪主客观方面的证明

(1) 勘验、检查

①对犯罪嫌疑人住所、办公场所勘验、检查，扣押犯罪嫌疑人收取的物质性利益，以证明犯罪动机与受贿行为；

②对犯罪嫌疑人住所、办公场所勘验、检查，扣押笔记、日记、招生、招录档案、材料等书证，以证明犯罪行为。

(2) 扣押物证、书证

①扣押犯罪嫌疑人的干部履历表、人事部门出具的书证，查明犯罪嫌疑人现任职务、级别等，以证明犯罪主体身份与职责；

②调取国家招收公务员管理、招考制度以及具体招收办法、考务纪律等规定，以证明有无犯罪行为；

③扣押犯罪嫌疑人的手机、电脑，查询其通话记录、短信息、email，查明是否与考生及家属有关联，以证明犯罪动机；

④扣押犯罪嫌疑人收受的物质性利益，以证明违法所得、犯罪动机；

⑤扣押变造的考试成绩、录用通知单等书证，以证明犯罪行为。

(3) 鉴定

①对同考生联系的纸条、信函等进行笔迹鉴定、指纹鉴定，以证明是犯罪嫌疑人所为；

②对伪造、变造的考试成绩进行文书检验，以证明是虚假材料。

(4) 询问证人

①犯罪嫌疑人的职务、身份、具体工作职责，案发所涉及招录工作是否由犯罪嫌疑人负责，以证明犯罪的职务便利；

②国家招收公务员管理、招考制度以及具体招收办法、考务纪律等规定，以证明有无犯罪行为；

③犯罪嫌疑人是否索取贿赂或收受贿赂，索取或收受贿赂的时间、地点、具体内容，以证明犯罪行为、犯罪动机；

④向犯罪嫌疑人请托的具体时间、地点、事项、知情人等，以证明犯罪动机与犯罪故意；

⑤犯罪嫌疑人伪造、变造考试成绩的时间、地点、经过、知情人等，以证明犯罪行为；

⑥是否将不合格的人员冒充合格人员予以录用，招收不合格的公务员的人数，以证明犯罪危害后果；

⑦是否实际给予犯罪嫌疑人好处，具体的类型、金额等，以证明犯罪动机。

（5）讯问犯罪嫌疑人

①身份、职务、具体的职责情况，案发所涉及招录工作是否由犯罪嫌疑人负责，以证明犯罪的职务便利；

②国家招收公务员管理、招考制度及具体招收办法、考务纪律等规定，以证明有无犯罪行为；

③利益关系人、情义关系人的请托事项，商定的具体时间、地点，承诺的内容等，以证明犯罪动机；

④是否索取贿赂或收受贿赂，索取或收受贿赂的时间、地点、具体内容，以证明犯罪行为、犯罪动机；

⑤招生、招录工作的任务，考生具体情况等，以证明犯罪明知；

⑥伪造、变造考试成绩，弄虚作假招收公务员的时间、地点、经过、知情人等，以证明犯罪行为；

⑦是否受到领导、同事、群众的质疑，如何隐瞒与辩解，以证明犯罪故意。

（6）视听资料

对犯罪嫌疑人的讯问进行同步录音录像，以证明侦查活动的合法性和供述的自愿性。

（7）推定

如犯罪嫌疑人伪造、变造考试成绩，则可推定其明知考生是不合格的人员。

3. 对有关量刑情节的证明

（1）对犯罪嫌疑人有无投案自首、检举立功的证明，证据主要有证人证言、侦查机关的记录等；

（2）对犯罪嫌疑人认罪态度的证明，证据主要有证人证言、侦查机关的记录等；

（3）对犯罪嫌疑人平时表现的证明，证据主要有书证、证人证言、视听资料等。

三十七、失职造成珍贵文物损毁、流失案

根据我国《刑法》第419条的规定，失职造成珍贵文物损毁、流失罪，是指国家机关工作人员严重不负责任，造成珍贵文物损毁或者流失，后果严重的行为。

（一）证明标准

案件事实清楚，证据确实充分。对犯罪嫌疑人的职务、身份，违反文物保护、管理职责要求，严重不负责任的行为，造成严重后果的证明，达到确实充分

的程度，对犯罪嫌疑人疏忽大意或过于自信过失的证明，达到内心确信的程度，证明有罪的证据能够形成完整的证据链。

（二）举证责任

在一般情况下，控方承担举证责任。犯罪嫌疑人提出有利于己的主张的，应当承担举证责任。对犯罪嫌疑人主观上的过失，控方可以根据客观情况推定。

（三）对犯罪主体的证明

（参见滥用职权案）

（四）对犯罪主客观方面的证明

证明犯罪主客观方面的方法主要是搜查，勘验、检查，扣押物证、书证，鉴定，询问证人，讯问犯罪嫌疑人，辨认，推定。

1. 搜查

（1）对犯罪嫌疑人的住所、办公场所、交接场所搜查，以查证是否存在文物被借走不归还的情形；

（2）对黑市、二手市场等销赃场所搜查，以查获流失的珍贵文物；

（3）对海关、出入境检查中的可疑人员搜查，以查获流失的珍贵文物。

2. 勘验、检查

（1）对珍贵文物被盗的现场勘验、检查，查清盗窃现场的进出口，失窃物品的数量、价值，现场防盗措施、安保、防范中的问题，以证明存在失职行为；

（2）对大肆非法挖掘珍贵文物的现场勘验、检查，查明不当的挖掘行为、珍贵文物流失的原因等，以证明存在失职行为；

（3）对全国重点文物保护单位或者省级文物保护单位损毁的现场勘验、检查，以证明犯罪危害后果。

3. 扣押物证、书证

（1）扣押犯罪嫌疑人的干部履历表、人事部门出具的材料、责任书等书证，以证明犯罪主体身份与职责；

（2）调取国家对文物的管理制度，文物保护、管理职责，以证明有无犯罪行为；

（3）调取、扣押被盗或流失文物的清单、照片，以证明犯罪的危害后果；

（4）扣押盗窃、挖掘珍贵文物的工具，以证明盗窃方法。

4. 鉴定

（1）对库房设备和措施的安全性鉴定，以证明是否存在失职行为；

（2）对珍贵文物的级别、价值鉴定，以证明犯罪侵害的对象；

（3）对珍贵文物毁损的程度、造成的损失鉴定，以证明犯罪危害后果。

5. 询问证人

（1）犯罪嫌疑人具体的职务、级别、工作职责，以证明犯罪主体身份；

（2）案发所涉及的文物保护、管理职责是否由犯罪嫌疑人负责，以证明犯罪嫌疑人的职责；

（3）国家对文物的管理制度，文物保护、管理职责，以证明有无犯罪行为；

（4）犯罪嫌疑人的业务水平，事前是否从事过相同或者相似的文物保护、管理工作，一贯表现等，以证明犯罪过失；

（5）是否曾向犯罪嫌疑人提出要加强博物馆的防盗措施，或指出存在隐患和问题，犯罪嫌疑人如何答复，以证明犯罪过失；

（6）是否曾出现过盗窃文物情形或被盗迹象，犯罪嫌疑人是否采取相应补救措施，以证明犯罪过失；

（7）盗窃珍贵文物的人数、时间、地点、进出口、方式，现场安保情况，当时是否被发现等，以证明是否存在失职行为；

（8）购买或获赠珍贵文物的时间、地点，卖售人或赠与人的情况，以证明珍贵文物的流失；

（9）珍贵文物的毁损、流失情况，以证明犯罪的危害后果。

6. 讯问犯罪嫌疑人

（1）具体的职务、级别，案发所涉及的文物保护、管理职责是否由其负责，以证明犯罪嫌疑人的职责；

（2）国家对文物的管理制度，文物保护、管理职责，以证明犯罪行为的失职性；

（3）珍贵文物被盗的人数、时间、地点、进出口、方式，现场安保情况，当时是否被发现等，以证明是否存在失职行为；

（4）事前是否出现过盗窃文物情形或被盗迹象，是否采取相应补救措施，以证明犯罪过失；

（5）是否按规定建立固定、专用的库房，设专人管理，安全检查制度、出库归库制度是否健全，以证明是否存在失职行为；

（6）是否非法调拨、展览、借用、复制、参观，以证明犯罪行为；

（7）领导或同事是否曾提出存在隐患和问题，如何答复，以证明犯罪过失；

（8）发生火灾、文物失窃等案件后是否及时报告当地公安部门、文物行政管理部门和国家文物局，以证明是否存在失职行为；

（9）珍贵文物的毁损、流失情况，以证明犯罪的危害后果。

7. 辨认

对丢失、毁损、流失的珍贵文物辨认，以证明犯罪侵害对象。

8. 视听资料

（1）调取珍贵文物被盗现场或挖掘现场的视频录像，以证明是否存在失职行为；

（2）对犯罪嫌疑人的讯问进行同步录音录像，以证明侦查活动的合法性和供述的自愿性。

9. 推定

(1) 事前出现过盗窃文物情形或被盗迹象，但犯罪嫌疑人未采取相应补救措施；

(2) 领导或同事曾提出存在隐患和问题，但犯罪嫌疑人对此置之不理。

以上行为查证属实，则可推定犯罪嫌疑人存在主观过失。

(五) 对有关量刑情节的证明

1. 对犯罪嫌疑人有无投案自首、检举立功的证明，证据主要有证人证言、侦查机关的记录等。

2. 对犯罪嫌疑人认罪态度的证明，证据主要有证人证言、侦查机关的记录。

3. 对损失的是否是珍贵文物的证明，证据主要有书证、证人证言、视听资料等。

(六) 补强证明

犯罪嫌疑人辩称珍贵文物的毁损是因为遭受盗窃犯罪的侵害，其已尽到保护文物的职责的，侦查机关应当补强证明，证据主要包括：

1. 书证、证人证言、鉴定意见等，证明犯罪嫌疑人未按规定建立固定、专用的库房，管理制度、安全检查制度存在问题。

2. 书证、证人证言等，证明曾出现过盗窃文物情形或被盗迹象，犯罪嫌疑人未采取相应补救措施。

3. 领导或同事的证言，证明曾提出存在隐患和问题，但犯罪嫌疑人对此置之不理。

(七) 案　　例

某市博物馆打算举行本市宋代文物展，本市文化局副局长李某负责组织这次活动。由于经费紧张，市博物馆缺乏必要的防盗措施，但鉴于此次展出的许多宋代文物属于珍贵文物，展出前博物馆工作人员曾向李某建议加强博物馆的防盗措施。李某认为展出时间不长，且本市文物盗窃活动很少，未予重视，没有采取防范措施。结果展出第4天，参展的部分珍贵文物（国家一级）共10件被盗，给国家造成巨大损失。

【证明参考】

1. 对犯罪主体的证明

(参见滥用职权案)

2. 对犯罪主客观方面的证明

(1) 勘验、检查

对珍贵文物被盗的博物馆现场进行勘验、检查，查清盗窃现场的进出口，失窃物品的数量、价值，现场防盗措施、安保、防范中的问题，以证明存在失职行为。

（2）扣押物证、书证

①扣押犯罪嫌疑人的干部履历表、人事部门出具的材料、责任书等书证，以证明犯罪主体身份与职责；

②调取国家对文物的管理制度，文物保护、管理职责，以证明有无犯罪行为；

③调取被盗或流失文物的清单、照片，以证明犯罪的危害后果；

④扣押盗窃珍贵文物的工具，以证明盗窃方法。

（3）鉴定

①对博物馆安保措施的安全性进行鉴定，以证明是否存在失职行为；

②对珍贵文物的级别、价值鉴定，以证明犯罪侵害的对象；

③对珍贵文物被盗造成的损失鉴定，以证明犯罪危害后果。

（4）询问证人

①犯罪嫌疑人具体的职务、级别等，以证明犯罪主体身份；

②案发所涉及的文物展是否由犯罪嫌疑人负责组织，以证明犯罪嫌疑人的职责；

③是否曾向犯罪嫌疑人提出要加强博物馆的防盗措施，犯罪嫌疑人如何答复，以证明犯罪过失；

④盗窃珍贵文物的时间、地点、进出口、方式，现场安保情况，当时是否被发现等，以证明是否存在失职行为；

⑤珍贵文物的毁损、流失情况，以证明犯罪的危害后果。

（5）讯问犯罪嫌疑人

①具体的职务、级别，案发所涉及的文物展是否由其负责，以证明犯罪嫌疑人的职责；

②国家对文物的管理制度，文物保护、管理职责，以证明犯罪行为的失职性；

③事前采取了哪些防盗措施，是否存在隐患，以证明犯罪过失；

④领导或同事是否曾提出存在隐患和问题，如何答复，以证明犯罪过失；

⑤珍贵文物被盗的时间、地点、进出口、方式，现场安保情况，当时是否被发现等，以证明是否存在失职行为；

⑥珍贵文物的毁损、流失情况，以证明犯罪的危害后果。

（6）辨认

对被盗珍贵文物的相片辨认，以证明犯罪侵害的对象。

（7）视听资料

①调取珍贵文物被盗现场的视频录像，以证明是否存在失职行为；

②对犯罪嫌疑人的讯问进行同步录音录像，以证明侦查活动的合法性和供述的自愿性。

（8）推定

领导或同事曾提出存在隐患和问题，但犯罪嫌疑人对此置之不理，该行为查证属实，则可推定犯罪嫌疑人存在主观过失。

3. 对有关量刑情节的证明

（1）对犯罪嫌疑人有无投案自首、检举立功的证明，证据主要有证人证言、侦查机关的记录等；

（2）对犯罪嫌疑人认罪态度的证明，证据主要有证人证言、侦查机关的记录等；

（3）对损失是否珍贵文物的证明，证据主要有书证、证人证言、视听资料等。

4. 补强证明

犯罪嫌疑人辩称珍贵文物的流失是因为遭受盗窃犯罪的侵害，其已尽到保护文物的职责的，侦查机关应当补强证明，证据主要包括：

（1）书证、证人证言、鉴定意见等，证明未按规定建立完善的安保措施；

（2）领导或同事的证言，证明曾提出存在隐患和问题，但犯罪嫌疑人对此置之不理。

第四章　国家机关工作人员利用职权实施的侵犯公民人身权利案件

一、刑讯逼供案；暴力取证案[①]

根据我国《刑法》第 247 条的规定，刑讯逼供罪，是指司法工作人员使用暴力、威胁、引诱、欺骗、疲劳战等方式，逼取犯罪嫌疑人、被告人口供的行为。暴力取证罪，是指司法工作人员使用暴力、威胁等方法，逼取证人证言的行为。

（一）证明标准

案件事实清楚，证据确实充分。对刑讯逼供、暴力取证的手段、方法、后果的证明，达到确实充分的程度，对犯罪嫌疑人主观故意的证明，达到内心确信的程度，证明有罪的证据能够形成完整的证据链。

（二）举证责任

在刑讯逼供、暴力取证案件中，应当实行举证责任倒置。当被害人提供受到刑讯逼供、暴力取证的基础证据后，公安机关应当对讯问行为的合法性、客观性承担举证责任，否则，推定对方当事人受到刑讯逼供、暴力取证。

（三）对犯罪主体的证明

1. 对刑事责任年龄的证明

证明刑事责任年龄的证据主要有户籍证明、身份证、出生证明、护照、港澳台通行证等。只要以上有一证据查证属实，即可证明犯罪嫌疑人的刑事责任年龄。如果犯罪嫌疑人一方提出证据，主张没有达到刑事责任年龄的，侦查机关应当补强证明，证据主要包括：

（1）证人证言，包括犯罪嫌疑人父母、周围居民、老师、同学的证言；

（2）书证，包括犯罪嫌疑人父母做绝育手术的证明，犯罪嫌疑人兄弟姐妹

① 《刑法》第 247 条涉及的罪名犯罪构成类似，为节省篇幅，合并表述。

的户籍证明、身份证、护照等。

根据以上证据，综合认定犯罪嫌疑人是否达到刑事责任年龄。

2. 对刑事责任能力的证明

只要犯罪嫌疑人达到刑事责任年龄，就认为其具有刑事责任能力。如果犯罪嫌疑人一方提出证据，主张不具有刑事责任能力的，侦查机关应当补强证明，证据主要包括：

（1）精神病鉴定；

（2）证人证言，包括邻居、老师、同学、同事对犯罪嫌疑人行为能力的评价；

（3）知情者证明犯罪嫌疑人一方提供的鉴定意见是伪造的或者鉴定人无鉴定资格或者鉴定人、证人被收买。

根据以上证据，综合评价犯罪嫌疑人的刑事责任能力。

3. 对特殊主体身份的证明

（1）证明身份的书证，包括人事部门、组织部门或主管部门出具的人事档案、任职证明、职责范围有关文件规定、履历表、国家公务员登记表、代表证、委员证等；

（2）证人证言，包括主管部门、领导人员、同事等的证言；

（3）犯罪嫌疑人关于自己身份、职务的供述。

根据以上证据，综合认定犯罪嫌疑人司法工作人员的主体身份。

（四）对犯罪主客观方面的证明

证明犯罪主客观方面的方法主要是勘验、检查，扣押书证、物证，调取视听资料，推定，鉴定，询问被害人、证人，讯问犯罪嫌疑人等。

1. 勘验、检查

（1）对讯问现场勘验、检查，以证明是否安装录音录像设备，录音录像设备是否正常使用；

（2）对讯问现场勘验、检查，以证明是否存在与审讯无关的物品，扣押可能用来刑讯逼供的物品，如啤酒瓶、鞭炮、老式电话机等；

（3）对讯问现场勘验、检查，提取现场遗留的血迹、指纹等证据，以证明与犯罪嫌疑人的关系；

（4）对犯罪工具勘验、检查，提取其上遗留的血迹、指纹等证据，以证明与犯罪嫌疑人的关系。

2. 扣押书证、物证

（1）扣押犯罪嫌疑人的通信工具，调取其通话清单、短信，以证明其如何掩盖罪行；

（2）扣押审讯现场中可能被用于刑讯逼供的物品，如啤酒瓶、老式电话机、辣椒水等，以证明犯罪手段；

（3）扣押犯罪嫌疑人进出看守所的体检证明，以证明其身体健康状况；

（4）调取审讯笔录，以查证审讯的持续时间、地点、参与人，笔录是否完整、有无涂改、当事人是否签字等情况，以证明讯问是否合法。

3. 视听资料

（1）不少地方公安机关规定在要案审讯中必须录音录像，但有的公安机关往往以各种理由不提供录音录像。所以，在必须录音录像的案件中，如果公安机关不能提供完整的录音录像，推定存在刑讯逼供；

（2）调取犯罪嫌疑人进出看守所的监控资料，通过前后对比，推定其是否受到刑讯逼供。

4. 推定①

（1）推定在死亡案件中的运用

①根据尸体上的伤痕状况推定

如果在被害人身上发现不可能自己形成的伤痕，可以推定其受到刑讯逼供。

从死者伤痕的形状推断犯罪工具，如果被害人不可能接触到这些工具，推定其受到了刑讯逼供。

②根据死者的身体状况推定

如果被害人身体状况很好，到了讯问机关不久就发生伤亡事件，推定其受到刑讯逼供。

③根据涉嫌警察的一贯表现推定

刑讯逼供罪是职业犯罪，具有习惯性。一个有刑讯逼供历史的人，如果在他审讯中被害人死亡，死者身上又发现非正常的伤痕，推定其有刑讯逼供的嫌疑。

（2）推定在伤残案件中的运用

①被害人羁押前无伤史

被害人在进入看守所时身体表面无伤痕，被采取强制措施后，身体伤痕累累，推定其受到刑讯逼供。

②被害人身上留有伤痕

由于被害人是活的证据，加上身体上的伤痕，可以推定存在刑讯逼供。

③被害人自认有罪，但真正罪犯另有其人

如果被害人曾经供认有罪，后来证明案件判错了，推定其受到刑讯逼供。

---

① 由于刑讯逼供犯罪现场的封闭性、证人不愿作证、举报犯罪的滞后性和被害人身体的自动康复性，证明刑讯逼供面临巨大的困难，所以刑讯逼供屡禁不止的根本原因在于证明难。为了有效地遏制刑讯逼供，对刑讯逼供犯罪的证明必须实行举证责任倒置，在证明方法上要依靠推定。

(3) 推定在无伤亡案件中的运用

人体具有自动康复性，被害人所受外伤经过一段时间会自然康复，所以证明侦查部门有无刑讯逼供的难度很大。如果具备以下事实，可以谨慎地推定存在刑讯逼供：

①被害人自认有罪，但真凶另有其人

如果被害人精神正常，在讯问中承认杀人等重罪，实际上真凶另有其人，推定其受到刑讯逼供。

②在审讯现场发现不该出现的物品

在讯问现场发现不该出现的物品，如辣椒水、啤酒瓶等，可推定被害人受到刑讯逼供。

5. 鉴定

(1) 对被害人的伤情鉴定，以证明其伤亡原因及伤害等级；

(2) 对提取的血迹、指纹鉴定，以证明与当事人有无同一性。

6. 询问被害人

(1) 身体是否健康，有无疾病，何时、何地成为犯罪嫌疑人的，涉案的罪名；

(2) 审讯的地点是否在看守所，有无律师参与，休息时间是否得到保证，以证明被害人的诉讼权利是否得到保障；

(3) 侦查人员刑讯逼供的手段、方法、时间、地点，是否造成自己身体伤害，有何证据，以证明犯罪行为；

(4) 被羁押在哪一个监室、同监室的人数、姓名，他们是否知道自己被刑讯逼供，侦查人员是否指使其他犯罪嫌疑人虐待自己，以证明犯罪行为；

(5) 被采取强制措施后是否立即被送到看守所，进入看守所是否体检，以证明其原先的身体状况；

(6) 审讯时，侦查人员是否告知自己的诉讼权利，是否录音录像，以证明讯问行为是否合法。

7. 询问证人

(1) 被害人涉案的罪名，被羁押于何处，身体健康状况，以证明其个人情况；

(2) 犯罪嫌疑人的人数、身份、职务，相互关系，以证明其情况；

(3) 犯罪的手段、方法、时间、地点，以证明犯罪行为；

(4) 犯罪嫌疑人的目的、动机，以证明其主观状态；

(5) 被害人伤亡情况，是否造成冤假错案，以证明犯罪后果。

8. 讯问犯罪嫌疑人

(1) 被害人涉嫌何种罪名被采取强制措施，强制措施的名称，是否在法定地点讯问被害人，以证明其有无刑讯逼供的意图；

（2）有无告知被害人诉讼权利，告知行为是否记录，是否允许被害人会见律师，以证明被害人的诉讼权利是否得到保障；

（3）参与审讯侦查人员的人数、各自的职务，审讯持续的时间，何时成功地侦破案件，以证明讯问行为是否违法；

（4）审讯此类案件是否应当录音录像，审讯室是否安装录音录像的设备，录音录像设备运转是否正常，没有录音录像的原因，以证明讯问行为是否合法；

（5）刑讯逼供的方法、手段，何人致被害人伤亡的，案发后是否掩饰罪行，如何掩饰罪行的，以证明犯罪行为、犯罪后果。

（五）对有关量刑情节的证明

1. 对刑讯逼供的手段是否恶劣，动机是否卑劣的证明，证据主要有被害人陈述，证人证言，犯罪嫌疑人供述，扣押的书证、物证。

2. 对刑讯逼供是否造成冤假错案的证明，证据主要有证人证言、法院的判决书、被害人陈述等。

3. 对刑讯逼供是否造成被害人伤亡等后果的证明，证据主要有被害人陈述、证人证言、鉴定意见。

4. 对犯罪嫌疑人有无投案自首、检举揭发、立功的证明，证据主要有证人证言、侦查机关的记录。

（六）补强证明

1. 犯罪嫌疑人主张被害人伤亡是其身体原因造成的，侦查机关应当补强证明，证据包括：

（1）证人证言、看守所的体检证明，以证明被害人身体良好；

（2）以往的体检证明、病历，以证明被害人未患有突发性急病。

2. 证人改变证言的，侦查机关应当补强证明，证据包括：

（1）知情者证言，以证明证人受到威胁或收买；

（2）录音录像，以证明证人当初的陈述具有客观性、合法性。

（七）案　　例

2010年2月18日，王某因涉嫌盗窃，被某县公安机关带走。3天后，公安机关通知其亲属：王某在看守所内死亡。亲属查看尸体后发现，王某身上有多处伤痕。对此，当地警方解释，犯罪嫌疑人是在提审时喝开水突然发病死亡的。

王某的舅妈吴某介绍：2月18日，王某被公安机关带走。就在家人不知道他所犯何罪时，接到公安机关通知：王某在看守所内死亡。2月22日，家人在医院停尸房见到王某的尸体，脱掉他所穿衣服后，家人发现他身上遍布伤痕。王某的尸体照片显示，他的背部、手臂有大块淤青和伤痕，头部破了一个洞，乳头被割掉，生殖器也有伤痕。看到这种情景，家人对王某的死因充满质疑。

某县公安局政治部姚某介绍：王某是在2月18日因涉嫌盗窃被警方带走的。2月21日，警方在看守所提审王某，当时他说口渴，民警给他倒了杯开水，开水比较热。其中，一个民警可能是感冒了，喝了点感冒冲剂，感冒冲剂比较凉，就把感冒冲剂倒了点给王某喝。王某喝完以后，情绪身体都不一样，被紧急送往医院，然后就死亡了。至于王某身上怎么会出现那么多伤痕，姚某表示不清楚。某县公安局李局长表示，涉案民警有可能涉嫌职务犯罪。据悉，涉案的4名民警已被关禁闭。

【证明参考】

此案是外界广为关注的“喝水死”案件，由于当事人已经死亡，是否受到刑讯逼供，难以获得被害人陈述，从证明角度看，颇为困难。

1. 对犯罪主体的证明

（参见刑讯逼供罪）

2. 对犯罪主客观方面的证明

（1）勘验、检查

①对审讯现场勘验、检查，是否安装监控设备，监控设备运行是否正常，审讯室有无饮水机，以证明讯问场所是否合法；

②对关押当事人的监室勘验、检查，以证明有无可疑物品；

③对犯罪工具勘验、检查，提取其上遗留的指纹、血迹等证据，以证明与当事人的关系。

（2）扣押书证、物证

①扣押当事人饮水所用的杯具，提取遗留的指纹、微量物证，以证明与当事人的关系；

②扣押涉案民警的手机，调取其通话清单、手机短信，以证明是否掩饰、隐瞒犯罪；

③扣押涉案民警的病历，查明其是否感冒，是否开感冒药，以证明其陈述是否可信；

④扣押王某以前的就诊记录，以证明其有无病史；

⑤调取审讯笔录，以证明审讯的持续时间、地点、参与人等情况；

⑥调取看守所羁押人员的名单，以证明王某是否被羁押于看守所，何时被羁押于看守所。

（3）鉴定

①对遗留在犯罪工具上的指纹、血迹鉴定，以证明与当事人有无同一性；

②对杯具中提取到微量物证鉴定，以证明是何物质；

③对王某尸体鉴定，以证明受伤情况、死亡原因。

（4）视听资料

①调取审讯时的监控资料，以证明讯问行为是否合法；

②调取看守所的监控资料，以证明王某是否被羁押于看守所，何时进出看守所。

（5）询问证人

①王某平时身体状况，有无病史，王某进看守所时是否体检，以证明其身体是否健康；

②王某何时被羁押，羁押地点，何时被送到看守所的，何时提出看守所，何时死亡，以证明关押地点是否合法；

③参与审讯的民警有无警察的身份、职务，有无辅警参与审讯，何人让辅警参与审讯，以证明审讯行为是否合法；

④涉案民警是否感冒，是否就医，所用感冒药的名称，以证明其陈述是否真实；

⑤审讯王某的持续时间、地点，有无刑讯逼供，刑讯逼供的方法，以证明犯罪行为。

（6）讯问犯罪嫌疑人

①个人情况，警察证号码、职务，以证明其身份；

②参与审讯的人数，有无辅警参与审讯，何人允许辅警参与审讯的，以证明讯问行为是否合法；

③审讯王某的地点，持续时间，是否告知其应当享有的权利，是否记录，以证明王某的诉讼权利是否得到保障；

④审讯地点是否安装录音录像设施，录音录像设施运转是否正常，审讯时有无录音录像，按照规定是否应当录音录像，以证明讯问是否合法；

⑤给王某的开水、杯具从何而来，以证明民警的陈述是否可信；

⑥是否感冒，是否就诊，是否开药，所开何药，以证明其陈述的可信度；

⑦何时发现王某身体不适，是否采取抢救措施，是否报告领导，以证明各自的责任；

⑧有无对王某刑讯逼供，刑讯逼供的手段、方法，以证明犯罪手段。

（7）推定

①根据尸体上的伤痕状况推定

如果在王某身上发现不可能自己形成的伤痕，推定王某受到刑讯逼供。

②根据死者的身体状况推定

如果王某身体状况很好，到了讯问机关不长时间就意外死亡，推定王某受到了刑讯逼供。

③根据犯罪嫌疑人的一贯表现推定

如果犯罪嫌疑人有刑讯逼供的前科，推定王某受到刑讯逼供。

3. 对有关量刑情节的证明

（1）对刑讯逼供的手段是否恶劣、动机是否卑劣的证明，证据主要有证人证言，犯罪嫌疑人供述，扣押的书证、物证；

（2）对刑讯逼供是否造成他人伤亡的证明，证据主要有证人证言、鉴定意见；

（3）对犯罪嫌疑人有无投案自首、检举揭发、立功的证明，证据主要有证人证言、侦查机关的记录。

4. 补强证明

（1）犯罪嫌疑人辩解王某死亡是自身原因造成，没有刑讯逼供的，侦查机关应当补强证明，证据包括王某的既往病史、看守所的体检记录、鉴定意见，以证明王某身体状况良好，是死于外力的打击；

（2）犯罪嫌疑人辩解王某是喝开水死的，侦查机关应当补强证明，证据包括勘验、检查笔录，监控资料，侦查实验，以证明讯问场所没有饮水机以及喝开水不会死人。

二、虐待被监管人案

根据我国《刑法》第248条的规定，虐待被监管人罪，是指监狱、拘留所、看守所、劳教所等监管、管教机构的工作人员，对被监管人员殴打、体罚、虐待或者指使被监管人员殴打、体罚、虐待其他被监管人员，情节严重的行为。

（一）证明标准

案件事实清楚，证据确实充分。对犯罪嫌疑人殴打、体罚、虐待被监管人员，或者指使被监管人员殴打、体罚、虐待其他被监管人员的行为及其后果的证明，达到确实充分的程度，对犯罪嫌疑人主观上明知、故意的证明，达到内心确信的程度，证明有罪的证据能够形成完整的证据链。

（二）举证责任

在一般情况下，控方承担举证责任。犯罪嫌疑人主张被害人的伤亡是由其身体原因或其他原因造成的，应当承担举证责任。

（三）对犯罪主体的证明

（参见刑讯逼供案）

（四）对犯罪主客观方面的证明

证明犯罪主客观方面的方法主要有勘验、检查，扣押书证、物证，鉴定，调取视听资料，询问证人、被害人，讯问犯罪嫌疑人，推定等。

1. 勘验、检查

（1）对被害人羁押的场所勘验、检查，以证明羁押场所的条件是否符合国家规定的标准；

（2）对殴打、体罚被害人的现场勘验、检查，提取遗留的血迹、血衣等物品，以证明犯罪行为；

（3）对被害人的尸体及衣着勘验、检查，以证明尸体上有无遗留殴打的痕迹，被害人的衣服是否被替换过；

（4）对犯罪工具勘验、检查，提取其上遗留的血迹、指纹等证据，以证明与被害人、犯罪嫌疑人的关系。

2. 扣押书证、物证

（1）调取羁押被害人的有关法律文件，以证明羁押行为是否合法；

（2）调取被害人入所时的体检材料，以证明被害人进入羁押场所时身体状况；

（3）调取与被害人羁押于同监室人员的资料，以便收集证人证言；

（4）调取对被害人使用械具的法律文书、登记表，以证明使用的械具及其方法是否恰当；

（5）扣押抢救被害人的医院记录、病历，以证明被害人伤亡时间及其原因；

（6）扣押殴打、体罚被害人的工具，以证明犯罪方法及犯罪工具。

3. 调取视听资料

（1）调取被害人入所时的监控资料，以证明被害人的身体状况；

（2）调取被害人所在监室的监控资料，以证明被害人是否受到虐待或殴打。

4. 鉴定

对被害人伤情鉴定，以证明被害人伤残等级及其原因。

5. 询问证人

（1）被害人涉嫌何种罪名被羁押的，被羁押的时间、地点，以证明被害人的情况；

（2）羁押场所是否对被害人体检，体检的结果如何，是否应当对被害人体检，没有体检的原因是什么，以证明被害人的身体状况；

（3）被害人的身体状况，所从事的职业，有无其他疾病，以证明被害人的健康状况；

（4）被害人所在监室的具体情况，有无安装监控资料，被害人的平时表现，以证明被害人有无违法行为；

（5）犯罪嫌疑人殴打、虐待被害人的时间、地点、次数、方式，造成何种结果，以证明犯罪行为与犯罪后果；

（6）犯罪嫌疑人是自己殴打、虐待被害人，还是指使他人殴打、虐待被害人，他人为何听从其指使，以证明有无同案犯、主犯、从犯；

（7）犯罪嫌疑人殴打、虐待被害人的动机、目的，以证明其主观状态；

（8）犯罪嫌疑人的职务、从事的工作，以证明其身份。

6. 询问被害人

（1）姓名、性别、年龄，涉嫌何种犯罪，被羁押的时间、地点，以证明其个人情况；

（2）平时身体状况，有无疾病，被羁押时的身体状况，进入羁押场所是否体检，以证明其身体状况；

（3）犯罪嫌疑人的姓名、职务、人数，以证明其个人情况；

（4）犯罪嫌疑人虐待、殴打自己的时间、地点、方式、次数，伤害的身体部位，造成何种伤害，以证明犯罪行为、犯罪后果；

（5）犯罪嫌疑人体罚、虐待自己的起因、目的，以证明其主观状态；

（6）犯罪嫌疑人是否指使他人虐待自己，指使的方式，其他犯罪嫌疑人的情况，以证明共同犯罪。

7. 讯问犯罪嫌疑人

（1）身份、职务，所从事的工作，以证明其个人情况；

（2）被害人姓名、性别、年龄，涉嫌何种犯罪，进入羁押场所时是否体检，体检结果如何，以证明被害人的情况；

（3）被害人被羁押于何处，羁押场所有无监控录像，监控录像是否正常使用，以证明监管设施是否达到规定的标准；

（4）被害人的平时表现，是否遵守有关管理规定，殴打、虐待被害人的起因、目的，以证明其主观状态；

（5）对被害人使用械具是否履行报批手续，是否遵守法定的条件，以证明有无违法行为；

（6）何时、何地殴打、虐待被害人，殴打的部位、使用的工具、殴打的次数，造成何种结果，以证明犯罪行为、犯罪后果；

（7）是否指使他人殴打、虐待被害人，被指使人的情况，以证明同案犯及各自的责任；

（8）何人指使自己殴打、虐待被害人的，指使人的具体情况，为何要听从他人的指使，以证明同案犯及各自的责任。

8. 推定

（1）被害人身体健康，没有疾病，入所后即伤亡，犯罪嫌疑人对被害人的伤亡不能作出合理解释的，推定被害人受到殴打或虐待；

（2）羁押场所的设施经有关部门的验收合格，犯罪嫌疑人不能提供录像或提供录像的画面不清楚，推定犯罪嫌疑人有意破坏录像。

（五）对有关量刑情节的证明

1. 对犯罪嫌疑人的平时表现，是否一贯殴打、虐待被监管人员的证明，证据主要有证人证言、书证、被害人陈述等。

2. 对犯罪动机是否恶劣、犯罪手段是否残忍的证明，证据主要有证人证言、鉴定意见、被害人陈述等。

3. 对犯罪行为是否引发群体性事件的证明，证据主要有证人证言、监控资料等。

（六）补强证明

1. 犯罪嫌疑人提出证据，主张被害人的伤亡是其生理原因造成的，侦查机关应当补强证明，证据主要有证人证言、鉴定意见，以证明犯罪嫌疑人提供的证据系伪造的。

2. 犯罪嫌疑人主张被害人的伤亡是“冲凉死”、“做梦死”、“躲猫猫死”的，侦查机关应当补强证明，证据主要有证人证言、鉴定意见、侦查实验，以证明犯罪嫌疑人的主张不能成立。

3. 犯罪嫌疑人辩解不能提供录像是因为停电造成的，侦查机关应当补强证明，证据有证人证言、书证，以证明其所说的时段没有停电。

（七）案　　例

2005年2月24日11时，管教民警刘某因被收监人员王某在308监房内多次大声喊叫，向该监房的主管教孙某提议，对王某使用电警棍，孙某表示同意。管教民警刘某与胡某各自拿一根电警棍至308号监房外，对手已被铐于铁栅栏上的王某用电警棍击打。由于电警棍的电力不足，打击力不强，刘、胡二人重新拿了一根尼龙警棍和一根电警棍进入监房内，胡某打开了王某的手铐，刘某令王趴下，王不从。刘即指挥数名其他被收审人员上前将王按倒在地，刘、胡二人则用电警棍电击王的身体。此时，进入监房内的管教民警薛某见王某仍然不服，令其他被收审人员将王某的裤子扒下，然后从刘某手中要来尼龙警棍朝王某的臀部等处用力抽打。被打后，王某要求休息。刘某又从薛某手中接过尼龙警棍，朝着被害人臀部等处用力抽打。同时，胡某用电警棍继续电击王的身体。刘、薛、胡三人对王某体罚虐待约达15分钟。主管教孙某在刘、薛、胡三人对王某实施体罚虐待的期间，不仅填写了“羁押对象处罚审批表”，而且到308监房的现场目睹察看。此后，王某在监房内多次遭受同监人员的殴打。2月26日，王某大小便失禁，其同监人员却对其限制饮食，到2月28日上午7时许，王某死亡。经法医学尸体检验鉴定，意见为：“王某系遭受钝器打击，手足遭电击后，仍不断受到其他打击和被限制饮食，又没有得到及时、有效的诊治，导致创伤性休克和急性肾衰竭而死亡。”

【证明参考】

1. 对犯罪主体的证明

（参见刑讯逼供案）

2. 对犯罪主客观方面的证明

（1）勘验、检查

①对犯罪现场勘验、检查，提取遗留的血迹、指纹等证据，以证明与当事人的关系；

②对羁押的场所勘验、检查，以证明是否安装监控录像、录像运转是否正常；

③对被害人尸体勘验、检查，以证明尸体表面有无伤痕、衣服是否留有血迹、是否破损；

④对犯罪工具勘验、检查，提取其上遗留的血迹、指纹等证据，以证明与当事人的关系。

（2）扣押书证、物证

①调取对犯罪嫌疑人处罚的审批表，以证明有无违法行为；

②调取被害人进入监所的体检证明、病历，以证明被害人身体健康情况；

③调取有关法律文书，以证明被害人因何事被羁押；

④扣押犯罪嫌疑人的手机，调取其通话清单、手机短信，以证明其作案后是否串供；

⑤扣押电警棍、尼龙警棍，以证明犯罪行为、犯罪手段。

（3）调取视听资料

调取监所的监控资料，以证明犯罪嫌疑人、犯罪行为、犯罪过程、犯罪后果。

（4）鉴定

对被害人死亡原因鉴定，以证明被害人是否因外力殴打致死。

（5）询问证人

①被害人姓名、性别、年龄，因何种违法事由被关押的，以证明其个人情况；

②被害人入监时的身体状况，有无疾病，以证明其身体状况；

③被害人的平时表现，有无违反监规的行为，以证明对其使用械具是否符合规定、惩罚方法是否恰当；

④犯罪嫌疑人对被害人处罚时，是否向其上级报告，上级是否同意，以证明有无共同犯罪人；

⑤犯罪嫌疑人殴打被害人的时间、地点、方式、次数、部位，所造成的后果，以证明犯罪行为及后果；

⑥犯罪嫌疑人的职务、身份、工作对象，殴打被害人的动机、目的，以证明其个人情况及主观状态；

⑦同案犯人数，相互关系，各自的作用，是否在场，以证明各自的责任；

⑧犯罪嫌疑人指使何人殴打被害人的，被指使人为何听从其指使，以证明各自的责任；

⑨其他同监室的人员虐待被害人的方法、手段，以证明犯罪行为；

⑩被害人被殴打后有何反应，是否及时送其治疗，以证明被害人的死亡原因。

（6）讯问犯罪嫌疑人

①个人的身份、职务，工作对象，以证明其个人情况；

②被害人因何事被羁押，平时表现，是否一贯违反监规，以证明其个人情况；

③为何要惩罚被害人，目的是什么，以证明其主观状态；

④对被害人惩罚前是否向上级报告，上级是否批准，以证明有无违法行为；

⑤对被害人使用的惩罚方法是否符合法律规定，以证明有无违法行为；

⑥从事本职工作的时间、学历，以证明对有关法律规定是否清楚，对违法行为是否明知；

⑦同案犯的人数，相互关系，各自的职务，所起的作用，是否在场，以证明各自的责任；

⑧为何要指使他人殴打被害人，目的是什么，以证明犯罪的主观状态。

（7）推定

①羁押场所经国家有关机构验收合格，却不能提供录音录像，推定录音录像被故意破坏；

②被害人身体状况良好，没有疾病，被羁押后突然死亡，犯罪嫌疑人不能对被害人死亡作出合理解释的，推定其受到殴打。

3. 对有关量刑情节的证明

（1）对犯罪嫌疑人的平时表现，是否一贯体罚、虐待被监管人员的证明，证据主要有证人证言、书证；

（2）对犯罪手段是否残忍，动机是否卑劣的证明，证据主要有犯罪嫌疑人供述与辩解、证人证言、鉴定意见；

（3）对犯罪行为是否引发群体性事件的证明，证据主要有证人证言、监控资料、书证等。

4. 补强证明

（1）犯罪嫌疑人提出证人证言、鉴定意见，主张被害人死亡是自身原因造成的，侦查机关应当补强证明，证据包括证人证言、鉴定意见、书证，证明犯罪嫌疑人提供的证据是伪造的；

（2）犯罪嫌疑人主张自己是正常管教，没有违法的，侦查机关应当补强证明，证据包括书证、物证、鉴定意见、证人证言，以证明其管教方法违背了法律规定。

三、报复陷害案

根据我国《刑法》第254条的规定，报复陷害罪，是指国家机关工作人员滥用职权、假公济私，对控告人、申诉人、批评人、举报人实行报复陷害的行为。

（一）证明标准

案件事实清楚，证据确实充分。对犯罪嫌疑人、被害人的身份、犯罪行为的证明，达到确实充分的程度，对犯罪嫌疑人主观上明知、故意的证明，达到内心确信的程度，证明有罪的证据能够形成完整的证据链。

（二）举证责任

在一般情况下，控方承担举证责任。犯罪嫌疑人主张没有利用职权、没有假公济私，仅是依法处理被害人的，应当承担举证责任。

（三）对犯罪主体的证明

（参见刑讯逼供案）

（四）对犯罪主客观方面的证明

证明犯罪主客观方面的方法主要有勘验、检查，鉴定，扣押书证、物证，询问证人、被害人，讯问犯罪嫌疑人等。

1. 勘验、检查

对关押被害人的场所勘验、检查，提取对被害人使用的械具、绳索等证据，以证明犯罪行为。

2. 鉴定

（1）对被害人的伤情鉴定，以证明其受伤等级及其原因；

（2）对被害人财产损失、工资损失鉴定，以证明财产损失情况。

3. 扣押书证、物证

（1）调取被害人对犯罪嫌疑人的举报信、申诉材料等书证，以证明犯罪嫌疑人的动机；

（2）扣押犯罪嫌疑人的手机，调取其通话清单、手机短信，以证明其如何组织犯罪的；

（3）扣押犯罪嫌疑人为报复陷害被害人而形成的材料、会议纪要，以证明犯罪行为；

（4）扣押犯罪嫌疑人利用职权对被害人作出的辞退、停发工资的决定、被害人受到刑事、行政处罚的相关文书，以证明犯罪行为及后果。

4. 询问证人

（1）犯罪嫌疑人、被害人的身份、职务，所在单位，以证明其个人情况；

（2）犯罪嫌疑人有无贪污、受贿等违法行为，以证明被害人举报的事实是否存在；

（3）犯罪嫌疑人与被害人有无领导与被领导、管理与被管理的工作关系，以证明犯罪嫌疑人有无打击报复被害人的能力；

（4）犯罪嫌疑人与被害人有何恩怨，打击报复被害人的目的、动机，以证明犯罪嫌疑人的主观状态；

（5）被害人何时开始举报、申诉的，举报、申诉的主要内容，向哪一级机关举报、申诉的，举报、申诉的方式，以证明被害人的情况；

（6）犯罪嫌疑人打击报复被害人的方式、手段，有无利用职务行为，以证明犯罪嫌疑人是否假公济私、滥用职权；

（7）犯罪行为对被害人的人身、财产所造成的伤害情况，以证明犯罪后果；

（8）犯罪嫌疑人是否指使自己对举报人、申诉人打击报复，为何听从犯罪嫌疑人的命令，以证明犯罪嫌疑人滥用职权、假公济私。

5. 询问被害人

（1）自己的身份、职业，所从事的工作，与犯罪嫌疑人在工作上有无从属关系，以证明当事人的情况；

（2）与犯罪嫌疑人是否相识，有何恩怨，因何事举报犯罪嫌疑人，以证明犯罪嫌疑人的动机；

（3）犯罪嫌疑人的身份、职业、职务，犯罪嫌疑人有何违法事实，以证明被害人的举报是否真实；

（4）何时开始举报犯罪嫌疑人的，举报、申诉的方式，申诉、举报的内容是否属实，以证明有无违法行为；

（5）犯罪嫌疑人如何打击报复的，以证明犯罪方法、手段；

（6）犯罪嫌疑人打击报复行为造成本人的人身伤害、财产损失情况，以证明犯罪后果。

6. 讯问犯罪嫌疑人

（1）身份、职务、所在单位，被害人所从事的工作、是否自己的下属，以证明当事人的个人情况；

（2）被害人何时举报、申诉的，举报、申诉的内容，举报、申诉对自己有何影响，以证明其犯罪动机、目的；

（3）打击报复举报人、批评人、控告人、申诉人的手段、方式，是否利用职务便利，以证明有无假公济私、滥用职权；

（4）被害人举报、申诉的内容是否属实，是否按照法定程序进行，以证明被害人有无违法行为；

（5）对举报人、申诉人、批评人、控告人辞退、降级、罚款、处罚有无法律根据，是否遵守法定程序，理由是否正当，以证明是否打击报复；

（6）打击报复行为造成被害人的人身伤害、财产损失情况，以证明犯罪后果；

（7）同案犯情况，相互关系，各自所起的作用，以证明在共同犯罪中各自的责任。

（五）对有关量刑情节的证明

1. 对犯罪嫌疑人是否累犯、有无前科的证明，证据主要有法院的判决书、公安网上的资料、证人证言。

2. 对犯罪嫌疑人的打击报复行为是否造成被害人的人身伤亡或重大财产损失的证明，证据主要有证人证言、鉴定意见等。

3. 对犯罪嫌疑人打击报复的手段是否特别残忍，是否引发群体性事件的证明，证据主要有证人证言、监控资料等。

（六）补强证明

1. 犯罪嫌疑人辩解仅是依法处理被害人的，侦查机关应当补强证明，证据包括证人证言、书证，以证明其意图报复陷害被害人。

2. 犯罪嫌疑人辩解没有指使他人报复陷害被害人的，侦查机关应当补强证明，证据包括同案犯的证言、被害人的陈述、书证，以证明犯罪嫌疑人指使他人对被害人报复陷害。

3. 犯罪嫌疑人辩解被害人的伤亡与其没有关系的，侦查机关应当补强证明，证据包括鉴定意见、证人证言，以证明被害人的伤亡是由其犯罪行为造成的。

（七）案　　例

2007 年 8 月中旬，某市某区书记张某收到他人截留举报其经济问题的信件，张某认为是李某所为，要求某区人民检察院查处李某的经济问题，要求检察长汪某加快办案进度。

为达到陷害举报人的目的，张某收集相关材料，编造李某有重大经济问题和雇凶杀人的材料，分别寄送有关部门负责人。在检察委员会会议上，经汪某授意，区反贪局负责人、案件承办人建议对李某以涉嫌贪污 12 万多元、挪用公款 9 万元立案。汪某表示同意，并说区委领导很重视。在抓捕李某时，检察院还控制了李某妻子袁某、女婿张某某。随后，张某召集汪某、区公安分局局长万某、区纪委书记赵某和区政法委书记吕某开会，布置公安局调查李某雇凶杀人案，检察院调查李某经济问题，纪委调查袁某、张某某的问题。

李某身体患病，不宜关押。看守所提出变更强制措施，汪某不同意。汪某以清退李某子女工作相威胁，要求其不得再说有关张某的问题，李某被迫写下悔过书。在检察委员会讨论是否对李某提起公诉时，汪某面对不同意见，谎称李某的部分贪污事实已向上级检察院请示并得到认可。2008 年 3 月 4 日，检察院对李某提起公诉，张某多次授意区法院院长重判李某。3 月 13 日，李某在监狱自杀身亡。

【取证参考】

1. 对犯罪主体的证明

（参见刑讯逼供案）

2. 对犯罪主客观方面的证明

（1）勘验、检查

①对犯罪嫌疑人办公场所、住所勘验、检查，提取犯罪嫌疑人编造他人违法行为的材料及底稿，以证明犯罪行为；

②对犯罪嫌疑人的电脑勘验、检查，调取、复制、固定犯罪嫌疑人编造他人违法事实的文档，以证明犯罪行为；

③对被害人尸体解剖，以证明死亡时间及其原因。

（2）鉴定

对编造材料的笔迹及签字鉴定，以证明是否犯罪嫌疑人所为。

（3）扣押书证、物证

①扣押被害人的举报信，以证明被害人举报的具体情况；

②扣押犯罪嫌疑人编造的材料，以证明犯罪行为；

③扣押犯罪嫌疑人召集他人形成的材料，以证明其滥用职权；

④扣押犯罪嫌疑人手机，调取其通话清单、手机短信，以证明其如何指使他人对被害人打击报复的；

⑤扣押对被害人采取强制措施的文书，以证明被害人受到迫害。

（4）询问证人

①犯罪嫌疑人的身份、职务，以证明其个人情况；

②犯罪嫌疑人为何要对被害人打击报复，以证明其犯罪的目的、动机；

③犯罪嫌疑人对被害人打击报复的方式、手段，以证明其是否利用职务便利；

④被害人有无违法事实，有无证据证明，以证明对被害人的追诉是否符合法律规定、犯罪嫌疑人是否滥用职权；

⑤在被害人是否违法的事实不清时，案件为何会进入起诉、审判程序，犯罪

嫌疑人如何干涉办案程序的，以证明其滥用职权；

⑥犯罪嫌疑人如何指使他人对被害人进行违法追究的，他人为何会听从指使，以证明其滥用职权、假公济私；

⑦为何要对被害人的妻子、女婿进行追诉，他们有无违法事实，与本案有无关联，以证明犯罪嫌疑人滥用职权。

（5）讯问犯罪嫌疑人

①个人的身份、职务，以证明其个人情况；

②为何要对被害人进行打击报复，以证明其犯罪动机、目的；

③何人将举报信截留后送给自己的，以证明有无其他嫌疑人；

④为何编造他人的犯罪事实，目的、动机是什么，以证明其主观状态；

⑤为何要召开公安、检察、纪委相关人员参加的会议，如何对他们施压、目的是什么，以证明其滥用职权、打击报复；

⑥同案犯的情况，各自所起的作用，在工作上与自己有何关系，为何会听从自己的指使，以证明其滥用职权；

⑦被害人有无违法事实，在不符合追诉条件时，为何要对被害人进行追诉，以证明其滥用职权、假公济私；

⑧被害人不符合羁押条件，为何还要将其羁押，以证明其滥用职权；

⑨为何要将被害人的妻子、女婿关押，他们有无违法事实，有无证据证明，以证明其滥用职权。

3. 对有关量刑情节的证明

（1）对犯罪嫌疑人是否累犯、有无前科的证明，证据主要有法院的判决书、公安网上的资料、证人证言；

（2）对犯罪行为是否造成被害人伤亡或财产损失的证明，证据主要有鉴定意见、证人证言。

4. 补强证明

（1）犯罪嫌疑人辩解没有指使他人对被害人打击报复的，侦查机关应当补强证明，证据包括书证、证人证言，以证明其指使他人对被害人打击报复；

（2）犯罪嫌疑人辩解无能力指使他人打击报复的，侦查机关应当补强证明，证据包括证人证言、书证，以证明其有能力指使他人打击报复；

（3）犯罪嫌疑人辩解没有编造事实，仅是依法检举的，侦查机关应当补强证明，证据包括证人证言、书证，以证明其检举的事实是编造的。

后　记

近年来，广大政法工作人员在维护社会稳定、打击犯罪中奉献出汗水甚至生命，他们的工作得到广大民众的肯定与认同。由于我国仍处于社会转型、经济转轨、矛盾高发、对敌斗争复杂期，警民关系、干群关系在部分地区并不和谐，广大民众对政法工作还存在诸多的不满意、诸多的新期盼。就刑事执法而言，民众对政法机关的不满意与新期盼表现在两方面：一是破案不力。个别地方有影响的大案不能及时侦破，影响民众的安全感；少数地方影响民生的案件呈高发态势，影响民众的幸福感。二是冤假错案时有发生。任何国家、任何时代都存在冤假错案，但冤假错案应当是极个别的现象，应当是几年或几十年发生一起，而不是一年发生几起。一起冤假错案能将办案单位的所有成绩归零，无论哪一种社会制度的国家，都应当将冤假错案的发生率降低到最小程度。

个别办案人员执法不公、徇私枉法是破案不力与产生冤假错案的原因，但不是主要原因。破案不力与产生冤假错案的主要原因在于打击犯罪的方法滞后于犯罪分子的作案手段，刑事执法不规范、不透明。目前，全国政法机关都在强力推进执法规范化、信息化建设。执法规范化可以提升政法机关执法的透明度和公信力，减少不必要的社会矛盾，避免发生冤假错案。基础工作信息化能够提高政法机关打击犯罪、服务民众的能力，夯实和谐警民关系的基础。

本书具有以下特点：一是实用性、临摹性。本书写作的目的是为基层政法工作人员提供证明临摹参考，力争将复杂的刑事证明理论简化为规范的证明方式、操作步骤、证明指南。本书从勘验、检查，扣押书证、物证，调取视听资料，询问被害人、证人，讯问犯罪嫌疑人等方面，按照侦破案件的自然顺序及证据证明力大小，围绕犯罪构成，层层递进，构建证明规范，目的是使司法从业人员知道如何收集证据，收集证据是为了证明什么。二是将侦查思路与取证模式有机地结合。一起刑事案件发生后，侦查人员首先思考的是发现犯罪嫌疑人，然后再收集证据，以证明其犯罪。侦查人员首先接触的是案件线索，案件线索的特点在于它真伪不明，需要收集证据去印证。本书按照刑事案件发生的自然过程，将侦查思路与取证模式有机地结合，目的是提醒侦查人员，在侦破案件的每一个环节，应当收集哪些证据，收集的证据能够起到何种证明作用，将侦查过程的推进与证据的收集合二为一。三是将传统与现代融合起来。随着政法机关信息化建设的推进，政法机关侦查模式已经发生颠覆性的变化，侦查模式的演变必将对证据种类、证明方式产生影响。由于本书作者大多在基层一线工作，对政法机关信息化建设有更多的体验，这种体验反映在写作中，只要打开本书，就会发现鲜活的实战气息扑面而来。难能可贵的是，本书在顾及证明时代性的同时，没有忽略传统证明方式、传统证据的作用，在写作中兼顾到传统与现代的融合。

尽管本书的作者都尽了最大的努力，但是由于工作量巨大，《刑法》也在不断修改，加之大多数作者公务十分繁忙，只能在紧张工作之余写作，因此在写作中肯定存在作者没有发现的疏漏，真诚地希望读者批评指正，特别是希望司法实践部门的同志批评指正，以便再版时改进。一部著述的质量如何，只有使用者体会最真切，最有发言权。

本书虽然强调从侦查的视角取证、证明，但它是注重以法庭审判标准来收集证据、证明案件的。本书不仅适合于基层侦查人员使用，同样适合于其他政法工作者使用。可以说，它能使刑警学习后，知道怎样取证、怎样证明；检察官学习后，知道怎样组织证据，防止犯罪嫌疑人翻供；法官学习后，能对侦查过程有更多了解，从而准确地判明案件事实；律师学习以后，知道如何寻找辩护点，提高辩护的成功率。

本书作者及分工：李富成（法学博士，江苏省公安厅）、张佐良（法学博士，公安部治安管理局）撰写总论、分论第四章；郭冰（法学博士，国家检察官学院）、杜宇（法学硕士，江苏省人民检察院）撰写分论第二章、第三章。

李富成
2012 年 2 月